Flexible Dienstleistungsarbeit gesundheitsförderlich gestalten

Guido Becke
(Hrsg.)

Flexible Dienstleistungsarbeit gesundheitsförderlich gestalten

Herausforderung für ambulante
soziale Dienste und agile IT-Services

 Springer VS

Hrsg.
Guido Becke
Institut Arbeit und Wirtschaft
Universität Bremen
Bremen, Deutschland

ISBN 978-3-658-37054-1   ISBN 978-3-658-37055-8   (eBook)
https://doi.org/10.1007/978-3-658-37055-8

Die Deutsche Nationalbibliothek verzeichnet diese Publikation in der Deutschen Nationalbibliografie; detaillierte bibliografische Daten sind im Internet über http://dnb.d-nb.de abrufbar.

Planung/Lektorat: Katrin Emmerich
Springer VS ist ein Imprint der eingetragenen Gesellschaft Springer Fachmedien Wiesbaden GmbH und ist ein Teil von Springer Nature.
Die Anschrift der Gesellschaft ist: Abraham-Lincoln-Str. 46, 65189 Wiesbaden, Germany

Diese Veröffentlichung ist im Rahmen des Verbundprojekts „FlexiGesA – Flexible Dienstleistungsarbeit gesundheitsförderlich gestalten" entstanden. Das Verbundprojekt wurde im Zeitraum zwischen dem 1. Februar 2018 und dem 31. Juli 2022 aus Mitteln des Bundesministeriums für Bildung und Forschung gefördert. Förderkennzeichen (FKZ): 01GL1753A bis 01GL1753E.

GEFÖRDERT VOM

Inhaltsverzeichnis

Über den Herausgeber

PD Dr. Guido Becke ist als Forschungsleiter am Institut Arbeit und Wirtschaft (iaw) der Universität Bremen tätig. Der Arbeits- und Sozialwissenschaftler lehrt dort als Privatdozent im Fachbereich Human- und Gesundheitswissenschaften zu ‚Arbeit, Organisation und Gesundheit'. Arbeits- und Forschungsschwerpunkte: Arbeit und psychische Gesundheit, Arbeit und Nachhaltigkeit, flexible und interaktive Dienstleistungsarbeit, Organisationswandel. Überdies koordinierte er das Verbundprojekt FlexiGesA.

Autorenverzeichnis

PD Dr. Guido Becke Institut Arbeit und Wirtschaft, Universität Bremen, Bremen, Deutschland

Dr. Ralph Brandes Verden, Deutschland

Dr. Britta Busse Institut Arbeit und Wirtschaft, Universität Bremen, Bremen, Deutschland

Andreas Friemer Institut Arbeit und Wirtschaft, Universität Bremen, Bremen, Deutschland

Prof. Dr. Thomas Geisen Fachhochschule Nordwestschweiz, Hochschule für Soziale Arbeit, Olten, Schweiz

Dr. oec. troph. Cornelia Gerdau-Heitmann MPH Jade Hochschule Oldenburg, Oldenburg, Deutschland

Prof. Dr. Frauke Koppelin Jade Hochschule Oldenburg, Oldenburg, Deutschland

Dr. phil. Sarah Mümken Jade Hochschule Oldenburg, Oldenburg, Deutschland

Prof. Dr. Nadine Pieck Institut für interdisziplinäre Arbeitswissenschaft, Leibniz Universität Hannover, Hannover, Deutschland

Stephanie Pöser Institut Arbeit und Wirtschaft, Universität Bremen, Bremen, Deutschland

Bärbel Rolfes HEC GmbH, Bremen, Deutschland

Dr. Christel Schicktanz Jade Hochschule Oldenburg, Oldenburg, Deutschland

Isabel Staden vacances Mobiler Sozial- und Pflegedienst GmbH, Bremen, Deutschland

Lena Stange Fakultät VI Medizin und Gesundheitswissenschaften, Department für Versorgungsforschung, Abteilung Ethik in der Medizin, Carl von Ossietzky Universität Oldenburg, Oldenburg, Deutschland

Tobias Ubert Gesundheitswirtschaft Nordwest e. V., Bremen, Deutschland

Jasmin Warneke Universität Bremen, Bremen, Deutschland

Lea Widmer Fachhochschule Nordwestschweiz, Hochschule für Soziale Arbeit, Olten, Schweiz

Birgitt Wiese Medizinische Hochschule Hannover, Hannover, Deutschland

Cora Zenz Institut Arbeit und Wirtschaft, Universität Bremen, Bremen, Deutschland

Einführung und konzeptionelle Grundlagen

Flexible Dienstleistungsarbeit gesundheitsförderlich gestalten – zur Einführung

Guido Becke und Frauke Koppelin

Zusammenfassung

Flexible und interaktive Dienstleistungsarbeit ist mit Blick auf ihre gesundheitlichen Auswirkungen und gesundheitsfördernde Interventionsansätze noch unzureichend erforscht. Hier setzt das BMBF-geförderte Verbundprojekt FlexiGesA an. Dieser einführende Beitrag konzeptualisiert zunächst flexible und interaktive Dienstleistungsarbeit. Sodann wird hierzu der gesundheitsbezogene Forschungs- und Gestaltungsbedarf aufgezeigt. Danach wird das Verbundprojekt FlexiGesA einschließlich des Forschungsdesigns und der Verbundarchitektur vorgestellt. Die Coronapandemie bedeutete für FlexiGesA eine tiefgreifende Herausforderung. Daher werden erfolgte Anpassungen von Forschungsdesign und -methoden skizziert und beschrieben, wie die Pandemie als Gegenstand der Forschung adressiert wurde. Abschließend werden Gemeinsamkeiten gesundheitsförderlicher Gestaltung flexibler und interaktiver Dienstleistungsarbeit in der IT-Dienstleistung und den ambulanten sozialen Diensten – als empirische Forschungs- und Entwicklungsfelder in FlexiGesA – herausgestellt.

G. Becke (✉)
Institut Arbeit und Wirtschaft, Universität Bremen, Bremen, Deutschland
E-Mail: becke@uni-bremen.de

F. Koppelin
Jade Hochschule Oldenburg, Oldenburg, Deutschland
E-Mail: frauke.koppelin@jade-hs.des

Schlüsselwörter

Flexible und interaktive Dienstleistungsarbeit · FlexiGesA-Verbundprojekt ·
Forschung und Entwicklung in der Pandemie · Gesundheitsförderliche
Arbeitsgestaltung

1   Auf der Suche nach dem Gemeinsamen der Dienstleistungsarbeit

In Deutschland sind inzwischen 80 % aller Erwerbstätigen in Dienstleistungsberufen tätig (Baethge 2011, S. 447). Dienstleistungstätigkeiten sind durch
eine doppelte Heterogenität gekennzeichnet (Baethge 2011, S. 447), da sie
sich erstens in inhaltlich-funktionaler Hinsicht nach Berufsfeldern und ihrer
Qualifikationsstruktur ausdifferenzieren. Demnach kann Dienstleistungsarbeit
nach Funktionsclustern in personenbezogene, unternehmensbezogene, markt-
kommunikationsvermittelnde Dienstleistungstätigkeiten sowie Dienstleistungs-
arbeiten zur Sicherung sozialer bzw. wohlfahrtsstaatlicher Infrastrukturen
unterschieden werden (Oberbeck 2013, S. 166). Zweitens lässt sich Dienstleistungsarbeit in institutioneller Perspektive nach ihren Organisationsformen
unterscheiden: Dienstleistungstätigkeiten werden erbracht in Organisationsformen der (Allein-)Selbstständigkeit, privatwirtschaftlicher Unternehmen, staatlicher Organisationen oder Non-Profit-Organisationen (Baethge 2011, S. 447;
Oberbeck 2013, S. 166).

Diese Heterogenität verweist auf die Problematik der Arbeits- und Dienstleistungsforschung, sich auf eine einheitliche wie aussagekräftige Definition von
Dienstleistungsarbeit zu verständigen. Dienstleistungsarbeit wird überwiegend
negativ bestimmt, d. h. in Abgrenzung zu industrieller Produktionsarbeit. Hierbei
wird auf ihre nicht-materiellen Ergebnisse, ihre Nicht-Lagerfähigkeit und Nicht-
Transportierbarkeit sowie das Uno-Actu-Prinzip verwiesen, wonach Produktions-
und Konsumtionsprozesse zeitlich und räumlich zusammenfallen und Kund:innen
an der Dienstleistungserstellung beteiligt sind (vgl. Nerdinger 2011, S. 15; Littek
1991, S. 265; Oberbeck 2013, S. 165 f.). Ältere soziologische Versuche, Dienstleistungsarbeit positiv zu bestimmen, betonten die gesellschaftliche Gewähr-
leistungsfunktion von Dienstleistungen als ihren gemeinsamen Bezugspunkt
(vgl. Berger und Offe 1981). Die Kritik an dieser Definition richtete sich u. a.
darauf, dass Dienstleistungsarbeit auf den Erhalt der materiellen Produktion
funktionalisiert und hierbei die Dynamik des Tertiarisierungsprozesses aus-
geblendet wurde (vgl. Jacobsen 2010, S. 214). Neuere Versuche, bei aller

Heterogenität das Gemeinsame der Dienstleistungsarbeit zu bestimmen, erkennen dies in ihrer Interaktivität, die fast alle Dienstleistungstätigkeiten kennzeichnet und ihren Kerngehalt bildet (Baethge 2011, S. 450 f.). Demnach beziehen sich Dienstleistungstätigkeiten als interaktive Arbeit auf „ein konkretes Gegenüber" (Baethge 2011, S. 451): „Das Bedürfnis des Gegenübers ...zu präzisieren und gemeinsame Wege zu seiner Befriedigung zu erarbeiten, macht den Kern der Interaktivität von Dienstleistungsarbeit aus. Das Gegenüber ist nicht nur Adressat, sondern zugleich Mitproduzent der Tätigkeit..." (Baethge 2011, S. 451). Bei diesem Gegenüber kann es sich aus Sicht der Dienstleistenden um organisationsexterne Kund:innen, Patient:innen oder Klient:innen handeln.

Dienstleistungstätigkeit als interaktive Arbeit wurde seit den 1990er Jahren näher konzeptualisiert. Diese konzeptionellen Rahmungen umfassen u. a. die psychologische Konzeption dialogisch-interaktiver Erwerbsarbeit (Hacker 2009), die soziologischen Konzepte interaktiver Arbeit (Dunkel und Weihrich 2012) und der front-line service work (vgl. Bélanger und Edwards 2013) sowie das integrierte Konzept der Interaktionsarbeit (vgl. Böhle et al. 2006; Böhle und Weihrich 2020). Letzteres verknüpft vier Dimensionen der Interaktionsarbeit, die an relevante Forschungstraditionen und Konzepte anschließen, die bis in die 1950er Jahre zurückreichen. Interaktionsarbeit als Arbeit mit bzw. am Menschen umfasst die Dimension der Emotionsarbeit im Sinne der Arbeit an den eigenen Gefühlen, d. h. der intrapsychischen Regulation von Gefühlen und ihrer Darstellung gemäß vorgegebener Gefühlsregeln der Dienstleistungsorganisation (vgl. Hochschild 2006; Goffman 1983), Kooperationsarbeit als Herstellung bzw. Pflege von Kooperationsbeziehungen mit Dienstleistungsnehmenden (vgl. Dunkel und Weihrich 2012), Gefühlsarbeit als aufgaben- und zielorientierte Beeinflussung der Gefühle anderer Menschen (Strauss et al. 1980) und das subjektivierende Arbeitshandeln als Umgang mit Unwägbarkeiten, die sich aus dem Arbeitsgegenstand Mensch, d. h. der Subjektivität des Gegenübers und den Interaktionsdynamiken zwischen Dienstleistenden und Dienstleistungsnehmenden ergeben (vgl. Böhle 2017).

2 Flexibilisierung von Dienstleistungsarbeit und ihre gesundheitliche Relevanz

Interaktive Dienstleistungsarbeit ist eingebunden in eine grundlegende Dienstleistungstriade aus Dienstleistenden, Dienstleistungsorganisation und Dienstleistungsnehmenden (vgl. Nerdinger 2011; Bélanger und Edwards 2013): Die Dienstleistungsdyade zwischen Dienstleistenden und Dienstleistungsnehmenden

wird ergänzt um Beziehungen zwischen Dienstleistenden und der Dienstleistungsorganisation sowie um Beziehungen zwischen letzterer und Dienstleistungsnehmenden. Dienstleistungsorganisationen versuchen das Verhalten
der Dienstleistungsnehmenden durch betriebliche Servicekonzepte und
Marketingmaßnahmen zu steuern (vgl. Voswinkel und Korzekwa 2005; Nerdinger
2011). Die Beziehung der Dienstleistenden zur Dienstleistungsorganisation,
vertreten durch das Management, wird durch das arbeitsvertraglich geregelte
Arbeits- und Beschäftigungsverhältnis konstituiert (vgl. Bélanger und Edwards
2013). Dieses weist Unbestimmtheitslücken auf, die sich einer arbeitsvertrag-
lichen Regelung entziehen. Unbestimmtheitslücken bestehen zum einen hinsichtlich der Leistungsbereitschaft von Beschäftigten zur situationsgerechten
Problemlösung, Kooperation und Innovation (vgl. Deutschmann 2002, S. 98) und
zum anderen aufgrund der Dispositionshoheit des Managements, Beschäftigte
– in gewissen Grenzen – flexibel für unterschiedliche Aufgaben einsetzen zu
können (vgl. Marsden 1999). An Beschäftigte werden betriebliche Anforderungen
gestellt, den ökonomischen Mehrwert der Dienstleistung zu steigern (vgl.
Bélanger und Edwards 2013). Aufgrund ihrer Nähe zu den Dienstleistungsnehmenden richten sich Beschäftigte jedoch oft stärker am Gebrauchswert der
Dienstleistung aus, um für Dienstleistungsnehmende Nutzen zu stiften (vgl.
Bélanger und Edwards 2013; Böhle et al. 2015).

Im Vergleich zur Industriearbeit wird Dienstleistungsarbeit ein größerer
Rationalisierungsrückstand bescheinigt, der u. a. damit verbunden ist, dass
Dienstleistungen auch dann vorzuhalten sind, wenn sie nicht aktiv in Anspruch
genommen werden (vgl. Berger und Offe 1980, S. 48 f.; Jacobsen 2010,
S. 214). Betriebliche Rationalisierungsstrategien richten sich darauf, die ökonomische Effizienz der Dienstleistungsarbeit zu erhöhen. Im Anschluss an
Berger und Offe (1980, S. 60 ff.) können drei grundlegende Rationalisierungsstrategien von Dienstleistungsarbeit unterschieden werden: die Technisierung
in Gestalt ihrer Substitution durch Mechanisierung bzw. Automatisierung (z. B.
durch KI-Systeme) sowie der Produktivitätssteigerung durch die Digitalisierung
von Dienstleistungsarbeit, d. h. durch eine digitale Rahmung, Vernetzung,
Steuerung und Kontrolle von Arbeitsprozessen (vgl. Flecker 2017, S. 202 ff.),
die organisatorische Rationalisierung, z. B. durch eine Standardisierung von
Dienstleistungsaufgaben und -prozessen oder eine Flexibilisierung der Dienstleistungsarbeit, sowie ihre Externalisierung, z. B. auf die Selbstbedienung von
Kund:innen. In der Praxis kombinieren Dienstleistungsorganisationen diese
basalen Rationalisierungsstrategien oft.

In diesem Band fokussieren wir die organisatorische Rationalisierungs-
strategie der Flexibilisierung von Dienstleistungsarbeit mit Blick auf ihre

gesundheitlichen Folgen und gesundheitsförderlichen Gestaltungsoptionen. Flexibilität ist darauf gerichtet, (unterstellte) Rigiditäten vorhandener Strukturen, einschließlich des Arbeits- und Beschäftigungsverhältnisses, zu überwinden, um die Anpassungs- und Wettbewerbsfähigkeit von Unternehmen zu fördern. Die Flexibilisierung von Arbeit und Beschäftigung gewann auch im Dienstleistungssektor seit den 1980er Jahren an Bedeutung, da sich seither der Flexibilitäts- und Anpassungsdruck auf Unternehmen infolge zunehmender ökonomischer Wettbewerbsintensität und der Deregulierung von Finanz- und Kapitalmärkten erhöht hat. Die Flexibilisierung von Arbeit und Beschäftigung dient Unternehmen zur Kostensenkung, der Anpassung an die erhöhte Wettbewerbsdynamik bzw. zur Sicherung von Kapitalrenditen (vgl. Flecker 2007; Horgan 2022); sie umfasst vier basale Formen (Flecker 2007, S. 29):

- die zeitliche Flexibilisierung orientiert sich daran, die Arbeitszeiten und damit auch die Personalkapazitäten möglichst an den aktuellen betrieblichen Personalbedarf anzupassen;
- die räumliche Flexibilisierung zielt darauf ab, Arbeitskräfte an unterschiedlichen Arbeitsorten einzusetzen;
- die funktionale Flexibilisierung zielt auf eine erhöhte Personaleinsatzflexibilität, um den betrieblichen Personalbedarf insgesamt zu senken;
- die finanzielle Flexibilisierung intendiert eine variable Gestaltung des Arbeitsentgelts mit Blick auf die veränderliche Ertragslage von Unternehmen.

Diese unterschiedlichen Formen können Unternehmen mit Strategien der internen und der externen Flexibilisierung umsetzen (vgl. Hohendanner und Bellmann 2006, S. 241 f.): Die interne Flexibilisierung richtet sich auf betriebliche Anpassungen im Rahmen existenter, relativ stabiler Beschäftigungsverhältnisse, z. B. durch flexible Arbeitszeitmodelle bzw. -konten oder die Einführung selbstorganisierter Projektarbeit auf Teambasis. Die externe Flexibilisierung erfolgt über den Markt, wie die Auftragsvergabe an Fremdfirmen oder aber durch die betriebliche Nutzung atypischer Erwerbsformen, d. h. Befristung, Teilzeitarbeit und geringfügige Beschäftigung, Leiharbeit und Alleinselbstständigkeit bzw. Honorartätigkeit. Ihre Gemeinsamkeit besteht darin, dass sie vom Normalarbeitsverhältnis, das durch unbefristete und sozialversicherungsrechtlich eingebundene abhängige Vollzeitbeschäftigung geprägt ist, abweichen. Das Ausmaß dieser Abweichung variiert stark zwischen atypischen Erwerbsformen und korrespondiert mit der Verlagerung von Risiken der Erwerbsarbeit auf Erwerbspersonen. Sie ist besonders stark bei Alleinselbstständigkeit bzw.

Honorartätigkeiten ausgeprägt, da hierbei nahezu jeglicher Sozialschutz, der mit dem Status abhängiger Beschäftigung verbunden ist, entfällt (vgl. Bleses 2008).

Die Flexibilisierung von Beschäftigung ging in der Tertiärökonomie mit der Entwicklung eines Niedriglohnsektors einher, der nicht nur durch atypische Beschäftigung, sondern oft auch durch prekäre Arbeit geprägt ist (Oberbeck 2013, S. 168), wie in Bereichen der Lieferdienste, Gebäudereinigung und haushaltsnaher Dienste. Prekäre Arbeit ist gekennzeichnet durch eine unzureichende soziale Absicherung gegenüber Risiken der Erwerbsarbeit (Dörre 2009), ein für die materielle Existenzsicherung zu geringes Erwerbs- und Haushaltseinkommen, hohe Beschäftigungsinstabilität, geringe Autonomiespielräume bei hohen physischen Arbeitsanforderungen und unzureichende soziale Anerkennung; sie birgt daher erhöhte psycho-physische Gesundheitsrisiken (vgl. Mümken und Kieselbach 2009; Tophoven und Tisch 2016).

Doch die Flexibilisierung von Arbeit und Beschäftigung enstehen auch in Dienstleistungsbranchen und -segmenten, in denen das Normalarbeitsverhältnis und (hoch)qualifizierte Dienstleistungsarbeit dominieren, erhöhte psychosoziale Belastungen und Gesundheitsrisiken (vgl. Oberbeck 2013, S. 169). So ist die Projektarbeit als Spiegel funktionaler Flexibilisierung in den IT-Services oft durch widersprüchliche Arbeitsanforderungen sowie hohen Zeit- und Innovationsdruck geprägt (vgl. Becke 2020a), der Arbeitsintensivierung und überlange Arbeitszeiten begünstigt (Gerlmaier 2006). Überdies erleben Beschäftigte im Normalarbeitsverhältnis die externe Flexibilisierung häufig als Droh- und Verunsicherungspotenzial ihres beruflichen Status (Flecker 2007).

3 Das FlexiGesA-Verbundprojekt – Fragestellungen und Forschungsdesign

Das durch das Bundesministerium für Bildung und Forschung (BMBF) geförderte Verbundprojekt „Flexible Dienstleistungsarbeit gesundheitsförderlich gestalten" (FlexiGesA) untersucht den Zusammenhang zwischen arbeitsbezogenen Flexibilitätsanforderungen und interaktiver Dienstleistungsarbeit am Beispiel von technischen und sozialen Dienstleistungen. Das Verbundprojekt setzt damit an einer Forschungslücke an, denn bisher existieren kaum empirische Studien, in denen die gesundheitliche Bedeutung von Flexibilitätsanforderungen für interaktive Dienstleistungsarbeit mit Blick auf gesundheitsförderliche Gestaltungsoptionen untersucht wurde. Im Mittelpunkt des FlexiGesA-Verbundprojekts standen dabei folgende Forschungsfragen:

- Mit welchen Flexibilitätsanforderungen ist interaktive Dienstleistungsarbeit in den ausgewählten Dienstleistungsbereichen konfrontiert?
- Welche psychischen Gesundheitsrisiken ergeben sich für Beschäftigte daraus?
- Inwiefern tragen mit interaktiver Dienstleistungsarbeit verbundene Gesundheitsressourcen dazu bei, vielfältige Flexibilitätsanforderungen zu bewältigen?
- Welche Interventionskonzepte eignen sich dazu, flexible und interaktive Dienstleistungsarbeit gesundheitsförderlich zu gestalten? Inwiefern kann hierzu das Verfahren der psychischen Gefährdungsbeurteilung angewandt bzw. adaptiert werden?

Das FlexiGesA-Verbundprojekt widmete sich der gesundheitsförderlichen Arbeitsgestaltung bei flexibler und interaktiver Dienstleistungsarbeit aus sehr unterschiedlichen Teilbranchen: der männlich dominierten und hochqualifizierten (agilen) IT-Entwicklung auf der einen Seite und den ambulanten haushaltsnahen Dienstleistungen auf der anderen Seite, die überwiegend von Frauen in Privathaushalten pflege- und hilfsbedürftiger Klient:innen ausgeübt werden und als sogenannte Einfacharbeit kein formales Qualifikationsniveau voraussetzen. Da im Feld der ambulanten Pflege bereits Erkenntnisse zur Arbeitssituation und zur gesundheitsförderlichen Arbeitsgestaltung existieren (vgl. Krenn et al. 2010; Bleses und Jahns 2016; Bleses und Busse 2020; Treviranus et al. 2021), wurde der Fokus der Analyse und Intervention auf den diesbezüglich kaum untersuchten Bereich der haushaltsnahen Dienste gerichtet.

Die beiden Interventionsunternehmen, die Teil des Verbundes sind, repräsentieren exemplarisch das breite Spektrum flexibler und zugleich interaktiver Dienstleistungsarbeit. Bei beiden wird Interaktionsarbeit als Arbeit mit Kund:innen oder Klient:innen als relevante Nebenaufgabe geleistet, die eng verwoben ist mit der eigentlichen Primäraufgabe, d. h. der Softwareentwicklung oder den hauswirtschaftlichen Tätigkeiten (siehe Becke in diesem Band). Diese unterschiedlichen Formen interaktiver Dienstleistungsarbeit sind mit spezifischen Flexibilitätsanforderungen verbunden:

- Im Fokus der IT-Entwicklungsarbeit stehen funktionale Flexibilitätsanforderungen, die sich auf die Selbstorganisation der IT-Entwicklungsteams bei weitreichender Integration der Kund:innen in den Entwicklungsprozess beziehen. Damit verbunden sind Anforderungen an ein technisch vermitteltes, örtlich verteiltes bzw. ortsflexibles Arbeiten, sei es im Homeoffice, im Rahmen hybrider Arbeitskonzepte, an den Betrieb gebundene remote work oder aber Arbeiten bei Kund:innen. In der IT-Entwicklung überwiegt das Normalarbeitsverhältnis.

- Hingegen dominieren bei den hauswirtschaftlichen Tätigkeiten Anforderungen an ein ortsflexibles Arbeiten in unterschiedlichen Privathaushalten, das überwiegend in Teilzeitarbeit ausgeübt wird. Die mobilen haushaltsnahen Dienstleistungen erfordern nicht nur arbeitszeitliche Flexibilität, sondern sind aufgrund des relativ breiten Tätigkeitsspektrums auch mit situativ-funktionalen Flexibilitätsanforderungen verbunden. Die haushaltsnahen Dienstleistungen werden für unterstützungs- und pflegebedürftige Klient:innen erbracht, die während der Arbeitstätigkeit in ihrer privaten Häuslichkeit anwesend sind. Die Haushaltshilfen sind daher in ihrer Arbeitstätigkeit mit Anforderungen an die Interaktionsarbeit mit den Klient:innen konfrontiert.

4 Die Verbundarchitektur und der Forschungsansatz

Im Folgenden soll der Verbund in seinem Aufbau mit den Akteur:innen dargestellt und der Forschungsansatz näher erläutert werden.

Das FlexiGesA-Verbundprojekt wird gefördert innerhalb der Richtlinie zur „Förderung von Forschungsverbünden zur Gesundheit in der Arbeitswelt" des Bundesministeriums für Bildung und Forschung (BMBF). Die Bekanntmachung zur Förderlinie erfolgte am 23. Mai 2016 (BMBF/Bundesanzeiger vom 07.06.2016) in der Förderinitiative „Gesund – ein Leben lang".

Ein übergeordnetes Ziel der Förderlinie ist es, einen „wichtigen Beitrag für eine gesundheitsförderliche Arbeitswelt zu leisten" und zwar durch die Entwicklung und Erprobung von Konzepten, die „psychische Belastungen im Arbeitsleben reduzieren und individuelle Bewältigungsressourcen steigern" sollen. Dabei greift die Förderlinie bewusst die Herausforderungen auf, die sich mit der fortschreitenden Digitalisierung in der Arbeitswelt ergeben (BMBF 2016).

Erstmals wird eine Verbindung von arbeits- und gesundheitswissenschaftlicher sowie arbeitsmedizinischer/arbeitsepidemiologischer Perspektive innerhalb einer Förderlinie zusammengeführt. Eine Förderung fand bislang disziplinär getrennt voneinander statt. Das zentrale Ziel ist die Bearbeitung von Fragestellungen, die einen maßgeblichen Wert für die praktische Gesundheitsförderung in den Betrieben haben und die schlussendlich nur durch eine Zusammenarbeit von Hochschulen und Betrieben in Kooperation sinnvoll bearbeitet werden können.

Aufgabe war es zudem, eine Verknüpfung von quantitativer und qualitativer Forschung innerhalb der Projekte herzustellen und dabei einen partizipativem und transdisziplinären Forschungsansatz zu verfolgen. Insbesondere der Wissenstransfer im Projekt, der besonders durch die aktive Einbindung von betrieblichen

Praxispartnern gewährleistet werden sollte, stellte einen zentralen Aspekt für die Förderfähigkeit dar. Dieser war bzw. ist eng verknüpft mit der Sicherstellung einer nachhaltigen Verwertung aufseiten der betrieblichen Praxispartner und durch die übrigen Verbundpartner. Zudem musste die Arbeitsmedizin/-epidemiologie aktiv eingebunden werden. Voraussetzung war ebenfalls eine ausgewiesene Genderorientierung innerhalb der Verbünde als auch eine elaborierte Disseminationsstrategie, die auch eine Übertragbarkeit der Ergebnisse auf andere Betriebe garantieren sollte.

Das FlexiGesA-Verbundprojekt ist im Rahmen der Förderlinie dem Themengebiet ‚Präventionsforschung zur Vermeidung psychischer Belastungen am Arbeitsplatz' zugeordnet. Das durch das Bundesministerium für Bildung und Forschung (BMBF) geförderte Projekt wurde von 02/2018 bis 07/2022 gefördert (FKZ: 01GL1753A bis 01GL1753E).

4.1   Zielsetzung des Verbundprojektes FlexiGesA[1]

Gesündere Arbeitsbedingungen, insbesondere die Förderung der psychischen Gesundheit bei flexibler Interaktionsarbeit in Dienstleistungsunternehmen, stellen das *übergeordnete Ziel* des Verbundprojekts dar. Dies sollte exemplarisch am Beispiel der IT-Services, als männlich dominierte Branche, und der ambulanten sozialen Dienste, als weiblich dominierte Branche, untersucht werden (vgl. Becke 2018, S. 7 sowie Ausführungen weiter oben).

Partizipativ und gendersensibel sollten „integrierte verhaltens- und verhältnisorientierte Interventionen zur Reduzierung psychischer Gesundheitsrisiken mit Konzepten zur Stärkung der personalen, sozialen und organisationalen Gesundheitsressourcen bei flexibler Interaktionsarbeit" verknüpft werden (Becke 2018, S. 7).

Dieses Gesamtziel wird durch sieben zentrale *Teilziele* konkretisiert:

1. „Quantitative, qualitative und arbeitsmedizinische Analyse psychischer Belastungen bei flexibler Interaktionsarbeit
2. Entwicklung und Erprobung verhaltens- und verhältnisorientierter Interventionskonzepte

---

[1] Die Ausführungen in diesem und den folgenden Abschnitten beziehen sich im Wesentlichen auf den Ethikantrag des Verbundprojektes. Das Ethikvotum der Universität Bremen vom 17.07.2018 liegt mit dem Aktenzeichen 2018-09 vor.

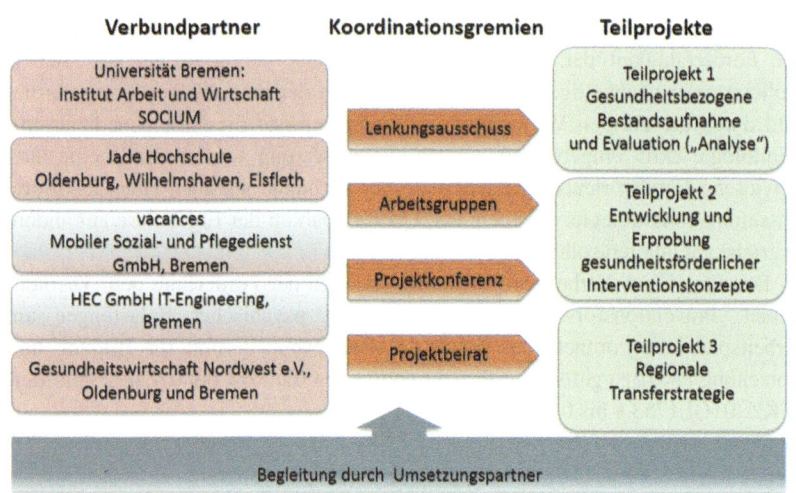

Abb. 1 Übersicht der Projektstruktur mit Verbundpartnern, zentralen Gremien als auch der drei Teilprojekte. (Eigene Darstellung)

3. Formative und summative, quantitative und qualitative Evaluation der entwickelten und erprobten gesundheitsbezogenen Interventionen unter Einbindung der arbeitsmedizinischen Expertise
4. Durchführung einer Regionalanalyse zur Vornahme von Aussagen zur Übertragbarkeit der Ergebnisse
5. Regionale und zielgruppenspezifische Verbreitung der Interventionskonzepte (Breiten- und Tiefentransfer) einschließlich Erfolgskontrolle
6. Entwicklung von Praxishilfen für kleine und mittlere Unternehmen (Handlungsleitfäden, Unternehmenscheck)
7. Erarbeitung eines arbeitswissenschaftlichen Rahmenkonzepts zur gesundheitsförderlichen Gestaltung flexibler Interaktionsarbeit" (Becke 2018, S. 8).

Das Verbundprojekt FlexiGesA wurde durch das Institut Arbeit und Wirtschaft (Universität Bremen) koordiniert. Die Gesamt- und Teilziele im Verbundprojekt verfolgen die Beteiligten durch die gemeinsame Bearbeitung der drei Teilprojekte, wie aus der Abb. 1 deutlich wird:

- Im Teilprojekt 1 „Gesundheitsbezogene Bestandsaufnahme und Evaluation", das durch die Jade Hochschule koordiniert wird, steht die Frage im Zentrum, welche psychischen Arbeitsbelastungen, Gesundheitsressourcen und Bewältigungsmuster von Beschäftigten im Rahmen der qualitativen und quantitativen, gesundheitsbezogenen Bestandsaufnahme bei den Unternehmenspartnern identifiziert werden können.
- Im Teilprojekt 2 „Entwicklung und Erprobung gesundheitsförderlicher Interventionskonzepte", in der Federführung des Instituts Arbeit und Wirtschaft (Universität Bremen), wird der Frage nachgegangen, welche gesundheitsförderlichen Interventionskonzepte und Praxishilfen können in Bezug auf flexible Interaktionsarbeit und psychische Belastungen auf Unternehmensebene entwickelt werden.
- Im Teilprojekt 3 „Regionale Transferstrategie", geleitet durch die Gesundheitswirtschaft Nordwest e. V., wird der Frage nachgegangen, wie die entwickelten Interventionskonzepte und Praxishilfen regional und zielgruppenspezifisch übertragen, evaluiert und verbreitet werden können.

4.2 Das Studiendesign des Verbundprojektes

Zu Beantwortung der umfassenden Fragestellungen wurde ein Mixed-Methods-Design zugrunde gelegt, dass sich aus den drei Teilprojekten zusammensetzt und mithilfe unterschiedlicher qualitativer und quantitativer Methoden bearbeitet wurde (Becke 2018, S. 9 ff.).

Wie weiter oben bereits ausgeführt wurde, richtet sich der Fokus im Teilprojekt 1 auf die qualitative wie quantitative Bestandsaufnahme von Arbeitsbelastungen, Gesundheitsressourcen und Bewältigungsmustern von Beschäftigten aus den Teilbranchen IT-Services und ambulante soziale Dienste. In die Bestandsaufnahme wurden arbeits- und gesundheitswissenschaftliche Erhebungen und die arbeitsmedizinische Sichtung bereits vorhandener Gefährdungsbeurteilungen in den Unternehmen integriert. Ergänzt wurden diese betrieblichen Bestandsaufnahmen durch eine qualitativen Regionalanalyse. Durch diese Befragung wurden die Erfahrungen und Erwartungen in Bezug auf die Prävention psychischer Belastungen in der interaktiven Dienstleistungsarbeit sowie die regionale Vernetzung der Unternehmen und strategischen Partner ermittelt (Stange et al. 2022). Des Weiteren sollte überprüft werden, inwiefern sich vor dem Hintergrund der Projektergebnisse arbeitswissenschaftliche Kriterien humaner Arbeitsgestaltung für flexible und interaktive Dienstleistungsarbeit eignen bzw. weiterzuentwickeln sind. Überdies sollte ein Rahmenkonzept für die gesundheitsförderliche Gestaltung flexibler und interaktiver Dienstleistungsarbeit erarbeitet werden (siehe Becke in diesem Band).

Innerhalb des Teilprojekt 2 erfolgte auf Basis der betrieblichen Bestandsaufnahmen die Auswahl betrieblicher Gestaltungsfelder aufseiten der Unternehmenspartner HEC und vacances. In diesen wurden gesundheitsförderliche Interventionskonzepte unter Beteiligung von Beschäftigten wie Führungskräften sowie in Kooperation mit dem iaw und dem Arbeitsmediziner forschungsbasiert entwickelt und erprobt. Die Arbeitsforschung orientierte sich hierbei am Forschungsansatz der dialogorientierten Praxisforschung, der auf die Selbstaufklärung von Beschäftigten und Führungskräften über ihre Arbeitsverhältnisse und Arbeitsbedingungen abzielt und diese als Subjekte der Forschungs-, Entwicklungs- und Gestaltungsprozesse beteiligt (vgl. Becke und Senghaas-Knobloch 2011; Bleses und Busse 2020). Die Interventionskonzepte wurden abschließend auf ihre Transferfähigkeit hin geprüft.

Aufbauend auf den ermittelten lokalen und branchenspezifischen Bedarfen wurden im Teilprojekt 3 zwei Praxisleifäden zur gesundheitsförderlichen Arbeitsgestaltung in ambulanten sozialen Diensten und zur agilen IT-Entwicklungsarbeit und ein online-Unternehmenscheck zur psychischen Gefährdungsbeurteilung konzipiert und die regionale Vernetzung gestärkt. Innerhalb des Teilprojektes bildete der regionale und branchenspezifische Breiten- und Tiefentransfer der Projektergebnisse eine Kernaufgabe. Der Tiefentransfer der Projektergebnisse und Interventionskonzepte richtete sich an die Referenzunternehmen und wurde qualitativ evaluiert (siehe hierzu Pöser und Becke 2022).

Im Teilprojekt 1 ist die summative und formative Evaluation, die sich auf quantitativen wie qualitativen Methoden und Auswertungsverfahren stützt, angesiedelt. Die Bestandsaufnahme fand bei den zwei Unternehmenspartnern HEC und vacances (Interventionsbetriebe) und fünf Referenzbetrieben zum ersten Erhebungszeitpunkt (t0) statt. Geplant war ursprünglich, unmittelbar im Anschluss an die zweijährige Entwicklung und Erprobung betrieblicher Interventionen bei den beiden Unternehmenspartnern, zwei weitere Erhebungszeitpunkte nach Abschluss der Interventionsphase (t1) und ein halbes Jahr später (t2) anzuschließen. So sollten Aussagen über die Wirksamkeit der Maßnahmen möglich sein, die im Teilprojekt 2 entwickelt und erprobt wurden. Diese wurden mithilfe des COPSOQ, z. B. anhand der Parameter Burnout und Präsentismus ermittelt (siehe Beitrag von Gerdau-Heitmann et al. in diesem Band). Parallel sollten auch die Referenzbetriebe befragt werden, um so einen unmittelbaren Vergleich zwischen den Betrieben mit und ohne Intervention zu erhalten. Aufgrund der Pandemie ließ sich dieses Vorgehen aber nicht wie ursprünglich geplant umsetzen (siehe Ausführungen weiter unten).

Als Referenzbetriebe konnten folgende Unternehmen gewonnen werden:

1. Aus dem Bereich der IT-Dienstleistungen:
   - Atacama Software Holding, Standort Bremen
   - Kommunale Datenverarbeitung Oldenburg (KDO)
2. Aus dem Bereich ambulanter sozialer Dienstleistungen:

   - Ambulante Pflege Landdienste GmbH (Dötlingen)
   - Johanniter-Unfall-Hilfe e. V., Landesverband Niedersachsen/Bremen (Elsfleth) und
   - Convivo Holding GmbH (Bremen).

Die Umsetzungspartner
Die Begleitung des Verbundprojekts fand während der gesamten Laufzeit engmaschig durch projektbezogene Umsetzungspartner statt. Bei der Gewinnung der Umsetzungspartner spielte einerseits der regionale Bezug eine Rolle, andererseits der Verantwortungsbereich, der möglichst alle bedeutsamen Akteure betrieblicher Gesundheitsförderung/Prävention und Interessensvertretungen abdecken sollte.

Erfreulicher Weise konnten so die AOK Niedersachsen mit Sitz in Hannover, die hkk Krankenkasse Bremen, die Arbeitnehmerkammer Bremen, der bpa – Bundesverband privater Anbieter sozialer Dienste e. V. Bremen/Bremerhaven, die VBG Verwaltungs-Berufsgenossenschaft (Hamburg), die BGW – Berufsgenossenschaft für Gesundheitsdienst und Wohlfahrtspflege (Hamburg), ver. di – Vereinte Dienstleistungsgewerkschaft (Hauptverwaltung Berlin) als auch die Kooperationsstelle Universität/Gewerkschaften der Carl von Ossietzky Universität Oldenburg gewonnen werden.

Der Projektbeirat
Der Beirat sollte das breite inhaltliche wie methodische Spektrum des Verbundprojektes abdecken. Mit der Besetzung der Beiratsmitglieder aus der VBG (Hamburg) (Dr. Monika Keller), der Arbeitnehmerkammer Bremen (Wolfgang Groß/Dr. Dennis Wernstedt), der BGW Hamburg (Dr. Maren Kersten), der hkk Bremen (Dr. Wolfgang Ritter) als auch den beiden hochschulischen Vertreter:innen Prof. Dr. Nadine Pieck (Hochschule Magdeburg/Institut für interdisziplinäre Arbeitswissenschaft der Universität Hannover) und Prof. Dr. Thomas Geisen (Hochschule für Soziale Arbeit, Fachhochschule Nordwestschweiz, Olten/CH) ist dies erfolgreich gelungen. Auf den jährlichen Projektkonferenzen wurde der Beirat eingeladen mitzudiskutieren und in den sich daran anschließenden Beiratssitzungen Empfehlungen für die weitere Arbeit auszu-

sprechen. Diese engmaschige Begleitung wurde von allen Projektpartnern als sehr positiv und gewinnbringend bewertet sowie als sehr konstruktiv und lösungsorientiert erlebt. Insbesondere die durch die Pandemie bedingten Anpassungen konnten so gemeinsam reflektiert werden.

5 „Lessons learned" – Forschung und Entwicklung in der Pandemie

Forschungs- und Entwicklungsprojekte, wie der FlexiGesA-Verbund, bilden zielorientierte, zeitlich begrenzte und komplexe Kooperationsgefüge, in denen neuartige Problemlösungen forschungsbasiert entwickelt, erprobt, evaluiert und möglichst prozessbegleitend in spezifische Anwendungsfelder transferiert werden sollen. Ihr Gelingen setzt zumindest tendenziell eine transdisziplinäre Kooperation zwischen wissenschaftlichen Forschungs- und betrieblichen Praxis- sowie Transferpartner:innen voraus. Das ist kein selbstlaufender Prozess. Vielmehr erfordert die Projektkooperation von allen Beteiligten, unterschiedliche Interessen, Motive und Perspektiven wechselseitig anzuerkennen, die Zusammenarbeit und dabei auftretende Probleme sowie Herausforderungen der Projektarbeit gemeinsam zu reflektieren, sodass differenzverträgliche wie konstruktive Forschungs- und Entwicklungsbeziehungen entstehen können (vgl. Nolten und Obermeyer 2021). Die vor Pandemiebeginn gemeinsame einjährige Kooperationsbasis erwies sich als bedeutsame Ressource dafür, ab März 2020 die neuen, pandemiebedingten Herausforderungen im Projektverbund konstruktiv zu bewältigen.

Die COVID-19-Pandemie stellte das FlexiGesA-Verbundprojekt vor tiefgreifende Herausforderungen, die zwei zentrale und miteinander verwobene Adaptionsleistungen der Forschung und Entwicklung erforderte:

1. Die Anpassung des Forschungsdesigns und der Forschungsmethoden: Hierbei bestand die besondere Herausforderung darin, das Design, die Methoden und den Forschungsprozess krisenbedingt so zu adaptieren bzw. weiterzuentwickeln, dass sich die originären Ziele des Forschungsvorhabens weiterhin realisieren ließen und zugleich die Bedarfe der Unternehmenspartner zur pandemiebedingten Krisenbewältigung berücksichtigt wurden.
2. Die Pandemie als Gegenstand der Forschung zu adressieren: Eine zentrale Anpassungsleistung bestand darin, zu entscheiden, inwieweit im Zuge der Coronapandemie emergente Veränderungen der Arbeitssituation und -bedingungen aufseiten der Unternehmenspartner und damit verbundene

Ansätze des betrieblichen Krisenmanagements analysiert und im weiteren Forschungs- und Entwicklungsprozess berücksichtigt werden sollten. Hierbei galt es, den Spagat zwischen der Orientierung an den originären Zielstellungen des Verbundprojekts auf der einen Seite und den neuen thematischen Herausforderungen der Coronapandemie auf der anderen Seite – bei begrenzten Forschungs- und Entwicklungskapazitäten – zu bewältigen.

5.1 Adaption des Forschungsdesigns und der Forschungsmethoden

Die Pandemie und die darauf bezogenen gesetzlichen Vorgaben zur Eindämmung des Infektionsgeschehens hatten zur Folge, dass aufseiten der Unternehmenspartner vorrangig negative ökonomische Folgen für die Wettbewerbsfähigkeit und Beschäftigungssicherheit (z. B. infolge von Auftragseinbrüchen) so weit wie möglich zu begrenzen sowie zugleich Hygiene- und Infektionsschutzkonzepte zu entwickeln und umzusetzen waren. Diese Herausforderungen absorbierten gerade zu Beginn der Pandemie weitgehend die betrieblichen Kapazitäten. In Kombination mit dem zeitweiligen und wiederholten Lockdown volkswirtschaftlicher Bereiche hatte dies zur Folge, dass Forschungs- und Entwicklungsarbeiten zwischen März und Mai 2020 nicht realisiert, ja zumindest bis in das Frühjahr 2021 hinein lediglich unter erschwerten Bedingungen und teilweise mit deutlichen zeitlichen Verzögerungen angegangen bzw. fortgeführt werden konnten. Besonders betroffen davon war die Entwicklung und Erprobung von Interventionen, die ein höheres Maß an zeitlich-räumlicher Kopräsenz der Beteiligten voraussetzten, wie die neu eingeführten Dienstbesprechungen im Bereich der ambulanten hauswirtschaftlichen Dienste oder die teambezogene Auslastungsplanung per Legoboards im Rahmen der agilen IT-Entwicklung.

Für die Anpassung des Forschungsdesigns erwies sich vor allem eine engmaschige Abstimmung zwischen den Projektbeteiligten als förderlich. So konnte die Fortentwicklung des Forschungsdesign – je nach Verlauf der Pandemie und der aktuellen gesetzlichen Vorgaben – adaptiv und reflexiv erfolgen. Bereits in 2020 wurde deutlich, dass die eingetretenen zeitlichen Verzögerungen der quantitativen wie qualitativen Forschungsarbeiten sich bei anhaltender Pandemie nicht ohne weiteres würden auffangen lassen. Daher erwies sich die Unterstützung des Projektträgers DLR als sehr hilfreich und zielführend, das Verbundprojekt und dessen Teilvorhaben um ein halbes Jahr verlängern zu können. Dies ermöglichte es, die originären Projektziele weitgehend zu realisieren und noch offene Arbeitspakete zu beenden.

Die Coronakrise erforderte es, nicht nur das Forschungsdesign insgesamt, sondern auch konkrete Forschungsmethoden anzupassen. Dies betraf vor allem den Bereich der qualitativ orientierten Arbeitsforschung. Ursprünglich in zeitlich-räumlicher Kopräsenz geplante Gruppendiskussionen mit Beschäftigten bzw. Führungskräften im Bereich der IT-Entwicklung erfolgten aus Gründen des Infektionsschutzes nun mediatisiert, d. h. mithilfe von Videokonferenzsystemen, oder im Rahmen neu zu entwickelnder hybrider Erhebungsformate, bei denen ein Teil der darin involvierten Beschäftigten und Führungskräfte sich vor Ort im Betrieb befand, ein anderer Teil online per Videokonferenzsystem zugeschaltet wurde. Diese Erhebungsformen sind mit Blick auf ihre Angemessenheit für die intendierte qualitative Arbeitsforschung ambivalent zu beurteilen: Auf der einen Seite ermöglichen sie ein „Notprogramm" (Schiek et al. 2022, S. 28) zu verfolgen, d. h. sich in der Pandemie auf die den widrigen Umständen entsprechenden Methodenoptionen zu beschränken. Aus einer solchen Perspektive geraten vor allem methodische Begrenzungen mediatisierter im Vergleich zu raum-zeitlich kopräsenten Formen der Datenerhebung in den Blick. Solche Begrenzungen wurden bei mediatisierten bzw. hybriden Formen der Gruppendiskussionen deutlich. So ermöglicht die Nutzung von Videokonferenzsysteme zwar, Gruppendiskussionen bei Gleichzeitigkeit mit örtlich verteilten Teilnehmenden durchzuführen. Die Qualität der erhobenen qualitativen Daten ist hierbei aber in zumindest zweifacher Weise beeinträchtigt:

- Die an mediatisierten Gruppendiskussionen teilnehmenden Personen lassen sich nur ausschnitthaft wahrnehmen, da ein umfassenderer Wahrnehmungszugang, der die Leiblichkeit der Personen einschließlich ihrer Mimik und Gestik umfänglicher einschließt, nicht möglich ist (vgl. Tratschin 2020). Dies bedeutet, dass mimische und gestische bzw. leibliche Reaktionen und Darstellungsweisen von Teilnehmenden hier nur begrenzt erfasst werden können. Damit entfällt eine für die qualitative Forschung relevante Datenquelle, die es erlaubt, Aussagen des Teilnehmenden stärker zu kontextualisieren und vertiefend zu interpretieren.
- Eine weitere Begrenzung mediatisierter Gruppendiskussionen resultiert daraus, dass der Zugang zur „gemeinsamen kommunikativen Konstruktion von Wirklichkeit" (Reichertz 2021, S. 322) eingeschränkt ist. So lässt sich in Gruppendiskussionen mithilfe von Videokonferenzsystemen nicht beobachten, wie die Teilnehmenden in der Gesprächssituation miteinander interagieren und sich wechselseitig aufeinander beziehen, insbesondere über ihr körperliches Ausdrucksverhalten und ihren Blickkontakt, d. h. das „Einander-Anblicken" (Reichertz 2021, S. 324) als informelle Form der Handlungskoordination.

Gerade die Beobachtung der Interaktionsdynamik zwischen den Beteiligten kann jedoch eine für die qualitative Arbeitsforschung relevante Datenquelle bilden, da sie z. B. Einblicke in informelle Machtasymmetrien oder in wechselseitige sozioemotionale Verstrickungen zwischen Beteiligten (vgl. Goffman 2001) gewähren kann. Überdies gelingt es – nach unserer Erfahrung – in durch zeitlich-räumliche Kopräsenz geprägten Erhebungssituationen eher, introvertierte Interviewpartner:innen angemessen einzubeziehen als bei technisch vermittelten Erhebungen.

Gleichwohl können sich technisch vermittelte Erhebungen je nach Kontext durchaus als situativ angemessene Erhebungsformate erweisen, insbesondere wenn sie an betriebliche Arbeitskulturen anschlussfähig sind. So wurden im FlexiGesA-Verbundprojekt pandemiebedingt Videokonferenzsysteme zur psychischen Gefährdungsermittlung eingesetzt. Als Beispiel lässt sich die ‚Gesundheitsretrospektive' anführen, die als moderierter und geschützter Dialograum gestaltet war, in dem Mitglieder eines IT-Entwicklungsteams ihre Arbeitssituation reflektierten und Ideen zur gesundheitsförderlichen Arbeitsgestaltung erörterten. In dieser mediatisierten Gesprächssituation, die von Forschenden passiv-teilnehmend beobachtet wurde, brachten Teilnehmende auch für sie ‚heikle' Arbeitsbelastungen zur Sprache. Dies weist darauf hin, dass Beschäftigte in der ‚digitalen Arbeitskultur' des Unternehmens durchaus auch mediatisierte und geschützte Dialogräume für einen vertrauensbasierten Austausch nutzen, dieser also aus ihrer Sicht nicht zwingend zeitlich-räumliche Kopräsenz voraussetzt. Spätestens seit Beginn der Pandemie sammelten Beschäftigte Erfahrungen mit einem digital gerahmten vertrauensbasierten kollegialen Austausch im Rahmen projektbezogener Retrospektiven.

5.2   Thematische Adaption der Forschung und Entwicklung in der Pandemie

Die Pandemie bedeutete – wie bereits beschrieben – eine gravierende Irritation des Forschungs- und Entwicklungsprozesses, zumal sie allen Verbundpartnern ein hohes Maß an Unsicherheit zumutete. Hierbei stellte sich die Frage, wie forschungsstrategisch mit der Pandemie und den damit verbundenen Veränderungen der Arbeitsbedingungen umzugehen sei. Die Verbundpartner:innen entschlossen sich dazu, die Herausforderungen der Pandemie aktiv in den Forschungs- und Entwicklungsprozess zu integrieren. Hierzu wurden zum einen – wie beschrieben – vorhandene Erhebungsmethoden angepasst und z. T. auch neue kreiert, wie quantitative

Kurzbefragungen in beiden Interventionsunternehmen oder so genannte ‚Corona-Workshops' mit Beschäftigten der ambulanten sozialen Dienste; beide Formate dienten dazu, Veränderungen der Arbeitssituation während der Pandemie zu erfassen, um die Entwicklung gesundheitsförderlicher Interventionen daraufhin zu adaptieren. Grundlage dafür bildet eine Ergänzung und Erweiterung des Themenfokus im Rahmen des Verbundprojekts: ins Blickfeld der Forschung wurden nun auch die betriebliche Krisenbewältigung und die pandemiebedingte Veränderung der Arbeitsqualität der Beschäftigten in beiden Interventionsbetrieben genommen, einschließlich ihrer psychosozialen Belastungssituation und der Veränderung von Gesundheitsressourcen (vgl. Becke et al. 2021, 2022). Diese Entscheidung der Fokuserweiterung erwies sich als innovativer Schritt, da u. a. durch die Pandemie induzierte Veränderungen der Arbeitsorganisation, wie die Entwicklung hybrider Arbeitskonzepte, in den Blick genommen werden konnten.

6 Übergreifende Gemeinsamkeiten gesundheitsförderlicher Arbeitsgestaltung

Trotz der Verschiedenheit interaktiver und flexibler Dienstleistungsarbeit in der agilen IT-Entwicklung und in ambulanten haushaltsnahen Diensten für pflege- und hilfsbedürftige Klient:innen lassen sich gestaltungsorientierte Gemeinsamkeiten identifizieren. Zu vermuten ist, dass die Gestaltungsansätze sich gerade aufgrund der Unterschiedlichkeit der beiden Arbeitsformen für ein breiteres Spektrum flexibler und interaktiver Dienstleistungsarbeit als relevant erweisen. Vier übergreifende Gemeinsamkeiten für eine gesundheitsförderliche Gestaltung flexibler und interaktiver Dienstleistungsarbeit werden im Folgenden beschrieben:

- Anschlussfähige sozial innovative Strukturen entwickeln,
- Grenzregulation unterstützen und Interaktionsspielräume erweitern,
- Sinnansprüche an Arbeitsqualität und Gebrauchswertorientierung anerkennen,
- Gesundheitsressourcen entwickeln

6.1 Anschlussfähige sozial innovative Strukturen entwickeln

In beiden Interventionsunternehmen wurden im Rahmen des FlexiGesA-Verbundprojekts gesundheitsförderliche Strukturen und Verfahren geschaffen, die auf der einen Seite an etablierte betriebliche Praktiken sowie Arbeits- und

Kooperationsroutinen anschlossen, auf der anderen Seite soziale Innovationen hervorbrachten. Soziale Innovationen bezeichnen hier „die intendierte Entwicklung neuer und die Rekombination vorhandener sozialer Praktiken in spezifischen sozialen Handlungsfeldern und auf deren unterschiedlichen Handlungsebenen, welche die Fähigkeiten von Akteuren erhöhen, mit Herausforderungen besser als zuvor umgehen zu können" (Becke et al. 2016, S. 15 f.). Im Falle des IT-Dienstleisters wurde beispielweise die in Scrum-Verfahren übliche und betrieblich etablierte Kommunikations- und Reflexionsroutine der projektbezogenen Retrospektive aufgegriffen, um diese zur Gesundheitsretrospektive weiterzuentwickeln. Gesundheitsretrospektiven werden auf Teamebene und für spezifische Tätigkeitsgruppen eingesetzt, um eine kontinuierliche Durchführung psychischer Gefährdungsbeurteilungen bei agiler IT-Entwicklung zu ermöglichen. Innerbetrieblich gestützt und koordiniert wird die Anwendung dieses Instruments durch eine kleine Arbeitsgruppe, die betriebliche Fachpromotor:innen und Entscheidungsträger:innen vereint (siehe hierzu Rolfes und Brandes in diesem Band). Diese sind in allen betrieblich relevanten Gremien vertreten, sodass Aspekte der gesundheitsförderlichen Arbeitsgestaltung als Querschnittsinhalte in diese Gremien eingebracht werden können.

Bei dem ambulanten sozialen Dienstleister wurden sozialen Praktiken des Personalmanagements, die bereits im Geschäftsfeld der ambulanten Pflege verankert waren, gesundheitsorientiert adaptiert auf den Bereich der ambulanten hauswirtschaftlichen Dienste. So wurde dort u. a. die Praktik der regelmäßigen, durch Führungskräfte moderierten Dienstbesprechungen mit Mitarbeitenden eingeführt (siehe hierzu Garbers in diesem Band). Der sozial-innovative Charakter der Dienstbesprechungen bestand darin, dass diese die Möglichkeit boten, die Grenzen der Alleinarbeit bei haushaltsnahen Dienstleistungen zurückzunehmen, indem Möglichkeiten des Austausches zwischen Beschäftigten sowie zwischen diesen und ihren Führungskräften geschaffen wurden. Dieser neue Dialograum ermöglichte es den Haushaltshilfen auch, psychisch belastende Arbeitssituationen zu reflektieren, sich mit Rat und Ideen beiseite zu stehen, um besonders herausfordernde Arbeitssituationen in Privathaushalten besser zu bewältigen und schließlich durch die Anerkennungskommunikation und Unterstützung der Führungskräfte soziale Wertschätzung zu erfahren. Die in FlexiGesA entwickelten sozialen Innovationen wirkten zum Teil auch auf den Bereich der ambulanten Pflege zurück, wie das Beispiel der neu ausgerichteten und gesundheitsorientierten Jahresgespräche zwischen Mitarbeitenden und ihren Führungskräften verdeutlicht, die zunächst im Geschäftsfeld der haushaltsnahen Dienste erprobt, dann aber für die ambulante Pflege adaptiert wurden.

6.2 Grenzregulation unterstützen und Interaktionsspielräume erweitern

Beide Arbeitsformen interaktiver und flexibler Dienstleistungsarbeit sind durch relativ große zeitliche und arbeitsinhaltliche Autonomiespielräume gekennzeichnet. Jedoch erweist sich die Arbeitsautonomie per se nur begrenzt als gesundheitsförderliche Ressource. Vielmehr wird sie teilweise durch die interaktiven Arbeitsanforderungen eingeschränkt, denn die Interaktionsarbeit mit Kund:innen und Klient:innen bedeutet u. a., deren Anliegen zu berücksichtigen und sich mit diesen abstimmen zu müssen. Dies kann unter Umständen die Arbeitsautonomie und die damit verbundenen Möglichkeiten der gesundheitserhaltenden Handlungsregulation beeinträchtigen: sei es, weil Beschäftigte ihre eigenen Belastungsgrenzen überschreiten, um einen möglichst hohen Gebrauchswert für Kund:innen und Klient:innen zu realisieren; sei es, weil Kund:innen und Klient:innen bestrebt sind, einen Zusatznutzen für sich zu realisieren, der das vertraglich vereinbarte Leistungsspektrum überschreitet. Überdies können auch Kolleg:innen oder Führungskräfte die Autonomiespielräume von Teams oder Arbeitspersonen beschränken, indem sie versuchen, ihnen nicht vorher eingeplante Arbeitsaufgaben zu übertragen. Solche Einschränkungen der Arbeitsautonomie bei flexibler und interaktiver Dienstleistungsarbeit konnten im Falle der agilen IT-Entwicklung bzw. der haushaltsnahen Dienste identifiziert werden.

Gesundheitsförderliche Gestaltungsansätze, die im FlexiGesA-Verbundprojekt in Bezug auf diese Problematik entwickelt wurden, setzen erstens daran an, die Grenzregulation der Beschäftigten in der interaktiven und flexiblen Dienstleistungsarbeit gegenüber Kund:innen, Klient:innen oder betrieblichen Kooperationspartner:innen zu stärken und zu unterstützen. Zweitens orientieren sie sich daran, Beschäftigten arbeitsbezogene Interaktionsspielräume zu gewähren bzw. diese auszuweiten. Interaktionsspielräume in der Arbeit bezeichnen Freiheitsgrade, über die Beschäftigte in der interaktiven Dienstleistungsarbeit verfügen, um die Arbeit mit bzw. an Dienstleistungsnehmenden selbstgesteuert zu gestalten (vgl. Becke in diesem Band; Dormann et al. 2002).

Im Rahmen des FlexiGesA-Verbundprojekts wurde die Grenzregulation der selbstorganisierten IT-Entwicklungsteams durch die Einführung von Legoboards gestärkt. Diese ermöglichten ihnen auf Teamebene eine erhöhte Transparenz über ihre kurz- und mittelfristige Arbeits- und Auslastungsplanung. Das Legoboard konnten sie intern für eine verbesserte Auslastungs- und Anforderungssteuerung einsetzen und auch bei externen oder internen auftragsbezogenen Anfragen als Argumentationshilfe verwenden, um solche Anfragen im Abgleich mit der Verfügbarkeit eigener bzw. teambezogener zeitlicher Kapazitäten und Arbeitsmenge zu beantworten. Dadurch ließ sich die Handlungssicherheit der Projektteams im Umgang mit auftragsbezogenen Anfragen erhöhen (vgl. Rolfes und Brandes in diesem Band).

Im Falle der haushaltsnahen Dienste wurde die Grenzregulation der Hauswirtschaftskräfte gegenüber Klient:innen und deren Angehörigen gestärkt, indem sie bei Konflikten mit Klient:innen auf die soziale Unterstützung der Koordinator:innen als neu geschaffener Führungsgruppe zurückgreifen konnten. Die Koordinator:innen erwiesen sich auch im Arbeitsalltag der Haushaltshilfen als stets ansprechbar, um sich über arbeitsbezogene Probleme auszutauschen oder Unterstützung zu erhalten. Eine solche Grenzregulation durch mittlere Führungskräfte im Falle der Konflikteskalation existiert auch innerhalb des IT-Dienstleisters. Eine unterstützende Grenzregulation durch Führungskräfte hat allerdings spezifische Voraussetzungen, wie entsprechende (zeitliche) Ressourcen und (trianguläre) Kompetenzen der Führungskräfte, um diese Aufgabe wahrnehmen zu können (vgl. Becke 2020b).

Bei beiden Interventionsunternehmen verfügten die Beschäftigten über arbeitsbezogene Interaktionsspielräume zur Gestaltung ihrer Interaktionsarbeit mit Kund:innen oder Klient:innen. Diese bestanden vor allem in ihren hohen Freiheitsgraden für ein situativ-flexibles Verhalten gegenüber Dienstleistungsnehmenden. Dies schloss auch die Möglichkeit ein, sich gegenüber letzteren abzugrenzen. Damit verbunden war die Möglichkeit, je nach Situation auch negative Arbeitsemotionen (z. B. Verärgerung) gegenüber Dienstleistungsnehmenden auszudrücken. Überdies konnten die Haushaltshilfen die weitere Kooperation mit Klient:innen ablehnen, wenn sie durch diese diskriminiert oder sexuell belästigt wurden oder die Kooperations- und Vertrauensbasis durch Konflikte erodiert war.

6.3 Sinnansprüche an Arbeitsqualität und Gebrauchswertorientierung anerkennen

Bei interaktiver Dienstleistungsarbeit beziehen sich Sinnansprüche von Beschäftigten nicht nur auf eine gute Arbeitsqualität im Sinne existenzsichernder, persönlichkeits- und gesundheitsförderlicher Arbeit, sondern auch darauf, für Dienstleistungsnehmende einen hohen bzw. angemessenen Gebrauchswert zu realisieren. Die betriebliche Anerkennung der Gebrauchswertorientierung von Beschäftigten bildet daher einen wichtigen Ansatzpunkt gesundheitsförderlicher Arbeitsgestaltung bei interaktiven Dienstleistungen (vgl. Böhle et al.

2015). Sie bildete auch in beiden Interventionsbetrieben eine gesundheitsförderliche Ressource, da Beschäftigte auf dieser Basis zugleich ihre (berufs)ethischen
Ansprüche an die Dienstleistungsarbeit zu realisieren vermochten. Im Falle der
IT-Entwicklungsarbeit bestanden diese Ansprüche z. B. darin, für Kund:innen
Software mit möglichst hohen Nutzenpotenzialen zu entwickeln. Im ambulanten
hauswirtschaftlichen Bereich erkannten die Führungskräfte, die Sinnansprüche
der Beschäftigten an, sich in ihrer Arbeit auch fürsorglich um die pflege- und
hilfsbedürftigen Klient:innen kümmern zu können. Diese Anerkennung richtete
sich damit auf einen Tätigkeitsbereich der Haushaltshilfen, der im Vergleich zu
ihren instrumentellen Arbeitstätigkeiten quasi unsichtbar ist, aber für die Arbeitsorientierung der Beschäftigten von zentraler Bedeutung ist.

Die Bedeutung der Gebrauchswertorientierung als Gesundheitsressource
kann allerdings beeinträchtigt werden, wenn Beschäftigte im Sinne ‚interessierter
Selbstgefährdung' (vgl. Peters 2011) ihre eigenen Belastungsgrenzen überschreiten, um für Dienstleistungsnehmende einen möglichst hohen Nutzen zu
stiften. Gesundheitsorientierte Reflexions- und Dialogräume, wie Gesundheitsretrospektiven oder Workshops zur Arbeitssituationsanalyse, können dazu beitragen, solche problematischen Bewältigungsmuster von Arbeitsanforderungen zu
reflektieren und zu verändern.

6.4   Gesundheitsressourcen entwickeln

Im Rahmen des FlexiGesA-Verbundprojekts war die Entwicklung und Erprobung
gesundheitsförderlicher Interventionen eingebunden in eine Vorgehensweise, die
sich am Verfahren der Gefährdungsbeurteilung orientierte. Generell fokussiert
die (psychische) Gefährdungsbeurteilung gesundheitsbezogene Gefährdungs-
potenziale und -risiken. Die Gefährdungsbeurteilung als ein zentrales Instrument
des Arbeitsschutzes orientiert sich an der Leitidee der Prävention, d. h. der
Vermeidung und Verhütung von Gesundheitsrisiken für Beschäftigte und der
Gefahrenabwehr. In dieser Perspektive werden arbeitsbezogene Gesundheitsressourcen oftmals eher nachrangig betrachtet. Gesundheitsressourcen
bezeichnen „Faktoren in der Person und in der Umwelt, auf die das Individuum
bei Bedarf zurückgreifen kann, um die Gesundheit zu erhalten oder, bei einer
Störung, wiederherzustellen" (Greiner 1998, S. 50).

Die Interventionsstrategie des FlexiGesA-Verbundprojekts verfolgte eine
duale Orientierung, die sich an der Prävention bzw. Reduzierung psycho-
physischer Gesundheitsgefährdungen sowie an der Entwicklung und
Regeneration von Gesundheitsressourcen ausrichtete; der projektbezogene

Schwerpunkt lag auf verhältnispräventiven Maßnahmen. Neben psycho-physischen Gesundheitsgefährdungen, wie Arbeitsintensivierung oder Lärm am Arbeitsplatz, wurden auch systematisch arbeitsbezogene Gesundheitsressourcen ermittelt. So enthielten die quantitativen wie qualitativen Erhebungsinstrumente stets Fragen zu möglichen Gesundheitsressourcen. Darüber hinaus wurde im Projekt das dialogorientierte Verfahren der Ressourcenlandkarte entwickelt und in einem Workshop mit Beschäftigten des IT-Dienstleisters erprobt[2].

Ebenso zielte die Entwicklung und Erprobung gesundheitsorientierter Interventionen darauf ab, ermittelte Gesundheitsgefährdungen zu reduzieren und Gesundheitsressourcen zu entwickeln. Beispiele hierfür sind die Förderung der Handlungssicherheit von Beschäftigten mit Blick auf zu bewältigende Arbeitsanforderungen flexibler und interaktiver Dienstleistungsarbeit oder die Stärkung der Arbeitsautonomie und der Grenzregulation von Beschäftigten an Schnittstellen zu internen Kooperationspartner:innen wie zu Dienstleistungsnehmenden. Die Ressourcenorientierung der FlexiGesA-Interventionsstrategie kommt schließlich in ihrem partizipativen Gestaltungsansatz zum Ausdruck, denn Mitarbeitende beider Interventionsbetriebe waren an der Ermittlung von Gesundheitsgefährdungen und -ressourcen sowie an der Entwicklung und Erprobung gesundheitsförderlicher Maßnahmen systematisch beteiligt. Der partizipative Gestaltungsansatz ermöglichte den einbezogenen Mitarbeitenden Selbstwirksamkeit und Anerkennung als Gestaltungssubjekte ihrer Arbeitsbedingungen zu erfahren.

Die Coronapandemie verdeutlichte allerdings, dass einmal entwickelte bzw. vorhandene Gesundheitsressourcen nicht als zeitlich stabil vorausgesetzt werden können. Ein Beispiel bildet die Schwächung der Unterstützungsressource sozialer Zugehörigkeit durch die Verlagerung von IT-Entwicklungsarbeiten ins Homeoffice der Beschäftigten (vgl. Zenz et al. in diesem Band). Vielmehr können neue (pandemiebedingte) Anforderungen Gesundheitsressourcen beeinträchtigen. Daher kommt es in der Unternehmens- und Gestaltungspraxis darauf an, die ressourcenorientierte Aufmerksamkeit nicht nur auf die Entwicklung von Gesundheitsressourcen, sondern auch auf ihren Erhalt bzw. ihre Regeneration zu lenken (vgl. Hobfoll et al. 1990).

---

[2] Auf der Website des FlexiGesA-Verbundprojekts stehen die beiden Praxisleitfäden zur gesundheitsförderlichen Arbeitsgestaltung in der agilen IT-Entwicklung und den ambulanten sozialen Dienste ebenso wie der Unternehmenscheck zur psychischen Gefährdungsbeurteilung kostenfrei zur Nutzung bzw. als Downloads bereit: https://www.flexigesa.de.

7   Zum Aufbau des Herausgeberbands

Der vorliegende Herausgeberband ist untergliedert in drei größere Bereiche. Der erste Bereich umfasst diesen einführenden Beitrag sowie die konzeptionellen Überlegungen und explorative empirische Befunde zu betrieblichen Interaktionsordnungen interaktiver und flexibler Dienstleistungsarbeit. Im Mittelpunkt des zweiten Bereichs steht die Präsentation arbeits- und gesundheitswissenschaftlicher Kernergebnisse des FlexiGesA-Verbundprojekts. Davon bezieht sich ein Beitrag auf die quantitativen Evaluationsergebnisse zu den erfolgten Interventionen, während in drei Beiträgen qualitative Kernergebnisse des Verbundprojekts präsentiert werden. Überdies werden in einem Beitrag die transferbezogenen Erkenntnisse aus dem FlexiGesA-Verbundprojekt vorgestellt. Diese projektbezogenen Beiträge werden ergänzt um einen Beitrag, der sich auf Einfacharbeit im Dienstleistungssektor der Schweiz bezieht. Das FlexiGesA-Verbundprojekt nahm die Perspektive der Einfacharbeit in sozialen Dienstleistungen auf, da Einfacharbeit als Arbeitstypus, der keine formalen Qualifikationen voraussetzt, im Bereich der ambulanten haushaltsnahen Dienste dominierte.

Der dritte Teil dieses Bands umfasst vier Beiträge, die primär gestaltungsorientiert ausgerichtet sind und sich auf das FlexiGesA-Verbundprojekt beziehen. Ihr gemeinsamer Fluchtpunkt bildet die Frage, wie interaktive und flexible Dienstleistungsarbeit gesundheitsförderlich gestaltet werden kann. Dabei werden unterschiedliche Ansatzpunkte und Facetten der gesundheitsförderlichen Gestaltung verfolgt: Sie beziehen sich – aus der Perspektive der betrieblichen Praxis – auf primär verhältnisorientierte Maßnahmen der gesundheitsförderlichen Arbeitsgestaltung in den Bereichen agiler IT-Entwicklungsarbeit und ambulanter sozialer Dienste. Dieser Teil des Bands wird abgerundet durch zwei gestaltungsorientierte und zugleich konzeptionelle Beiträge, die sich mit der Kompetenzentwicklung für selbstgesteuertes Arbeiten im Homeoffice sowie mit Gender als zentraler Kategorie der gesundheitsfördernden Gestaltung von Interaktionsarbeit befassen.

Die einzelnen Beiträge weisen Zusammenfassungen auf, sodass hier darauf verzichtet wurde, die Beiträge zu skizzieren.

Wir möchten uns an dieser Stelle besonders bei den Führungskräften und Beschäftigten der Unternehmenspartner:innen und der Referenzunternehmen sowie des Transferpartners für die gute Forschungs- und Entwicklungszusammenarbeit bedanken. Des Weiteren möchten wir den wissenschaftlichen Mitarbeiter:innen und Kolleg:innen, sowie den studentischen Mitarbeitenden für die konstruktive und erfolgreiche Zusammenarbeit bzw. Unterstützung sehr danken. Das FlexiGesA-Verbundprojekt hat durch die Kooperation mit institutionellen Umsetzungspartner:innen, Expert:innen im Bereich des Arbeits- und Gesundheitsschutzes sowie durch die reflektierte und sehr konstruktive Begleitung durch den Projektbeirat sehr gewonnen. Ihnen allen möchten wir an dieser Stelle sehr danken. Herrn Dr. Michael Ebert vom Projektträger DLR gilt unser besonderer Dank für die sehr konstruktive und stets hilfreiche Begleitung des FlexiGesA-Verbundprojekts.

Literatur

Baethge, Martin. 2011. Qualifikation, Kompetenzentwicklung und Professionalisierung im Dienstleistungssektor. WSI-Mitteilungen 64(9): 447–455.

Becke, Guido. 2018. Ethikantrag für das Forschungs- und Entwicklungsvorhaben Flexible Dienstleistungsarbeit gesundheitsförderlich gestalten (FlexiGesA). Bremen: Universität Bremen.

Becke, Guido. 2020a. Agile Arbeitskonzepte – Zwischen Rationalisierung und gesundheitssensibler Gestaltung. In Agilität? Herausforderungen neuer Konzepte der Selbstorganisation, Hrsg. Stephanie Porschen-Hueck, Marc Jungtäubl und Margit Weihrich, 127–149. Augsburg und München: Rainer Hampp Verlag.

Becke, Guido. 2020b. Führung von unten. Problemanzeigen und ressourcenorientierte Gestaltungsansätze. Supervision 38(2): 3–7.

Becke, Guido und Eva Senghaas-Knobloch. 2011. Dialogorientierte Praxisforschung in organisatorischen Veränderungsprozessen. In Arbeitssituationsanalyse, Band 2: Praxistaugliche Beispiele und Methoden, Hrsg. Christina Meyn, Gerd Peter, Uwe Dechmann, Arno Georg und Olaf Katenkamp, 383–405. Wiesbaden: Springer VS.

Becke, Guido, Peter Bleses und Monika Goldmann. 2016. Soziale Innovationen – eine neue Perspektive für die Arbeitsforschung im Feld sozialer und gesundheitsbezogener Dienstleistungen. In Zusammen – Arbeit – Gestalten. Soziale Innovationen in sozialen und gesundheitsbezogenen Dienstleistungen. Hrsg. Guido Becke, Peter Bleses, Frerich Frerichs, Monika Goldmann, Barbara Hinding und Martin K. W. Schweer, 9–31. Wiesbaden: Springer VS.

Becke, Guido, Stephanie Pöser und Cora Zenz. 2021. Organisationale Resilienz und Gesundheitserhalt in der Corona-Krise. In Fehlzeiten-Report 2021: Betriebliche Prävention stärken – Lehren aus der Pandemie, Hrsg. Bernhard Badura, Antje Ducki, Helmut Schröder und Markus Meyer, 233–245. Berlin: Springer.

Becke, Guido, Britta Busse, Cora Zenz, Stephanie Pöser, Sarah Mümken, Christel Schicktanz und Cornelia Gerdau-Heitmann. 2022. Die Coronapandemie: Gesundheitliche Ungleichheit und betriebliches Krisenmanagement – ein Vergleich sozialer und technischer Dienstleistungen. Arbeit 31(1/2): 155–174.

Bélanger, Jacques, and Paul Edwards. 2013. The Nature of Front-Line Service Work: Distinctive Features and Continuity in the Employment Relationship. Work, Employment and Society 27(3): 433–450.

Berger, Johannes und Claus Offe. 1980. Die Entwicklungsdynamik des Dienstleistungssektors. Leviathan 8(1): 41–75
Berger, Ulrike und Claus Offe.1981. Das Rationalisierungsdilemma der Angestelltenarbeit. Arbeitssoziologische Überlegungen zur Erklärung des Status von kaufmännischen Angestellten aus der Eigenschaft ihrer Arbeit als ,Dienstleistungsarbeit'. Geschichte und Gesellschaft, 7: 39–58, Sonderheft: Angestellte im europäischen Vergleich. Die Herausbildung angestellter Mittelschichten seit dem späten 19. Jahrhundert.
Bleses, Peter. 2008. Die Sozialintegration flexibler Erwerbsformen: Das Beispiel Alleinselbstständigkeit. In *Soziale Nachhaltigkeit in flexiblen Arbeitsstrukturen. Problemfelder und arbeitspolitische Gestaltungsperspektiven*, Hrsg. Guido Becke, 107–122. Berlin: LIT.
Bleses, Peter und Britta Busse. 2020. Digitalisierung der Pflegearbeit in der ambulanten Pflege: Herausforderungen und Gestaltungsmöglichkeiten guter Arbeitsqualität. In *Digitalisierung der Arbeit in der Langzeitpflege als Veränderungsprojekt*, Hrsg. Peter Bleses, Britta Busse und Andreas Friemer, 49–64. Berlin: Springer.
Bleses, Peter und Kristin Jahns. 2016. Soziale Innovationen in der ambulanten Pflege. In *Zusammen – Arbeit – Gestalten. Soziale Innovationen in sozialen und gesundheitsbezogenen Dienstleistungen*, Hrsg. Guido Becke, Peter Bleses, Frerich Frerichs, Monika Goldmann, Barbara Hinding und Martin K.W. Schweer, 127–144. Wiesbaden: Springer
BMBF (2016). *Förderinitiative „Gesund – ein Leben lang": Richtlinie zur Förderung von Forschungsverbünden zur Gesundheit in der Arbeitswelt*. Siehe unter https://www.gesundheitsforschung-bmbf.de/de/6499.php (16.5.2022).
Böhle, Fritz. 2017. Subjektivierendes Handeln – Anstöße und Grundlagen. In *Arbeit als Subjektivierendes Handeln. Handlungsfähigkeit bei Unwägbarkeiten und Ungewissheit*, Hrsg. Fritz Böhle, 3–34. Wiesbaden: Springer.
Böhle, Fritz und Margit Weihrich. 2020. Das Konzept der Interaktionsarbeit. Zeitschrift für Arbeitswissenschaft. https://doi.org/10.1007/s41449-020-00190-2.
Böhle, Fritz, Jürgen Glaser und André Büssing. 2006. Interaktion als Arbeit – Ziele und Konzept des Forschungsverbundes. In *Arbeit in der Interaktion – Interaktion als Arbeit. Arbeitsorganisation und Interaktionsarbeit in der Dienstleistung*, Hrsg. Fritz Böhle und Jürgen Glaser, 25–41. Wiesbaden: VS Verlag.
Böhle, Fritz, Ursula Stöger und Margit Weihrich. 2015. *Interaktionsarbeit gestalten. Vorschläge und Perspektiven für humane Dienstleistungsarbeit*. Berlin: Edition Sigma.
Deutschmann, Christoph. 2002. *Postindustrielle Industriesoziologie. Theoretische Grundlagen, Arbeitsverhältnisse und soziale Identitäten*. Weinheim, München: Juventa.
Dormann, Christian, Dieter Zapf und Amela Isic. 2002. Emotionale Arbeitsanforderungen und ihre Konsequenzen bei Call-Center-Arbeitsplätzen. Zeitschrift für Arbeits- und Organisationspsychologie 46(4): 201–215.
Dörre, Klaus. 2009. Prekarität im Finanzmarkt-Kapitalismus. In *Prekarität, Abstieg, Ausgrenzung. Die soziale Frage am Beginn des 21. Jahrhunderts*, Hrsg. Robert Castel und Klaus Dörre, 35–64. Frankfurt/M.: Campus.
Dunkel, Wolfgang und Margit Weihrich. 2012. Interaktive Arbeit – das soziologische Konzept. In *Interaktive Arbeit. Theorie, Praxis und Gestaltung von Dienstleistungsbeziehungen*, Hrsg. Wolfang Dunkel und Margit Weihrich, 29–59. Wiesbaden: Springer VS.

Flecker, Jörg. 2007. Schwarzer Peter neu gezogen? Flexibilisierung und Weitergabe von Risiken. Technologiefolgenabschätzung – Theorie und Praxis 16(2): 28–34.

Flecker, Jörg. 2017. Arbeit und Beschäftigung. Eine soziologische Einführung. Wien: Facultas.

Gerlmaier, Anja. 2006, Nachhaltige Arbeitsgestaltung in der Wissensökonomie? Zum Verhältnis von Belastungen und Autonomie in neuen Arbeitsformen. In Das Politische in der Arbeitspolitik, Hrsg. Steffen Lehndorff, 71–98. Berlin: Edition Sigma.

Goffman, Erving. 1983. Wir alle spielen Theater. Die Selbstdarstellung im Alltag. München: Piper.

Goffman, Erving. 2001. Die Interaktionsordnung. In Interaktion und Geschlecht (2. Auflage), Hrsg. Erving Goffman, 50–104. Frankfurt/M.: Campus.

Greiner, Birgit. 1998. Der Gesundheitsbegriff. In Handbuch Betriebliche Gesundheitsförderung, Hrsg. Eva Bamberg, Antje Ducki und Anna-Marie Metz, 39–55. Göttingen: Verlag für Angewandte Psychologie.

Hacker, Winfried. 2009. Arbeitsgegenstand Mensch: Psychologie dialogisch-interaktiver Erwerbsarbeit. Lengerich et al.: Pabst.

Hobfoll, Steven E., John Freedy, Carol Lane, and Pamela Geller. 1990. Conservation of Social Resources: Social Support Resource Theory. Journal of Social and Personal Relationships 7: 465–478.

Hochschild, Arlie Russel. 2006. Das gekaufte Herz. Die Kommerzialisierung der Gefühle. Frankfurt/M., New York: Campus.

Hohendanner, Christian und Lutz Bellmann. 2006. Interne und externe Flexibilität. WSI-Mitteilungen 59(5): 241–246.

Horgan, Amelia. 2022. Lost in Work. Dem Kapitalismus entkommen. Wien, Hamburg: Edition Konturen.

Jacobsen, Heike. 2010. Strukturwandel der Arbeit im Tertiarisierungsprozess. In Handbuch Arbeitssoziologie (1. Auflage), Hrsg. Fritz Böhle, G. Günter Voß und Günther Wachtler, 203–228. Wiesbaden: VS Verlag.

Krenn, Manfred, Jörg Flecker, Hubert Eichmann und Ulrike Papouschek. 2010. „... was willst du viel mitbestimmen?" Flexible Arbeit und Partizipationschancen in IT-Dienstleistungen und mobiler Pflege. Berlin: Edition Sigma.

Littek, Wolfgang. 1991. Was ist Dienstleistungsarbeit? In Dienstleistungsarbeit. Strukturveränderungen, Beschäftigungsbedingungen und Interessenlagen, Hrsg. Wolfgang Littek, Ulrich Heisig und Hans-Dieter Gondek, 265–282. Berlin: Edition Sigma.

Marsden, David. 1999. A Theory of Employment Systems. Micro-Foundations of Societal Diversity. Oxford: Oxford University Press.

Mümken, Sarah und Thomas Kieselbach. 2009. Prekäre Arbeit und Gesundheit in unsicheren Zeiten. Arbeit 18(4): 313–326.

Nerdinger, Friedemann W. 2011. Psychologie der Dienstleistung. Göttingen et al.: Hogrefe.

Nolten, Andreas und Klaus Obermeyer. 2021. Auf die Unterschiede kommt es an. Supervision – Mensch. Arbeit. Organisation 29(3): 4–8.

Oberbeck, Herbert. 2013. Dienstleistungsarbeit. In LAIS – Lexikon der Arbeits- und Industriesoziologe, Hrsg. Hartmut Hirsch-Kreinsen und Heiner Minssen, 165–170. Berlin: Edition Sigma.

Peters, Klaus. 2011. Indirekte Steuerung und interessierte Selbstgefährdung. Eine 180-Grad-Wende bei der betrieblichen Gesundheitsförderung. In Arbeit und Gesundheit *im Konflikt. Analyse und Ansätze für ein partizipatives Gesundheitsmanagement*, Hrsg. Nick Kratzer, Wolfgang Dunkel, Karina Becker und Stephan Hinrichs, 105–122. Berlin: Edition Sigma.

Pöser, Stephanie und Guido Becke. 2022. Innovation des Praxistransfers: Verbindung von Breiten- und Tiefentransfer. Qualitative Befunde der Transferforschung im Rahmen des FlexiGesA-Verbundprojekts. Schriftenreihe Institut Arbeit und Wirtschaft Nr. 38, August 2022. Bremen: Institut Arbeit und Wirtschaft.

Reichertz, Jo. 2021. Die coronabedingte Krise der qualitativen Sozialforschung. Soziologie 50(3): 313–335.

Schiek, Daniela, Larissa Schindler und Heike Greschke. 2022. Qualitative Sozialforschung in Krisenzeiten: Fachgebiet oder Notprogramm? Soziologie 51(1): 20–31.

Stange, Lena, Sarah Mümken, Frauke Koppelin und Cornelia Gerdau-Heitmann.2022. Wie nutzen Unternehmen externe Unterstützungsangebote zu psychischer Gesundheit? Ein Blick auf die Dienstleistungsbranchen ambulante Pflege und IT-Dienste. *Z. Arb. Wiss*. https://doi.org/10.1007/s41449-022-00307-9.

Strauss, Anselm, Shizuko Fagerhaugh, Barbara Suczek und Carolyn Wiener. 1980. Gefühlsarbeit – Ein Beitrag zur Arbeits- und Berufssoziologie. Kölner Zeitschrift für Soziologie und Sozialpsychologie 32: 629–651.

Tophoven, Silke und Anita Tisch. 2016. Dimensionen prekärer Beschäftigung und Gesundheit im mittleren Lebensalter. WSI-Mitteilungen, 69(2): 105–112.

Tratschin, Luca. 2020. Kann digitale Präsenz Kommunikation unter Anwesenden ersetzen? Eine interaktionssoziologische Einordnung einer kollektiven Erfahrung. In: *(Digitale) Präsenz. Ein Rundumblick auf das soziale Phänomen Lehre*, Hrsg. Marija Stanisavljevic und Peter Tremp, 117–120. Luzern: Pädagogische Hochschule.

Treviranus, Franziska, Natascha Mojtahedzadeh, Volker Harth und Stefanie Mache. 2021. Psychische Belastungsfaktoren und Ressourcen in der ambulanten Pflege. Zentralblatt für Arbeitsmedizin, Arbeitsschutz und Ergonomie 71: 32–37.

Voswinkel, Stephan unter Mitarbeit von Anna Korzekwa. 2005. *Welche Kundenorientierung? Anerkennung in der Dienstleistungsarbeit*. Berlin: Edition Sigma.

PD Dr. Guido Becke ist als Forschungsleiter am Institut Arbeit und Wirtschaft (iaw) der Universität Bremen tätig. Der Arbeits- und Sozialwissenschaftler lehrt dort als Privatdozent im Fachbereich Human- und Gesundheitswissenschaften zu ‚Arbeit, Organisation und Gesundheit‘. Arbeits- und Forschungsschwerpunkte: Arbeit und psychische Gesundheit, Arbeit und Nachhaltigkeit, flexible und interaktive Dienstleistungsarbeit, Organisationswandel. Überdies koordiniert er das Verbundprojekt FlexiGesA und leitete hierbei das Teilprojekt der Universität Bremen.

Prof. Dr. Frauke Koppelin, Diplom-Sozialwissenschaftlerin, Professorin für Gesundheitswissenschaften an der Jade Hochschule Wilhelmshaven Oldenburg Elsfleth, ist Studiengangsleiterin des Masters Public Health am Studienort Oldenburg. Sie lehrt und forscht u. a. in den Bereichen Arbeit und (psychische) Gesundheit, Gender, (technikunterstützte) Prävention und Gesundheitsförderung in verschiedenen Settings und bei unterschiedlichen Zielgruppen. Im Verbundprojekt FlexiGesA leitete sie das Teilprojekt der Jade Hochschule.

Interaktionsordnungen der Dienstleistungsarbeit – ein Rahmenkonzept zu ihrer Analyse und gesundheitsförderlichen Gestaltung

Guido Becke

Zusammenfassung

Interaktionsarbeit ist bisher in der Arbeits- und Dienstleistungsforschung sowie in Public Health noch unzureichend mit Blick auf ihre gesundheitlichen Implikationen erforscht. Zudem mangelt es an Konzepten ihrer gesundheitsförderlichen Gestaltung. Vor diesem Hintergrund wird in diesem Beitrag – vor allem im Anschluss an die Arbeiten Erving Goffmans – das Rahmenkonzept der Interaktionsordnungen interaktiver Dienstleistungsarbeit entwickelt sowie anhand empirischer Befunde zu ambulanten haushaltsnahen Diensten und der agilen IT-Dienstleistung exemplarisch verdeutlicht.

Schlüsselwörter

Interaktionsarbeit · Interaktionsordnungen der Dienstleistungsarbeit· Gesundheitsförderliche Gestaltung interaktiver und flexibler Dienstleistungsarbeit · Interaktionsspielraum

G. Becke (✉)
Institut Arbeit und Wirtschaft, Universität Bremen, Bremen, Deutschland
E-Mail: becke@uni-bremen.de

33

1   Einleitung

Interaktionsarbeit als Arbeit mit bzw. an Menschen (vgl. Böhle und Weihrich 2020) bildet ein Kernmerkmal interaktiver und flexibler Dienstleistungsarbeit. Inzwischen existieren unterschiedliche Konzeptualisierungen von Interaktionsarbeit, die spezifische Schwerpunkte setzen, wie das psychologische Konzept der dialogisch-interaktiven Erwerbsarbeit (Hacker 2009), das soziologische Konzept der interaktiven Arbeit (Dunkel und Weihrich 2012) und das integrierte Konzept der Interaktionsarbeit (vgl. Böhle et al. 2006, 2015a). Interaktionsarbeit ist inzwischen ein weit verzweigtes arbeitswissenschaftliches Forschungsfeld, das sich auf sehr unterschiedliche Settings bezieht (z. B. in der ambulanten und stationären Pflege, dem Einzelhandel oder Coaching und Beratung). Dennoch ist Interaktionsarbeit bisher mit Blick auf ihre gesundheitlichen Implikationen noch unzureichend untersucht; einschlägige Studien liegen primär zur Emotionsarbeit vor (zum Überblick: vgl. Schöllgen und Scholz 2016; Zapf 2002).

Zugleich mangelt es an Rahmenkonzepten für eine gesundheitsförderliche Gestaltung von Interaktionsarbeit in unterschiedlichen Praxisfeldern. Ihre Entwicklung erweist sich derzeit als ergebnisoffener und komplexer Such- und Klärungsprozess, der durch die empirische und konzeptionelle Vielfalt von Interaktionsarbeit eher erschwert wird (vgl. Tisch et al. 2020). Auf dem Weg, solche Rahmenkonzepte zu entwickeln, sind vor allem zwei Ansätze hervorzuheben: Die Bundesanstalt für Arbeitsschutz und Arbeitsmedizin (BAuA) entwickelt eine integrierende Klassifikation tätigkeitsunabhängiger Schlüsselfaktoren der Arbeitsgestaltung zur Interaktionsarbeit (vgl. Tisch et al. 2020). Bei den Schlüsselfaktoren handelt es sich um zentrale Stressoren und Gesundheitsressourcen, die auf vier für Interaktionsarbeit relevante Themenfelder bezogen werden: Arbeitsaufgabe, Führung und Organisation, Arbeitszeit sowie technische Faktoren (z. B. digitalisierte soziale Interaktion). Noch unbeantwortet erscheint die Frage, inwieweit bei der Suche nach tätigkeitsunabhängigen Schlüsselfaktoren die Spezifika von Typen dialogisch-interaktiver Arbeitstätigkeiten (siehe Hacker 2009, S. 48 ff.) und institutionelle Kontextbedingungen der Interaktionsarbeit, wie ihre arbeitspolitische Regulierung, Branchenspezifika und Rationalisierungsstrategien von Unternehmen (vgl. Baethge 2011), hinreichend Berücksichtigung finden. Diese Spezifika und Kontextbedingungen beeinflussen die Entwicklungschancen einer menschengerechten Gestaltung interaktiver Dienstleistungsarbeit.

Einen anderen instruktiven Ansatz verfolgen Fritz Böhle et al. (2015a, b) in ihrer Studie zur menschengerechten Gestaltung von Interaktionsarbeit. Bei ihrer kritischen Überprüfung arbeitswissenschaftlicher Kriterien und Ansätze humaner Arbeitsgestaltung gelangen sie zu dem Ergebnis, dass deren Neu-bestimmung bzw. Revision in Bezug auf Interaktionsarbeit erforderlich sei. Auf dieser Basis entwickeln sie Vorschläge für eine menschengerechte Gestaltung von Interaktionsarbeit, wie den Gebrauchswert von Dienstleistungen in Relation zu ihrem ökonomischen Tauschwert zu stärken, Arbeitsmittel primär zur Unter-stützung von Interaktionsarbeit einzusetzen oder die Sinnhaftigkeit der Arbeit zu fördern (Böhle et al. 2015b, S. 48 ff.). Ihr Referenzpunkt bildet dabei das integrierte Konzept der Interaktionsarbeit (Böhle und Weihrich 2020). Diese Gestaltungsansätze sind weitreichend, da hier Kriterien menschengerechter Arbeitsgestaltung mit Blick auf interaktive Dienstleistungsarbeit weiter- und zum Teil neu entwickelt werden. Dieser Ansatz induziert weiteren Forschungsbedarf, etwa hinsichtlich der Generalisierbarkeit der Gestaltungskriterien für interaktive Dienstleistungsarbeit und der Frage, inwiefern weitere Gestaltungskriterien, etwa Interaktionsspielräume (vgl. Dormann et al. 2002), bedeutsam sind. Die vor-genommene institutionelle Rahmung der Interaktionsarbeit bedarf der Ergänzung durch institutionelle Kontextbedingungen, wie der (über)betrieblichen Steuerung und Rationalisierung von Dienstleistungsarbeit (vgl. Baethge 2014; Bèlanger und Edwards 2013).

Unsere Überlegungen gehen von Dienstleistungsorganisationen als relevanter Gestaltungsebene gesundheitsförderlicher Interaktionsarbeit aus. Demnach weisen Dienstleistungsorganisationen spezifische Interaktionsordnungen auf, die sich in betrieblichen Macht-, Aushandlungs- und Lernprozessen herausbilden, etablieren, herausgefordert, verändert oder stabilisiert werden. Betriebliche Inter-aktionsordnungen der Dienstleistungsarbeit entstehen im Widerstreit zwischen Rationalisierungsstrategien interaktiver Dienstleistungsarbeit, z. B. ihrer Technisierung und Flexibilisierung, auf der einen Seite und reklamierten Sinn-ansprüchen der Beschäftigten an eine gute Arbeits- und Dienstleistungsqualität auf der anderen Seite (vgl. Baethge 2011; Becke 2020).

Unter betrieblichen Interaktionsordnungen der Dienstleistungsarbeit werden hier im Anschluss an Erving Goffman (2001) soziale Ordnungen der Inter-aktionsarbeit im Rahmen organisierter und koordinierter Dienstleistungsarbeit verstanden. Diese sozialen Ordnungen, inklusive ihrer Regeln und Normen, strukturieren und begrenzen auf der einen Seite interaktive Dienstleistungs-arbeit durch organisatorische Vorgaben (z. B. leistungspolitische Ziele, Gefühls-regeln) und soziale Verhaltenserwartungen (z. B. an Arbeits- und Berufsrollen). Auf der anderen Seite ermöglichen Interaktionsordnungen soziales Handeln der beteiligten Akteur:innen, indem sie ihnen Gestaltungsräume der Veränderung interaktiver Dienstleistungsarbeit und letztlich auch dieser sozialen Ordnungen eröffnen. So können Interaktionsordnungen Ressourcen (z. B. Interaktionsspielraum und Interpretationsspielräume von Regeln) bereithalten (vgl. Goffman 1974), die eine Basis für wechselseitige Aushandlungs-, Lern- und Gestaltungsprozesse im Rahmen organisierter und koordinierter Dienstleistungsarbeit bilden. Eine gesundheitsförderliche Gestaltung der Interaktionsarbeit erfordert es – so die hier vertretene Annahme – betriebliche Interaktionsordnungen der Dienstleistungsarbeit und ihre konkreten Ausprägungen in der Interaktionsarbeit zu beachten und zu analysieren, um auf dieser Basis kontextspezifische Gestaltungskonzepte gesundheitssensibler Interaktionsarbeit zu entwickeln. Interaktionsordnungen lassen sich systematisieren, miteinander vergleichen, untersuchen und ggf. typisieren, wenn ihre Basiselemente herausgearbeitet werden.

Dieser Beitrag[1] zielt darauf ab, betriebliche Interaktionsordnungen interaktiver Dienstleistungsarbeit mit Blick auf ihre gesundheitsförderliche Gestaltung zu konzeptualisieren. Zunächst werden konstitutive Elemente der Interaktionsordnungen herausgearbeitet (Abschn. 2). Danach werden betriebliche Interaktionsordnungen interaktiver Dienstleistungsarbeit explorativ und exemplarisch anhand der IT-Services und mobiler haushaltsnaher Dienstleistungen skizziert (Abschn. 3). Im Fazit und Ausblick werden weitere Forschungs- und Gestaltungsdesiderate diskutiert (Abschn. 4).

2   Basiselemente von Interaktionsordnungen der Dienstleistungsarbeit

Die Grundidee, die gesundheitsförderliche Gestaltung von Interaktionsarbeit bei flexibler Dienstleistungsarbeit stärker kontextspezifisch zu rahmen, greift auf Erving Goffmans Konzept der Interaktionsordnung (2001) zurück. Goffman versteht die Interaktionsordnung als „Sphäre der unmittelbaren Interaktion" (Goffman 2001, S. 55), in der das Alltagshandeln sozial situiert ist. Die Interaktionsordnung wird durch direkte, wechselseitige Interaktionen raum-zeitlich gebundener und körperlich kopräsenter Subjekte konstituiert, reproduziert und verändert. Im Rahmen der Interaktionsordnung können soziale Interaktionen unterschiedliche Qualitäten annehmen, d. h. von flüchtigen oder singulären Begegnungen bis hin zu Konversationen längerer zeitlicher Dauer reichen. Die Interaktionsordnung konzeptualisiert Goffman als soziales Strukturmuster sui

---

[1] Herzlicher Dank für vielfältige konstruktive Anregungen bei der Entwicklung dieses Beitrags gebührt meiner Kollegin Stephanie Pöser.

generis, das auf der „wechselseitigen Verstricktheit der Teilnehmer" (Goffmann 2001, S. 57) in Interaktionssituationen beruht. Sie wird im Sinne loser Kopplung durch gesellschaftliche Makrostrukturen (z. B. soziale Ungleichheitsstrukturen) zwar beeinflusst, aber nicht determiniert. Zugleich kann sie auf soziale Makrostrukturen einwirken. Sie ermöglicht den Beteiligten eine Koordinierung ihres aufeinander bezogenen Alltagshandelns zum Zwecke der Verständigung. Hierzu dienen z. B. Techniken der Eindrucksmanipulation und der Darstellung von Gefühlen (vgl. Goffman 1991) sowie Begrüßungs- und Höflichkeitskonventionen, die es den Teilnehmenden erlauben, ihr Gesicht im öffentlichen Austausch zu wahren (vgl. Goffman 1955). Die Interaktionsordnung des Alltagshandelns ist geprägt durch das Spannungsfeld zwischen sozialen Zwängen, Strukturen und Verhaltenserwartungen auf der einen Seite sowie Freiheits- und Möglichkeitsräumen sinnhaften und kreativen sozialen Handelns (Raab 2008, S. 13) auf der anderen Seite. So versteht Goffman die Interaktionsordnung als soziale Ordnung des Alltagshandelns, die eine dynamische Stabilität aufweist, d. h. durch Menschen in sozialen Interaktionen wechselseitig hervorgebracht, reproduziert und verändert wird.

In diesem Beitrag wird das Konzept der Interaktionsordnung als Heuristik verwendet, um interaktive Dienstleistungsarbeit mit Blick auf ihre Analyse und die Entwicklung gesundheitsförderlicher Gestaltungsansätze stärker kontextualisieren zu können. Interaktionsordnung steht hier im Plural, um ihre potenzielle Vielfalt zu spiegeln. Interaktive Dienstleistungsarbeit im Sinne des integrativen Verständnisses von Interaktionsarbeit (vgl. Böhle und Weihrich 2020) wird demnach strukturiert durch spezifische betriebliche Interaktionsordnungen, die ihrerseits durch institutionelle Kontextbedingungen beeinflusst werden. Insbesondere handelt es sich dabei um betriebliche Rationalisierungsregime (vgl. Becke 2022; Bélanger und Edwards 2013; Baethge 2011) und überbetriebliche institutionelle Kontexte, wie Markt- und Wettbewerbsbedingungen oder Systeme der Arbeitsbeziehungen.

Betriebliche Interaktionsordnungen von Dienstleistungsarbeit weisen konstitutive Elemente auf, die je nach Dienstleistungsorganisation unterschiedliche Konfigurationen und Ausprägungen annehmen. In diesem Abschnitt geht es darum, diese Basiselemente zu skizzieren. In Bezug auf konkrete Interaktionsordnungen können Belastungs- und Ressourcenkonstellation, die mit spezifischen Erscheinungsformen interaktiver Dienstleistungsarbeit (z. B. in der ambulanten Pflege oder der agilen IT-Entwicklung) verbunden sind, ermittelt werden. Nun werden neun Basiselemente betrieblicher Interaktionsordnungen beschrieben, die auf der Grundlage unterschiedlicher Konzepte und Studien zur Interaktionsarbeit sowie in Anlehnung an Goffmans Arbeiten zur Interaktionsordnung identifiziert

wurden (vgl. Goffman 1974, 1991, 2001); damit wird kein Anspruch auf die Vollständigkeit der Basiselemente erhoben:

1. Anwesenheit als Voraussetzung für Interaktionsarbeit
2. Interaktionsarbeit als Kern- oder relevante Nebenaufgabe
3. Sichtbarkeit und Unsichtbarkeit von Interaktionsarbeit
4. Räume der Interaktionsarbeit
5. Dauer, Intensität und Beziehungsqualität der Interaktionsarbeit
6. Kernmerkmale der Dienstleistungsinteraktion
7. Vorgaben interaktiver Dienstleistungsarbeit und Interaktionsspielraum
8. Grenzregulation bei interaktiver Dienstleistungsarbeit
9. Eingriffstiefe von Technik in interaktive Dienstleistungsarbeit

Die ersten vier Basiselemente beziehen sich auf Merkmale, die allen Interaktionsordnungen der Dienstleistungsarbeit gemeinsam sind. Der gemeinsame
Fluchtpunkt des fünften und des sechsten Elements bildet die Perspektive der
Beziehungsqualität interaktiver Dienstleistungsarbeit. Arbeitsorganisatorische
bzw. technische Aspekte der Gestaltung von Interaktionsordnungen bilden das
gemeinsame Band der übrigen drei Basiselemente.

2.1 Anwesenheit als Voraussetzung für Interaktionsarbeit

Nach Goffman (2001, S. 55) ist die räumlich-zeitliche physische Kopräsenz
von Menschen ein konstitutives Merkmal für soziale Interaktionen in Interaktionsordnungen. Die direkte, gemeinsame physische Anwesenheit von
Dienstleistenden und Dienstleistungsnehmenden kennzeichnet insbesondere
die Interaktionsarbeit in personenbezogenen Dienstleistungen. Sie ist zu unterscheiden von mediatisierter, d. h. technisch vermittelter Interaktionsarbeit,
wie bei Call-Center-Dienstleistungen. An die Stelle gemeinsamer körperlicher
Anwesenheit tritt hier die technisch vermittelte Anwesenheit (im digitalen Raum).
   Interaktionsarbeit auf der Basis gemeinsamer physischer Anwesenheit ist
gekennzeichnet durch die Gleichzeitigkeit und Gleichörtlichkeit der Beteiligten
(vgl. Heintz 2014, S. 236), wodurch die Interaktionsteilnehmenden unmittelbar aufeinander reagieren können (Tratschin 2020, S. 117 f.). Gleichörtlichkeit
verweist darauf, dass Anwesenheit in einen gemeinsamen Wahrnehmungsraum
eingebunden ist, der zwei Dimensionen aufweist: Die Beteiligten halten sich in
einem gemeinsamen Raum auf, der in der Regel „für alle gleichermaßen hörbar,

greifbar und sichtbar ist" (Heintz 2014, S. 238). Diese gemeinsame Außenwelt vermittelt Informationen über die soziale Situation, in der sich die Teilnehmenden befinden. So handelt es sich bei der stationären Langzeitpflege um Wohneinheiten als gemeinsamer Raum, in dem Pflegekräfte und pflegebedürftige Menschen interagieren. Der gemeinsame Wahrnehmungsraum umfasst zudem die sinnliche Wahrnehmung des jeweiligen Gegenübers, d. h. die „sinnliche Ko-Präsenz der Körper in einer ihnen gemeinsamen Außenwelt" (Heintz 2014, S. 237).

Die gemeinsame, technisch vermittelte Anwesenheit bei Interaktionsarbeit basiert auf dem Einsatz von Informations- und Kommunikationstechnologien, wie Messengerdienste, Telefonie oder Videokonferenzsysteme, die sich hinsichtlich ihrer Zeitstruktur, d. h. synchroner oder asynchroner mediatisierter Kommunikation, und der „sensorischen Komplexität des gemeinsamen Wahrnehmungsraumes" (Heintz 2014, S. 236), z. B. textbasierte oder bildvermittelte Kommunikation, unterscheiden. Die technisch vermittelte Ko-Temporalität ermöglicht mediatisierte Interaktionsarbeit, bei der – im Falle der Videotelefonie – eine zeitlich unverzögerte Reaktion auf andere Dienstleistungsteilnehmende möglich ist. Bei mediatisierter Präsenz werden Gleichzeitigkeit und Gleichörtlichkeit weitgehend voneinander entkoppelt (vgl. Houben 2017). Dies bedeutet, dass die technisch vermittelte Interaktion unter Anwesenden hier nicht in einem umfänglichen gemeinsamen Wahrnehmungsraum der Beteiligten erfolgt. Die Teilnehmenden können sich selbst bei IuK-Technologien, die der face-to-face-Interaktion nahekommen (z. B. Videokonferenzsysteme), nur audiovisuell und ausschnitthaft wechselseitig wahrnehmen, sodass eine komplexe sinnliche Erfahrung und ganzheitliche Wahrnehmung des Gegenübers nicht möglich ist (vgl. Tratschin 2020; Heintz 2014).

Direkte und technisch vermittelte Interaktionsarbeit können in Interaktionsordnungen der Dienstleistungsarbeit in Mischungsverhältnissen auftreten und sich wechselseitig ergänzen. Je nach Interaktionsanlass und -situation kann es angebracht sein, technisch vermittelte Interaktionsarbeit durch direkten kopräsenten Austausch zu komplementieren. Beispiele bilden soziale Situationen, in denen es darum geht, zwischen den Beteiligten Vertrauen aufzubauen, oder Kooperationskonflikte zu klären (vgl. Heintz 2014).

2.2 Interaktionsarbeit als Kernaufgabe oder relevante Nebenaufgabe

Nicht nur bei personenbezogenen Dienstleistungen (z. B. in der Alten- und Krankenpflege), sondern auch bei administrativen und sachbezogenen

Dienstleistungen (z. B. IT-Entwicklung) werden an Schnittstellen zu Kund:innen Anforderungen an die Interaktionsarbeit von Beschäftigten gestellt (vgl. Böhle und Weihrich 2020). Für die Differenzierung von Interaktionsordnungen der Dienstleistungsarbeit ist relevant, ob Interaktionsarbeit als Kernaufgabe oder als für den Dienstleistungsprozess relevante Nebenaufgabe ausgeübt wird. Eine Kernaufgabe bildet die Interaktionsarbeit überall dort, wo Arbeit primär mit und am Arbeitsgegenstand Mensch geleistet wird, insbesondere bei personenbezogenen Dienstleistungen. Die zu leistende Interaktionsarbeit bildet hierbei eine unverzichtbare Grundlage für die Ausübung instrumenteller Arbeitstätigkeiten, ja sie ist eng mit diesen verwoben, z. B. bei pflegebezogenen Verrichtungen in der stationären Langzeitpflege (vgl. Zenz und Becke 2020).

Interaktionsarbeit erweist sich hingegen als eine relevante Nebenaufgabe bei Dienstleistungstätigkeiten, die sich primär auf materielle bzw. immaterielle Arbeitsgegenstände richten, allerdings an relevanten Schnittstellen Arbeit mit Menschen erfordert, wie beim Verkauf von Gütern im Einzelhandel. In beiden Fällen kann die Interaktionsarbeit als Einzelarbeit oder im Rahmen von Arbeitsgruppen bzw. Teams erfolgen (vgl. Hacker 2009, S. 18).

2.3 Sichtbarkeit und Unsichtbarkeit von Interaktionsarbeit

In vielen Dienstleistungsberufen bildet Interaktionsarbeit einen zentralen Referenzpunkt der beruflichen Identität von Beschäftigten, wie das mit Pflegeberufen verbundene Ethos fürsorglicher Praxis (vgl. Senghaas-Knobloch 2008). Die berufliche Identität von Dienstleistenden kann Schaden nehmen, wenn sie ihre berufsethisch geprägten Sinnansprüche an Interaktionsarbeit in Arbeitsprozessen und -strukturen nicht hinreichend realisieren können bzw. Interaktionsarbeit als relevanter Referenzpunkt ihrer Arbeitsidentität nicht anerkannt wird. Die Missachtung oder Nicht-Anerkennung von Interaktionsarbeit erweist sich als besonders problematisch, wenn Interaktionsarbeit als unsichtbare Arbeit geleistet wird.

Freilich entzieht sich Interaktionsarbeit zu einem gewissen Grad der öffentlichen Sichtbarkeit (vgl. Zenz und Becke 2020). Dies gilt vor allem für die intrapsychische Emotionsarbeit von Dienstleistenden, die sich weder von außen beobachten noch objektivieren lässt. Bei anderen Elementen der Interaktionsarbeit ist ein höheres Maß an Sichtbarkeit vorhanden, da sie anhand von Sprache und non-verbalem Ausdruck, wie Mimik und Gestik, der empirischen Beobachtung zugänglich sind. Für die Frage der Sichtbarkeit oder Unsichtbarkeit von Interaktionsarbeit ist allerdings von entscheidender Bedeutung, ob und inwiefern sie in Dienstleistungsorganisationen und aufseiten der Dienstleistungsnehmenden überhaupt als Arbeit(sleistung) anerkannt wird. Die Beantwortung dieser Frage ist eng verwoben mit sozialen Definitionsverhältnissen von Arbeit, die Herrschaftsverhältnisse reflektieren – in Unternehmen, Branchen und in der Gesellschaft. Je nach sozialem Kontext kann Arbeit so oder anders definiert werden (vgl. Leigh Star und Strauss 1999, S. 12 ff.). Die Definition von Arbeit inklusive der Indikatoren, anhand derer Arbeit näher bestimmt wird, entscheidet über ihre Sichtbarkeit bzw. Unsichtbarkeit (Leigh Star und Strauss 1999, S. 12). Unter unsichtbarer (interaktiver) Arbeit soll hier diejenige Arbeit oder Interaktionsarbeit verstanden werden, „deren Resultate nicht identifizierbar sind und deren Ausführung nicht erkennbar und auch nicht als wichtig darstellbar ist" (Voswinkel und Korzekwa 2005, S. 290).

Leigh Star und Strauss (1999, S. 15 ff.) diskutieren drei soziale Praktiken, die zur Unterscheidung von sichtbarer und unsichtbarer Arbeit beitragen: Die erste Praktik besteht – im Anschluss an Goffman (1991, S. 138 ff.) – darin, die Sonderrolle der Unperson (non-person) zu schaffen. Hierbei sind das Arbeitshandeln oder dessen Ergebnis zwar sichtbar, aber die Arbeitsperson ist in sozialer Hinsicht unsichtbar. Klassische Beispiele hierfür sind Dienstbot:innen, die in privaten Haushalten von Arbeitgebenden tätig sind bzw. dort auch leben (vgl. Coser 2015). Die Herstellung von Unsichtbarkeit als soziale Nicht-Anwesenheit ist eine soziale Leistung, die durch Arbeitgebende und Beschäftigte erbracht wird: Arbeitgebende verhalten sich im Beisein der Dienstbot:innen so, als wären diese gar nicht anwesend. Letztere tragen selbst dazu bei, indem sie vorwiegend auf der Hinterbühne agieren bzw. im Beisein der Arbeitgebenden ihrer Arbeit möglichst zurückhaltend und unauffällig nachgehen (Coser 2015). Mitunter kann das Arbeitsethos der Dienstleistenden auch enthalten, in der Arbeit sozial unsichtbar zu bleiben. Die soziale Unsichtbarkeit der Dienstleistenden geht oft einher mit einem Mikromanagement der Arbeitgebenden, bei dem sie das Arbeitshandeln der Dienstleistenden überwachen und versuchen, die zeitliche Verfügbarkeit über die Arbeitskraft der Dienstleistenden auszuschöpfen bzw. zu erweitern (Leigh Star und Strauss 1999, S. 16).

Die zweite soziale Praktik („Abstracting and manipulation of indicators") richtet sich auf die Objektivierung von Arbeit auf Basis beobachtbarer und messbarer Indikatoren, die nicht in der Lage sind, die Komplexität des Arbeitshandeln und der Arbeitssituationen abzubilden, aber die Basis für Managemententscheidungen und Ressourcenallokation bilden (Leigh Star und Strauss 1999, S. 15 f.). Arbeitstätigkeiten, die sich der Quantifizierung entziehen, werden nicht in die Personalbemessung sowie in die Arbeits- und Leistungsbewertung einbezogen und erfahren daher keine materielle und oft auch unzureichende symbolische Anerkennung, wie in der stark ökonomisierten Alten- und Krankenpflege (vgl. Kumbruck und Senghaas-Knobloch 2015; Zenz und Becke 2020). Die dritte soziale Praktik bezeichnen Leigh Star und Strauss (1999, S. 15) als „disembedding background work". Diese Praktik geht von Dienstleistenden aus, die auf eine Anerkennung ihrer unsichtbaren Arbeitsleistungen drängen, um Ansprüche an die Legitimierung ihrer unsichtbaren Arbeit als Arbeit und der Professionalisierung ihrer Arbeit geltend zu machen (Leigh Star und Strauss 1999, S. 20).

Die Herstellung von Sichtbarkeit bildet eine Basis für die Anerkennung von Interaktionsarbeit. Sichtbarkeit im Sinne von Transparenz kann im betrieblichen Interesse jedoch primär angestrebt werden, um Arbeitsprozesse und Mitarbeitende – technisch vermittelt bzw. digital – zu überwachen (vgl. Zuboff 2019). Aus der Perspektive von Beschäftigten wird Sichtbarkeit problematisiert, wenn dadurch ihre Arbeitsleistung umfassend kontrolliert bzw. ihre Tätigkeitsspielräume eingeschränkt werden. Dies gilt u. a. für Freiheitsgrade in der Interaktionsarbeit, Diskretion und Vertraulichkeit zu wahren (z. B. in Prozessen der Sterbebegleitung durch Pflegekräfte) (vgl. Leigh Star und Strauss 1999, S. 21).

2.4   Räume der Interaktionsarbeit

Interaktionsarbeit wird an sehr unterschiedlichen Orten geleistet, wie in Krankenhäusern, in Fahr- oder Flugzeugen, in Privathaushalten von Kund:innen oder aber in virtuellen Räumen. Gleichwohl wird die räumliche Dimension der Interaktionsarbeit bisher in der Arbeitsforschung – von Ausnahmen abgesehen (siehe Voswinkel und Korzekwa 2005, 297 f.) – oft vernachlässigt. Rekurriert wird zumeist noch auf die räumliche Unterscheidung von Front-Line-Work und Arbeiten im Back Office (vgl. Böhle 2006; Frenkel et al. 1999), die an Goffmans Unterscheidung von Vorder- und Hinterbühne des Alltagshandelns anschließt (Goffman 1991).

Das Konzept der Interaktionsordnung verleiht der räumlichen Dimension interaktiver Dienstleistungsarbeit mehr Aufmerksamkeit. Hierfür ist vor allem eine stärker raumsoziologische Fundierung der Interaktionsarbeit hilfreich: Goffmans Konzept der Interaktionsordnung weist eine größere inhaltliche Nähe zur neueren Raumsoziologie auf, die von einem relationalen Raumverständnis ausgeht. Raum wird hier verstanden als „eine relationale (An)Ordnung von Lebewesen und sozialen Gütern an Orten" (Löw 2017, S. 271). Die relationale Perspektive betont, dass Räume durch soziales Handeln hervorgebracht und verändert werden können. Hierfür sind Synthese- und Platzierungsleistungen bedeutsam: Prozesse der raumbezogenen Wahrnehmung und Interpretation und damit verbundene Raumbilder sind demnach eng verwoben mit der Platzierung „… jener Güter und Menschen an Orten in Relation zu anderen Gütern und Menschen" (Löw 2017, S. 263). Goffmans Konzept schließt insofern an diese relationale Perspektive an, als es die soziale Wahrnehmung räumlicher Strukturen in Interaktionsordnungen hervorhebt und zugleich Prozesse der Auseinandersetzung um „Territorien des Selbst" bzw. deren Aneignung, Grenzverletzung und -verschiebung in den Blick nimmt (Goffman 1974, S. 54 ff.). Demnach werden in Interaktionsprozessen soziale Orte hinterfragt, die in der Interaktion und in der Sozialstruktur von Interaktionsbeteiligten besetzt werden (Frehse 2016, S. 12). So geht Goffman (1974, S. 55) davon aus, dass einige Teilnehmende in sozialen Interaktionssituationen territoriale Ansprüche auf ein Reservat erheben, das sich auf ihr Anrecht, ein Gut oder ein Reservat zu besitzen, bzw. zu kontrollieren und zu verfügen, gründet. Andere Teilnehmende können dieses Anrecht bezweifeln und Gegenansprüche reklamieren, die den Anspruchserhebenden herausfordern oder bedrohen (Goffman 1974, S. 55). In Anlehnung an Goffman lässt sich untersuchen, inwiefern durch Interaktionsarbeit räumliche Strukturen (mit)konstituiert und verändert werden und welche Folgen dies für die Qualität der Dienstleistung, die Arbeitsqualität und die Beziehungsqualität zwischen Dienstleistenden und Dienstleistungsnehmenden hat.

Auf einen wichtigen raumbezogenen Aspekt für die interaktive Dienstleistungsarbeit weisen Voswinkel und Korzekwa (2005, S. 298) hin, wenn sie hervorheben, dass Kund:innen und Beschäftigte den gemeinsamen Interaktionsraum unterschiedlich wahrnehmen und definieren können: als öffentlichen Raum aus Kund:innensicht und als (halböffentlichen) Raum der erwerbsbezogenen oder betrieblichen Lebenswelt aus der Perspektive der Dienstleistenden. Je nach Raumdefinition können die Beteiligten in der Dienstleistungsinteraktion der Geltung von Anstands- und Höflichkeitsregeln einen unterschiedlichen Stellenwert beimessen (Voswinkel und Korzekwa 2005, S. 298). Aus differenten Raumdefinitionen können Konflikte in der Interaktionsarbeit resultieren.

Goffman nimmt Raum als „konditionierendes Medium" (Frehse 2016, S. 13) in den Blick, welches das Verhalten von Menschen in sozialen Interaktionen beeinflussen kann. So können sozial konstituierte räumliche Strukturen und Arrangements Interaktionsarbeit restringieren oder erleichtern: „Mit anderen Worten: Raum prägt unser Verhalten und drückt ihm seinen Stempel auf. Räume helfen zu entscheiden, in welcher Situation wir uns befinden. Sie strukturieren vor, welche Erwartungen wir haben können, sie strukturieren Interaktionsabläufe, machen einige wahrscheinlich, andere unwahrscheinlich" (Schroer 2006, S. 176).

So ist es Beschäftigten in Altenpflegeeinrichtungen oft kaum möglich, Abstand
von emotional besonders belastenden Arbeitssituationen zu gewinnen, wenn es
dort u. a. an Rückzugsräumen mangelt (Zenz und Becke 2020).

Die sozial hervorgebrachte Veränderung räumlicher Strukturen kann sich
direkt auf Interaktionsordnungen der Dienstleistungsarbeit auswirken. Deutlich
wurde dies während der Coronapandemie, die einer Refiguration von Räumen
Vorschub leistete, die durch zwei spannungsreiche Raumlogiken geprägt ist (vgl.
Löw und Knoblauch 2020): Die politischen Maßnahmen zur Eindämmung des
COVID-19-Infektionsrisikos orientieren sich an der räumlichen *Logik territorialer
Schließung*, wie sie in Maßnahmen des ‚social distancing', der Quarantäne
infizierter Personen oder des Lockdowns volkswirtschaftlicher Bereiche zum
Ausdruck kommt. Diese Logik erstreckt sich auch auf Betriebe und private Haus-
halte. Die *Netzwerklogik* als zweite räumliche Logik ist durch „the densification
of digital networking processes and a massive opening up of communication
channels fulfilling new functions in the crisis" (Löw und Knoblauch 2020,
S. 222) charakterisiert. Sie manifestiert sich in der Ausweitung digitaler Arbeitszusammenhänge aufgrund der krisenbedingten Verlagerung von Arbeit ins
Homeoffice von Beschäftigten. Mit Blick auf Dienstleistungsinteraktionen
bedeutet dies, dass physisch kopräsente Interaktionsarbeit – soweit dies möglich
erscheint – zum Zwecke des Infektionsschutzes durch mediatisierte Interaktionsarbeit substituiert wird.

2.5 Dauer, Intensität und Beziehungsqualität der Interaktionsarbeit

Ob und inwiefern sich zwischen Dienstleistenden und Dienstleistungsnehmenden
in der Interaktionsarbeit eine vertrauensvolle Beziehung herausbilden kann oder
es bei einem flüchtigen Kontakt bleibt, hängt u. a. vom Grad der Standardisierung
der Dienstleistung und ihrer Erstellung ab. Dienstleistungsprozesse lassen sich
in unterschiedlichem Ausmaß standardisieren. Grenzen der Standardisierung
liegen in den spezifischen Aufgabenanforderungen interaktiver Dienstleistungsarbeit. Je komplexer und kundenspezifischer die Tätigkeitsanforderungen sind,
desto weniger ist es möglich, Dienstleistungsprozesse zu standardisieren (vgl.
Mills und Margulies 1980). Der Grad der Standardisierung reflektiert allerdings
auch das jeweilige Verständnis der Kund:innenorientierung von Dienstleistungsorganisationen (vgl. Voswinkel und Korzekwa 2005). Unternehmen,
die beabsichtigen, ihre Dienstleistungsprozesse möglichst effizient zu gestalten,
indem sie diese regelorientiert standardisieren und routinisieren, begrenzen die

Autonomie- und Interaktionsspielräume von Beschäftigten im Umgang mit Dienstleistungsnehmenden (vgl. Mills und Margulies 1980, S. 261).

Ein systematisierender Zugang zur sozialen Qualität interaktiver Dienstleistungsarbeit geht auf Barbara Gutek (1999) zurück, die Begegnungen, Pseudobeziehungen und soziale Beziehungen zwischen Dienstleistenden und Dienstleistungsnehmenden unterscheidet. Die ersten beiden Formate kennzeichnet ein relativ hohes Maß an standardisierter und routinisierter Dienstleistungsarbeit. Bei Dienstleistungsbegegnungen (encounters) handelt es sich um flüchtige Begegnungen zwischen Fremden, die nicht davon ausgehen, auch zukünftig miteinander zu interagieren (Gutek 1999, S. 605). Ein Beispiel hierfür sind Begegnungen zwischen Kassierer:innen und Kund:innen in Supermärkten. *Encounters* basieren auf der prinzipiellen Austauschbarkeit der Dienstleistenden, da die standardisierte Dienstleistung in gleicher Qualität von anderen (geschulten) Beschäftigten erbracht werden kann. Das zweite Format, die *Pseudobeziehungen*, zielt darauf ab, eine Beziehung zwischen Kund:innen und der Dienstleistungsorganisation aufzubauen. Die angestrebte Vertrautheit und Identifikation der Kund:innen ist hier auf die Organisation, ihre Marken, Regeln und Verfahren gerichtet. Kundenbezogene Informationen werden so aufbereitet und verarbeitet, dass sie potenziell allen Dienstleistenden der Organisation zur Verfügung stehen. Pseudobeziehungen schließen eine wiederholte Dienstleistungsinteraktion zwischen Kund:innen und konkreten Beschäftigten weitgehend aus (Gutek 1999, S. 606). Unternehmen, die Pseudobeziehungen zu Kund:innen favorisieren, verfolgen oft eine bürokratische Kundenorientierung, die auf eine starke Routinisierung und Standardisierung der Interaktionsarbeit setzt, und bei der Beschwerden und Sonderwünsche von Kund:innen durch Funktionsstellen bearbeitet werden (vgl. Voswinkel und Korzekwa 2005; Gutek 1999).

Hingegen ist der dritte Typus, die *Dienstleistungsbeziehung,* durch häufigere Interaktionskontakte, direktes Feedback und einen relativ kontinuierlichen Austausch zwischen Kund:innen und Dienstleistenden geprägt, der eine wechselseitige Identifikation, den Aufbau gemeinsam geteilten Wissens – z. B. um Kund:innen und ihre Belange auf der einen Seite und um die Arbeitsbedingungen der Dienstleistenden auf der anderen Seite – und sozialen Vertrauens ermöglicht (Gutek 1999, S. 609 f.). An die Stelle der Fremdheit der flüchtigen Begegnung treten konkrete interpersonale Interaktionsbeziehungen auf der Basis von Bekanntschaft (Goffman 2001, S. 91 f.) Beide Seiten orientieren sich an einer Fortsetzung der Dienstleistungsbeziehung. Komplexe aufgabenbezogene Problemlösungs- und Beratungsprozesse oder soziale Dienstleistungen, insbesondere für vulnerable bzw. gesundheitlich beeinträchtigte Zielgruppen,

begünstigen eine längere Kontinuität und auch Intensität der Dienstleistungsbeziehung (vgl. Mills und Margulies 1980).

Der Typus der Dienstleistungsbeziehung ist zumindest um eine Variante zu
ergänzen, die eher durch gelegentliche Kooperationsanlässe strukturiert ist,
aber gleichwohl durch ein hohes Maß an zeitlicher Dauerhaftigkeit geprägt sein
kann, wie Dienstleistungsbeziehungen zwischen Versicherungsmakler:innen
und ihren langjährigen Kund:innen. Solche wiederkehrenden, diskontinuier-
lichen Begegnungen ermöglichen über längere Zeit eine Vertrauensentwicklung
zwischen den Beteiligten. Sie setzen voraus, dass die Beratungsqualität den
Erwartungen der Dienstleistungsnehmenden wiederholt entspricht.

Dienstleistungsbeziehungen können durch soziale Asymmetrie bzw.
Machtungleichgewichte zwischen den Beteiligten geprägt sein. Böhle (2006,
S. 330 ff.) bezeichnet solche Dienstleistungsbeziehungen als Dispositionsbeziehungen, die unterschiedliche Erscheinungsformen und Quellen sozialer
Über- und Unterordnung aufweisen können. So kann – wie im Falle der
Versicherungsmakler:innen – die übergeordnete Position der Dienstleistenden
begründet sein durch Expert:innenwissen, auf das Klient:innen angewiesen sind,
um ein Problem zu lösen. Eine weitere Quelle für hierarchisch geprägte Dienstleistungsbeziehungen bildet die soziale Angewiesenheit von Personen auf sozial-
staatliche Hilfen und Unterstützung, z. B. im Rahmen der Sozialhilfe und der
Vermittlungsarbeit für Arbeitslose durch Mitarbeitende der Arbeitsagentur. Hier
liegt das Dispositions- und Direktionsrecht über die Erbringung der Dienstleistung bei den Dienstleistenden.

Eine dritte Quelle asymmetrischer Dienstleistungsbeziehungen besteht in
der psycho-physischen Vulnerabilität von Menschen. Im Verlaufe ihres Lebens
können Menschen in Situationen geraten, in denen sie mehr oder weniger stark
auf gesundheitsbezogene Hilfen, Unterstützung und Behandlung angewiesen
sind. Dies gilt vor allem für Lebensphasen zu Beginn und am Ende des Lebens-
wegs, die durch ein hohes Maß an existenzieller Angewiesenheit auf lebens-
notwendige Sorgetätigkeiten durch (professionelle) Dienstleistende geprägt sind
(Senghaas-Knobloch und Kumbruck 2008, S. 15 ff.), etwa in der Palliativpflege.
In asymmetrischen Dispositionsbeziehungen orientiert sich die Interaktionsarbeit der Dienstleistenden oft daran, deren hierarchischen bzw. asymmetrischen
Charakter zurückzunehmen oder abzuschwächen, um die Kooperationsbereit-
schaft der Dienstleistungsnehmenden zu gewinnen oder zu erhalten (Böhle et al.
2015a, S. 42 f.). Die Art und Weise, wie dies geschieht, kann nach den Quellen
sozialer Asymmetrie und spezifischen Kontexten der Dienstleistungsbeziehungen
variieren.

Davon zu unterscheiden sind Dispositionsbeziehungen, in denen Dienstleistende den Dienstleistungsnehmenden untergeordnet sind, z. B. im Falle von Haushaltshilfen. Hierbei werden Dienstleistende durch Dienstleistungsnehmende kontrolliert. Zudem wird von ihnen erwartet, den Anweisungen der Empfänger:innen Folge zu leisten. Der Zugriff auf die Arbeitskraft der Dienstleistenden ist in der Dispositionsbeziehung begrenzt auf die vertraglich vereinbarte Dienstleistungserbringung und damit auf ein bestimmtes Dienstleistungsergebnis.

2.6   Kernmerkmale der Dienstleistungsinteraktion

Kern et al. (2021) haben in ihrer Studie zur Analyse des Zusammenhangs zwischen Emotionsarbeit und dem Wohlbefinden von Dienstleistenden vier Typen oder Kernmerkmale der Dienstleistungsinteraktion (in Bezug auf die Emotionsregulation von Dienstleistenden) identifiziert (Kern et al. 2021, S. 4 ff.): die Komplexität der Dienstleistungsinteraktion, ihre kundenspezifische Gestaltung, die Nicht-Ersetzbarkeit der Dienstleistenden und die Identifikation mit Kund:innen. Diese Kernmerkmale implizieren mit Blick auf Begegnungen, Pseudobeziehungen und Dienstleistungsbeziehungen unterschiedliche Ausprägungen. Unter den drei Idealtypen der Beziehungsqualität interaktiver Dienstleistungsarbeit bildet die Dienstleistungsbeziehung jenen Typus, der die höchsten sozio-emotionalen Anforderungen an die Interaktionsarbeit der Beschäftigten stellt.

Das Kernmerkmal der Interaktionskomplexität bezeichnet „the extent to which the solution of customer demands requires complex information and decision processes" (Kern et. al. 2021, S. 4). Die Interaktionskomplexität unterscheidet sich in ihrer Ausprägung nach Berufsgruppen. Beschäftigte aus Berufsgruppen mit hoher Interaktionskomplexität verfügen über relativ große arbeitsbezogene Dispositionsspielräume zur Gestaltung der Interaktionsbeziehungen mit Kund:innen. Ihre Interaktionsarbeit erfordert ein hohes Maß an professioneller Kompetenz, da das Erkennen, Definieren und Strukturieren von Kund:innenproblemen sowie die Entwicklung angemessener Lösungsstrategien Interaktionsarbeit mit Kund:innen erfordert. Bei Berufsgruppen, deren Dienstleistungsinteraktion durch eine geringe Interaktionskomplexität geprägt ist, werden oft nur einfach strukturierte Informationen mit Kund:innen ausgetauscht, sodass die Arbeitsinteraktion eher oberflächlich bleibt. Mit Blick auf die drei Typen der Beziehungsqualität ist die Interaktionskomplexität bei flüchtigen

Dienstleistungsbegegnungen gering ausgeprägt, während sie ihre höchste Ausprägung in Dienstleistungsbeziehungen erfährt.

Die kundenspezifische Gestaltung der Dienstleistungsinteraktion (customization of service interactions) bezieht sich auf das Ausmaß, in dem es erforderlich ist, die Dienstleistungsarbeit kundenindividuell anzupassen. Bei einem hohen Grad an kundenspezifischer Dienstleistungsinteraktion wird von Beschäftigten erwartet, ein breiteres Spektrum an Arbeitsemotionen – inklusive negativer Gefühle – in der Interaktionsarbeit auszudrücken (Kern et al. 2021). Beschäftigte, deren Interaktionsarbeit kaum kundenspezifisch ausgerichtet ist, orientieren sich eher an standardisierten Vorgaben und Skripten im Umgang mit Kund:innen, wobei primär der Ausdruck positiver Emotionen erwünscht wird. Dies ist bei Begegnungen und Pseudobeziehungen eher der Fall als bei Dienstleistungsbeziehungen, deren Entwicklung durch Bedarfe der kundenspezifischen Gestaltung der Dienstleistungsinteraktion gefördert wird.

Der dritte Typus von Dienstleistungsinteraktionen erstreckt sich auf die Nicht-Ersetzbarkeit von Dienstleistenden (Non-substitutability of servic providers). Diese bezeichnet „to what extent a service encounter is bound to a certain employee" (Kern et. al. 2021, S. 4). Wenn Beschäftigte über relevante kundenspezifische Hintergrundinformationen, eine Kenntnis der Historie des Kund:innenproblems verfügen bzw. es für die Erbringung der Dienstleistung erforderlich ist, eine vertrauensbasierte und langfriste Interaktionsbeziehung zu Kund:innen aufzubauen, sind spezifische dienstleistende Personen erfolgskritisch für die Dienstleistungsinteraktion. Dieses Hintergrund- oder Orientierungswissen um Dienstleistungsnehmende ist bei flüchtigen Dienstleistungsbegegnungen kaum bedeutsam. Im Rahmen von Pseudobeziehungen erhält es Relevanz im Sinne generalisierter und objektivierbarer Informationen über spezifische Gruppen von Dienstleistungsnehmenden (z. B. ältere und jüngere, männliche und weibliche Kund:innen), die erhoben, analysiert und verwendet werden, um Dienstleistungsnehmende an eine konkrete Dienstleistungsorganisation zu binden. Überall dort, wo die Gestaltung von Dienstleistungsinteraktionen ein spezifisches Hintergrund- und Orientierungswissen über Dienstleistungsnehmende, deren konkrete Bedarfe und Bedürfnisse und eventuell auch ihrer näheren Lebensumstände voraussetzt, geraten Dienstleistungsbegegnungen und Pseudobeziehungen an ihre Grenzen. Hier wird der Aufbau von an Langfristigkeit und auf Vertrauensentwicklung orientierten Dienstleistungsbeziehungen angestrebt. Sie sind zumindest an die wechselseitige Bekanntschaft und den fortgesetzten interpersonalen Austausch zwischen Dienstleistenden und Dienstleistungsnehmenden gebunden. Die Person des Dienstleistenden ist hierbei oft ein kritischer Erfolgsfaktor für die erlebte Dienstleistungsqualität der

Dienstleistungsnehmenden. Sie zu ersetzen, würde bedeuten, die Dienstleistungsbeziehung in Frage zu stellen und birgt das Risiko einer Abwanderung der Dienstleistungsnehmenden.

Das Kernmerkmal der Identifikation mit Kund:innen wird definiert als „the extend to which service employees are required to take a customer's perspective and identify with customer needs" (Kern et. al. 2021). Die Möglichkeit zur Identifikation mit Kund:innen eröffnet sich bei Dienstleistungsbeziehungen im höheren Maße als bei flüchtigen Dienstleistungsbegegnungen und Pseudobeziehungen.

2.7 Vorgaben interaktiver Dienstleistungsarbeit und Interaktionsspielraum

Dienstleistende sind in ihrem Arbeitshandeln oft damit konfrontiert, Vorgaben, d. h. explizite bzw. implizite Regeln und Normen, zur Interaktionsarbeit zu beachten. Hierbei kann es sich um generalisierte, d. h. kulturell geprägte soziale Verhaltenserwartungen handeln, an denen sich Dienstleistende in der Interaktionsarbeit orientieren (vgl. Goffman 2001), wie das Einhalten von Konventionen der Höflichkeit und des Respekts. Vorgaben können sich überdies in berufsethischen Normen und Vorstellungen oder in impliziten wie expliziten Verhaltenserwartungen von Dienstleistungsorganisationen zur Regulierung der Interaktionsarbeit von Beschäftigten widerspiegeln. Organisatorische Verhaltenserwartungen bzw. Regeln richten sich oft auf die Emotionsarbeit, d. h. die Emotionsregulation und Gefühlsdarstellung, sowie auf die Gefühlsarbeit (vgl. Hochschild 1979; Strauss et al. 1980). Überdies beziehen sich normative Verhaltenserwartungen auch auf die betrieblich erwartete Kund:innenorientierung der Mitarbeitenden. Hierbei wird „das soziale Leistungsergebnis durch die Orientierung am Gebrauchswert des Kunden definiert" (Voswinkel und Korzekwa 2005, S. 31). Organisationen können Verhaltensstandards der Interaktionsarbeit Nachdruck verleihen, wenn sie ihre Verletzung oder Nichtbeachtung durch Beschäftigte mit Sanktionen belegen (vgl. Strauss et al. 1980). Auch Dienstleistungsnehmende können die Interaktionsarbeit von Dienstleistenden sanktionieren, wenn diese aus Sicht der Erstgenannten nicht normativen sozialen Erwartungen an Freundlichkeit, Respekt und Höflichkeit entspricht. Dies ist z. B. der Fall wenn Kund:innen in der Gastronomie Servicekräften Trinkgeld vorenthalten, da sie sich nicht respektvoll behandelt fühlten.

Ein wichtiges Unterscheidungsmerkmal von Interaktionsordnungen der Dienstleistungsarbeit besteht in den (betrieblich gewährten) Freiheitsgraden der Dienstleistenden zur Ausübung von Interaktionsarbeit. Sie verweisen auf eine bisher kaum beachtete wie empirisch untersuchte Dimension arbeitsbezogener Dispositions- und Entscheidungsspielräume: den Interaktionsspielraum. Dieser wird nach Dormann et al. (2002, S. 203) verstanden als „eine spezielle Art der Kontrolle darauf, wie sehr eine Person die soziale Interaktion, die der Emotionsarbeit zugrunde liegt, beeinflussen kann". Hier wird das Konzept des Interaktionsspielraums fokussiert auf die Regulation von Emotionsarbeit. Es lässt sich meines Erachtens aber auch weiter fassen im Sinne des Kontroll- und Entscheidungsspielraums dienstleistender Personen, die Interaktionsarbeit selbsttätig zu gestalten. Der Interaktionsspielraum umfasst demnach die Freiheitsgrade der Dienstleistenden zur Gestaltung von Interaktionsarbeit – und zwar in Bezug auf:

• die zeitliche Dimension: Dauer sowie Beginn und Ende der Dienstleistungsinteraktion
• die Möglichkeit eines situativ angemessenen Umgangs mit betrieblichen Verhaltenserwartungen an die Interaktionsarbeit, ohne Sanktionen befürchten zu müssen; dies impliziert Chancen zur Selbststeuerung der Gefühlsdarstellung (Nerdinger 2012, S. 14–16)
• Möglichkeiten, soziale Unterstützung – durch Führungskräfte oder Kolleg:innen – zu mobilisieren, um hohe Anforderungen an Interaktionsarbeit besser bewältigen zu können,
• Freiheitsgrade, die Zusammenarbeit mit spezifischen Dienstleistungsnehmenden unter bestimmten Bedingungen nicht eingehen bzw. fortsetzen zu müssen (z. B. bei der Diskriminierung von Dienstleistenden).

2.8   Grenzregulation bei interaktiver Dienstleistungsarbeit

In der Gestaltungsperspektive umweltoffener sozio-technischer Arbeitssysteme bezeichnet Grenzregulation „die Möglichkeit, die Prozesse im Arbeitssystem mit den Anforderungen aus der Systemumwelt abzustimmen" (Schüpbach 2007, S. 38). Aufgaben der Grenzregulation beinhalten, die Organisation nach außen zu repräsentieren, Vernetzungen mit der Systemumwelt im Sinne der Organisation bzw. ihrer Primäraufgabe vorzunehmen und Probleme an der Schnittstelle zwischen Organisation und Umwelt zu klären (vgl. Grote et al. 2004). Eine Besonderheit interaktiver Dienstleistungsarbeit besteht darin, dass Beschäftigte mit Anforderungen an die Grenzregulation konfrontiert sind, da sie als Repräsentant:innen einer Dienstleistungsorganisation mit Kund:innen,

Klient:innen oder Patient:innen interagieren, die in der sozialen Organisations-
umwelt verortet sind.

Formen dezentraler Grenzregulation geraten oft an Grenzen, wenn
Spannungen oder Konflikte zwischen Dienstleistenden und Dienstleistungsnehmenden so eskalieren, dass die Kooperationsbasis gefährdet ist bzw. sie
hohe sozio-emotionale Arbeitsbelastungen induzieren. In Interaktionsordnungen
der Dienstleistungsarbeit nehmen dann häufig Führungskräfte die Aufgabe der
Grenzregulation wahr (vgl. Becke et al. 2015). Die Grenzregulation stellt hierbei besonders hohe Anforderungen an ihre triadische Kompetenz als Fähigkeit,
„die in diesen Beziehungsdreiecken auftretenden Widersprüche und Konflikte
auszuhalten und zu balancieren, ohne in eine Richtung zu vereinfachen oder
den Kontakt nach einer Seite hin abreißen zu lassen" (Tietel 2006, S. 328). Die
Grenzregulation durch Führungskräfte hat oft den Charakter einer sozialen Unterstützungsressource für Beschäftigte (vgl. Becke et al. 2015).

2.9 Eingriffstiefe von Technik in interaktive Dienstleistungsarbeit

Dienstleistungsorganisationen sind aus betriebsökonomischen Gründen daran
interessiert, Dienstleistungsarbeit zu rationalisieren, etwa durch Strategien
der Standardisierung und Technisierung (vgl. Baethge 2011, S. 452). Ihre
Technisierung mittels digitaler Technikanwendungen kann eine unterschiedliche Interventionstiefe in Dienstleistungsinteraktionen aufweisen (vgl. Hielscher
2020; Baethge 2011). Die Dienstleistungs- und die Arbeitsqualität werden insbesondere durch Technikanwendungen geprägt, die unmittelbar den Prozess
der Dienstleistungsinteraktion beeinflussen. Technikanwendungen finden bei
Beschäftigten eine positive Resonanz, wenn sie eine merkliche Entlastung im
Arbeitsalltag ermöglichen (z. B. Dokumentationsaufgaben reduzieren helfen)
und den Kern ihres Arbeitshandelns, also Ansprüche an eine gute Arbeits- und
Dienstleistungsqualität und Arbeitsautonomie, nicht beeinträchtigen (vgl.
Hielscher 2020, S. 43). Allerdings können digitale Technikanwendungen dazu
beitragen, den Arbeitsprozess in zeitlicher und leistungsbezogener Hinsicht zu
überwachen sowie die Reihenfolge und Ausführung von Arbeitsaufgaben vor-
zugeben. Neue Anforderungen an Vermittlungsarbeit entstehen, wenn digitale
Techniken unmittelbar in Dienstleistungsinteraktionen einzubinden sind: Nun gilt
es für Beschäftigte, in der Interaktionsarbeit mit den Dienstleistungsnehmenden
die Technikanwendung zu begründen und zu erläutern, um Vorbehalte und

Irritationen im Sinne kooperativer Aufgabenbearbeitung abzubauen bzw. zu vermeiden (vgl. Hielscher et al. 2015, S. 144 ff.; Hielscher 2020, S. 41).

3 Exemplarische Interaktionsordnungen interaktiver Dienstleistungsarbeit

Interaktionsordnungen interaktiver Dienstleistungsarbeit werden nun am Beispiel der beiden FlexiGesA-Unternehmenspartner aus den IT-Services und den
ambulanten sozialen Dienstleistungen skizziert. Die Darstellung der betrieblichen
Interaktionsordnungen kann hier nur kursorisch erfolgen. Sie geht von der Über-
legung aus, dass empirisch zu untersuchende Interaktionsordnungen spezifische
Konfigurationen ihrer Basiselemente aufweisen. Hierbei wird exemplarisch die
Gesundheitsrelevanz betrieblicher Interaktionsordnungen verdeutlicht.

3.1 Die Interaktionsordnung des IT-Unternehmens

Bei dem IT-Dienstleister handelte es sich um ein mittelständisches Unternehmen,
das kundenspezifische und innovative Softwarelösungen vorwiegend mithilfe
agiler Methoden entwickelt (vgl. Zenz et al. sowie Rolfes und Brandes in diesem
Band). Im Folgenden wird die Interaktionsordnung des IT-Dienstleisters skizziert.

Interaktionsarbeit als relevante Nebenaufgabe
Die Primäraufgabe des IT-Unternehmens bildet die Entwicklung neuartiger
und kundenindividueller Softwarelösungen. Hierbei erweist sich die Interaktionsarbeit als relevante Nebenaufgabe, deren hoher Stellenwert bereits im
Agilen Manifest, d. h. den Leitlinien agilen Arbeitens, normativ begründet wird.
Demnach soll Individuen und Interaktionen eine höhere Relevanz als Prozessen
und Werkzeugen zukommen (vgl. Preußig 2018, S. 39). Interaktionsarbeit
spielt in der betrieblichen Praxis agilen Arbeitens eine wichtige Rolle, die aus
der Selbstorganisation der Teamarbeit und der weitreichenden Integration von
Kund:innen in den IT-Entwicklungsprozess resultiert. Dabei werden relativ hohe
Anforderungen an die Interaktionsarbeit der Beschäftigten gestellt: Nach innen,
d. h. teamintern, erfordert die Selbstorganisation der Teams Interaktionsarbeit, um
die Entwicklungsarbeiten an oft mehreren, parallel zu bearbeitenden Projekten
im Team untereinander zu koordinieren, sich auf Qualitätsmaßstäbe ihrer Arbeit
zu verständigen, gemeinsame Standards der Teamkooperation auszuhandeln und
Teamkonflikte konstruktiv zu bearbeiten. Nach außen, d. h. mit Kund:innen, ist

Interaktionsarbeit zu leisten, um sich mit diesen im Arbeitsprozess abzustimmen, Erwartungen an IT-Projekte zu klären, zu den Kund:innen eine vertrauensbasierte Kooperationsbeziehung aufzubauen und zu pflegen sowie Konflikte zu lösen.

Anwesenheit als Voraussetzung für Interaktionsarbeit

Eine Besonderheit der Interaktionsarbeit mit Kund:innen besteht in der IT-Entwicklung darin, dass diese weniger in zeitlich-räumlicher Kopräsenz als technisch vermittelt, d. h. über Telefon, E-Mail-Austausch und Videokonferenzsysteme, erfolgt. Technik dient hier als Medium der Kommunikation und als zentrales Arbeitsmittel; sie prägt damit in erheblichem Maße den Charakter der interaktiven Dienstleistungsarbeit. Die technisch vermittelte Interaktionsarbeit wird allerdings durch Begegnungen in zeitlich-räumlicher Kopräsenz ergänzt, die unterschiedliche Funktionen aufweisen: Sie dienen dazu, Kund:innen persönlich kennenzulernen sowie mit diesen eine vertrauensbasierte Kooperation aufzubauen und zu erhalten. Durch das Angebot des wechselseitige Duzens soll z. B. eine persönlich gefärbte Kommunikation auf Augenhöhe, d. h. eine kollaborative Atmosphäre der Nähe zwischen Teammitgliedern und Kund:innen, hergestellt werden. Zugleich sollen dadurch mögliche wissensbasierte Machtasymmetrien in der Kooperation mit Kund:innen symbolisch eingehegt bzw. reduziert werden. Begegnungen in zeitlich-räumlicher Kopräsenz werden überdies vorgesehen, um zu Beginn der Projektkooperation in Workshops oder im Rahmen agiler Hospitationen den Kund:innen agile Arbeitsweisen nahezubringen. Hierbei leisten die Teammitglieder Animationsarbeit (vgl. Voswinkel und Korzekwa 2005, S. 157 ff.), bei der sie eine positive Grundstimmung der Kund:innen gegenüber agilen Arbeitsweisen anstreben. Es geht darum, dass Kund:innen Vertrauen in agile Arbeitsverfahren und Methoden entwickeln.

Räume der Interaktionsarbeit

Die IT-Entwickler:innen kooperieren mit Kund:innen in unterschiedlichen Räumen: Auf der einen Seite wird Interaktionsarbeit in mediatisierten, technisch vermittelten Räumen geleistet, bei der die Gleichzeitigkeit und die Gleichörtlichkeit der Beteiligten voneinander entkoppelt sind, wie im Falle von Videokonferenzen zur Besprechung des Projektfortschritts. Auf der anderen Seite erfolgt die Interaktionsarbeit in zeitlich-räumlicher Kopräsenz, sei es bei Meetings im IT-Unternehmen oder aber in Arbeitstreffen am Unternehmensstandort der Kund:innenseite. Die räumliche Figuration der Interaktionsarbeit hat sich allerdings verändert, da die Projektarbeit während der Coronapandemie

überwiegend ins Homeoffice der Beschäftigten verlagert wurde, sodass die zeit-
lich-räumlich kopräsente Interaktionsarbeit mit Kund:innen de facto nicht mehr
erfolgte.

Die IT-Entwickler:innen verwiesen in unseren Gruppendiskussionen wieder-
holt auf die Begrenzungen, die mit technisch vermittelter Interaktion in virtuellen
Räumen verbunden sind. Dies betrifft ganz wesentlich die Unmöglichkeit,
Kund:innen umfassend in ihrer Leiblichkeit wahrzunehmen und anhand ihrer
Mimik, Gestik und körperlichen Haltung Rückschlüsse auf ihre jeweiligen
Stimmungen und Befindlichkeiten ziehen zu können. Diese Problematik wurde
aus Sicht der IT-Entwickler:innen durch die Coronapandemie verschärft, da seither ein durch Gleichzeitigkeit und Gleichörtlichkeit geprägter, direkter interpersonaler Austausch mit Kund:innen entfiel. Direkte Interaktion wird – seit
Beginn der Pandemie umso mehr – als unverzichtbare Basis für ein situativ
flexibles Eingehen auf Kund:innen betrachtet. Sie ermöglicht Beschäftigten den
informellen Austausch mit Kund:innen, fördert das persönliche Kennenlernen und
schafft Gelegenheitsstrukturen, um noch interessantere Entwicklungsaufgaben zu
sondieren und Folgeaufträge anzubahnen (vgl. Becke 2020).

Beziehungsqualität und Kernmerkmale der Dienstleistungsinteraktion

Die Interaktionsordnung des IT-Dienstleisters lässt sich als Dispositionsbeziehung   zwischen   Dienstleistenden   und   Dienstleistungsnehmenden
charakterisieren (vgl. Böhle 2006). Zwischen beiden Seiten besteht ein asym-
metrisches Verhältnis, da Kund:innen auf die fachliche Expertise der Dienstleistenden angewiesen sind, um ihr technisches Problem zu lösen.

Im Falle des IT-Unternehmens ergeben sich oftmals relativ dauerhafte Dienstleistungsbeziehungen mit Kund:innen auf der Basis von Bekanntschaft. Hierzu
trägt – neben einer z. T. längeren Projektdauer – die hohe Aufgabenkomplexi-
tät bei, die einen intensiveren Austausch mit Kund:innen bei der Entwicklung
kundenspezifischer Softwarelösungen begünstigt. So sind in Klärungs- und
Abstimmungsprozessen mit Kund:innen deren grobe sachbezogene Ziele und
Probleme zunächst in konkrete Aufgabenstellungen zu transformieren, die mit
agilen Methoden bearbeitet werden. Die Interaktionsarbeit bezieht sich hierbei auf Klärungs- und Aushandlungsprozesse mit Kund:innen: das Definieren,
Konkretisieren und Strukturieren von Problemen und Anliegen der Kund:innen
sowie Feedbackprozesse zu entwickelten technischen Teillösungen.

Die Interaktionsarbeit der IT-Entwickler:innen ist durch eine ausgeprägte
Perspektivenübernahme in Bezug auf die Kund:innen gekennzeichnet. Die
Entwickler:innen orientieren sich daran, einen möglichst hohen Gebrauchswert

für die Kund:innen zu schaffen. Dieses berufliche Interesse, verfolgen sie z. B., indem sie versuchen, Kund:innen von effektiveren technischen Lösungen zu überzeugen. Diese explizite Gebrauchswertorientierung der Entwickler:innen begünstigt den Aufbau vertrauensbasierter Dienstleistungsbeziehungen, birgt aber auch Risiken einer selbstinduzierten Überschreitung eigener Belastungsgrenzen (vgl. Becke 2020).

Dienstleistungsbeziehungen werden durch das agile Arbeitskonzept gefördert, das in Sprint- oder Entwicklungszyklen von 14 Tagen unterschiedliche Kommunikationsroutinen, wie Sprint Planning, Daily-Stand-Up-Meetings oder Sprint Reviews, vorsieht. Die Verfahrensstandardisierung agilen Arbeitens schafft Gelegenheitsstrukturen für kontinuierlichen interpersonalen Austausch und Begegnung, der eine Basis für die Entwicklung von Vertrauensbeziehungen zwischen Teams und Kund:innen bildet. Im Zuge agilen Arbeitens eignen sich die IT-Entwicklungsteams kontextspezifische Wissensbestände über die Kund:innen-Unternehmen, ihre Ansprechpersonen auf Kund:innenseite und über deren aufgabenbezogene Problemwahrnehmungen an. Die Entwicklung dieses Kontextwissens, das ein besseres Verständnis der Kund:innen und die Effektivität der Kooperation fördert, ermöglicht ggf. Folgeaufträge und schafft die Basis für eine stärkere Kund:innenbindung.

Vorgaben interaktiver Dienstleistungsarbeit und Interaktionsspielraum

Für die Interaktionsarbeit mit Kund:innen existieren auf Unternehmens- und Teamebene keine expliziten Vorgaben oder Verhaltensstandards. Vielmehr wird darauf gesetzt, dass die Teams auf der Basis ihrer Selbstorganisation in der Lage sind, die Zusammenarbeit mit Kund:innen konstruktiv zu gestalten sowie auftretende Probleme und Konflikte möglichst selbst zu lösen. Allerdings wird bereits bei der Personalgewinnung und -einstellung darauf geachtet, dass (zukünftige) Mitarbeitende aufgeschlossen sind für eine relativ enge Kooperation mit Kund:innen. Dass diese Kooperation auch stets Anforderungen an Interaktionsarbeit einschließt, die es zu bewältigen gilt, ist innerhalb der Organisation zumindest implizit anerkannt.

In der Regel ist die interaktive Dienstleistungsarbeit der IT-Entwickler:innen durch eine sachorientierte Kommunikation und die Herstellung einer positiven Arbeitsatmosphäre mit Kund:innen geprägt, die mit der Darstellung positiver Gefühle einhergeht. Die IT-Beschäftigten verfügen jedoch über einen relativ breiten Interaktionsspielraum, der es ihnen ermöglicht, bei Erfordernis ein breiteres Spektrum an Arbeitsemotionen in der Interaktionsarbeit herzustellen und auszudrücken, etwa um Respekt der Kund:innen einzufordern oder sich gegenüber überbordenden Leistungsansprüchen der Kund:innen abzugrenzen.

Grenzregulation bei interaktiver Dienstleistungsarbeit

Aufgrund der flachen Hierarchien übernehmen die IT-Entwicklungsteams in der Kooperation mit Kund:innen weitgehend die Grenzregulation ihrer Arbeitstätigkeit. Dies schließt die Regulierung von Kooperationskonflikten oder den Umgang mit Beschwerden und Unzufriedenheit der Kund:innen ein. Beispiele für typische Konflikte mit Kund:innen bilden zeitliche Verzögerungen von Projekten, unterschiedliche Qualitätsauffassungen auf beiden Seiten oder Erwartungen an unbezahlte Mehrarbeit.

Die Konfliktregulierung der Entwicklungsteams gerät an Grenzen, wenn Konflikte mit Kund:innen eskalieren. Dann schalten die Teams in der Regel ihre unmittelbaren Führungskräfte ein, die anlassbezogen und temporär die Grenzregulationsfunktion gegenüber Kund:innen übernehmen. Sie versuchen dabei, eine für alle Seiten tragfähige Lösung auszuhandeln, die es ermöglicht, die Arbeitskooperation fortzusetzen. Hierbei ist besonders die triadische Kompetenz der Führungskräfte gefordert, an den Schnittstellen zwischen Kund:innen, Team und der eigenen Rolle als intervenierende Führungskraft Konfliktlösungen zu erzielen (vgl. Becke 2019; Busse und Tietel 2018). Die Intervention in eskalierte Konflikte erleben Führungskräfte nicht selten als starke psychische Arbeitsbelastung, die mit hohen Anforderungen an die Emotionsregulation eigener negativer Gefühle, wie Wut und Verärgerung, und der Bewältigung emotional aufwühlender Konfliktsituationen verbunden sein kann (vgl. Becke 2020).

3.2 Die Interaktionsordnung des ambulanten sozialen Dienstleisters

Der mittelständische soziale Dienstleister bietet ambulante und teilstationäre Pflege sowie mobile haushaltsnahe Dienste für hilfs- und pflegebedürftige Menschen in ihrer privaten Häuslichkeit an (vgl. die Beiträge von Garbers sowie Pöser et al. in diesem Band). Die betriebliche Interaktionsordnung des ambulanten sozialen Dienstleisters, die hier den hauswirtschaftlichen Bereich fokussiert, weist folgende Merkmale auf:

Anwesenheit als Voraussetzung für Interaktionsarbeit

Die interaktive Dienstleistungsarbeit der Haushaltshilfen erfolgt in den Privathaushalten der Klient:innen. Da es sich bei diesen um hilfs- und pflegebedürftige Personen handelt, die in ihrer Alltagsmobilität eingeschränkt sind, werden die haushaltsnahen Dienstleistungen häufig in ihrem Beisein erbracht. Die zeitlich-räumliche Kopräsenz wird überdies durch die an die haushaltsnahen Dienstleistungen geknüpften Erwartungen der Beteiligten begünstigt. Aus der Perspektive der Klient:innen erfüllt die kopräsente Begegnung mit Haushaltshilfen soziale Kontakt- und Kommunikationsbedürfnisse. Die Arbeitsorientierung der Haushaltshilfen zeichnet sich – wie unsere Gruppendiskussionen verdeutlicht haben – u. a. durch eine ausgeprägte Fürsorgeorientierung für ihre hilfs- und pflegebedürftigen Klient:innen aus, die aus Beschäftigtensicht vor allem im kopräsenten Austausch realisiert werden kann.

Interaktionsarbeit als relevante Nebenaufgabe

Die mobilen haushaltsnahen Dienste ermöglichen hilfs- und pflegebedürftigen Menschen, weiterhin in ihrer Häuslichkeit zu verbleiben. Sie umfassen ein breites Spektrum an hauswirtschaftlichen Tätigkeiten (Geissler 2010, 135), wie Reinigungsarbeiten, Aufräumen und Bügeln, aber auch Aufgaben der Alltagsorganisation und -begleitung (z. B. Einkaufen und Essenszubereitung, Behördengänge). Diese Arbeitstätigkeiten werden gemeinhin als Einfacharbeit bezeichnet, da sie keine formale Berufsqualifikation erfordern (vgl. Pöser et al. in diesem Band). Auf den ersten Blick handelt es sich um instrumentelle Arbeitstätigkeiten im Rahmen hauswirtschaftlicher Unterstützung. Doch diese sachbezogene Primäraufgabe ist eng verwoben mit Interaktionsarbeit als bedeutsamer Nebenaufgabe, da die Haushaltshilfen bereits bei der Abstimmung ihrer Arbeitstätigkeiten auf die konkreten Bedarfe und Bedürfnisse, Stimmungen, Wünsche und Interessen der Klient:innen einzugehen haben (vgl. Lutz 2010, S. 28 f.). Haushaltshilfen berichten in Gruppendiskussionen davon, dass sie zunächst Biografiearbeit leisten müssten, um einen persönlichen Zugang zu den Klien:innen herstellen zu können und diese besser kennenzulernen. Der persönliche Zugang gelinge oft, wenn sie die Interessensgebiete der Klient:innen in Erfahrung brächten. Gerade hilfs- und pflegebedürftige Klient:innen, die kaum soziale Alltagskontakte haben, wenden sich – im Falle etablierter Vertrauensbeziehungen – oft mit ihren persönlichen Sorgen und Anliegen an die Haushaltshilfen, sodass diese neben bzw. bei ihrer sachbezogenen Arbeitstätigkeit oft auch Emotions- und Gefühlsarbeit leisten.

Der hohe Stellenwert emotionaler Arbeitsanforderungen im Bereich haushaltsnaher Dienste ergibt sich auch aus der gesundheitlichen Vulnerabilität
der Klient:innen, die dadurch geprägt ist, dass sich der Gesundheitszustand
der zumeist älteren, teilweise hochaltrigen hilfs- und pflegebedürftigen
Menschen tendenziell verschlechtert. Gerade wenn Haushaltshilfen bei längerer
Arbeitstätigkeit in Privathaushalten eine interpersonale Beziehung zu den
vulnerablen Klient:innen aufgebaut haben, erfahren sie deren Krankheitsverläufe
bzw. sukzessive Verschlechterung des Gesundheitszustands oft als emotional
belastend. Mitunter werden sie in ihrer Arbeitstätigkeit mit dem Leid und zum
Teil auch mit dem Tod der Klient:innen konfrontiert. Ihre auf den ersten Blick
sachorientierte Dienstleistung weist daher sozio-emotionale Qualitäten auf,
die mit existenziellen Gefühlen des Mitgefühls, (Mit-)Leids und der Trauer um
verstorbene Klient:innen verbunden sind sowie Anforderungen an Emotionsregulation und z. T. auch Trauerarbeit stellen.

Besonders deutlich wurden diese hohen sozio-emotionalen Arbeitsanforderungen in der Coronapandemie. Wenn sich Verwandte oder Bekannte
während der Pandemie aus Gründen des Infektionsschutzes zurückzogen,
bildeten die Haushaltshilfen oft die zentralen Kontaktpersonen der Klient:innen.
Die Haushaltshilfen sahen es als ihre Fürsorgeaufgabe an, die zum Teil
depressiven Stimmungs- und Gemütslagen der Klient:innen positiv zu beeinflussen. Die dabei zu leistende Emotions- und Gefühlsarbeit erlebten sie als hohe
Arbeitsanforderung und auch als psychische Belastung, die ein Abschalten nach
der Arbeit erschwerte. Im Erfolgsfall sahen sie sich bestätigt und in ihrer Selbstwirksamkeit gestärkt.

Sichtbarkeit der Interaktionsarbeit

Die Anforderungen an die Interaktionsarbeit der Haushaltshilfen sind von
außen betrachtet unsichtbar. Es handelt sich dabei z. B. um nicht-entgelt-
relevante Leistungskomponenten, die auch in regulären Stellenprofilen und
-ausschreibungen kaum vorzufinden sind. Die Koordinator:innen, die vor allem
für die Akquisition und die administrative Betreuung von Kund:innen sowie die
Führung von Hauswirtschaftskräften zuständig sind, haben innerhalb des Unternehmens wesentlich dazu beigetragen, dass die von außen häufig unsichtbare
Interaktionsarbeit der Haushaltshilfen nun betriebsöffentlich und auch durch die
Geschäftsführung stärker anerkannt wird. Die erhöhte Anerkennung der Interaktionsarbeit äußert sich darin, dass Wünsche der Mitarbeitenden, die sich auf
die Interaktionsarbeit richten, realisiert wurden. Hierzu zählte der durch die

Koordinator:innen ermöglichte kollegiale Austausch der Haushaltshilfen über ihre Erfahrungen mit interaktiver Dienstleistungsarbeit, deren psychosoziale Belastungen und ihrer Bewältigung im Rahmen der im FlexiGesA-Projekt neu eingeführten Dienstbesprechungen.

Räume der Interaktionsarbeit

Der private Haushalt der Klient:innen bildet den zentralen Arbeitsort der Haushaltshilfen, die dort den doppelten Status als Gast und als Dienstleistende inne haben (Bleses und Busse 2020). Ihre Arbeitstätigkeit bedeutet einen weitreichenden Eingriff in die Privatheit der Klient:innen, denn sie wird „im privaten Raum und im Hinblick auf Bedürfnisse geleistet, die explizit als privat definiert werden" (Geissler 2006, S. 202). Damit stellen sich Anforderungen an die Interaktionsarbeit der Haushaltshilfen mit Klient:innen, das fragile Verhältnis von Nähe und Distanz auszubalancieren.

Während der Coronapandemie wurden die Haushaltshilfen durch die Führungskräfte angehalten, gesetzlichen Infektions- und Hygieneschutzvorschriften in den Privathaushalten der Klient:innen Geltung zu verschaffen. Dies bedeutete, dass den Haushaltshilfen nun eine quasi-disziplinarische Zusatzaufgabe übertragen wurde, die die räumliche Dispositionshoheit der Klient:innen über ihre Privatsphäre herausforderte. Zugleich kollidierte diese Zusatzaufgabe mit dem Gast- und Dienstleistendenstatus der Beschäftigten. Dadurch geriet auch die Dispositionsbeziehung zwischen Klient:innen und Haushaltshilfen unter Veränderungsdruck. In Bezug auf die Dispositionsbeziehung und die Gastrolle der Haushaltshilfen erwarteten die Klient:innen seitens der Haushaltshilfen Dienstbarkeit und Zurückhaltung. Der quasi-disziplinierende Charakter der Zusatzaufgabe äußerte sich im Ansinnen an die Klient:innen, im Beisein der Haushaltshilfen Schutzmasken anzulegen und möglichst einen anderen Raum aufzusuchen, um den pandemiebedingt gebotenen Mindestabstand bei der Arbeit einzuhalten. Die Zusatzaufgabe stellte hohe Anforderungen an die Gefühlsarbeit der Haushaltshilfen, vor allem an ihr Einfühlungsvermögen, ihr Taktgefühl und an die kommunikative Vermittlung der Infektionsschutzanforderungen. Wenn diese interaktive Einbettung der Zusatzaufgabe nicht gelang oder keine akzeptierende Resonanz bei Klient:innen fand, erlebten diese bzw. ihre Angehörigen dieses Ansinnen als Verletzung ihres territorialen Selbst (Goffman 1974, S. 54 ff.) und reagierten darauf mit Verärgerung und Ablehnung. Dieser territoriale Dispositionskonflikt löste bei Haushaltshilfen erhöhten Interaktionsstress aus (vgl. Becke et al. 2022).

Dauer, Intensität und Beziehungsqualität der Interaktionsarbeit

Die Haushaltshilfen gehen ihrer Arbeit in den Privathaushalten der Klient:innen zumeist mehrere Stunden pro Woche nach. In der Regel betreuen und begleiten sie die Klient:innen über einen längeren Zeitraum, sodass relativ stabile und vertrauensbasierte Dienstleistungsbeziehungen auf der Basis von Bekanntschaft entstehen können. Ein Personalwechsel erfolgt oft nur vorübergehend bei Urlaub oder Erkrankung der Hauswirtschaftskräfte. Die relative hohe interpersonale Stabilität und Kontinuität der Dienstleistungsbeziehung lässt sich aus der Perspektive beider Seiten näher erklären: Für die vulnerablen Klient:innen bedeutet die Unterstützung durch Haushaltshilfen einen weitreichenden Eingriff in ihre Privatheit. Die Vertrauenswürdigkeit, Diskretion und Verlässlichkeit der Haushaltshilfen erhält eine Schlüsselbedeutung dafür, diesen Eingriff zuzulassen. Ein häufiger Wechsel des Personals würde die Möglichkeit der Vertrauensentwicklung sehr erschweren. Aufseiten der Haushaltshilfen sind deren Sinnansprüche an die Arbeit von entscheidender Bedeutung: Zeit für persönliche Zuwendung und Begegnung – oft gepaart mit dem Fürsorgemotiv, anderen Menschen zu helfen – bilden relevante arbeitsbezogene Sinnansprüche der Haushaltshilfen, die längerfristige Kooperationsbeziehungen mit Klient:innen voraussetzen. Hinzu kommt, dass auch Führungskräfte Interesse an stabilen interpersonalen Kooperationsbeziehungen haben, da dies der Bindung von Kund:innen und Mitarbeitenden an das Unternehmen dient. So legen die Führungskräfte großen Wert auf das »Matching« zwischen Haushaltshilfen und Klient:innen.

Grenzregulation bei interaktiver Dienstleistungsarbeit

Eine gute Beziehungsqualität betrachten die Haushaltshilfen auf der einen Seite als Quelle der Anerkennung und Dankbarkeit, die sie seitens der Klient:innen und auch der Angehörigen erhalten. Auf der anderen Seite besteht aus ihrer Sicht jedoch auch ein erhöhter Bedarf der Grenzziehung gegenüber Klient:innen. Haushaltshilfen sehen sich öfters damit konfrontiert, Erwartungen an vertraglich nicht abgedeckte Mehrarbeit oder Zusatzaufgaben zurückzuweisen, geraten dabei teilweise in für sie psychisch belastende moralische Dilemmata. Das Interesse an Selbstschutz und Einhaltung vertraglich vereinbarter Leistungen kollidiert hier mit ihren Fürsorge- und Verantwortungsgefühlen, die hilfebedürftigen Klient:innen nicht im Stich zu lassen.

Diese Problematik zeigt, dass den Haushaltshilfen bei ihrer Alleinarbeit im Privathaushalt die Aufgabe der Grenzregulation gegenüber Klient:innen obliegt.

Die Haushaltshilfen sind in unterschiedlichem Maße in der Lage, diese Aufgabe konstruktiv zu bewältigen. Sie können sich auf die soziale Unterstützung
der Koordinator:innen verlassen, z. B. wenn diese das klärende Gespräch mit
Klient:innen und deren Angehörigen suchen. Die Haushaltshilfen erleben die
direkten Führungskräfte daher als Rückhalt bei Konflikten mit Klient:innen.

**Vorgaben interaktiver Dienstleistungsarbeit und
Interaktionsspielraum**
Aufseiten des ambulanten sozialen Dienstleisters erfolgt keine Regulierung der
Dienstleistungsarbeit durch Vorgaben zur Interaktionsarbeit. Vielmehr wird deut-
lich, dass die Führungskräfte den Haushaltshilfen einen großen Interaktions-
spielraum in der Arbeitskooperation mit Klient:innen gewähren. So richten die
Führungskräfte an die Haushaltshilfen die Erwartung, ein situativ angemessenes
Verhalten gegenüber Kund:innen zu zeigen, das eine größere Vielfalt an dargestellten Arbeitsemotionen einschließt. Dies beinhaltet etwa, bei mangelndem
Respekt ihrer Arbeit oder Person durch Klient:innen auch negative Emotionen,
wie Ärger, auszudrücken. Der Interaktionsspielraum geht noch darüber hinaus,
denn die Haushaltshilfen können sich dagegen aussprechen, die Zusammenarbeit
mit Klient:innen fortzusetzen, z. B. wenn sie durch diese diskriminiert wurden.

Eingriffstiefe von Technik in interaktive Dienstleistungsarbeit
Die Eingriffstiefe von Technik in die Interaktionsarbeit erleben die Haushaltshilfen als recht gering. Bei ihrer mobilen Alleinarbeit verwenden sie Smart-
phones als technische Arbeitsmittel, mit denen sie vor allem ihre Arbeitszeiten
in den Privathaushalten und die von ihnen ausgeführten Arbeitstätigkeiten
dokumentieren. Diese digitalen Techniken nehmen die Beschäftigten überwiegend als unterstützende Hilfsmittel ihrer Arbeit wahr. Dazu beigetragen hat
die im FlexiGesA-Projekt erfolgte informatorische Funktionserweiterung des
betrieblichen EDV-Systems zur Planung und Dokumentation des Personalein-
satzes und der Touren, das nun arbeitsrelevantes Kontextwissen dezentral verfügbar hält. Dabei handelt es sich um aktuelle Informationen über die Klient:innen
(z. B. über Lebensmittelallergien und relevante Erkrankungen), die Privat-
haushalte (z. B. über Haustiere) oder spezifische Anforderungen (z. B. Messie-
Haushalt), welche die Haushaltshilfen per Smartphone dezentral abrufen
können und die ihnen ermöglichen, sich auf Klient:innen sowie auf neue oder
veränderte Dienstleistungsbedingungen vor Ort besser einzustellen. Diese
Funktionserweiterung erhöhte die Handlungssicherheit der Haushaltshilfen im
Umgang mit Klient:innen und deren Wohnumgebung. Sie kommt primär neuen

Mitarbeitenden, aber auch Ersatzkräften zugute, die erkrankte oder sich im Urlaub befindende Haushaltshilfen vertreten.

4   Fazit und Ausblick

Das Konzept der Interaktionsordnungen von Dienstleistungsarbeit soll einen heuristischen Rahmen bereitstellen, der zur arbeits- und gesundheitswissenschaftlichen Analyse und Gestaltung – betrieblich organisierter und koordinierter – interaktiver Dienstleistungsarbeit verwendet werden kann. Die neun Basiselemente der Interaktionsordnungen lassen sich im Sinne eines heuristischen Rasters auf konkrete empirische Fälle interaktiver Dienstleistungsarbeit anwenden, um auf dieser Grundlage Interaktionsordnungen möglichst dicht zu beschreiben. Dies ermöglicht eine kontextsensible Analyse von Interaktionsordnungen der Dienstleistungsarbeit, die hier ansatzweise am Beispiel der Interaktionsordnungen projektförmig organisierter und agiler IT-Entwicklungsarbeit und ambulanter haushaltsnaher Dienstleistungen aufgezeigt wurde. Arbeits- und gesundheitswissenschaftliche Analysen der Interaktionsordnungen von Dienstleistungsarbeit können den Blick auf kontextspezifisch wirksame Belastungsfaktoren, Gesundheitsressourcen und Bewältigungsmuster von Führungskräften und Beschäftigten freilegen, die in triadischen Leistungs- und Interaktionsgeflechten von Dienstleistungsorganisationen, Dienstleistenden und Dienstleistungsnehmenden tätig sind. Sie eröffnen Möglichkeiten einer kontextsensiblen Entwicklung und Umsetzung gesundheitsförderlicher Gestaltungsoptionen interaktiver Dienstleistungsarbeit. Ihre Realisierungschancen steigen, wenn Beschäftigte und ihre Interessenvertretungen als Expert:innen ihrer Arbeitssituation systematisch beteiligt werden.

Das Konzept der Interaktionsordnungen von Dienstleistungsarbeit wird nicht als Alternativentwurf zu den beiden zuvor genannten Rahmenkonzepten einer gesundheitsförderlichen Gestaltung von Interaktionsarbeit verstanden. Vielmehr geht es darum, die unterschiedlichen Stärken dieser Konzepte zu nutzen, um interaktive Dienstleistungsarbeit menschengerecht und gesundheitsförderlich zu gestalten. Die Stärke unseres Konzepts liegt darin, betriebliche Interaktionsordnungen der Dienstleistungsarbeit als bisher noch zu wenig beachteten Referenzpunkt für eine kontextsensible gesundheitsförderliche Gestaltung interaktiver Dienstleistungsarbeit zu nutzen.

Das hier explorativ entwickelte Konzept der Interaktionsordnungen von Dienstleistungsarbeit bedarf weiterer Konkretisierung und Entwicklung, z. B. mit Blick auf Interdependenzen zwischen überbetrieblichen institutionellen

Kontextbedingungen, wie Markt- und Wettbewerbsstrukturen, betrieblichen Rationalisierungsregimen und ihren Interaktionsordnungen. Es kann konzeptionell wie empirisch weiterentwickelt werden, um zu einer übergreifenden und vergleichenden Analyse und Typisierung von Interaktionsordnungen der Dienstleistungsarbeit zu gelangen.

Literatur

Baethge, Martin. 2011. Qualifikation, Kompetenzentwicklung und Professionalisierung im Dienstleistungssektor. WSI-Mitteilungen 64(9): 447–455.

Baethge, Martin. 2014. „Labore des Sozialen" – Verheißung oder Drohung oder ...? Anmerkungen zum Beitrag von Dunkel/Weihrich „Interaktive Arbeit: die soziale Dimension von Dienstleistungsarbeit". In *Arbeit – Eine Neubestimmung. Managementforschung 24*, Hrsg. Jörg Sydow, Dieter Sadowski und Peter Conrad, 291–298. Wiesbaden: Springer Gabler.

Becke, Guido. 2019. Triadische Kompetenzanforderungen bei flexibler Interaktionsarbeit. In *Arbeit mit Menschen – Interaktionsarbeit. Eine Sonderauswertung auf Basis des DGB-Index Gute Arbeit 2018 für den Dienstleistungssektor*, Hrsg. Vereinte Dienstleistungsgewerkschaft (ver.di), 101–102. Berlin: ver.di.

Becke, Guido. 2020. Agile Arbeitskonzepte – Zwischen Rationalisierung und gesundheitssensibler Gestaltung. In *Agilität? Herausforderungen neuer Konzepte der Selbstorganisation*, Hrsg. Stephanie Porschen-Hueck; Marc Jungtäubl; Margit Weihrich, 127–149. Augsburg, München: Rainer Hampp.

Becke, Guido. 2022. *Betriebliche Rationalisierungsregime und Interaktionsordnungen der Dienstleistungsarbeit*. Schriftenreihe Institut Arbeit und Wirtschaft, Band 37, Juli 2022. Bremen: Institut Arbeit und Wirtschaft.

Becke, Guido, Raphaela Wehl und Anna Wetjen. 2015. „Die Kollegen sollen wissen, dass sie jederzeit einen Ansprechpartner haben" – Interaktionsarbeit im Rahmen relationaler Handlungskoordinierung. In *Interaktion und Koordination. Das Feld sozialer Dienstleistungen*, Hrsg. Guido Becke und Peter Bleses, 71–90. Wiesbaden: Springer VS.

Becke, Guido, Britta Busse, Cora Zenz, Stephanie Pöser, Sarah Mümken, Christel Schicktanz, Cornelia Gerdau-Heitmann. 2022. Die Coronapandemie: Gesundheitliche Ungleichheit und betriebliches Krisenmanagement – ein Vergleich sozialer und technischer Dienstleistungen. Arbeit 31(1/2): 1–20.

Bélanger, Jacques und Paul Edwards. 2013. The Nature of Front-Line Service Work: Distinctive Features and Continuity in the Employment Relationship. Work, Employment and Society 27(3): 433–450.

Bleses, Peter und Britta Busse. 2020. Digitalisierung der Pflegearbeit in der ambulanten Pflege. Herausforderungen und Gestaltungsmöglichkeiten guter Arbeitsqualität. In: *Digitalisierung der Arbeit in der Langzeitpflege als Veränderungsprojekt*, Hrsg. Peter Bleses, Britta Busse und Andreas Friemer, 69–64. Berlin: Springer.

Böhle, Fritz. 2006. Typologie und strukturelle Probleme von Interaktionsarbeit. In: *Arbeit in der Interaktion – Interaktion als Arbeit. Arbeitsorganisation und Interaktionsarbeit in der Dienstleistung*, Hrsg. Fritz Böhle und Jürgen Glaser, 325–347. Wiesbaden: VS Verlag.

Böhle, Fritz und Margit Weihrich. 2020. Das Konzept der Interaktionsarbeit. *Zeitschrift für Arbeitswissenschaft*, https://doi.org/10.1007/s41449-020-00190-2.

Böhle, Fritz, Jürgen Glaser und André Büssing. 2006. Interaktion als Arbeit – Ziele und Konzept des Forschungsverbundes. In: *Arbeit in der Interaktion – Interaktion als Arbeit. Arbeitsorganisation und Interaktionsarbeit in der Dienstleistung*, Hrsg. Fritz Böhle und Jürgen Glaser, 25–41. Wiesbaden: VS Verlag.

Böhle, Fritz, Ursula Stöger und Margit Weihrich (2015a): *Interaktionsarbeit gestalten. Vorschläge und Perspektiven für humane Dienstleistungsarbeit*. Berlin: Edition Sigma.

Böhle, Fritz, Ursula Stöger und Margit Weihrich (2015b): Wie lässt sich Interaktionsarbeit menschengerecht gestalten? Zur Notwendigkeit einer Neubestimmung. AIS-Studien 8(1): 37–54.

Busse, Stefan und Erhard Tietel. 2018. *Mit dem Dritten sieht man besser. Triaden und Triangulierung in der Beratung*. Göttingen: Vandenhoeck & Ruprecht.

Coser, Lewis A. 2015. Dienstboten: eine veraltete Berufsrolle. In *Gierige Institutionen. Soziologische Studien über totales Engagement*, Hrsg. Lewis A. Coser, 75–95. Berlin: Suhrkamp.

Dormann, Christian, Dieter Zapf und Amela Isic. 2002. Emotionale Arbeitsanforderungen und ihre Konsequenzen bei Call-Center-Arbeitsplätzen. Zeitschrift für Arbeits- und Organisationspsychologie 46(4): 201–215.

Dunkel, Wolfgang und Margit Weihrich. 2012. Interaktive Arbeit – das soziologische Konzept. *In Interaktive Arbeit. Theorie, Praxis und Gestaltung von Dienstleistungsbeziehungen*, Hrsg. Wolfgang Dunkel und Margit Weihrich, 29–59. Wiesbaden: Springer VS.

Frehse, Fraya. 2016. Erving Goffmans Soziologie des Raums. *sozialraum.de* 8(1), URL: https://www.sozialraum.de/erving-goffmans-soziologie-des-raumes.php, Zugriffsdatum: 17.12.2021.

Frenkel, Stephen J., Marek Korczynski, Karen A. Shire, and May Tam. 1999. On the Front Line: Organization of Work in the Information Economy. Ithaca, New York: ILR Press.

Geissler, Birgit. 2006. Haushalts-Dienstleistungen als informelle Erwerbsarbeit: neue Ungleichheit oder Ausdifferenzierung des Arbeitsmarkts? Arbeit 15(1): 194–205.

Geissler, Birgit. 2010. Der private Haushalt als Arbeitsplatzreservoir? Zur Akzeptanz und Abwehr von Haushaltsdienstleistungen. WSI-Mitteilungen 63(3): 135–142.

Goffman, Erving. 1955. On Face Work. Psychiatry 18(3): 213–231.

Goffman, Erving. 1974. *Das Individuum im öffentlichen Austausch. Mikrostudien zur öffentlichen Ordnung*. Frankfurt/M.: Suhrkamp.

Goffman, Erving. 1991. *Wir alle spielen Theater. Die Selbstdarstellung im Alltag* (4. Auflage). München: Piper.

Goffman, Erving. 2001. Die Interaktionsordnung. In *Interaktion und Geschlecht* (2. Auflage), Hrsg. Erving Goffman, 50–104. Frankfurt/M.: Campus.

Grote, Gudela, Sylvia Manchen Spörri und Lille Springall. 2004. Telemanagement: Notwendigkeit für ein komplexes Verhaltensrepertoire. Arbeit 13(1): 48–60.

Gutek, Barbara A. 1999. The Social Psychology of Service Interactions. Journal of Social Issues. 55(3): 603–617.

Hacker, Winfried. 2009. *Arbeitsgegenstand Mensch: Psychologie dialogisch-interaktiver Erwerbsarbeit*. Lengerich et al.: Pabst.

Heintz, Bettina. 2014. Die Unverzichtbarkeit von Anwesenheit. Zur weltgesellschaftlichen Bedeutung globaler Interaktionssysteme. In *Interaktion – Organisation – Gesellschaft revisited. Anwendungen, Erweiterungen, Alternativen*. Sonderheft der Zeitschrift für Soziologie, Hrsg. Bettina Heintz und Hartmann Tyrell, 229–250. Berlin, Boston: De Gruyter.

Hielscher, Volker. 2020. Digitalisierungsprozesse und Interaktionsarbeit in der Pflege. In *Digitalisierung der Arbeit in der Langzeitpflege als Veränderungsprojekt*, Hrsg. Peter Bleses, Britta Busse und Andreas Friemer, 33–45. Berlin: Springer.

Hielscher, Volker, Lukas Nock und Sabine Kirchen-Peters. 2015. *Technikeinsatz in der Altenpflege. Potenziale und Probleme in empirischer Perspektive*. Berlin: Edition Sigma, Nomos.

Hochschild, Arlie Russel. 1979. Emotion Work, Feeling Rules, and Social Structure. American Journal of Sociology 85(3): 551–575.

Houben, Daniel. 2017. Von Ko-Präsenz zu Ko-Referenz – Das Erbe Erving Goffmans im Zeitalter digitalisierter Interaktion. In *Leib und Netz. Sozialität zwischen Verkörperung und Virtualisierung*, Hrsg. Matthias Klemm und Roland Staples, 3–20. Wiesbaden: Springer.

Kern, Marcel, Kai Trumpold und Dieter Zapf. 2021. Emotion Work as a Source of Employee Well- and Ill-Being: the Moderating Role of Service Interaction Type. *European Journal of Work and Organizational Psychology*, DOI: https://doi.org/10.108 0/1359432X.2021.1873771.

Kumbruck, Christel und Eva Senghaas-Knobloch. 2015. Handlungskoordination oder Komplizenschaft – Was dokumentiert die Dokumentation, wenn Störungen den Pflegealltag beherrschen? In *Interaktion und Koordination. Das Feld sozialer Dienstleistungen*, Hrsg. Guido Becke und Peter Bleses, 113–134. Wiesbaden: Springer.

Leigh Star, Susan, and Anselm L. Strauss. 1999. Layers of Silence, Arenas of Voice: The Ecology of Visible and Invisible Work. Computer Supported Cooperative Work 8: 9–30.

Löw, Martina. 2017. *Raumsoziologie* (9. Auflage). Frankfurt/M.: Suhrkamp.

Löw, Martina, and Hubert Knoblauch. 2020. Dancing in Quarantine: The Spatial Refiguration of Society and the Interaction Orders. Space and Culture 23(3): 221–225.

Lutz, Helma. 2010. Unsichtbar und unproduktiv? Haushaltsarbeit und Care Work – die Rückseite der Arbeitsgesellschaft. Österreichische Zeitschrift für Soziologie 35(2): 23–37.

Mills, Peter K., and Newton Margulies. 1980. Toward a Core Typology of Service Organizations. The Academy of Management Review 5(2): 255–265.

Nerdinger, Friedemann W. 2012. Emotionsarbeit im Dienstleistungsbereich. Report Psychologie 37(1): 8–18.

Preußig, Jörg. 2018. *Agiles Projektmanagement. Agilität und Scrum im klassischen Projektumfeld*. Freiburg et al.: Haufe.

Raab, Jürgen. 2008. *Erving Goffman*. Konstanz: UVK

Schöllgen, Ina und Annika Scholz. 2016. *Psychische Gesundheit in der Arbeitswelt: Emotionsarbeit*. Dortmund. Berlin und Dresden: Bundesanstalt für Arbeitsschutz und Arbeitsmedizin (BAuA).

Schroer, Markus. 2006. *Räume, Orte, Grenzen. Auf dem Weg zu einer Soziologie des Raumes*. Frankfurt/M.: Suhrkamp.

Schüpbach, Heinz. 2007. Arbeitstätigkeit und Arbeitshandeln in sozio-technischen Systemen – ein Beitrag zur Diskussion. In *Arbeit und Gesundheit. Zum aktuellen Stand in einem Forschungs- und Praxisfeld*, Hrsg. Peter G. Richter, Renate Rau und Susann Mühlpfordt, 28–41. Lengerich et al.: Pabst.

Senghaas-Knobloch, Eva. 2008. Care-Arbeit und das Ethos fürsorglicher Praxis unter neuen Marktbedingungen am Beispiel der Pflegepraxis. Berliner Journal für Soziologie 18(2): 221–243.

Senghaas-Knobloch, Eva und Christel Kumbruck. 2008. Zum Ethos fürsorglicher (Pflege-) Praxis – Dilemmata in der modernen Dienstleistungsgesellschaft. L'Homme 19(1): 15–37.

Strauss, Anselm, Shizuko Fagerhaugh, Barbara Suczek und Carolyn Wiener. 1980. Gefühlsarbeit – Ein Beitrag zur Arbeits- und Berufssoziologie. Kölner Zeitschrift für Soziologie und Sozialpsychologie 32: 629–651.

Tietel, Erhard. 2006. *Konfrontation – Kooperation – Solidarität. Betriebsräte in der sozialen und emotionalen Zwickmühle*. Berlin: Edition Sigma.

Tisch, Anita, Beate Beermann, Luisa Wünnemann und Armin Wandel. 2020. Interaktionsarbeit: Herausforderung für die arbeitswissenschaftliche Forschung. *Zeitschrift für Arbeitswissenschaft*. https://doi.org/10.1007/s41449-020-00185-z.

Tratschin, Luca. 2020. Kann digitale Präsenz Kommunikation unter Anwesenden ersetzen? Eine interaktionssoziologische Einordnung einer kollektiven Erfahrung. In: *(Digitale) Präsenz. Ein Rundumblick auf das soziale Phänomen Lehre*, Hrsg. Marija Stanisavljevic und Peter Tremp, 117–120. Luzern: Pädagogische Hochschule.

Voswinkel, Stephan unter Mitarbeit von Anna Korzekwa. 2005. *Welche Kundenorientierung? Anerkennung in der Dienstleistungsarbeit*. Berlin: Edition Sigma.

Zapf, Dieter. 2002. Emotion work and psychological well-being. A review of the literature and some conceptual considerations. Human Resource Management Review 12: 237–268.

Zenz, Cora und Guido Becke. 2020. *„Fertig wird man eigentlich nie" – Zeitpraktiken und -wünsche von Pflegekräften zur Interaktionsarbeit*. Überarbeitete und erweiterte Version des iaw-Projektabschlussberichts zur Personalbemessungsstudie. Schriftenreihe Institut Arbeit und Wirtschaft Nr. 30/2020. Bremen: Institut Arbeit und Wirtschaft.

Zuboff, Shoshana. 2019. *The Age of Surveillance Capitalism. The Fight for a Human Future at the new Frontier of Power*. London: Profile Books.

PD Dr. Guido Becke ist als Forschungsleiter am Institut Arbeit und Wirtschaft (iaw) der Universität Bremen tätig. Der Arbeits- und Sozialwissenschaftler lehrt dort als Privatdozent im Fachbereich Human- und Gesundheitswissenschaften zu ‚Arbeit, Organisation und Gesundheit'. Arbeits- und Forschungsschwerpunkte: Arbeit und psychische Gesundheit, Arbeit und Nachhaltigkeit, flexible und interaktive Dienstleistungsarbeit, Organisationswandel. Überdies koordinierte er das Verbundprojekt FlexiGesA.

Arbeits- und gesundheitswissenschaftliche Kernergebnisse

Agile Projektarbeit in der Pandemie – Gesundheitsressourcen entwickeln und regenerieren unter widrigen Umständen

Cora Zenz, Guido Becke und Stephanie Pöser

Zusammenfassung

In diesem Beitrag wird untersucht, wie sich Gesundheitsressourcen bei agiler Projektarbeit unter widrigen Umständen der Coronapandemie entwickeln. Am Beispiel der Gesundheitsressourcen des Empowerments und der sozialen Zugehörigkeit wird verdeutlicht, dass Gesundheitsressourcen organisationaler Aufmerksamkeit bedürfen, damit sie langfristig erhalten und – in Krisen bzw. im Falle ihrer Beeinträchtigung – auch regeneriert werden können. Die Beteiligung der Beschäftigten bildet hierzu eine unverzichtbare Voraussetzung.

Schlüsselwörter

Agile Projektarbeit · Gesundheitsressourcen · Empowerment · Soziale Zugehörigkeit · Coronapandemie

C. Zenz · G. Becke (✉) · S. Pöser
Institut Arbeit und Wirtschaft, Universität Bremen, Bremen, Deutschland
E-Mail: becke@uni-bremen.de

C. Zenz
E-Mail: c.zenz@uni-bremen.de

S. Pöser
E-Mail: spoeser@uni-bremen.de

© Der/die Autor(en) 2023   71
G. Becke (Hrsg.), *Flexible Dienstleistungsarbeit gesundheitsförderlich gestalten*,
https://doi.org/10.1007/978-3-658-37055-8_3

1   Einleitung

In der gesellschaftlichen Debatte um ‚New Work' wird agiles Arbeiten oft als
Hoffnungsträger für selbstorganisiertes Arbeiten, eine Demokratisierung von
Wirtschaftsorganisationen und das Empowerment von Beschäftigten betrachtet
(vgl. Singe und Tietel 2019; Boes et al. 2021), und mit ‚guter Arbeit' gleich-
gesetzt (vgl. Sutherland 2015). Allerdings gelten agile Arbeitskonzepte aus
betriebsökonomischer Perspektive als Rationalisierungsansatz, der Produktivitätssteigerung und Kostensenkung vor allem im Bereich innovationsorientierter
Wissensarbeit verheißt (vgl. Sutherland 2015; Becke 2020), die in hohem Maße
auf das subjektive Arbeitsvermögen der Beschäftigten angewiesen ist. Agile
Arbeitskonzepte setzen hierzu auf organisational stabile, aber zugleich hochgradig flexible Verfahren selbstorganisierter Projektarbeit in Teams, wobei eine
frühzeitige und systematische Einbindung von Kund:innen in den Entwicklungsprozess von Neuerungen erfolgt (vgl. Becke 2020; Rolfes und Brandes in diesem
Band). So sollen Entwicklungs- und Auslieferzeiten neuer Produkte reduziert und
die Kund:innenzufriedenheit erhöht werden. Agile Arbeitskonzepte zielen überdies auf eine digital gestützte und beständige Transparenz über Arbeitsprozesse
und -aufgaben, bei der Projekt- und Produktfortschritte visualisiert und auftretende Probleme frühzeitig erkannt werden können.

Dieser immanente Spannungsbogen agiler Arbeitskonzepte als Versprechen
‚guter Arbeit' einerseits und als Rationalisierungsansatz innovationsorientierter
Wissensarbeit andererseits lässt sich nicht grundsätzlich auflösen, denn diese
Arbeitskonzepte orientieren sich an der Vorstellung kontinuierlicher Optimierung.
Gleichwohl können agile Arbeitskonzepte gesundheitsfördernd gestaltet werden,
sodass dieses Versprechen mehr Gewicht erhält. In arbeitswissenschaftlicher
Perspektive bietet sich hierzu eine duale Gestaltungsperspektive an, die zum
einen auf die Reduzierung psycho-physischer Belastungen abzielt, zum anderen
auf den Erhalt und die Stärkung von personalen wie situativen Gesundheitsressourcen der Beschäftigten setzt. Gesundheitsressourcen werden hier verstanden als „Hilfsmittel, die es dem Menschen erlauben, die eigenen Ziele trotz
Schwierigkeiten anzustreben, mit den Stressbedingungen besser umzugehen und
unangenehme Einflüsse zu verringern" (Frese 1987, S. 685). Die Verfügbarkeit
von und der Zugang zu Gesundheitsressourcen sind – neben der Reduzierung
von Belastungsquellen – von zentraler Bedeutung dafür, dass Erwerbspersonen
Arbeitsanforderungen bewältigen können.

In diesem Beitrag wird die Ressourcenperspektive einer gesundheits-fördernden Gestaltung agiler Arbeitskonzepte aus mehreren Gründen in den Blick genommen:

- Diese Perspektive wird im Vergleich zur Belastungsreduktion, die sich an der Leitidee der Prävention und Gefahrenabwehr orientiert, im Rahmen von gesundheitsorientierten Gestaltungsansätzen, wie der (psychischen) Gefährdungsbeurteilung, oft in geringerem Maße verfolgt.
- Die gesundheitlichen Implikationen agilen Arbeitens sind bislang unzureichend erforscht; dies gilt auch für die Bedeutung von Gesundheits-ressourcen zur Bewältigung agiler Arbeitsanforderungen.
- Die Entwicklung von Gesundheitsressourcen kann in Abhängigkeit von betrieblichen Rationalisierungsstrategien und der Bewältigung von (krisen-bedingten) Veränderungsprozessen unterschiedlich verlaufen. So können bereits existente Gesundheitsressourcen beeinträchtigt werden und eventuell sogar erodieren. Damit gerät aus der Arbeitsgestaltungsperspektive neben der Entwicklung und Stärkung von Gesundheitsressourcen auch ihr Erhalt bzw. ihre Regeneration in den Blick (vgl. Hobfoll et al. 2018).

In diesem Beitrag wird die Entwicklung bzw. Veränderung von Gesundheits-ressourcen agiler Arbeit am Beispiel eines mittelgroßen Unternehmens der IT-Dienstleistung untersucht. Diese Betriebsfallstudie aus dem FlexiGesA-Verbundprojekt bezieht sich auf die Entwicklung bzw. Veränderung von Gesund-heitsressourcen agiler Arbeit im Rahmen der Coronapandemie. Diese bildet einen tiefgreifenden Einschnitt hinsichtlich der verfügbaren Gesundheitsressourcen agiler Arbeit. Es soll untersucht werden, inwiefern sich die Gesundheits-ressourcen des Empowerments und der sozialen Zugehörigkeit bei agiler Projekt-arbeit im Zuge der Coronapandemie verändert haben?

Im nächsten Abschnitt werden Gesundheitsressourcen näher konzipiert und exemplarisch die beiden Gesundheitsressourcen des Empowerments und sozialer Zugehörigkeit behandelt. Daran schließt die Skizzierung der Betriebsfallstudie sowie des methodischen Vorgehens an. Der nächste Abschnitt geht von betriebs-spezifischen Ansätzen zur Stärkung des Empowerments von Beschäftigten bei agiler Arbeit aus. Hierbei wird untersucht, inwiefern diese Ansätze durch die Coronapandemie herausgefordert werden. Im folgenden Abschnitt wird ana-lysiert, wie sich auf betrieblicher Ebene die Gesundheitsressource sozialer Zugehörigkeit im Lichte der Pandemie verändert hat. Abschließend werden die Kernergebnisse der Betriebsfallstudie zusammengefasst und Forschungs-desiderata aufgezeigt.

2   Empowerment und soziale Zugehörigkeit als Gesundheitsressourcen

Eine zentrale theoretische Grundlage für die Analyse arbeitsbezogener Gesundheitsressourcen bildet das gesundheitswissenschaftliche Modell der Salutogenese (vgl. Antonovsky 1997). Es geht davon aus, dass sich der Gesundheitsstatus von Menschen innerhalb eines multidimensionalen Kontinuums von Gesundheit und Krankheit verorten lässt. Ob sich der gesundheitliche Zustand von Menschen mehr in Richtung Gesundheit oder Krankheit bewegt, hängt davon ab, inwiefern Menschen über generalisierte Widerstandsressourcen verfügen, die die Widerstandsfähigkeit von Personen bei der Bewältigung potenziell gesundheitsschädigender Stressoren stärken (Bengel et al. 2001, S. 34).

Ob und inwiefern Menschen Herausforderungen oder Stressoren zu bewältigen vermögen, wird davon beeinflusst, wie sie diese wahrnehmen und bewerten. Überdies kommt es darauf an, inwiefern sie Zugang zu Gesundheitsressourcen haben bzw. über diese verfügen. Die Frage des (ungleich verteilten) Zugangs und der Verfügbarkeit von Gesundheitsressourcen spiegelt in Unternehmen Verhältnisse sozialer und damit auch gesundheitlicher Ungleichheit wider (vgl. Faltermaier 2020; Becke et al. 2022).

Arbeitsbezogene Gesundheitsressourcen sind unserem Verständnis nach kontextspezifisch und dynamisch zu konzipieren. Sie können je nach betrieblichen Kontextbedingungen erodieren, verbraucht und vernutzt, aber auch entwickelt und erhalten werden. So werden Ressourcen vor allem in Betrieben entwickelt und erhalten, die sich hierfür als unterstützende Strukturen erweisen (siehe Hobfoll et al. 2018, S. 107).

Aus der Theorie des Ressourcenerhalts ist bekannt, dass Menschen bestrebt sind, vor allem Ressourcen zu generieren, zu schützen und zu erhalten, denen sie einen hohen Wert beimessen, z. B. um ihre Arbeitsidentität aufrechtzuerhalten. Daher können die Bedrohung und der Verlust von Ressourcen erheblichen Stress auslösen und die Möglichkeiten von Beschäftigten beeinträchtigen, Arbeitsanforderungen zu bewältigen (vgl. Hobfoll et al. 2018). Menschen bewerten demnach den Ressourcenverlust im Vergleich zu deren Aufbau oder Gewinn als bedeutsamer (Hobfoll et al. 2018, S. 105). Diese Theorie legt nahe, in Unternehmen und ihren Veränderungsprozessen Dynamiken der Erosion und des Verlusts von Gesundheitsressourcen mehr Beachtung zu schenken.

2.1   Empowerment als Gesundheitsressource

Das Empowerment-Konzept ist durch ein hohes Maß an definitorischer Unbestimmtheit und Probleme der Operationalisierung geprägt (vgl. Loss und Wise 2008). Die sozialhistorischen Wurzeln des Konzepts liegen in der US-amerikanischen Bürgerrechtsbewegung (vgl. Bröckling 2003). Häufig wurde es im Sinne der Ermächtigung und Befähigung von benachteiligten bzw. entrechteten Bevölkerungsgruppen, z. B. in Ländern des globalen Südens, verwendet, um soziale Ungleichheitsverhältnisse abzubauen (Loss 2008). Das Konzept avancierte seit der Alma-Ata-Erklärung (1978) und der Ottawa-Charta zur Gesundheitsförderung (1986) im Kontext der Weltgesundheitsorganisation zu einer normativen Leitorientierung (vgl. Nutbeam 1998; Loss und Wise 2008). In der Arbeits- und Organisationsforschung erhielt das Empowerment von Beschäftigten im Rahmen partizipativer Managementstrategien und des neueren Diskurses um ‚New Work' hohe Aufmerksamkeit (vgl. Boes et al. 2021; Singe und Tietel 2019; Bröckling 2003).

Dieser Beitrag schließt an die Public-Health-Perspektive des Empowerments an (vgl. Brandes und Stark 2021). Demnach bezeichnet Empowerment „a social, cultural, psychological or political process through which individuals and social groups are able to express their needs, present their concerns, devise strategies for involvement in decision-making, and achieve political, social and cultural action to meet those needs. Through such a process people see a closer correspondence between their goals in life and a sense of how to achieve them, and a relationship between their efforts and life outcomes" (Nutbeam 1998, S. 354). Mit Blick auf die Arbeitswelt intendiert das Empowerment die Förderung der Handlungsfähigkeit von Erwerbspersonen im Sinne ihrer Einflussnahme und Mitgestaltung konkreter Arbeitsbedingungen (vgl. Arneson und Ekberg 2006). Bei Empowerment handelt es sich um eine potenziell verhältnis- wie verhaltensbezogene Gesundheitsressource. Dies reflektiert auch die Unterscheidung von strukturellem und psychologischem Empowerment (Spreitzer 2008, S. 54 ff.). Demnach berührt strukturelles Empowerment die Machtteilung zwischen Führungskräften und Geführten. Hierbei soll relevante Entscheidungsmacht entlang der Hierarchie an Beschäftigte zur Selbstgestaltung und -kontrolle ihrer Arbeit delegiert werden.

Psychologisches Empowerment rekurriert hingegen auf „a set of psychological states that are necessary for individuals to feel a sense of control in relation to their work" (Spreitzer 2008, S. 56). Es spricht somit die Seite des subjektiven Erlebens von Empowerment an, das vier kognitive Dimensionen umfasst (Spreitzer 2008, S. 57): das arbeitsbezogene Sinnerleben, das auf die Arbeitsaufgaben gerichtete Selbstwirksamkeitserleben, das Erleben von Arbeitsautonomie und der eigenen Wirkmächtigkeit auf Arbeitsergebnisse und -prozesse. Psychologisches und strukturelles Empowerment bedingen sich wechselseitig, denn: Erwerbspersonen werden Optionen strukturellen Empowerments nicht nutzen, wenn es ihnen an Überzeugungen eigener Wirkmächtigkeit mangelt; solche Überzeugungen geraten ihrerseits an Grenzen, wenn organisationsintern strukturelle Voraussetzungen dafür fehlen (vgl. Spreitzer 2008).

2.2   Soziale Zugehörigkeit als Gesundheitsressource

Bei sozialer Zugehörigkeit handelt es sich um ein menschliches Grundbedürfnis, das darin besteht, „als Zugehöriger zu einer Gruppe anerkannt zu werden... Anerkanntsein zielt hier auf ein Sein wie andere, ein Gleichsein als Mit-Gliedsein, als Mit-Drinsein" (Popitz 1999, S. 140 f.). Dieses Grundbedürfnis aktualisieren Menschen auch in Erwerbsarbeitsorganisationen, in denen sie tätig sind. Das Erleben sozialer Zugehörigkeit kann sich hier auf den Kolleg:innenkreis bzw. die Belegschaft insgesamt, spezifische Berufsgruppen, Teams oder Arbeitsbereiche und die gesamte Organisation richten. Soziale Zugehörigkeit ist ein dynamischer sozialer Prozess der Selbstbindung und der Anerkennung durch relevante Andere. Selbstbindung bezeichnet die Handlungsfähigkeit zur Herstellung und Aufrechterhaltung sozialer Zugehörigkeit (Popitz 1999, S. 141). Im Anschluss an Meyer und Allen (1997, S. 11 ff.) lassen sich drei Dimensionen der (Selbst-)Bindung von Mitarbeitenden an Organisationen unterscheiden: Emotionales oder affektives Commitment richtet sich auf das emotionale Eingebundensein bzw. die emotionale Identifikation mit oder die Loyalität zu einer Organisation. Die Wertebindung oder das normative Commitment bezieht sich auf Gefühle moralischer Verpflichtung gegenüber einer Organisation, während sich die pragmatische Bindung (continuance commitment) primär an den erwarteten (im)materiellen Vorteilen oder Kosten orientiert, die mit dem Verbleib in einer Organisation verbunden sind.

Das Erleben sozialer Zugehörigkeit bildet einen bedeutsamen Prädiktor beruflicher Sinnerfüllung (vgl. Schnell 2018, S. 15 f.). Demnach ist die Sinnerfüllung durch Arbeit und Beruf eng mit dem Erleben der Zugehörigkeit zu Kolleg:innen, Unternehmen als Sozialgebilden und z. T. auch zu Kund:innen verknüpft (vgl. Ehresmann und Badura 2018). Für das Erleben beruflicher Sinnerfüllung bzw. sinnhafter Arbeit sind vor allem zwei psychosoziale Zugehörigkeitsmechanismen bedeutsam (Rosso et al. 2010, S. 111 f.): Menschen binden sich an soziale

Gruppen bzw. soziale Gebilde, wenn diese für sie eine besondere Bedeutung aufweisen, insbesondere im Vergleich zu anderen sozialen Gebilden. Zudem kann das Erleben sozialer Zugehörigkeit auf Gefühlen interpersonaler Nähe und Verbundenheit, z. B. mit Kolleg:innen, basieren. Die sozialen Beziehungen am Arbeitsplatz werden als bedeutsam erlebt, da sie Rückhalt und soziale Unterstützung bieten.

Soziale Zugehörigkeit erweist sich in Unternehmen als relevante Gesundheitsressource, wenn sie mit dem Erleben sozialer Anerkennung und Unterstützung verbunden ist und Mitarbeitende sich als Teil eines für sie bedeutsamen größeren Ganzen verstehen. Die psychische Gesundheit entwickelt sich hierbei aus dem Erleben des Wertvollseins für andere (Ehresmann und Badura 2018, S. 57). Insbesondere das emotionale Commitment bildet eine zentrale moderierende Einflussgröße zwischen der Organisationskultur und dem subjektiv erlebten Gesundheitszustand von Mitarbeitenden (Badura und Ehresmann 2016).

3 Die Betriebsfallstudie und das methodische Vorgehen

Im Folgenden werden der Fallstudienbetrieb und dann das methodische Vorgehen vorgestellt.

3.1 Das IT-Dienstleistungsunternehmen

Bei dem Fallstudienbetrieb handelt es sich um ein mittelgroßes Unternehmen der IT-Dienstleistung, das einer Unternehmensgruppe angehört. Das Unternehmen entwickelt überwiegend kundenindividuelle Softwarelösungen und bietet Schulungs- bzw. Beratungsdienstleistungen an. Die Organisationsform des Unternehmens entspricht weitgehend einer Adhokratie, die durch ein Minimum an Hierarchie, dezentrale Entscheidungsfindung, ein geringes Maß an Formalisierung sowie eine direkte Abstimmung von Teammitgliedern in selbstorganisierten Projektteams geprägt ist (vgl. Newell et al. 2009).

Im Unternehmen existiert unterhalb der Geschäftsführungsebene nur eine Führungsebene. Diesen Führungskräften sind mehrere Projektteams bzw. Tätigkeitsgruppen, wie Tester:innen, zugeordnet. Die in ihrer Zusammensetzung relativ stabilen Projektteams bearbeiten teils eine geringere Anzahl von Projekten längerer Laufzeit, teils mehrere Projekte mit mittlerer bzw. kurzer Laufzeit.

Die relativ hohe personelle Stabilität wie zeitliche Dauer der Teams fördert eine vertrauensbasierte Kooperation, Zugehörigkeitserleben und soziale Unterstützung. Gleichwohl müssen sich die selbstorganisierten Projektteams an ökonomischen Ergebniserwartungen orientieren, deren Realisierung auch für das Fortbestehen der Teams bedeutsam ist. So können personelle Veränderungen in Teams bzw. Auflösungen von Teams erfolgen, wenn Anschlussperspektiven der Projektfinanzierung ausbleiben.

Das vorherrschende Arbeitskonzept im Unternehmen orientiert sich an selbstorganisierter Projektarbeit auf Basis agiler Arbeitsweisen, primär auf Basis des Scrum-Frameworks. Hierbei erfolgt in den multiprofessionell besetzten Projektteams eine Ausdifferenzierung von Arbeits- und Führungsrollen, z. B. Scrum-Master, Anforderungsmanager:in, Entwickler:in und Tester:in. Die agile Arbeitsweise nach der Scrum-Methodik orientiert sich an 14-tägigen Sprints, in denen bei kontinuierlicher und enger Einbindung von Kund:innen funktionsfähige Teilprodukte programmiert werden (vgl. hierzu Rolfes und Brandes in diesem Band).

Die kontinuierliche Integration von Kund:innen in den IT-Entwicklungsprozess und die Selbstkoordination der Arbeit im Team geht einher mit relativ hohen Anforderungen an Interaktionsarbeit – mit Kund:innen, zwischen den Teammitgliedern und an unternehmensinternen Schnittstellen der Teams, etwa zu Kolleg:innen anderer Teams oder zu Führungskräften. Die agile Entwicklungsarbeit ist bei der Entwicklung kundenindividueller technischer Lösungen mit hohen Flexibilitätsanforderungen verbunden. So gilt es, sich verändernde Anforderungen und Erwartungen von Kund:innen an IT-Lösungen aufzunehmen, mit Unwägbarkeiten im Entwicklungsprozess umzugehen (z. B. zeitlichen Verzögerungen, Wechsel aufseiten der Kunden:innen oder im Team). In der Zusammenarbeit über räumliche Grenzen hinweg wird oft mehrfach täglich, mitunter ungeplant, mit Kund:innen kommuniziert und interagiert. Beschäftigte müssen dabei auf die Menschen, mit denen sie kooperieren, situativ-flexibel eingehen sowie mit nicht vorhersehbaren Situationen und Anforderungen, wie spontanen Änderungswünschen, umgehen. Die IT-Beschäftigten erleben die relativ enge Zusammenarbeit mit Kund:innen oft als Ressource ihrer Arbeit; sie schätzen insbesondere die Vielfalt ihrer Arbeitstätigkeit, das Kennenlernen neuer Kund:innenunternehmen und Arbeitsfelder. Gerade bei längerer Projektdauer oder wiederholter Kooperation entwickeln sich zwischen Projektteams und Kund:innen oft vertrauensbasierte Kooperationsbeziehungen, die von Mitarbeitenden positiv bewertet werden. Ihnen ist es wichtig, mit Kund:innen wertschätzend zusammenzuarbeiten. Aus ihrer Sicht ergibt sich ein hohes Maß der Sinnhaftigkeit ihrer Arbeit, wenn sie für Kund:innen einen möglichst hohen Gebrauchswert oder Produktnutzen erzielen. Gleichwohl birgt die Interaktionsarbeit mit Kund:innen auch psychosoziale Belastungsquellen, etwa bei Zeitverzögerungen von Projekten oder überbordenden Leistungsansprüchen von Kund:innen. Wenn Teams diese Kooperationsprobleme mit Kund:innen nicht selbst lösen können, erhalten sie Unterstützung durch Führungskräfte.

3.2   Das methodische Vorgehen

Dem Projekt FlexiGesA liegt ein Mix quantitativer und qualitativer Methoden zugrunde. Datengrundlage dieses Artikels bilden qualitative leitfadengestützte Interviews und Gruppendiskussionen mit verschiedenen Rolleninhaber:innen. Es konnten zunächst anhand einer (qualitativen) Bestandsanalyse (Zeitraum: Mitte/Ende 2018) zentrale Belastungen und Gesundheitsressourcen identifiziert werden. Auf Basis der festgestellten Belastungen und Ressourcen wurden mit ausgewählten Beschäftigtengruppen Maßnahmen im Unternehmen geplant und sukzessive erprobt (2019).

Im Rahmen der Bestandsaufnahme wurden im qualitativen Part leitfadengestützte Interviews und Gruppendiskussionen geführt:

- Ein Interview mit der Koordinatorin des Projektes (August 2018).
- Ein Interview mit der Geschäftsführung (Oktober 2018)
- Zwei Gruppendiskussion mit Entwicklungsteams und eine Gruppendiskussion mit Mitarbeitenden, die bei Kunden und Kundinnen vor Ort tätig sind (Oktober/November 2018).

Fokussiert wurde die aktuelle Arbeitssituation in Bezug auf die gesundheitlichen Ressourcen und Belastungen insbesondere hinsichtlich der Interaktionsarbeit mit Kund:innen bei agiler Projektarbeit.

Nach der betrieblichen Entwicklung und Erprobung gesundheitsbezogener Interventionen wurden erneut qualitative Erhebungen durchgeführt, um deren Wirksamkeit zu überprüfen. Im Rahmen der ersten Evaluation der eingeführten Maßnahmen wurden folgende Gespräche geführt, deren Kernergebnisse für diesen Beitrag berücksichtigt wurden:

- Zwei Gruppendiskussionen mit zwei Entwicklungsteams (Februar 2021) mit insgesamt 10 Teilnehmer:innen, in denen die Beschäftigten zu ihrer aktuellen Arbeitssituation inklusive Belastungen und Ressourcen und zu ihren Erfahrungen mit der Intervention der Anwendung von Legoboards befragt wurden.
- Ein Interview mit der Geschäftsführung (Februar 2021) und eine Gruppendiskussion mit Führungskräften (Februar 2021 mit 7 Teilnehmer:innen). Ein inhaltlicher Schwerpunkt der Interviews war dabei die Sichtweise der Führungskräfte/Geschäftsführung auf die eigenen Rollen wie auch die Entwicklungen und Herausforderungen in der Coronapandemie.
- Eine Gruppendiskussion mit der Arbeitsgruppe zur Entwicklung, Umsetzung und Verstetigung gesundheitsförderlicher Maßnahmen im Unternehmen (März 2021 mit 4 Teilnehmer:innen) zur Evaluation des Projekts.

Die Gespräche wurden protokolliert, transkribiert und inhaltsanalytisch ausgewertet. Die unterschiedlichen Erhebungszeitpunkte der Gruppendiskussionen bzw. qualitativen Interviews ermöglichte es u. a. Veränderungen in der Wahrnehmung und im Erleben von Gesundheitsressourcen aus Sicht der Beschäftigten durch die Coronapandemie und darauf gerichteter betrieblicher Krisenbewältigungsstrategien zu rekonstruieren (vgl. Becke et al. 2022).

4   Veränderungen von Gesundheitsressourcen aufgrund der Coronapandemie

Im Folgenden werden aus Sicht der Beschäftigten Veränderungen der Gesundheitsressourcen des Empowerments und der sozialen Zugehörigkeit vor dem Hintergrund der Coronapandemie rekonstruiert und aufgezeigt, welche betrieblichen Maßnahmen zum Erhalt bzw. der Revitalisierung dieser Gesundheitsressourcen unternommen wurden. Die Pandemie wirkte auf der betrieblichen Ebene als unerwarteter exogener Schock, der mit einer Disruption des bisherigen betrieblichen Arbeitsmodells verbunden war: Die digital gerahmte Arbeit der IT-Entwicklung wurde nun nicht mehr überwiegend am Betriebsstandort geleistet, sondern aus Gründen des Infektions- und Gesundheitsschutzes in die private Häuslichkeit der Beschäftigten verlagert, sodass eine Abkehr von der betrieblich eingespielten Präsenzkultur erfolgte. Die Beschäftigten und Führungskräfte nahmen die Pandemie als zentralen ‚Störfaktor' der Entwicklung und Erprobung gesundheitsfördernder Interventionen wahr.

4.1 Veränderung der Gesundheitsressource des Empowerments

Die Projektarbeit bietet ein hohes Maß an strukturellem Empowerment, denn die Projektteams verfügen aufgrund ihrer Selbstorganisation über relativ große aufgabenbezogene und arbeitszeitliche Autonomiespielräume. Die Selbstorganisation der Teamarbeit wird von den IT-Entwickler:innen als Empowerment erlebt, erschließt sie ihnen doch relative große Freiheitsgrade, ihre Arbeit selbsttätig zu gestalten und sich weiterzuentwickeln. Die Entwicklungsarbeit nach agilen Prinzipien, wie Transparenz und Feedback, erleben die Beschäftigten überwiegend als Lernchance, vertrauensfördernd und unterstützend. Die offene Fehlerkultur beinhaltet die Offenlegung und Ansprache von Problemen und Hindernissen sowie das gezielte Angehen von Lösungen. Überdies akquirieren die Teams im Rahmen ihrer engen projektbasierten Kooperation mit Kund:innen oft auch Anschlussaufträge.

In der qualitativen Bestandsaufnahme wurden allerdings auch Grenzen des Empowerments durch Selbstorganisation deutlich. So kritisierten Entwickler:innen in Gruppendiskussionen eine „Übersteuerung der Selbstorganisation", die sie zum einen auf Probleme der Grenzregulation der Teams gegenüber Eingriffen von ‚außen', d. h. ungeplanter Anforderungen und Anfragen seitens Kund:innen, Führungskräfte oder auch von teamexternen Kolleg:innen zurückführten. Dadurch kann der Workload unkontrolliert steigen, indem neue Projekte angenommen oder Aufgaben verteilt werden, ohne vorher die zeitlichen Kapazitäten der einzelnen Mitarbeitenden bzw. des Teams zu kennen. Dies kann mitunter zu Arbeitsintensivierung, Überlastung und Stress bei den Teammitgliedern führen. Die IT-Entwickler:innen nahmen diese Übersteuerung der Selbstorganisation als Einschränkung ihrer Autonomie und ihres Empowerments wahr, wenn sie zu wenig bzw. zu spät einbezogen und ihre teamintern verfügbaren zeitlichen wie personellen Kapazitäten unzureichend berücksichtigt wurden. Überdies wurde die Grenzregulation nach außen auch dadurch erschwert, dass – vor allem bei der parallelen Bearbeitung mehrerer und oft kürzerer Projekte – teaminterne Schwierigkeiten einer vorausschauenden Kapazitätsplanung auftraten.

Im Rahmen des FlexiGesA-Projekts wurden hierzu als Interventionsmaßnahme Legoboards zur besseren Visualisierung und Steuerung der Arbeitsauslastung in den IT-Entwicklungsteams entwickelt und in Teams, die unterschiedliche Typen der Projektarbeit charakterisierten, erprobt. Dabei handelte es sich um ein Team, das wenige und längere Projekte bearbeitete, und ein Multiprojektteam mit Projekten kürzer und mittlerer Laufzeit.

Durch das Anbringen eines Legoboards im gemeinsamen Büro wurde allen Teammitgliedern ermöglicht, ihre Auslastung in den zu bearbeitenden Projekten mittels Legosteinen zu veranschaulichen und durch Umstecken der Legosteine die Kapazitätsplanung zeitnah zu aktualisieren. Auf einer Zeitleiste von mehreren Monaten wurden die verplanten und freien Kapazitäten der Teammitglieder, des Gesamtteams und der einzelnen Projekte abgebildet. Es zeigte sich, dass insbesondere Multiprojektteams von der Übersicht über ihre zeitlichen Kapazitäten und den Auslastungsgrad der Teammitglieder profitierten. Die Anwendung der Legoboards bedeutete einen Zuwachs an strukturellem Empowerment, da die Multiprojektteams nun in die Lage versetzt wurden, eigene Kapazitätsgrenzen frühzeitig zu erkennen und diese auch im Rahmen der Grenzregulation bei externen Anfragen zu kommunizieren. Das Empowerment erstreckte sich vor allem auf die Steuerung der Arbeitsmenge. Das Legoboard bot ihnen eine Argumentationshilfe und Legitimationsgrundlage dafür, externe Projektanfragen zu verschieben oder im Einzelfall sogar abzusagen, wenn die Kapazitäten des Teams bzw. einzelner Mitarbeitenden mit spezifischer Fachexpertise bereits verplant waren. Das Legoboard stellte allerdings nur ein Hilfsmittel für die Selbstorganisation bereit. Die Teams waren im Rahmen der Grenzregulation gleichwohl gefordert, die teaminterne Auslastungssteuerung gegenüber internen wie externen Kooperationspartner:innen in Aushandlungsprozessen zu realisieren, etwa durch Argumentations- und Überzeugungsarbeit.

Die Legoboard-Anwendung förderte überdies das teaminterne Empowerment, da mithilfe der Legoboards zeitliche und qualifikatorische Interdependenzen multipler Projektbearbeitung leichter erkennbar wurden, sich frühzeitiger problematische Belastungssituationen des Teams und einzelner Mitglieder absehen ließen und erweiterte flexible Planungskapazitäten erschlossen werden konnten, etwa durch die Einbeziehung von Projektlebenszyklen, wie Zeiten für Akquisition und projektbezogene Servicetätigkeiten nach Projektende. Zudem konnten individuelle Urlaubs- und Weiterbildungszeiten und mögliche krankheitsbedingte Fehlzeiten bei der Kapazitätsplanung mit Legoboards nun besser berücksichtigt werden.

Die Coronapandemie bedeutete einen harten Einschnitt für die Fortführung der Kapazitätssteuerung mit Legoboards, da diese an den kopräsenten Austausch der Teammitglieder im Betrieb gebunden war. Als die IT-Entwicklungsarbeiten pandemiebedingt in das Homeoffice der Beschäftigten verlagert wurden, bedeutete dies zunächst, diese gesundheitsfördernde Intervention einzustellen.

Nachdem die Beschäftigten sich im Homeoffice eingerichtet hatten, entstand der Wunsch, wieder mit dem Legoboard zu arbeiten und es begann eine Phase, in der Alternativoptionen entwickelt und ausprobiert wurden. Vonseiten der

Beschäftigten wurde u. a. versucht, eine digitale Onlineversion der Legoboards zu entwickeln. Auch gab es den Versuch, via Videokonferenz das Legoboard umzustecken, aber es wurde deutlich, dass das dauerpräsente Legoboard dadurch nicht ersetzt werden konnte. Mit Abklingen der Coronapandemie wurden neue, hybride Arbeitsmodelle entwickelt, in denen auch hybride Teammeetings mit Legoboards stattfanden. Hierbei erfuhr das Legoboard eine Renaissance. Das neue hybride Arbeitskonzept sieht keine festen Arbeitsplätze mehr vor, sondern setzt auf ein flexibles Raumbuchungssystem. In der Erprobung befinden sich nun Versuche, Räume zu bestimmten Zeitfenstern dauerhaft für Teams am Unternehmensstandort zu buchen, dort das Legoboard und Kameras zu installieren, sodass in hybriden Teammeetings das Legoboard gemeinsam aktualisiert werden kann. Inwiefern sich diese innovativen Lösungsansätze zur Stärkung des Gesundheitsressource des Empowerments als tragfähig erweisen, ließ sich gegen Ende des FlexiGesA-Projekts noch nicht abschließend beurteilen.

4.2 Veränderung der Gesundheitsressource sozialer Zugehörigkeit

Das ausgeprägte Erleben sozialer Zugehörigkeit und des starken betrieblichen Zusammenhalts wurde im Fallstudienbetrieb aus unterschiedlichen Quellen gespeist: Als bedeutsam erwies sich hierfür die Möglichkeit, flexibel, selbstorganisiert und relativ selbstbestimmt zu arbeiten. Dies entsprach weitgehend den Sinnansprüchen der Beschäftigten an ihre Arbeit und war mit einer hohen Arbeitszufriedenheit verbunden. Die erfahrene Arbeitsautonomie begünstigte das Erleben sozialer Verbundenheit mit dem Unternehmen (vgl. Deci und Ryan 2012).

Als eine zweite bedeutsame Quelle des Erlebens sozialer Zugehörigkeit erwies sich das ‚agile Mindset' (vgl. Hofert 2018; Dweck 2017) als Bündel normativer Erwartungen an Beschäftigte, die sich auf ihre Arbeitshaltungen und Verhaltensdispositionen beziehen und die Selbstorganisation der Projektteams flankieren (vgl. Becke 2020). Diese normativen Erwartungen zielen auf eine arbeits- und organisationskulturelle Integration der Mitarbeitenden und auf eine hohe Identifikation mit dem agilen Arbeitskonzept. Als Kernelemente des agilen Mindsets gelten Lern-, Entwicklungs- und Veränderungsbereitschaft, Transparenz über Arbeitsprozesse und -ergebnisse herzustellen sowie die Bereitschaft zu Selbstreflexion und Feedback (vgl. Hofert 2018). Überdies wird von den Beschäftigten die Bereitschaft erwartet, IT-Lösungen in enger Kooperation mit Kund:innen zu entwickeln. IT-Entwickler:innen des Fallstudienbetriebs verweisen auf ein organisationskulturell erweitertes Verständnis des agilen Mindsets, das gegenseitige Fürsorge und Achtsamkeit auf das Wohlergehen der Teammitglieder einschließt. In den Gruppendiskussionen mit den IT-Beschäftigten wurde ihre hohe Identifikation mit diesem betriebsspezifisch geprägten agilen Mindset deutlich. Es wird von betrieblicher Seite dadurch gefördert, dass bei der Personalrekrutierung großer Wert auf die Passung neuer Mitarbeitender zur Organisationskultur des Unternehmens gelegt wird.

Das Unternehmen setzte vor der Coronapandemie auf eine Präsenzkultur, bei der der (informelle) kollegiale Austausch eine wichtige Basis für das Erleben sozialer Zugehörigkeit bildete. Hierbei fand auch ein enger Austausch über die Teamgrenzen hinaus statt, der von Beschäftigten sehr geschätzt wurde – als Quelle der Inspiration und Kreativität, als Möglichkeit wechselseitigen Lernens und persönlicher Weiterentwicklung sowie als Potenzial sozialer Unterstützung bei Herausforderungen des Arbeitsalltags. Ein wichtiger informeller betrieblicher Kommunikationsort war die Begegnung an der Kaffeemaschine.

Die Verlagerung der IT-Entwicklungsarbeit ins Homeoffice der Beschäftigten erweis sich aus Sicht der Beschäftigten als Beeinträchtigung des sozialen Zugehörigkeitsgefühls und bedeutsamer psycho-sozialer Belastungsfaktor (vgl. auch Keller et al. 2017). Von vielen Mitarbeitenden wurde der Verlust der sozialen Zugehörigkeit zum Kolleg:innenkreis als besonders einschneidende Veränderung erlebt, die durch die virtuellen Formate nicht ausgeglichen werden konnte. Damit wurde auch die große Bedeutung der räumlich kopräsenten Zusammenarbeit und des direkten Austauschs für Mitarbeitende deutlich. Die nonverbale Kommunikation erlebten die Beschäftigten in den digitalen Meetings als stark eingeschränkt, was zu Lasten des informellen Austauschs ging. Zudem fehlte auch der direkte Austausch im erweiterten Kolleg:innenkreis:

„Ja, genau diese Kaffeemaschinen-Kommunikation fehlt, also wir können viele Kollegen nicht mehr sehen oder unterhalten. Das bindet schon auch die, die Kollegen miteinander. Das ist schon ein soziales Verhalten. Also es fehlt, ich glaube, das wird bei allen fehlen, aber auf der anderen Seite von zu Hause zu arbeiten, ist ja… Sofort bist du am Computer und du musst nicht fahren unbedingt bis zur Firma… Ich habe schon vermisst, meine Kollegen, die nochmal zu sehen" *(Gruppendiskussion mit den IT-Entwickler:innen).*

Zwar war es technisch möglich, sich auch digital während der Arbeit von Zuhause zu erreichen und auszutauschen. Dennoch wurde hier ein Unterschied in der Qualität des Austausches wahrgenommen: Die nun ausschließlich technisch vermittelte digitale Kommunikation bot weniger Gelegenheit zum spontanen Austausch als bei räumlich-zeitlicher Kopräsenz. Die digitalen Austauschformate waren stärker formalisiert und eher zweckgebunden. Die Teams als stabile soziale Arbeitseinheit und als bedeutsame Ressource sozialer Verbundenheit gerieten insbesondere zu Beginn der Coronapandemie stärker unter Druck. So waren krisenbedingte Auftragseinbußen aufzufangen; zugleich gestaltete sich die Projektakquisition ungleich schwieriger als zuvor. Dies erforderte mitunter einen krisenbedingten Wechsel von Teammitgliedern und stellte daher erhöhte Anforderungen an die Teamintegration. Gleichwohl bildeten die Projektteams im Rahmen der Umstellung auf das Arbeiten im Homeoffice für viele Beschäftigte nach wie vor eine Konstante und somit auch eine Bewältigungsressource in einer unsicheren Zeit. Die Unternehmensleitung unterstützte die Betriebsbindung von Beschäftigten vor allem durch flexible Kurzarbeitsregelungen, wodurch es gelang, Entlassungen vorzubeugen.

Dennoch reduzierte sich das Zugehörigkeitsgefühl zum Unternehmen und zu Kolleg:innen durch das nun beständige Arbeiten im Homeoffice. Vor allem die alleinstehenden Beschäftigten erlebten dies als Prozess der Vereinzelung bzw. sozialen Isolation. Als problematisch erwies sich aus Sicht der Beschäftigten, dass es mit Kolleg:innen, zu denen keine direkte Arbeitsbeziehung bestand, keine Berührungspunkte mehr gab:

„Die Leute [...], ich sage mal der soziale Kleber, den finde ich schon relativ stark. Aber ist natürlich auch davon abhängig, dass man sich halt eben sieht und, das Problem ist ja nicht so, dass alle zuhause sind sozusagen und sich nur virtuell im Team sehen, sondern das fast komplett flöten geht" (Quelle: Gruppendiskussion mit Führungskräften).

Während der Pandemie wurde die Relevanz der Zugehörigkeit für die Mitarbeitendenbindung deutlich:

„Also, die ganzen Unternehmen arbeiten virtuell. Das funktioniert auch tatsächlich besser als gedacht, und offensichtlich funktionieren auch Neueinstellungen irgendwie auf diese Weise. Und ja, wenn ich eh nicht da sein muss, wo der Arbeitgeber sitzt, dann kann ich mir vielleicht auch das eher danach aussuchen, dass es ein super-spannendes Projekt oder ein super-toll bezahlter Job ist oder beides oder was auch immer. Und dann muss man natürlich, müssen wir als [Unternehmen] natürlich dann gegen an und sagen ja, das sind unsere Projekte und wir sind, wir sind das Team. Und ja, das ist, glaube ich, ein bisschen schwieriger oder ein bisschen Herausforderungen, zumindest das irgendwie immer zu kriegen" (Gruppendiskussion mit Führungskräften).

Die soziale Ressource der Zugehörigkeit schwächte sich in der Krise aus Sicht der Beschäftigten ab. Gerade diese Gesundheitsressource band Mitarbeitende an das Unternehmen und machte dessen besondere Attraktivität für die Mitarbeitenden aus. Durch die räumliche Distanzierung verlor diese Ressource an Stärke und Prägnanz. Insbesondere der informelle und teamübergreifende Austausch entfiel größtenteils. Während der Coronapandemie entschloss sich ein Teil der Beschäftigten zu anderen Unternehmen abzuwandern. Die erlebte Erosion der Zugehörigkeit hat offenbar eine qualitative Verschiebung der Mitarbeitendenbindung zur Folge: Während die sozio-emotionale Bindung durch das beständige Arbeiten im Homeoffice beeinträchtigt wurde, gewann bei einem Teil der Beschäftigten die stärker individuelle Kosten und Nutzen abwägende pragmatische Bindung an Bedeutung (vgl. Mayer und Allen 1997). Da das Unternehmen aus Sicht dieser Beschäftigten den Bindungsanker sozialer Zugehörigkeit eingebüßt hatte, orientierten sie sich stärker nach außen. Aufgrund der nun seit der Pandemie erweiterten Ortsunabhängigkeit des Arbeitens in der IT-Branche wurden alternative Arbeitgebende mit anderen Vorzügen, beispielsweise höhere Gehaltszahlungen, als vergleichsweise attraktiver wahrgenommen.

Das Unternehmen reagierte auf diese Entwicklung mit Maßnahmen zur Revitalisierung des Zugehörigkeitsgefühls. Hierfür wurde u. a. eine Arbeitsgruppe ins Leben gerufen, die sich mit der Unternehmensentwicklung beschäftigte. Für die Mitarbeitenden wurden die Selbstorganisation und das Empowerment gestärkt, indem sie sich in Arbeitsgruppen an der zukünftigen Entwicklung eines hybriden Arbeitsmodells und einer entsprechenden kooperationsförderlichen Raumgestaltung im Unternehmen beteiligen konnten. Zur Förderung des informellen und teamübergreifenden Austausches realisierten die Arbeitsgruppen neue Ideen: Eine digitale Kaffeepause, ein Chat-Roulette, bei dem randomisiert Kontakte für den digital gerahmten informellen Austausch zugewiesen werden, sowie das Hospitieren bei Kolleg:innen während Auftragslücken. Gegen Ende des FlexiGesA-Projekts bewirkten dieses Maßnahmenbündel und die umfassende Beteiligung der Beschäftigten an der Entwicklung des hybriden Arbeitsmodells eine Stabilisierung des Zugehörigkeitserlebens.

5   Fazit und Ausblick

Unsere empirischen Ergebnisse legen nahe, bei der Entwicklung neuer hybrider Arbeitskonzepte, bei denen IT-Beschäftigte im Wechsel zwischen Homeoffice, Betrieb bzw. in Kundenunternehmen arbeiten, die explizite Stärkung der Gesundheitsressourcen sozialer Zugehörigkeit und des Empowerments systematisch zu berücksichtigen.

Für Beschäftigte, so zeigt dieses betriebliche Fallbeispiel, hat das Erleben sozialer Zugehörigkeit einen zentralen Stellenwert als emotional bedeutsamer Bindungsanker. Soziale Zugehörigkeit gilt es daher gerade auch in hybriden Arbeitskonzepten zu fördern. Unsere Befunde deuten zudem darauf hin, dass die beiden Gesundheitsressourcen des Empowerments und der sozialen Zugehörigkeit nicht unabhängig voneinander sind. So kann ein verstärktes strukturelles Empowerment im Sinne einer Beteiligung an der Neuausrichtung des Unternehmens auch die Betriebsbindung von Beschäftigten stärken.

Für das Empowerment durch Selbstorganisation erweist sich in agilen Arbeitskonzepten eine weitreichende teambasierte Steuerung der Arbeits- und Personalkapazitäten und damit auch der Arbeitsmenge als hochgradig bedeutsam, um die Grenzregulation der Teams zu stärken und die Gesundheit der Beschäftigten zu erhalten. Mit Blick auf hybride Arbeitsformen sind entsprechende Ansätze zu entwickeln bzw. zu adaptieren, die es Entwicklungsteams ermöglichen, ihre Auslastungssituation zu erkennen und regelmäßig zu reflektieren, damit sie ihre Auftragsmenge auf individueller wie auf Teamebene im Sinne einer gesundheitsfördernden Grenzregulation steuern können. Die langfristige Tragfähigkeit solcher Ansätze erfordert unterstützende betriebliche Rahmenbedingungen, wie lernorientierte gesundheitssensible Führungs- und Arbeitskulturen.

Die Coronakrise hat gezeigt, wie wichtig der Erhalt von Gesundheitsressourcen ist. Im Rahmen einer gesundheitsfördernden Organisationsentwicklung sollte daher nicht nur auf die Identifizierung, Entwicklung und Stärkung, sondern auch auf die mögliche Beeinträchtigung und die Regeneration von Gesundheitsressourcen geachtet werden. Dadurch kann die Beschäftigungsfähigkeit von Mitarbeitenden auch in hybriden Arbeitskonzepte nachhaltig gestaltet werden (vgl. Bleses und Friemer 2022). Überdies sind gesundheitssensible flexible Arbeitsstrukturen von nicht zu unterschätzendem Wert für die Mitarbeitendenbindung.

Literatur

Antonovsky, Aaron. 1997. *Salutogenese. Zur Entmystifizierung der Gesundheit.* Tübingen: DGVT-Verlag.

Arneson, Hanna, and Kerstin Ekberg. 2006. Measuring Empowerment in Working Life: A Review. Work 26: 37–46.

Badura, Bernhard und Cona Ehresmann. 2016. Unternehmenskultur, Mitarbeiterbindung und Gesundheit. In *Fehlzeiten-Report 2016: Unternehmenskultur und Gesundheit – Herausforderungen und Chancen.* Hrsg. Bernhard Badura, Antje Ducki, Helmut Schröder, Joachim Klose und Markus Meyer, 81–94. Berlin: Springer.

Becke, Guido. 2020. Agile Arbeitskonzepte – Zwischen Rationalisierung und gesundheitssensibler Gestaltung. In *Agilität? Herausforderungen neuer Konzepte der Selbstorganisation*, Hrsg. Stephanie Porschen-Hueck, Marc Jungtäubl und Margit Weihrich, 127–149. Augsburg und München: Rainer Hampp Verlag.

Becke, Guido, Britta Busse, Cora Zenz, Stephanie Pöser, Sarah Mümken, Christel Schicktanz und Cornelia Gerdau-Heitmann. 2022. Die Coronapandemie: Gesundheitliche Ungleichheit und betriebliches Krisenmanagement. Ein Vergleich sozialer und technischer Dienstleistungen. Arbeit 31(1–2): 155–174.

Bengel, Jürgen, Regine Strittmatter und Hildegard Willmann. 2001. *Was erhält Menschen gesund. Antonovskys Modell der Salutogenese – Diskussionsstand und Stellenwert.* Erweiterte Neuauflage. Band 6: Forschung und Praxis der Gesundheitsförderung. Köln: Bundeszentrale für gesundheitliche Aufklärung.

Bleses, Peter und Andreas Friemer. 2022. Nachhaltige Beschäftigungsfähigkeit in digitalisierten Arbeitswelten – das Beispiel ambulante Pflege. In *Interdependenzen von Arbeit und Nachhaltigkeit*, Hrsg. Guido Becke und Peter Bleses, 114–128. Weinheim, Basel: Beltz Juventa.

Boes, Andreas, Katrin Gül, Tobias Kämpf und Thomas Lühr. 2021. Empowerment in der agilen Arbeitswelt – ein Schlüssel für die nachhaltige Gestaltung neuer Arbeitsformen. In *Arbeit in der digitalisierten Welt. Praxisbeispiele und Gestaltungslösungen aus dem BMBF-Förderschwerpunkt*, Hrsg. Wilhelm Bauer, Susanne Mütze-Niewöhner, Sascha Stowasser, Claus Zanker und Nadine Müller, 307–319. Berlin: Springer Vieweg, https://doi.org/10.1007/978-3-662-62215-5.

Brandes, Sven und Wolfgang Stark. 2021. Empowerment/Befähigung. In *Leitbegriffe der Gesundheitsförderung und Prävention*, Hrsg. Bundeszentrale für gesundheitliche Aufklärung. Köln: Bundeszentrale für gesundheitliche Aufklärung, https://doi.org/10.17623/BZGA:224-i010-1.0.

Bröckling, Ulrich. 2003. You are not responsible for being down, but you are responsible for getting up. Über Empowerment. Leviathan 31: 323–344.

Deci, Edward L., and Richard M. Ryan. 2012. Motivation, Personality, and Development within Embedded Social Contexts: An Overview of Self-Determination Theory. In *The Oxford Handbook of Human Motivation*, ed. Richard M. Ryan, 85–107. Oxford: Oxford University Press.

Dweck, Carol S. 2017. Mindset. *Changing the Way you Think to Fulfil your Potential.* London: Robinson.

Ehresmann, Cona und Bernhard Badura. 2018. Sinnquellen in der Arbeitswelt und ihre Bedeutung für die Gesundheit. In *Fehlzeiten-Report 2018: Sinn erleben – Arbeit und Gesundheit.* Hrsg. Bernhard Badura, Antje Ducki, Helmut Schröder, Joachim Klose und Markus Meyer, 47–59. Berlin: Springer.

Faltermaier, Toni. 2020. Salutogenese. In *Leitbegriffe der Gesundheitsförderung und Prävention*, Hrsg. Bundeszentrale für gesundheitliche Aufklärung. Köln: Bundeszentrale für gesundheitliche Aufklärung, https://doi.org/10.17623/BZGA:224-i104-2.0.

Frese, Michael. 1987. Arbeit und psychische Störungen. Gewerkschaftliche Monatshefte 38(11): 679–691.

Hobfoll, Stevan E., Jonathon Halbesleben, Jean-Pierre Neveu, and Mina Westman. 2018. Conservation of Resources in the Organizational Context: The Reality of Resources and their Consequences. Annual Review of Organizational Psychology and Organizational Behavior 5: 103–128.

Hofert, Svenja. 2018. *Das agile Mindset. Mitarbeiter entwickeln, Zukunft der Arbeit gestalten.* Wiesbaden: Springer Gabler.

Keller, Helena, Swantje Robelski, Volker Harth und Stefanie Mache. 2017. Psychosoziale Aspekte bei der Arbeit im Homeoffice und in Coworking Spaces. ASU Arbeitsmedizin – Sozialmedizin – Umweltmedizin. Zeitschrift für medizinische Prävention. https://www.asu-arbeitsmedizin.com/psychosoziale-aspekte-bei-der-arbeit-im-homeoffice-und-coworking-spaces/uebersicht-psychosoziale.

Loss, Julika. 2008. Der Empowerment-Ansatz: unscharf, unbequem, unberechenbar – und unentbehrlich. Gesundheitswesen 70: 713–714.

Loss, Julika und Marilyn Wise. 2008. Evaluation von Empowerment – Perspektiven und Konzepte von Gesundheitsförderern. Ergebnisse einer qualitativen Studie in Australien. Gesundheitswesen 70: 755–763.

Meyer, John P., and Natalie J. Allen. 1997. *Commitment in the Workplace. Theory, Research, and Application.* Thousand Oaks et al.: Sage.

Newell, Sue, Maxine Robertson, Harry Scarbrough, and Jacky Swan. 2009. *Managing Knowledge, Work and Innovation.* Houndsmill, Basingstoke: Palgrave Macmillan.

Nutbeam, Don. 1998. Health Promotion Glossary. Health Promotion International 13(4): 349–364.

Popitz, Heinrich. 1999. *Phänomene der Macht* (2. Auflage). Tübingen: J. C. B. Mohr.

Rosso, Brent D., Dekas, Kathryn H., and Amy Wrzesniewski. 2010. On the Meaning of Work: A Theoretical Integration and Review. Research in Organizational Behavior 30: 91–127.

Schnell, Tajana. 2018. Von Lebenssinn und Sinn in der Arbeit. In *Fehlzeiten-Report 2018: Sinn erleben – Arbeit und Gesundheit.* Hrsg. Bernhard Badura, Antje Ducki, Helmut Schröder, Joachim Klose und Markus Meyer, 11–22. Berlin: Springer.

Singe, Ingo und Erhard Tietel. 2019. Demokratie im Unternehmen zwischen „New Work" und „Guter Arbeit". Gruppe, Interaktion, Organisation 50: 251–259.

Spreitzer, Gretchen. 2008. Taking Stock: A Review of more than Twenty Years of Research on Empowerment at Work. In *The SAGE Handbook on Organizational Behavior, Vol. 2,* ed. Cary L. Cooper, and Julian Barling, 54–72. Los Angeles et al.: Sage.

Sutherland, Jeff. 2015. *Scrum – The Art of Doing Twice the Work in Half of the Time.* London: Penguin Random House.

Cora Zenz, Gesundheitswissenschaftlerin, ist als wissenschaftliche Mitarbeiterin am Institut Arbeit und Wirtschaft (iaw) der Universität Bremen in Forschungsprojekten tätig. Arbeits- und Forschungsschwerpunkte sind (psychische) Gesundheit bei der Arbeit, derzeit mit Fokus auf Pflege und IT-Services, sowie das Thema Ausbildungsqualität im Land Bremen. Sie promoviert zudem am FB 11 zum Thema sozialer Unterstützung bei Interaktionsarbeit (in der IT-Dienstleistung).

PD Dr. Guido Becke ist als Forschungsleiter am Institut Arbeit und Wirtschaft (iaw) der Universität Bremen tätig. Der Arbeits- und Sozialwissenschaftler lehrt dort als Privatdozent im Fachbereich Human- und Gesundheitswissenschaften zu ‚Arbeit, Organisation und

Gesundheit'. Arbeits- und Forschungsschwerpunkte: Arbeit und psychische Gesundheit, Arbeit und Nachhaltigkeit, flexible und interaktive Dienstleistungsarbeit, Organisationswandel. Überdies koordinierte er das Verbundprojekt FlexiGesA.

Stephanie Pöser, Diplom-Psychologin, ist Wissenschaftliche Mitarbeiterin am Institut Arbeit und Wirtschaft (iaw) der Universität Bremen. Sie ist dort in verschiedenen Drittmittelprojekten mit den Arbeits-/Forschungsschwerpunkten Arbeit und (psychische) Gesundheit tätig.

„Einfache" soziale Dienstleistungen? – Komplexe Tätigkeitsanforderungen und Gesundheitsressourcen bei haushaltsnahen ambulanten Diensten

Stephanie Pöser, Guido Becke, Britta Busse und Cora Zenz

Zusammenfassung

Haushaltsnahe Dienstleistungen für hilfs- und pflegebedürftige Menschen werden oft als wenig anspruchsvolle Einfacharbeit betrachtet, weisen allerdings oft ein breites Tätigkeitsspektrum auf, das mit relativ hohen Anforderungen an die Interaktionsarbeit mit Kund*innen verwoben ist. Die Interaktionsarbeit kommt auf der einen Seite den arbeitsbezogenen Sinnansprüchen der Haushaltshilfen entgehen, stellt auf der anderen Seite aber eine psychische Belastungsquelle dar. In diesem Beitrag wird aufgezeigt, welche Gesundheitsressourcen den Haushaltshilfen ermöglichen, sozio-emotionale Arbeitsanforderungen zu bewältigen. Betriebliche Gestaltungslösungen helfen hier alleine nicht weiter. Es bedarf einer symbolischen wie materiellen Aufwertung dieser systemrelevanten sozialen Dienstleistungsarbeit.

S. Pöser · G. Becke (✉) · B. Busse · C. Zenz
Institut Arbeit und Wirtschaft, Universität Bremen, Bremen, Deutschland
E-Mail: becke@uni-bremen.de

S. Pöser
E-Mail: spoeser@uni-bremen.de

B. Busse
E-Mail: bbusse@uni-bremen.de

C. Zenz
E-Mail: c.zenz@uni-bremen.de

© Der/die Autor(en) 2023   91
G. Becke (Hrsg.), *Flexible Dienstleistungsarbeit gesundheitsförderlich gestalten*,
https://doi.org/10.1007/978-3-658-37055-8_4

Schlüsselwörter

Einfacharbeit in sozialen Dienstleistungen · Haushaltsnahe Dienste · Interaktionsarbeit · Komplexe Tätigkeitsanforderungen · Gesundheitsressourcen

1 Einleitung

Ambulante haushaltsnahe Dienste fallen unter die sogenannte Einfacharbeit und sind bislang insbesondere hinsichtlich gesundheitlicher Ressourcen und Belastungen nur wenig erforscht. Im Projekt FlexiGesA wurde die Arbeitssituation der Hauswirtschaftskräfte bei einem sozialen Dienstleister, der ambulante Pflege und haushaltsnahe Dienste anbietet, in den Blick genommen. Hierbei wurde deutlich, dass die geleistete „Einfacharbeit" sich bei näherer Analyse nicht als einfache – im Sinne von anspruchsloser – Arbeit zeigte, sondern durch vielfältige und komplexe wie interaktive Tätigkeitsstrukturen geprägt ist. Einfacharbeit greift daher als Konzept zu kurz, um den Charakter hauswirtschaftlicher sozialer Dienstleistungen zu erfassen.

Unter Einfacharbeit versteht man Arbeit, die keiner formalen Berufsausbildung bedarf (vgl. Abel et al. 2014; Bellmann et al. 2015). Es ist anzunehmen, dass auch Beschäftigte im Bereich mobiler haushaltsnaher Dienste – ähnlich anderer „einfacher" Dienstleistenden, weitere, oft informelle Qualifikationen und Kompetenzen mitbringen müssen, um die Arbeit erfolgreich ausführen zu können (vgl. Panthel 2021).

Wir gehen in diesem Beitrag von folgenden Vorannahmen aus, die an Forschungsarbeiten von Bosch und Weinkopf (2011) anknüpfen:

- Mitarbeitende mobiler haushaltsnaher Dienste bringen – wie viele Einfacharbeiter*innen anderer Branchen auch – wertvolle Erfahrungen aus vorherigen (beruflichen) Tätigkeiten, persönliche Kompetenzen bzw. Lebenserfahrung oder hohe soziale Kompetenzen mit, die sie erfolgreich ihre scheinbar ,einfache' Tätigkeit ausüben lassen.
- Die Tätigkeit als Hauswirtschaftskraft ist durch Interaktionsarbeit geprägt. Neben den klassischen Tätigkeiten einer Haushaltshilfe, z. B. Reinigungsarbeiten oder Einkäufe, finden komplexe Interaktionsprozesse mit den vergleichsweise herausfordernden, hilfsbedürftigen Kund*innen statt, die aufseiten der Beschäftigten ein hohes Maß an Interaktionsarbeit erfordern.

Daraus resultierend gehen wir folgenden Forschungsfragen nach:

*Inwieweit widersprechen Tätigkeitanforderungen der haushaltsnahen Dienst-
leistungen dem Bild von ,einfacher' Arbeit, die keine oder nur geringe formale
Qualifikationen und Fähigkeiten erfordert?*

*Welche psychischen Belastungskonstellationen und Gesundheitsressourcen sind
mit haushaltsnaher Dienstleistungsarbeit für pflege- und hilfsbedürftige Menschen
in deren privater Häuslichkeit verbunden?*

Im Beitrag werden zunächst die ambulanten hauswirtschaftlichen Dienstleistungen in Zusammenhang mit dem Konzept der Einfacharbeit betrachtet.
Dabei werden bereits grundlegende Divergenzen zwischen dem Tätigkeitsspektrum der Hauswirtschaftskräfte und dem Begriff der Einfacharbeit aufgezeigt
(Abschn. 2). Im Anschluss wird das methodische Vorgehen des Projekts vorgestellt sowie die für diesen Beitrag relevante Fallstudie (Abschn. 3). Abschn. 4
widmet sich den Überlegungen zur Personalauswahl im Fallbetrieb, wodurch verdeutlicht wird, welche Voraussetzungen Hauswirtschaftskräfte für ihre Arbeitstätigkeit mitbringen müssen und inwieweit der Betrieb sie dabei unterstützen
kann. Der fünfte Abschnitt liefert einen Einblick in die tägliche Arbeit und damit
auch in die Belastungen der Hauswirtschaftskräfte. Danach werden gesundheitliche Ressourcen und betriebliche Möglichkeiten, diese zu stärken, betrachtet
(Abschn. 6). Der Beitrag schließt mit einem Fazit und Ausblick.

2 Einordnung ambulanter hauswirtschaftlicher Dienstleistungen

Hauswirtschaftliche Dienstleistungen werden der sogenannten Basis- oder Einfacharbeit zugezählt. In Deutschland lag der Anteil von abhängig Beschäftigten
im Jahre 2018 in Basis- oder Einfacharbeit bei 16,5 % (BIBB/BAuA-
Erwerbstätigenbefragung 2018, S. 12). Darunter fällt u. a. die traditionelle,
industrielle Einfacharbeit, bei der es in erster Linie auf Muskelkraft bzw. einfache körperliche Tätigkeiten ankommt (z. B. Fließbandarbeit). Daneben gibt es
,einfache' (soziale) Dienstleistungen, wie z. B. Liefer- und hauswirtschaftliche
Dienste.

Zu Veränderungen in der industriellen Einfacharbeit schreiben Hassler et al.
(2019, S. 149): „In Bezug auf die Belastungen war Einfacharbeit im Industrie-
sektor in der Vergangenheit jedoch kaum je einfach, zunehmend ist sie es auch
hinsichtlich der Komplexität der Aufgaben nicht mehr." Aber auch die einfachen
sozialen Dienstleistungen sind „zunehmend technikgestützt und vernetzt", und
beinhalten „zudem häufig Interaktion mit Kund/innen und stellt damit hohe

Anforderungen nicht nur an das äußere Auftreten und die Erscheinung, sondern auch an die Ausdrucks- und Kommunikationsfähigkeit der Beschäftigten, die natürlich mit einem steigenden Bildungsniveau der Kund/innen auch zunehmen" (Bosch und Weinkopf 2011, S. 175). Nicht selten geht sogenannte Einfacharbeit auch mit einer hohen Verantwortung einher, beispielsweise für die Sicherheit von Fahrgästen oder eine gute hauswirtschaftliche Versorgung und Unterstützung pflege- und hilfsbedürftiger Menschen. Diese Verantwortung kann psychisch belastend wirken, wenn z. B. hierfür Kompetenzen fehlen oder nur unzureichende Handlungsspielräume in der Arbeit bestehen (vgl. Karasek 1979).

Haushaltnahe Dienstleistungen beziehen sich in unserem Fall primär auf Menschen, die allein (vorübergehend/kurzzeitig) nicht mehr in der Lage sind, ihren Alltag allein zuhause zu bewältigen. Die Finanzierung der haushaltsnahen Dienstleistungen ist im SGB XI geregelt. Voraussetzung für die Inanspruchnahme ist mindestens Pflegegrad 1. Dann steht dem/der Hilfebedürftigen ein sogenannter Entlastungsbetrag in Höhe von 125 €/Monat zu. Ab Pflegegrad 2 steigen die möglichen Leistungsbeträge auf maximal 40 % des nach § 36 SGB IX für den jeweiligen Pflegegrad vorgesehenen Höchstleistungsbetrags. Bei den Kund*innen der ambulanten haushaltsnahen Dienste handelt es sich also um pflege- und hilfsbedürftige Menschen, die in ihrer Häuslichkeit unterstützt werden. Diese mobilen haushaltsnahen Dienstleistungen sind daher den sozialen Dienstleistungen zuzuordnen. Sie unterscheiden sich von hauswirtschaftlichen Erwerbstätigen, die für Menschen ohne besonderen Unterstützungsbedarf zur Alltagsbewältigung erbracht werden, wie z. B. Berufstätigen, die sich eine Haushaltshilfe leisten.

Hauswirtschaftskräfte arbeiten meist alleine in den Privathaushalten der Hilfsbedürftigen. Diese Form der Arbeit ist laut Geissler (2006) der am weitesten gehende Eingriff in das Privatleben bei Haushaltsdienstleistungen: „Hier ist – je nach Art der Arbeit – der Personenbezug mehr oder weniger eng; die Nähe zur Eigenarbeit der Arbeitgeber/innen ist offensichtlich und die Arbeit wird im privaten Raum und im Hinblick auf Bedürfnisse geleistet, die explizit als privat definiert werden" (Geissler 2006, S. 202).

Im Vergleich zur ambulanten Pflege sind die Zeitspannen, die Hauswirtschaftskräfte bei und mit den Hilfsbedürftigen verbringen, deutlich länger; sie umfassen z. T. mehrere Stunden pro Arbeitseinsatz. Insgesamt weist die Interaktion mit den Hilfsbedürftigen auch eine höhere Intensität auf, da sie ihre Tätigkeit oft im Beisein der Kund*innen erbringen. Zudem hat die Arbeit von Pflegekräften primär die Pflege/Gesundheit im Fokus, während Hauswirtschaftskräfte eher den Alltag der Hilfebedürftigen organisieren und begleiten.

Die ambulante hauswirtschaftliche Versorgung wird in der öffentlichen Wahrnehmung überwiegend auf die Versorgung der Kund*innen mit Lebensmitteln

und das Reinigen der Wohnung reduziert. Neben diesen instrumentellen Tätigkeiten leisten Hauswirtschaftskräfte aber auch Interaktionsarbeit mit den
pflege- und hilfsbedürftigen Kund*innen, wodurch die Arbeit deutlich heraus-
forderungsreicher einzuschätzen ist als rein monologische Arbeitstätigkeiten
(vgl. Hacker 2009). Häufig sind instrumentelle und interaktive Tätigkeitsanforderungen auch miteinander verwoben, etwa wenn die Haushaltshilfen
während ihrer Tätigkeiten auf die emotionalen Befindlichkeiten der Kund*innen
eingehen müssen, um ihre Arbeit fortsetzen zu können.

3   Methodisches Vorgehen und Fallstudienbetrieb

Grundlage für diesen Artikel ist eine qualitative Erhebung in einem mittelgroßen
Unternehmen, das ambulante Pflege und haushaltsnahe Dienste sowie Tagespflege anbietet. Der ambulante haushaltsnahe Dienst beschäftigt ca. 130 Mitarbeitende, davon acht Führungskräfte (Koordinator*innen), die jeweils in
Zweierteams als Ansprechpartner*innen für die Hauswirtschaftskräfte sowie
als Brücke zwischen den Mitarbeiter*innen und der Geschäftsleitung fungieren.
Die Koordinator*innen sind überdies für Kund*innen und deren Angehörige bei
der Vertragsgestaltung und bei Problemen in der Dienstleistungsbeziehung als
Ansprechpersonen tätig.

Im Rahmen der Evaluation wurden folgende Gespräche geführt, protokolliert
und qualitativ ausgewertet:

- Drei Gruppendiskussionen (im Januar/Februar 2021 mit insgesamt 22 Teil-
nehmer*innen), in denen die Beschäftigten nach ihrem Selbstbild als
Hauswirtschaftskräfte, ihren damit verbundenen Arbeitsaufgaben sowie
Belastungen und Ressourcen befragt wurden.
- Ein Interview mit der Geschäftsführung und der projektverantwortlichen
Koordinatorin der hauswirtschaftlichen Dienste (im Februar 2021) und eine
Gruppendiskussion mit den Koordinator*innen der hauswirtschaftlichen
Dienste (im Februar 2021 mit sechs Teilnehmenden). Ein inhaltlicher Schwer-
punkt der Interviews war dabei die Sichtweise der Führungskräfte/Geschäfts-
führung auf die Hauswirtschaftskräfte und ihre Tätigkeit.
- Ein Telefoninterview im Juli 2021, u. a. zum Thema „Auswahl von neuen
Mitarbeitenden" mit einer/einem weiteren Personalverantwortlichen des im
Projekt beteiligten Unternehmens.

Außerdem wurde im Juni 2021 ein schriftlicher Kurzfragebogen zum Thema „Auswahl von neuen Mitarbeitenden" von einer/einem Personalverantwortlichen des im Projekt beteiligten Unternehmens beantwortet.

4   Personalauswahl: Praktiken und Kriterien

Für eine Beurteilung von erforderlichen Kompetenzanforderungen der Haushaltshilfen – und damit der Einschätzung, ob die Tätigkeit als ‚einfach' oder doch deutlich komplexer zu bewerten ist – erweisen sich bereits die (formellen und informellen) Einstellungsvoraussetzungen als aussagekräftig.

Eine formale hauswirtschaftliche Fachausbildung bildet im Fallstudienbetrieb keine Einstellungsvoraussetzung. Die befragten Personalverantwortlichen/Koordinator*innen des ambulanten haushaltsnahen Dienstleisters gaben an, frei bei der Einstellung neuer Mitarbeitender entscheiden zu können. Im Rahmen der qualitativen Erhebung beschreiben sie dann sehr verschiedenartige „Typen", die aus ihrer Warte für die Arbeit als Hauswirtschaftskraft infrage kommen: So haben in diesem Unternehmen ca. 50 % der Hauswirtschaftskräfte eine abgeschlossene Berufsausbildung. Nur etwa 5 % der Beschäftigten weisen eine hauswirtschaftliche Ausbildung auf. „Typische" Bewerber*innen sind u. a. Studierende, Mütter in Elternzeit, „klassische" Hausfrauen, aber auch ehemalige Krankenpflegekräfte, die einen Arbeitsalltag mit höherer Arbeitsautonomie hinsichtlich Zeit und Aufgaben suchen. Zudem werden Förderprogramme der Arbeitsagentur in Anspruch genommen. Der hohe Anteil von Beschäftigten mit einer abgeschlossenen Berufsausbildung verweist darauf, dass die Koordinator*innen eine Berufsausbildung offenbar als einstellungsrelevantes Qualitätskriterium der Bewerber*innen werten. So sind der Abschluss einer Berufsausbildung und die berufliche Tätigkeitsausübung mit zugeschriebenen Eigenschaften, wie Zuverlässigkeit, Verantwortungsübernahme für die Arbeitsaufgaben sowie Durchhaltevermögen und Belastbarkeit konnotiert.

Obwohl gewiss ein Tätigkeitsschwerpunkt der Hauswirtschaftskräfte auf Hausarbeit und Reinigungstätigkeiten liegt, sind die Koordinator*innen des befragten Unternehmens bereits dazu übergegangen, die Beschäftigten als „Alltagsbegleiter*innen" zu bezeichnen, weil diese Bezeichnung in ihren Augen eher die vielfältigen Inhalte der Arbeit abbildet:

> *„Ich finde dieser Begriff zeigt es ganz gut. Klar üben sie hauswirtschaftliche Tätigkeiten aus, aber sie machen auch ganz, ganz viel mehr, vor allem in Zeiten von Corona wird das halt unglaublich deutlich. Also, die alten Leute beispielsweise, also*

die Kunden, die alleine zuhause sind und die Person kommt dann. Der Mitarbeiter ist zwei Stunden oder so vor Ort. Klar reinigt er das Badezimmer oder die Küche. Aber er macht auch parallel ganz, ganz viel mit dem Kunden, unterhält sich, führt Gespräche irgendwie, geht auch auf die Bedürfnisse des Kunden ein oder auch die Sorgen in mancher Hinsicht irgendwie, gibt uns dann eine Rückmeldung. Also, das ist nicht einfach nur die Putzfrau, wenn ich das jetzt einfach mal ganz übespitze. Die leisten da schon wirklich irgendwie eine emotionale Arbeit."
(Quelle: Gruppendiskussion mit den Koordinator*innen)

Aufgrund der vielfältigen Tätigkeitsanforderungen legen die befragten Führungskräfte bei der Auswahl neuer Mitarbeitender Wert auf allgemeine lebenspraktische Fähigkeiten: Hat die/der zukünftige Mitarbeitende Erfahrung im Umgang mit Menschen und kann einen Haushalt führen?

Zudem legt das Unternehmen Profile der Mitarbeitenden an. Hierfür finden vor Beginn der Tätigkeit Gespräche mit den Mitarbeitenden statt, in denen geklärt wird, welche Tätigkeiten oder welche Art von Kund*innen sie sich vorstellen können und wo sie ihre Fähigkeiten und Kenntnisse einbringen können. Das können z. B. Sprachkenntnisse sein, um eine gute Verständigung in Haushalten mit Kund*innen aus anderen kulturellen und sprachlichen Kontexten sicherzustellen. Darüber hinaus wird auch von Kompetenzen berichtet, die erst auf den zweiten Blick wertvoll für das Unternehmen sind: So beschäftigt das Unternehmen eine/n ehemalige/n Obdachlose*n und frühere Drogenabhängige*n, der/die einen anderen Zugang zu Kund*innen mit ähnlichen Erfahrungen findet und dort sehr gut einsetzbar ist, wo anderen Mitarbeitende keine Zugänge hätten.

5   Tätigkeitsanforderungen haushaltsnaher Dienstleistungen

In den Erhebungen wurden die Hauswirtschaftskräfte gebeten, ihre konkreten Arbeitstätigkeiten hinsichtlich Aufgabenvielfalt, Komplexität und Interaktionsanforderungen zu beschreiben. Es soll daran anschließend eine Bewertung vorgenommen werden, ob diese eine ‚einfache' Arbeit kennzeichnen.

Kernaufgaben sind dabei typisch hauswirtschaftliche Tätigkeiten, die insbesondere auch das Reinigen der Wohnung beinhalten.

„Das Putzen ist fast immer mit dabei und steht auch oft im Vordergrund, das muss man sagen, das muss klar sein. Aber trotzdem glaube ich, dass wir so viele Aufträge haben, wo die Leute schon so dement sind. Und das ist Verantwortung, wir müssen dahin gehen und nicht nur einen Tag einkaufen und den Einkaufszettel nehmen,

*sondern man muss auch bei ganz vielen in den Kühlschrank gucken, (…) ob sie jetzt
noch ausreichend Sachen haben."*
(Quelle: Gruppendiskussion mit den Koordinator*innen)

Ambulante soziale Dienstleistungen werden in der öffentlichen Wahrnehmung
oftmals lediglich auf das Reinigen der Haushalte und die Versorgung der Hilfebedürftigen mit Lebensmitteln reduziert. Neben diesen Tätigkeiten leisten Hauswirtschaftskräfte jedoch weitere, wertvolle Arbeit, die sich über die Merkmale der
Interaktionsarbeit (vgl. Böhle 2011; Böhle und Glaser 2006; Böhle und Weihrich
2020), wie in Abb. 1 dargestellt, beschreiben lassen:

Es findet *Kooperationsarbeit* (die Herstellung oder Aufrechterhaltung einer
Kooperationsbeziehung) statt, indem die Beschäftigten eine Beziehung zu den
Hilfsbedürftigen herstellen bzw. fortsetzen, die sie dabei unterstützt, die hauswirtschaftliche Arbeit im Sinne der Kund*innen auszuüben. So gilt es, eine Balance
zwischen den eigenen Ansprüchen an die Arbeit sowie den Wünschen und
Bedürfnissen der Kund*innen zu finden. Eine solche Balance herzustellen, erfolgt
oft in Aushandlungsprozessen zwischen beiden Seiten, die sich auf die konkret zu
leistende Arbeitstätigkeit oder aber deren Ausführungsmodalitäten beziehen kann.

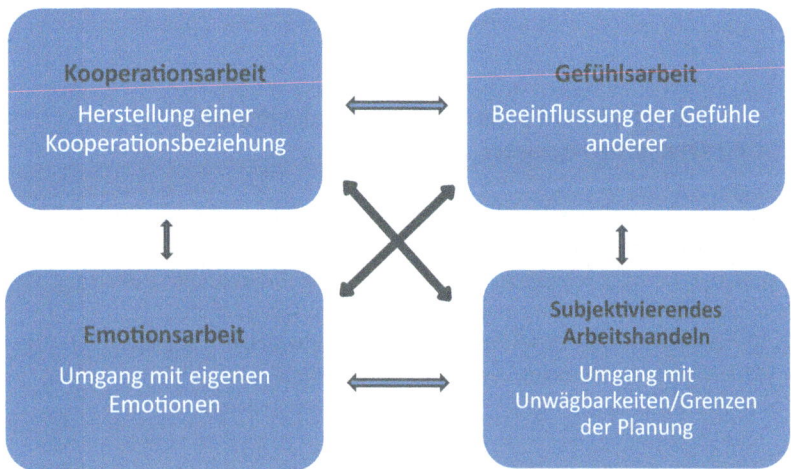

Abb. 1 Das integrierte Konzept der Interaktionsarbeit nach Böhle und Weihrich (2020,
S. 16). (Eigene Darstellung)

Der zeitlich längere Kooperationshorizont begünstigt die Herausbildung einer sozio-emotionalen Bindung zwischen beiden Seiten.

Gefühlsarbeit (die aufgabenbezogene Beeinflussung der Gefühle anderer): Die Hauswirtschaftskräfte berichten davon, dass sie ihre Arbeitstätigkeit mitunter erst aufnehmen oder fortsetzen können, wenn sie sich auf die aktuelle Situation bzw. die Befindlichkeiten der zu unterstützenden Personen einlassen, z. B. indem sie diesen Trost spenden, sie bei Ärgernissen beruhigen oder bei Traurigkeit auf andere Gedanken bringen. Die Gefühlsarbeit hat aus Sicht der Hauswirtschaftskräfte während der Coronakrise an Bedeutung gewonnen, da sie bei ihrer Arbeitstätigkeit auch verstärkt mit größeren Ängsten (z. B. vor Infektionen) und höherer Depressivität aufgrund zunehmender sozialer Isolation der Hilfs- und Pflegebedürftigen umgehen mussten.

Emotionsarbeit (Umgang mit den eigenen Emotionen) wird den Hauswirtschaftskräften vor allem abverlangt, wenn sie bei ihrer Arbeit eigene negative Emotionen verbergen, wie Ärger, Traurigkeit, Ekel. Das kann z. B. der Ekel vor besonders verunreinigten Räumlichkeiten sein, aber auch das Bewahren der Haltung, wenn Kund*innen beleidigend werden.

Subjektivierendes Arbeitshandeln (Umgang mit Unwägbarkeiten und Grenzen der Planung): findet sich in der Vielfältigkeit der Tätigkeit und der oft dynamischen Krankheitsverläufe der Kund*innen, auf die sich die Hauswirtschaftskräfte einstellen müssen. Das können z. B. auch psychische Erkrankungen der Hilfsbedürftigen sein, die deren Verhalten zum Teil unberechenbar macht.

Insgesamt zeigten die Gespräche mit den Hauswirtschaftskräften sowie den Führungskräften, dass eine Tätigkeit in ambulanten haushaltsnahen Diensten viele Aufgaben mit sich bringt, die weit über das Putzen und Haushaltführen hinausgehen. Die Hauswirtschaftskräfte berichten in den Gruppendiskussionen, dass ein wesentlicher Sinnbezug ihrer Arbeit in der Erfüllung sozialer Unterstützungs- und Kontaktbedürfnisse sowie in der Beziehungsgestaltung liegt:

> *„Also eine reine Putzfrau bin ich nicht, dann hätte ich mir auch irgendwo, weiß ich nicht, in irgendeiner Firma mich irgendwann einer Putzkolonne anschließen können und sagen können: Okay, da arbeite ich jetzt von acht bis 16 Uhr und lass dann die Sachen fallen. Und das wollte ich auch nicht. Also es ist gerade eben halt dieses, dass man halt zwischenmenschlichen Kontakt hat zu dem Kunden und ich auch die Zeit habe dafür."*
> *(Quelle: Gruppendiskussion Hauswirtschaftskräfte)*

So berichteten die Befragten auch davon, dass sie die Hilfsbedürftigen in der Zeit, in der sie vor Ort sind, unterhalten. Dies bedarf in einzelnen Fällen auch zunächst der Herstellung eines Vertrauensverhältnisses. Dieser Wunsch spiegelt auch die Einstellung der Beschäftigten, dass die Arbeit nicht nur das Versorgen eines Haushalts beinhaltet, sondern auch die Beziehungspflege zu den Versorgten. Hierbei leisten die Hauswirtschaftskräfte z. T. Biografiearbeit in Bezug auf die hilfs- und pflegebedürftigen Menschen:

> *„Das war ein Mann, der nicht spricht, nie gesprochen hat. Mittlerweile weiß ich seine ganze Lebensgeschichte, ich habe seinen Knackpunkt gekriegt, sein Hobby Motorrad. Ich selber fahre auch Motorrad. Ich sage, ich fahre auch Motorrad und schon hatte ich ihn geknackt. Und schon hatten wir ein Gesprächsthema. Und jetzt, wenn ich komm, auch: Schön, dass du da bist. "*
> *(Quelle: Gruppendiskussionen der Hauswirtschaftskräfte)*

Die Beziehungspflege und Unterhaltung der Kund*innen wird dabei von vielen Hauswirtschaftskräften als durchaus anforderungsreich beschrieben. Sei es aufgrund mangelhafter emotionaler Impulskontrolle der Kund*innen, aber auch aufgrund fortschreitender dementieller Erkrankungen:

> *„Und mit einer habe ich letztens Kniffel gespielt und das mache ich nie wieder. Und einen Würfel an den Kopf kriegen tut ganz schön weh, wenn sie verliert. Ja, da ist sie richtig wütend geworden und hat den geworfen und ich habe den aus Versehen abgekriegt. Alles klar, wir spielen jetzt etwas ohne Würfel. "*
> *(Quelle: Gruppendiskussionen der Hauswirtschaftskräfte)*

Neben der Beziehungspflege und Unterhaltung der hilfsbedürftigen Kund*innen beschreiben die befragten Hauswirtschaftskräfte, dass sie oftmals Hilfestellung bei der Bewältigung des Alltags leisten, z. B. indem sie ihre/n Kund*innen helfen sich gegen aggressive Verkaufsangebote zu wehren bzw., dass sie die Hilfsbedürftigen vor Dritten schützen und sie z. T. dadurch auch in ihrer Handlungsfähigkeit stärken:

> *„Und jetzt hatte ich mal neulich, das war, glaub' ich, vorletzte Woche, da war auch wieder so vom Energieversorger, angeblich Strom und so weiter. Da hat sie das geschafft, trotz weil die Schlaganfallpatientin ist und Sachen vergisst. Und sie konnte das umsetzen, was ich gesagt habe. Ich habe sie mal alleine machen lassen. ‚Ja gut, nee, bin ich nicht daran interessiert.' Das hat mich in dem Moment gefreut. Ob das dann immer so ist, weiß ich nicht. Das sind so Lernprozesse für unsere Patienten. "*
> *(Quelle: Gruppendiskussionen der Hauswirtschaftskräfte)*

Die Hauswirtschaftskräfte beschreiben in den Gesprächen sowohl dementiell erkrankte Kund*innen, als auch andere psychische Erkrankungen, mit denen

sie sich in der Interaktionsarbeit mit Kund*innen auseinandersetzen müssen.
Eine besondere Herausforderung stellen sogenannte „Messie-Haushalte" für
die Befragten dar. Mehrere Hauswirtschaftskräfte berichteten auch, dass sie es
als ihre Aufgabe sahen, die Kund*innen zum Aufräumen zu bewegen bzw. sich
gegen das Sammeln und Horten der Kund*innen durchzusetzen. Dies führt zu
Diskussionen und Konflikten zwischen Hauswirtschaftskräften und Kund*innen.

> *„Ich hatte es auch schon, dass ich mit einem Messer bedroht wurde. (...) Die hat*
> *sich über eine Kleinigkeit so echauffiert, dass ich gedacht habe: Gleich hast du die,*
> *die erwürgt dich gleich irgendwie, springt jetzt gleich auf dich zu und würgt dich.*
> *Die war so außer sich wegen einer Kleinigkeit. (...) also das war auch so ein Messi-*
> *Fall. Und da lagen wirklich in der Küche die Maden rum und so weiter und so fort.*
> *Und da hat die sich so drüber aufgeregt und ich war wirklich das erste oder zweite*
> *Mal bei ihr, dass ich dann anschließend gesagt habe: ,Es tut mir leid. Also wenn ich*
> *immer, (...) so eine Gratwanderung machen muss, was darf ich ihr sagen? Und was*
> *nicht? Wobei flippt die aus? Und da habe ich gesagt gehabt: Entschuldigung, das*
> *kann ich nicht. Also bei der möchte ich nicht noch einmal wieder hingehen.'"*
> *(Quelle: Gruppendiskussionen der Hauswirtschaftskräfte)*

Insbesondere in der Corona-Pandemie wurde jedoch auch deutlich, wie wichtig
der Kontakt zu den Hauswirtschaftskräfte für viele Kund*innen ist. Zum Selbstschutz waren die älteren und vorerkrankten Menschen in der Coronapandemie
besonders aufgefordert, soziale Kontakte und Unternehmungen in der Öffentlich-
keit zu reduzieren, um sich vor einer Ansteckung zu schützen. Die befragten
Hauswirtschaftskräfte berichteten hier von starker Einsamkeit bis hin zu Selbst-
mordgedanken der betreuten Personen und davon, oftmals die wichtigsten bzw.
einzigen Bezugspersonen für die Kund*innen zu sein. Die Ängste und Einsamkeit der Kund*innen versuchten die Hauswirtschaftskräfte im Rahmen ihrer
Möglichkeiten aufzufangen. Sie leisten dabei einen wichtigen Beitrag zur psychosozialen Stabilisierung der Kund*innen – und zwar auf Basis von Interaktionsarbeit. Insgesamt wird eine gewisse Ambivalenz erkennbar: Interaktionsarbeit
wird als eine Quelle der Sinnstiftung in der Arbeit, aber auch als Belastung erlebt.

> *„Das ist ja schon fast Vereinsamung. Wenn wir nicht da wären... Wie das Highlight*
> *der Woche. Ich sage ganz ehrlich, manche Menschen wären vielleicht schon gar*
> *nicht mehr da. Die können wir nur auffangen, wenn wir da sind. Und das ist jetzt*
> *aber durch Corona noch viel schneller."*
> *(Quelle: Gruppendiskussionen der Hauswirtschaftskräfte)*

In den Befragungen wurde deutlich, dass die Hauswirtschaftskräfte die
Belastungen ihrer Arbeit weniger in der Arbeitstätigkeit an sich (Reinigen,

Putzen, Einkaufen) sehen, sondern vielmehr in der Interaktion mit den Kund*innen. Hierbei wurden wiederkehrend psychische Störungen der Kund*innen als Quelle großer Belastung genannt. Hier wird der Bedarf nach professioneller Hilfe bei Kund*innen erkannt, begleitet von der Einsicht, dass die eigenen Kompetenzen an dieser Stelle nicht ausreichend sind, um den Kund*innen angemessen zu begegnen. Insbesondere die Arbeit in Messie-Haushalten, aber auch allgemein „schwierige" Kund*innen erschweren den Hauswirtschaftskräften die Arbeit. Hier übernehmen die Hauswirtschaftskräfte teilweise Verantwortung für Tätigkeiten, die weit außerhalb ihrer Möglichkeiten und Kompetenzen liegen.

> *„Dann habe ich auch schon mal eine Kundin, die war psychisch krank. Die sollte ich animieren (...). Zum Beispiel das war ein Messie-Haushalt. Also sowas kann auch passieren, die mit einbeziehen, ihr das wieder beibringen, dass man eben Ordnung hält. (...) Ist jetzt nicht so oft, weil das ist sehr, sehr, sehr, sehr anstrengend. Oder eine Frau, die hat alles gesammelt. Aber supersauber und superordentlich (...). Der Herd war zugedeckt, mit diesen ganzen Tüten von Brötchen. Der war mittlerweile dann so hoch, aber alles super sauber und ordentlich. Und da sollte ich denn ihr helfen, sich von so was zu trennen. Also das war mega, mega anstrengend. Das ging nicht, das war zu viel, also da muss eine andere, psychologische Betreuung her. Das war eine Nummer zu hoch, sag ich jetzt mal ganz ehrlich."*
> *(Quelle: Gruppendiskussionen der Hauswirtschaftskräfte)*

Aber auch gesundheitliche Beeinträchtigung der Kund*innen wurden als Belastung benannt, insbesondere wenn Kinder/jüngere Menschen aufgrund von schwerer Krankheit auf Hilfe angewiesen sind. Gleiches gilt auch, wenn die Hauswirtschaftskräfte merken, dass ihre Kund*innen z. B. Schmerzen haben oder sich der Gesundheitszustand verschlechtert. Hauswirtschaftskräfte bauen eine besondere Beziehung zu langjährigen Kund*innen auf, u. a. durch ihre sehr engen Arbeitszusammenhänge mit dem privaten Leben der Kund*innen. Dabei kann es mitunter eine Belastung darstellen, wenn „Kund*innen" nach jahrelanger Beziehungsarbeit versterben oder sich ihre gesundheitliche Situation derart verschlechtert, dass sie die ambulante Dienstleistung nicht weiter in Anspruch nehmen. Der Umgang mit diesen existentiellen Fragen von Leid und Tod erfordert oftmals Emotionsarbeit von den Mitarbeitenden und kann die Hauswirtschaftskräfte auch psychisch belasten.

> *„Ja, wenn man liebe Leute hat. Sind ja auch Leute dabei, wo man dann anfängt, wenn man jetzt so lange da ist, wo eben halt die Betreuung schon zwei Jahre ist, ist das schon fast wie Familie, kann man sagen, ne? Man ist, wie gesagt, mitten*

drinnen. Und man verbringt manchmal mehr Zeit als die eigenen Kinder mit den
Leuten. Und da hängt dann schon 'ne Last drin. "
(Quellen: Gruppendiskussionen der Hauswirtschaftskräfte)

Eben dieses persönliche Verhältnis kann aber auch die Gefahr entgrenzter
Erwartungen an die Dienstleistungsarbeit bergen, wenn Kund*innen und deren
Angehörige versuchen, die Hauswirtschaftskräfte auch zu Arbeiten zu bewegen,
die vertraglich nicht vereinbart wurden und damit nicht in ihr Aufgabengebiet
fallen. Hier berichten die Hauswirtschaftskräfte, dass es insbesondere bei einem
guten persönlichen Verhältnis schwerfällt, zusätzliche Arbeiten abzulehnen:

„Ich finde es auch wichtig sich abzugrenzen. Umso länger man die Person kennt
umso mehr versuchen die einen auch auszunutzen. (...) Manchmal fällt mir das auch
schwer, wo ich denn Zuhause überleg: „Ich bin doch hier jetzt eigentlich auch keine
Bedienung oder so." Oder Packesel auch manchmal beim Einkaufen oder so. Das
ist schon nicht immer einfach: Wo fängt das Ausnutzen an?"
(Quelle: Gruppendiskussionen der Hauswirtschaftskräfte)

6   Gesundheitsressourcen der Hauswirtschaftskräfte

Die größten Belastungen der Hauswirtschaftskräfte resultieren aus „schwierigen"
bzw. psychisch erkrankten Kund*innen und Abgrenzungsproblematiken
zwischen ihrer Arbeitsrolle und ihrer ethischen Wertehaltung gegenüber den
Hilfsbedürftigen. Gleichzeitig werden die Kontakte und Interaktionen mit den
Kund*innen aber auch als Gesundheitsressourcen der Hauswirtschaftskräfte
erlebt.
    Beschrieben wird das hier am Beispiel der großen Dankbarkeit, die den Haus-
wirtschaftskräften von vielen ihrer Kund*innen entgegengebracht wird:

„Ich finde, man kriegt ja auch ganz viel zurück, Dankbarkeit. Das ist auch wichtig.
Ich habe auch in [einem höheren sozioökonomischem Stadtteil] gearbeitet. Tja, was
soll ich sagen, ne? Das Gegenteil. Da ist sogar ein Glas Wasser verboten. Das ist so
bei denen. Die nichts haben, die geben trotzdem. Diese Menschen, die sind so dank-
bar, die geben so viel zurück, das ist unbezahlbar."
(Quelle: Gruppendiskussionen der Hauswirtschaftskräfte)

Die Befragten berichten, dass sie bei ihrer Arbeit als Hauswirtschaftskräfte Zeit
für die Kund*innen haben und sich mit den Menschen auseinandersetzen können.
Schön sei es, wenn sie von den Kund*innen bereits freudig erwartet werden. Eine

Teilnehmerin einer Gruppendiskussion zeigt den Kontrast zu ihrer vorherigen Beschäftigung in der Pflege auf. Die Dominanz vorgegebener Zeiten für Verrichtungen und fehlender Zeit für persönliche Zuwendung in der Pflege störte sie bei ihrer Arbeit. Außerdem wird die Abwechslung im Arbeitsalltag geschätzt: *„Jeder Kunde tickt anders"*. Eine andere Hauswirtschaftskraft hat festgestellt, dass es zwar anstrengend sei, bei Menschen mit leichter Demenz zu arbeiten, es aber auch Freude bringe, wenn diese sich in manchen Phasen wieder erinnern könnten.

> *„Eine andere Dame, die wird jetzt 88, die erzählt mir immer: ‚Ey ich war heute 10 Minuten auf mein Trittfahrrad.' Ich so: ‚Super, ich muss noch Staubwischen und Sie gehen in die Küche.' – Alles klar. Und dann kommt sie rein: ‚Frau (Name der Hauswirtschaftskraft), weißt du eigentlich, dass ich sechs Kinder habe?' – Sie hat vier. ‚Und geht's denen gut?' – „Ja, super." Und verschwindet wieder mit dem Staubwedel und dann kommt sie wieder: ‚Frau (Name der Hauswirtschaftskraft), weißt du eigentlich, dass ich heute 20 Minuten auf dem Fahrrad war?' Ich so: ‚Echt? Bist du noch gar nicht kaputt? Aber wir müssen jetzt sauber machen.' Und dann kommt sie doch: ‚Du weißt, dass ich acht Kinder habe? Und dass zwei davon gestorben sind?' Ich so: ‚Was? Oh Gott, das tut mir wahnsinnig leid.' Und dann geht sie wieder raus. ‚Du weißt schon, dass ich vier Kinder habe?' Ich sag: ‚Ja, zwei Jungs, zwei Mädchen richtig?' – ‚Und dass ich zwei Männer hatte.' – ‚Ja und dass du früh Witwe geworden bist.' – ‚Nee, der ist erst vor Kurzem gestorben.' – Sie war 33 Jahre, als er gestorben ist. Also ich finde herrlich, wie sich die Geschichten dann, durch die Demenz auch, dann vergessen die auch immer wieder. Und ich finde es immer spannend, also in der Zeit, wenn ich da bin, stört es überhaupt nicht. Nur wenn ich jetzt rauskomme und vor der Tür stehe, denke ich so: ‚Mir raucht der Kopf.' Und das ist dann manchmal so."*
>
> *(Quelle: Gruppendiskussionen der Hauswirtschaftskräfte)*

Ähnlich wie bei dem beschriebenen Fall der Hilfestellung gegen Betrugsversuche wird hier deutlich, dass die geglückte Förderung der Entwicklung von Kund*innen für die Hauswirtschaftskräfte eine wertvolle Erfahrung von Selbstwirksamkeit ist und damit auch eine personale Gesundheitsressource.

In unserer Fallstudie werden auch die betrieblichen Bedingungen, unter denen die Arbeit der Hauswirtschaftskräfte stattfindet, als Ressourcen wahrgenommen. Hierbei werden insbesondere die Koordinator*innen als Unterstützungsressourcen genannt. Bei Konflikten/Schwierigkeiten mit den Kund*innen berichten die Hauswirtschaftskräfte durchgängig von Unterstützung durch die Koordinator*innen sowie von Rückendeckung gegenüber Kund*innen. Wenn eine Hauswirtschaftskraft und ein/e „Kund*in" nicht zueinander finden, werden die Kund*innen auch getauscht.

„Die gehen noch auf die Bedürfnisse der Mitarbeiter ein. Da sind die Bedürfnisse der Kunden, aber man achtet eben halt auch darauf, dass es mir gut geht."
(Quelle: Gruppendiskussionen der Hauswirtschaftskräfte)

Eine besondere Ressource besteht in der Möglichkeit, Kund*innen ablehnen zu dürfen, ohne Sanktionen fürchten zu müssen. Kommt es zu Vorfällen, bei denen Hauswirtschaftskräfte sich angegriffen fühlen, können sie sich des Rückhalts der Koordinator*innen sicher sein. Grenzüberschreitungen müssen sie sich nicht gefallen lassen und sie dürfen Aufgaben ablehnen oder auch Kund*innen in ihre Grenzen verweisen. Die Gewissheit, die Koordinator*innen auch in solchen Situationen als zuverlässige Stütze im Hintergrund zu haben, vermittelt den Haushaltshilfen psychologische Sicherheit (vgl. Edmondson 2020) innerhalb ihres autonomen Alleinarbeitsfelds und erhöht zugleich ihre Arbeitszufriedenheit, wenn neue Kund*innen entsprechend ihrer Vorlieben und Abneigungen ausgewählt werden und sie sich ungerechte Behandlungen nicht gefallen lassen müssen.

„‚So, hier ist Frau (Name der Kundin), so und so tickt die, kannst du dir das vorstellen? Willst du dir das angucken?' Also echt, das wird man hier gefragt, wenn man da die Leute kriegt."
(Quelle: Gruppendiskussion der Hauswirtschaftskräfte)

Die befragten Hauswirtschaftskräfte berichteten, dass sie Kund*innen ablehnen konnten, die eine zu große emotionale Belastung für sie darstellen, wie z. B. Haushalte mit schwerkranken Kindern oder Krankheitsbilder, die an die Krankengeschichte des eigenen, verstorbenen Lebenspartners erinnerten. Die befragten Führungskräfte berichteten von Hauswirtschaftskräften, die besonders gut bei bestimmten Krankheitsbildern der Kund*innen einsetzbar waren, weil sie z. B. gut mit dementen oder psychisch erkrankten Kund*innen umgehen konnten.

Positiv wird auch das hohe Maß an Arbeitsautonomie und Eigenverantwortung bei der Arbeit bewertet. Zeitliche Autonomie ermöglicht es den Hauswirtschaftskräften, Beruf und Privatleben gut zu vereinbaren, wenn sie nicht immer an feste Dienstpläne gebunden sind, sondern auch private Termine wahrnehmen können. Hier berichten die Befragten sowohl von Unternehmens- als auch von Kund*innenseite, dass Arbeitseinsätze bei Bedarf auch zeitlich flexibel verändert werden können.

Augenfällig kann auch die Alleinarbeit der Hauswirtschaftskräfte sowohl als Ressource als auch als Belastung betrachtet werden. Positiv bewerteten die Hauswirtschaftskräfte, dass sie vergleichsweise frei in der Ausgestaltung ihrer

Tätigkeit sind. Sie verfügen also neben der zeitlichen auch über sachliche Autonomie. Gleichzeitig geht mit Alleinarbeit aber auch die Übernahme von Verantwortung einher, wenn z. B. schnell Entscheidungen getroffen werden müssen
oder die angemessene Reaktion auf ein Verhalten der Kund*innen erfolgen
muss. Zu nennen wären hier eintretende medizinische Notfälle oder übergriffiges
Kund*innenverhalten.

Dennoch kommt es für die Hauswirtschaftskräfte immer wieder zu stark
emotional belastenden Situationen, z. B. wenn Kund*innen versterben. Hier
stellt kollegiale Unterstützung eine zentrale Bewältigungsressource dar, die in
unserem Betriebsfall gezielt durch regelmäßige Dienstbesprechungen gefördert
wird, in denen den Haushaltshilfen auch Raum für kollegialen Austausch über
ihre Arbeitssituation geboten wird. In den Dienstbesprechungen treffen sich alle
Hauswirtschaftskräfte eines Bezirks mit ihren Koordinator*innen, um sich miteinander auszutauschen. Dabei wird das Zugehörigkeitsgefühl zum Betrieb
und den Kolleg*innen, das ansonsten bei Alleinarbeit schwer herzustellen ist,
gefördert.

7   Fazit und Ausblick

Die Ergebnisse zeigen deutlich, dass von „Einfacharbeit" im Sinne von
anspruchsloser Tätigkeit bei den untersuchten haushaltsnahen Dienstleistungen
nicht die Rede sein kann. Vielmehr zeigte sich, dass neben der zu verrichtenden
Hausarbeit zum Teil komplexe dialogisch-interaktive Erwerbsarbeit geleistet
wird, die ein hohes Maß an zwischenmenschlicher Kompetenz erfordert. Die
Belastungen und Ressourcen liegen weniger in den instrumentellen Arbeitstätigkeiten als in der Interaktionsarbeit mit den Kund*innen.

Die Thesen aus der Einleitung sehen wir bestätigt: Formale Qualifikationen
sind bei der Auswahl der Hauswirtschaftskräfte in unserem Fallbeispiel nicht
zentral, wenngleich eine Berufsausbildung durchaus ein einstellungsrelevantes
Qualitätskriterium der Bewerber*innen ist. Es spielen aber insbesondere Lebenserfahrung, Kompetenzen im Umgang mit Menschen und in schwierigen sozialen
Situationen eine entscheidende Rolle, die Arbeit erfolgreich durchzuführen. Interaktionsarbeit prägt die Tätigkeit der Hauswirtschaftskräfte. Zwar ist das Reinigen
der Wohnung eine zentrale Aufgabe der Hauswirtschaftskräfte, doch spielen sich

neben dieser Tätigkeit außergewöhnlich viele und intensive Interaktionsprozesse mit den Kund*innen ab, die für die Ausführung ihrer Primäraufgabe wesentlich sind. Für die Bewältigung der sozio-emotionalen Anforderungen der Interaktionsarbeit sind Ressourcen auf der betrieblichen Ebene wichtig: Neben der sozialen Unterstützung durch die direkten Führungskräfte und den neu geschaffenen Möglichkeiten des kollegialen Austausches ist vor allem der gewährte Interaktionsspielraum der Beschäftigten im Umgang mit Kund*innen bedeutsam, z. B. ,schwierige Kund*innen' auch ablehnen zu können, ohne Nachteile befürchten zu müssen (vgl. Dormann et al. 2002).

Zukünftig ist weiteres Wachstum in diesem Bereich zu erwarten. Dies wird mittelfristig zu der Notwendigkeit in den Unternehmen – zumeist aus der Pflege – führen, diesen Bereich stärker zu professionalisieren. Das im Rahmen des FlexiGesA-Projektes beobachtete Unternehmen weist bereits ein hohes Maß an Professionalisierung der ambulanten Hauswirtschaft auf. Mit steigenden Mitarbeitenden- und Kund*innenzahlen kann die Arbeit nur dann im Sinne aller Beteiligten durchgeführt werden, wenn die Arbeitsbedingungen der Haushaltshilfen gesundheitsgerecht gestaltet sind und mit Maßnahmen der Kompetenzentwicklung verbunden werden. Das FlexiGesA-Projekt hat hierzu innovative Ansätze entwickelt und erprobt (z. B. Arbeitssituationsanalysen für mobile Alleinarbeitende), die auch für andere Unternehmen dieser Teilbranche sozialer Dienste Ansatzpunkte für eine gesundheitsförderliche Arbeitsgestaltung bieten (siehe den Beitrag von Garbers in diesem Band).

Hauswirtschaftskräfte leisten einen wichtigen gesellschaftlicher Beitrag zur Ambulantisierung im Gesundheitswesen und helfen somit, kranke und hilfebedürftige Menschen (länger) in ihrer gewohnten Umgebung zu belassen. Das hat sowohl finanzielle Vorteile für das Sozialsystem als auch persönliche Vorteile für die pflege- und hilfsbedürftigen Menschen, indem ihnen ein größtmöglicher Autonomiespielraum bei der Lebensgestaltung durch den Verbleib in den eigenen vier Wänden erhalten bleibt.

Auf gesamtgesellschaftlicher Ebene erscheint eine symbolische wie materielle Aufwertung dieser Erwerbsgruppe vonnöten. Dazu gehört, dass aufgezeigt wird, wie wichtig und systemrelevant ,einfache' soziale Dienstleistungen für das Funktionieren einer Gesellschaft sind. Dazu ist auch eine monetäre Aufwertung der Tätigkeit nötig, die die gesellschaftliche Wichtig- und Wertigkeit dieser Dienstleistungsarbeit demonstriert.

Literatur

Abel, Jörg, Hartmut Hirsch-Kreinsen, Peter Ittermann. 2014. *Einfacharbeit in der Industrie. Strukturen, Verbreitung und Perspektiven.* Berlin: edition sigma.

Bellmann, Lutz, Sandra Dummert, Margit Ebbinghaus, Elisabeth M. Krekel, Ute Leber. 2015. Qualifizierung von Beschäftigten in einfachen Tätigkeiten und Fachkräftebedarf. Zeitschrift für Weiterbildungsforschung 38/2: 287–301.

Böhle, Fritz. 2011. Interaktionsarbeit als wichtige Arbeitstätigkeit im Dienstleistungssektor. WSI-Mitteilungen 9/2011: 456–461.

Böhle, Fritz und Jürgen Glaser (Hrsg). 2006. *Arbeit in der Interaktion – Interaktion als Arbeit. Arbeitsorganisation und Interaktionsarbeit in der Dienstleistung.* VS: Wiesbaden.

Böhle, Fritz und Margit Weihrich. 2020. Das Konzept der Interaktionsarbeit. *Zeitschrift für Arbeitswissenschaften* 74: 9–22. https://doi.org/10.1007/s41449-020-00190-2. Accessed 21.02.2021.

Bosch, Gerhard und Claudia Weinkopf. 2011. „Einfacharbeit" im Dienstleistungssektor. ARBEIT – Zeitschrift für Arbeitsforschung, Arbeitsgestaltung und Arbeitspolitik 20 (3): 173–187.

Dormann, Christian, Dieter Zapf, Amela Isic. 2002. Emotionale Arbeitsanforderungen und ihre Konsequenzen bei Call-Center-Arbeitsplätzen. Zeitschrift für Arbeits- und Organisationspsychologie 46 (4): 201–215.

Edmondson, Amy C. 2020. *Die angstfreie Organisation. Wie Sie psychologische Sicherheit am Arbeitsplatz für mehr Entwicklung, Lernen und Innovation schaffen.* München.

Geissler, Birgit. 2006. Haushalts-Dienstleistungen als informelle Erwerbsarbeit: neue Ungleichheit oder Ausdifferenzierung des Arbeitsmarkts? Zeitschrift ARBEIT 15 (3): 194–205.

Hacker, Winfried. 2009. *Arbeitsgegenstand Mensch: Psychologie dialogisch-interaktiver Erwerbsarbeit: Ein Lehrbuch.* Lengerich: Pabst.

Hall, Anja und Ugur Sevindik. 2020. Einfacharbeit in Deutschland – wer arbeitet was und unter welchen Bedingungen? Ergebnisse aus der BIBB/BAuA-Erwerbstätigenbefragung 2018. Bonn. https://www.bibb.de/dienst/veroeffentlichungen/de/publication/show/16577. Accessed 21.02.2021.

Hassler, Benedikt, Lea Widmer, Thomas Geisen, Nathalie Amstutz, Nico Scheidegger, Nadine Wenger. 2019. Arbeitsplätze ohne formale Qualifikationsanforderungen in der Schweiz. Rekrutierungsstrategien von Unternehmen und deren sozialpolitische Bedeutung. Zeitschrift für Sozialreform, 65 (2): 147–174.

Karasek, Robert. 1979. Job Demands, Job Decision Latitude and Mental Strain: Implications for Job Redesign. Administrative Science Quarterly 24 (2): 285–308.

Panthel, Paul. 2021. Aufwertung von Basisarbeit. Dialogreihe des BMAS. G.I.B. Info 3/2021 „Basisarbeit". G.I.B. Gesellschaft für innovative Beschäftigungsförderung mbH, Bottrop. https://www.gibinfo.de/gibinfo/2021/3_21/aufwertung-von-20lebasisarbeit20lc. Accessed 21.02.2021.

Stephanie Pöser, Diplom-Psychologin, ist Wissenschaftliche Mitarbeiterin am Institut Arbeit und Wirtschaft (iaw) der Universität Bremen. Sie ist dort in verschiedenen Drittmittelprojekten mit den Arbeits-/Forschungsschwerpunkten Arbeit und (psychische) Gesundheit tätig.

PD Dr. Guido Becke ist als Forschungsleiter am Institut Arbeit und Wirtschaft (iaw) der Universität Bremen tätig. Der Arbeits- und Sozialwissenschaftler lehrt dort als Privatdozent im Fachbereich Human- und Gesundheitswissenschaften zu ‚Arbeit, Organisation und Gesundheit'. Arbeits- und Forschungsschwerpunkte: Arbeit und psychische Gesundheit, Arbeit und Nachhaltigkeit, flexible und interaktive Dienstleistungsarbeit, Organisationswandel. Überdies koordinierte er das Verbundprojekt FlexiGesA.

Dr. Britta Busse, Soziologin, ist als Forschungsleiterin am Institut Arbeit und Wirtschaft (iaw) der Universität Bremen tätig. Sie lehrt dort in der Empirischen Sozialforschung. Arbeits- und Forschungsschwerpunkte: Qualitative und quantitative empirische Sozialforschung, Wandel von Beschäftigungsbedingungen (insbesondere Digitalisierung), Organisationsentwicklung.

Cora Zenz, Gesundheitswissenschaftlerin, ist als wissenschaftliche Mitarbeiterin am Institut Arbeit und Wirtschaft (iaw) der Universität Bremen in Forschungsprojekten tätig. Arbeits- und Forschungsschwerpunkte sind (psychische) Gesundheit bei der Arbeit, derzeitig mit Fokus auf Pflege und IT-Services, sowie das Thema Ausbildungsqualität im Land Bremen. Sie promoviert zudem am FB 11 zum Thema sozialer Unterstützung bei Interaktionsarbeit (in der IT-Dienstleistung).

Quantitative Evaluation gesundheitsbezogener Interventionen im FlexiGesA-Projekt

Cornelia Gerdau-Heitmann, Sarah Mümken, Christel Schicktanz, Birgitt Wiese und Frauke Koppelin

Zusammenfassung

Der Beitrag stellt die quantitativen Evaluationsergebnisse des FlexiGesA-Projektes dar und zeigt inwieweit ausgewählte betriebliche Gesundheitsförderungsmaßnahmen gesundheitliche Verbesserungen bei den Beschäftigten im Zeitverlauf erzielen. Bei den Interventions- und Referenzbetrieben der Branchen IT-Services und ambulante soziale Dienste (ASD) (Unter ambulante soziale Dienste (ASD) sind im Folgenden die ambulante Pflege und auch weitere Dienste, wie insbesondere die haushaltswirtschaftliche Versorgung pflegebedürftiger Menschen in ihrer Häuslichkeit, gemeint) wurden psychische Gefährdungsbeurteilungen eingeleitet. Im linearen Multilevel-Regressionsmodell konnte insgesamt kein signifikanter Effekt für die ausgewählten Outcome-Variablen wie *allgemeiner Gesundheitszustand,*

C. Gerdau-Heitmann (✉) · S. Mümken · C. Schicktanz · F. Koppelin
Jade Hochschule Oldenburg, Oldenburg, Deutschland
E-Mail: Cornelia.gerdau-heitmann@jade-hs.de

S. Mümken
E-Mail: Sarah.muemken@jade-hs.de

C. Schicktanz
E-Mail: Christel.schicktanz@jade-hs.de

F. Koppelin
E-Mail: Frauke.koppelin@jade-hs.de

B. Wiese
Medizinische Hochschule Hannover, Hannover, Deutschland
E-Mail: Wiese.Birgitt@mh-hannover.de

© Der/die Autor(en) 2023
G. Becke (Hrsg.), *Flexible Dienstleistungsarbeit gesundheitsförderlich gestalten,*
https://doi.org/10.1007/978-3-658-37055-8_5

Präsentismus und *Burnout* ermittelt werden. Tendenziell zeigen allerdings die deskriptiven Auswertungen aller Skalen und im Abgleich mit einer deutschlandweit erhobenen Datenbank in einigen Bereichen positive Ergebnisse.

Schlüsselwörter

Quantitative   Evaluationsergebnisse · Präsentismus · Burnout · Allgemeiner Gesundheitszustand · COPSOQ

1   Einleitung

Die Arbeitswelt steht zunehmend vor der Herausforderung ihre Belegschaft gesund zu erhalten, nicht nur aufgrund des sogenannten demographischen Wandels, sondern auch als Mehrwert für den Betrieb (Scholz und Schneider 2020; Meyer 2021, S. 681). Eine fortschreitende Flexibilisierung sowie Digitalisierung in der Arbeitswelt birgt, neben zahlreichen Vorteilen, wie Zuwächse an Arbeitsautonomie und Möglichkeiten der flexiblen Arbeitszeitgestaltung, auch Risiken durch neue Anforderungen. Diese können „zu komplexen psychosozialen Belastungen und weiterer Arbeitsverdichtung führen" (Ahlers 2016, S. 2). So weisen empirische Studien und Arbeitsunfähigkeitsstatistiken der Krankenkassen darauf hin, dass mit der Flexibilisierung von Arbeit tendenziell psychische Arbeitsbelastungen und Gesundheitsrisiken zunehmen (Lohmann-Haislah 2012).

Um eine nachhaltige Beschäftigungsfähigkeit und die psychische Gesundheit von Erwerbstätigen im Dienstleistungsbereich zu erhalten, sind daher Konzepte einer gesundheitsförderlichen Gestaltung interaktiver und flexibler Dienstleistungsarbeit erforderlich (siehe Becke in diesem Band). Dies gilt insbesondere für kleine und mittlere Unternehmen, die aufgrund begrenzter Ressourcenausstattung oftmals keine eigenen betrieblichen Konzepte entwickeln und erproben können (Scholz und Schneider 2020).

Mit den Gefährdungsbeurteilungen psychischer Belastung steht ein Instrument zur Verfügung, das einerseits eine psychische Belastung identifiziert, anderseits Ressourcen und Möglichkeiten zur Gestaltung im betrieblichen Kontext beleuchtet und somit bei der Ableitung und Evaluation geeigneter Konzepte und Maßnahmen einen hohen Stellenwert hat (Beck et al. 2014; Stange et al. 2022). Allerdings zeigt sich in der betrieblichen Praxis, dass obwohl mit den Gefährdungsbeurteilungen im Arbeits- und Gesundheitsschutz ein gesetzlich verbindliches Instrument zur Aufdeckung körperlicher als auch psychischer

Belastung existiert (§ 5 Gesetz über die Durchführung von Maßnahmen des Arbeitsschutzes zur Verbesserung der Sicherheit und des Gesundheitsschutzes der Beschäftigten bei der Arbeit; Ahlers 2016, S. 11), die Umsetzung bisher unzureichend ist (Ahlers 2016; Beck und Schuller 2020).

Dieser Beitrag fokussiert auf die Teilergebnisse des Teilprojektes 1 „Gesundheitsbezogene Bestandsaufnahme und Evaluation" des Forschungsverbundes FlexiGesA. Die Leitung des Teilprojektes lag in der Verantwortung der Jade Hochschule (BMBF Förderkennziffer FKZ: 01GL1753B).[1]

Im Rahmen der vorliegenden quantitativen Evaluation des Projektes soll untersucht werden, ob sich die Gesundheit der Beschäftigten in den Interventionsbetrieben im Vergleich zu den Beschäftigten in den Referenzbetrieben mit Hilfe ausgewählter Interventionen verbessern lässt. Der Erfolg der Interventionsmaßnahmen wird maßgeblich anhand von drei vorab festgelegten Outcome-Variablen dargestellt. Hierzu werden zwei Skalen zur Einschätzung der Gesundheit verwendet – wobei der eine Indikator auf die Gesundheit im Allgemeinen und der andere speziell auf die psychische Gesundheit abzielt. Die dritte Outcome-Variable erfasst mit dem Präsentismus ein gesundheitsbezogenes Verhalten, was zwar individuell erhoben wird, aber trotzdem auch Rückschlüsse auf die Kultur und Praxis im Unternehmen selbst zulässt.

Der Beitrag beschreibt den methodischen Ansatz der quantitativen Evaluation und stellt die deskriptiven Ergebnisse dar. Hierbei erfolgt ein Vergleich der beiden Interventionsbetriebe sowohl in Relation zu den Daten der an der Studie beteiligten Referenzbetriebe als auch zu den Werten einer deutschlandweit erhobenen Vergleichsdatenbank. Darüber hinaus werden die Resultate des genutzten Multilevel-Regressionsmodells vorgestellt und diskutiert.

2 Material und Methoden

Für diese Untersuchung wurden für die beiden ausgewählten Branchen zunächst jeweils ein Interventionsbetrieb und zwei Referenzbetriebe (ohne Intervention), die hinsichtlich der Struktur, Größe und Primäraufgaben den beiden Interventionsbetrieben (ASD und IT) möglichst ähneln sollten, eingeschlossen. Im weiteren Verlauf der Studie musste – aufgrund der niedrigen Response zum

---

[1] Das Ethikvotum der Universität Bremen liegt, unter dem Aktenzeichen 2018-09 mit Datum vom 17.07.2018 vor.

Erhebungszeitpunkt t_0 – für den Bereich ASD zusätzlich ein weiterer Referenzbetrieb rekrutiert werden.

Die Evaluation erfolgte in allen Betrieben zu zwei Erhebungszeitpunkten und in den beiden Interventionsbetrieben wurde zusätzlich ungefähr ein halbes Jahr nach Abschluss der Intervention eine dritte Befragung durchgeführt (Vortest-Nachtest-Follow-Up-Vergleichsgruppen-Plan)[2]. Im Rahmen dieses Beitrags sollen die Ergebnisse der Erhebungszeitpunkte t_0 und t_1 vorgestellt werden, da die Auswertungen für t_2 noch nicht vorliegen.

Unter allen Beschäftigten wurden online oder papierbasiert Fragebogenerhebungen durchgeführt. Die Online-Unternehmensbefragung erfolgte mit dem Softwarepaket SoSci-Survey©. Die Baseline-Erhebung t_0 fand vor der Intervention (Frühjahr 2019) statt und die Erhebung zu t_1, nachdem die Interventionen bei den Unternehmenspartnern abgeschlossen waren (Frühjahr 2021). Ein notwendiger Stichprobenumfang von 158 Personen wurde berechnet.[3]

Der Erfolg der Interventionsmaßnahmen (beschrieben in diesem Band bei Zenz et al. sowie Rolfes und Brandes (für IT-Services) als auch Pöser et al. und Garbers (für ASD)) wird anhand der drei vorab festgelegten Outcome-Variablen gemessen. Als wichtigster übergreifender Indikator für eine gelungene Intervention wird die Frage nach der subjektiven Gesundheitseinschätzung eingestuft. Dieser Indikator ist einer der am häufigsten genutzten, um die gesundheitliche Verfassung abzubilden (Kananen et al. 2021). Studien bestätigen, dass die subjektive Gesundheitseinschätzung ein geeigneter Prädiktor nicht nur für die körperliche Verfassung (Kananen et al. 2021), sondern auch für die Vorhersage der Mortalität ist (Mossey und Shapiro 1982; DeSalvo et al. 2006; Cho et al. 2022; Kananen et al. 2021).

Neben der übergeordneten Bewertung der Gesundheit sollen außerdem Burnout-Symptome, wie die Häufigkeit, mit der körperliche und emotionale Erschöpfungszustände wahrgenommen werden, im Speziellen analysiert werden.

---

[2] Ursprünglich sollte auch in den Referenzbetrieben eine dritte Erhebung durchgeführt werden. Auf Bitten einzelner Referenzbetriebe, für die eine dritte Befragung kurz nach der zweiten Befragung ohne Intervention nur schwierig zu vermitteln war, wurde die dritte Befragung in Absprache mit dem zuständigen Projektträger des Bundesministeriums für Bildung und Forschung (BMBF) auf die Interventionsbetriebe beschränkt.

[3] Der angestrebte Stichprobenumfang wurde mittels G-Power unter der Voraussetzung berechnet, dass eine mittlere Effektstärke von 0,25 bestimmt werden kann (alpha zweiseitig $= 5\%$, $\beta = 20\%$, 1:1 Besetzung von Interventions- und Referenzgruppe, der Rücklauf wurde mit etwa 50 % angenommen).

Burnout bezeichnet ein „kritisches Stadium einer – meist beruflichen – Veraus-
gabungskarriere" (Siegrist 2013, S. 112). Die Erfassung der Burnout-Symptome
und deren Veränderung ist ein wichtiger Indikator insbesondere für die
Beurteilung einer psychischen Gefährdung bei der Arbeit (Lincke und Nübling
2014).

Zusätzlich zur Erfassung der beiden Indikatoren Gesundheit und Wohl-
befinden, wird auch gesundheitsrelevantes Verhalten, wie der sogenannte
Präsentismus, im Zeitverlauf erfasst. Ebenso wie die beiden Indikatoren zum
Gesundheitsverhalten nicht unabhängig voneinander sind (Nübling et al. 2005,
S. 56), steht auch die gesundheitsbezogene Variable in enger Verbindung zu den
anderen beiden Outcome-Variablen (Lohaus und Habermann 2020). Präsentismus
beschreibt das Phänomen, dass Beschäftigte trotz Krankheit zur Arbeit gehen
(Lohaus und Habermann 2018). Dieses Verhalten ist nicht nur als problematisch
für die Gesundheit der Beschäftigten, im Sinne einer möglichen Chronifizierung
der Erkrankung, einzuordnen (Skagen und Collins 2016; Steinke und Badura
2011; Gerich 2015), sondern auch hinsichtlich finanzieller Belastungen für das
Unternehmen, die sich mittel- bis langfristig bemerkbar machen (Lohaus und
Habermann 2018). Eine Reduktion des Präsentismusverhaltens stellt demnach ein
langfristig positives Potential sowohl für gesundheitliche als auch ökonomische
Aspekte im Unternehmen dar und ist ein Zeichen für positive beschäftigungs-
orientierte Unternehmenskultur (Waltersbacher et al. 2021; Lohaus und
Habermann 2020).

Als Erhebungsinstrument wurde zum einen der Copenhagen Psychosocial
Questionnaire (COPSOQ) in der deutschen Version (Nübling et al. 2005) eingesetzt und zum anderen wurden Fragen zur Interaktionsarbeit entwickelt und
ergänzt. Der Einsatz des COPSOQ stellt den ersten Schritt im Rahmen der
Gefährdungsbeurteilung psychischer Belastung dar und kann als Screening-
Instrument genutzt werden (Nübling et al. 2005, S. 83). Sowohl die Interventions-
als auch die Referenzbetriebe durchliefen somit diesen ersten Schritt der
Gefährdungsbeurteilung. Allen Betrieben wurden die Ergebnisse aus t_0 zurück-
gemeldet, die Ableitung von Maßnahmen und die Verwertung der Ergebnisse
wurden den Referenzbetrieben allerdings vorerst selbst überlassen.

Der deutsche COPSOQ-Fragebogen zeichnet sich hinsichtlich seiner
methodischen Güte (Objektivität, Reliabilität, Validität, Generalisierbarkeit,
Praktikabilität, Akzeptanz etc.) durch belastbare Ergebnisse aus (Nübling et al.
2005). Die verwendete Version enthielt 85 Items, die zu 32 Skalen zusammengefasst werden können. Enthalten sind auch die Skalen, die hier als Outcome-
Variablen genutzt wurden, wie:

- Allgemeiner Gesundheitszustand (1 Item)
  - *Wenn Sie den besten denkbaren Gesundheitszustand mit 10 Punkten bewerten und den schlechtesten denkbaren mit 0 Punkten: Wie viele Punkte vergeben Sie dann für Ihren derzeitigen Gesundheitszustand?*
- Burnout-Symptome (3 Items)
  - *Wie häufig*
  - *... sind Sie körperlich erschöpft?*
  - *... sind Sie emotional erschöpft?*
  - *... fühlen Sie sich ausgelaugt?*
- Präsentismus (1 Item)
  - *Wie häufig*
  - *... kommen Sie zur Arbeit, obwohl Sie sich richtig krank und unwohl fühlen?*

Während beim allgemeinen Gesundheitszustand Werte von 0 bis 10 angegeben werden können, sind die anderen Items mit einer fünfstufigen Likert-Skala hinterlegt. Aus den Antwortkategorien lassen sich anschließend Werte von 0 bis 100 ableiten, aus denen wiederum Mittelwerte berechnet werden können.

Für Deutschland existiert eine Vergleichsdatenbank der Freiburger Forschungsstelle für Arbeitswissenschaften (FFAW), in welcher seit 2005 Ergebnisse von Mitarbeiterbefragungen mit dem COPSOQ gespeichert werden. Es lagen zum Zeitpunkt t_0 Angaben von über 250.000 Beschäftigten vor, die anhand der amtlichen Klassifikation der Berufe von 2010 zu berufsspezifischen Vergleichen herangezogen werden konnten (FFAW 2017; Nübling et al. 2011). Diese Vergleichswerte wurden uns zur Verfügung gestellt und u. a. zum Zeitpunkt t_0 genutzt, um die Erhebungen in den einzelnen Betrieben beurteilen zu können und um anschließend passgenaue Interventionen abzuleiten.

Anhand der durchgeführten statistischen Analysen wurde untersucht, inwieweit sich Unterschiede zwischen den Branchen, den Betrieben und im zeitlichen Verlauf feststellen lassen. Zunächst wurde auf Skalenebene getestet, ob die Mittelwerte der beteiligten Unternehmen von den Werten aus der COPSOQ-Vergleichsdatenbank abweichen. Darüber hinaus wurde auch geprüft, ob sich die Mittelwerte der Interventions- und Referenzbetriebe unterscheiden, hierfür wurden t-Teste durchgeführt. Die Veränderungen der genannten Outcome-Variablen über die Zeit wurden zum einen deskriptiv ausgewertet und zum anderen wurden die Effektschätzer anhand eines linearen Multilevel-Regressionsmodells berechnet. Als Zielvariable dienten die jeweiligen Skalenwerte zu t_1. In das Modell gingen außerdem als moderierende Faktoren die Gruppe (Intervention oder Referenz), die Branche (ASD oder IT), das Geschlecht

Tab. 1 Rücklaufstatistik hinsichtlich Anzahl der Teilnehmenden und Response zu beiden Erhebungszeiträumen unterteilt nach Branche und Betrieb. (Eigene Darstellung)

	Ambulante soziale Dienste								IT					
	Interventions-unternehmen		Referenz-unternehmen 1		Referenz-unternehmen 2		Referenz-unternehmen 3		Interventions-unternehmen		Referenz-unternehmen 1		Referenz-unternehmen 2	
	n	%	n	%	n	%	n	%	n	%	n	%	n	%
t_0	168	88 %	78	19 %	55	29 %	61	26 %	129	67 %	195	65 %	34	57 %
t_1	192	82 %	51	25 %	43	28 %	75	28 %	100	54 %	249	66 %	37	58 %

sowie die Altersgruppe ein. Weiterhin wurde für den Mittelwert des jeweiligen Skalenwertes zu t_0 pro Betrieb adjustiert. Als Zufallseffekt bzw. Multi-level-Effekt wurde zusätzlich die Identifikationsnummer (ID) des Betriebes berücksichtigt.

3 Ergebnisse

In der Metropolregion NordWest (Bremen und Teile Niedersachsens) haben insgesamt sieben Unternehmen aus den Bereichen IT-Dienstleistung und ASD an der Studie teilgenommen.

3.1 Stichprobenbeschreibung

Die Beteiligungsraten der einzelnen Unternehmen sind in der nachfolgenden Tabelle dargestellt (s. Tab. 1).

Aufgrund des geringen Rücklaufes zum Zeitpunkt t_0 im Bereich der ASD wurde kurz nach der ersten Erhebung ein weiteres Unternehmen rekrutiert (Referenzunternehmen 3) und in die Untersuchungen eingeschlossen. Dieses Unternehmen unterscheidet sich somit von den anderen Unternehmen, da die Befragungszeiträume enger beieinanderliegen. Die erste Befragung zu t_0 fand – im Vergleich zu den anderen Unternehmen ein Jahr später – im Frühjahr 2020 statt und die zweite Befragung zu t_1 – wie bei allen anderen Unternehmen auch – im Frühjahr 2021.

Insgesamt lässt sich zudem feststellen, dass die Response des Interventions-
betriebes im Bereich der ASD eine weitaus höhere Responserate (über 80 %)
aufweist als die Referenzbetriebe (etwa 25 %). Bei den IT-Unternehmen unterscheidet sich die Response nicht so ausgeprägt zwischen den Referenzunternehmen (etwa 55–65 %) und dem Interventionsbetrieb. Möglicherweise kommt
es zu den branchenspezifischen Unterschieden, da es im Bereich der IT leichter
möglich war, die Befragung in den Arbeitsalltag zu integrieren. Insbesondere bei
den ASD-Referenzunternehmen war es schwieriger eine Bereitschaft zur Teilnahme zu erzielen, da die Befragung aufgrund der mobilen Arbeitsweise nicht
unmittelbar am Arbeitsplatz durchgeführt werden konnte. Erschwert wurde dies
evtl. auch aufgrund der fehlenden Fördermittel für die Referenzunternehmen,
da diese die benötigte Zeit zum Ausfüllen der Fragebögen in den Arbeitsprozess
zusätzlich einplanen mussten.

Zum Zeitpunkt t_0 haben insgesamt 720 Mitarbeitende (Interventionsgruppe:
n = 297; Referenzgruppe: n = 423) an der Befragung teilgenommen, zum Zeitpunkt t_1 waren es 747 (Interventionsgruppe: n = 292; Referenzgruppe: n = 455).
Damit liegt die Response zum Zeitpunkt t_0 bei 45,0 % und zum Zeitpunkt t_1 bei
47,5 %.

Bei Betrachtung der Stichprobe (zum Zeitpunkt t_0 und t_1) fällt auf, dass sich
geschlechtsspezifische Unterschiede in den Branchen – die männlich dominierte
IT-Branche (t_0 = 64,8 % Männer und t_1 = 64,1 % Männer) und die weiblich
dominierte Branche der ASD (t_0 = 85,7 % und t_1 = 81,2 % Frauen) – hier widerspiegeln. Der Vergleich der Teilnehmenden aus den Interventionsbetrieben
mit denen der Referenzbetriebe weist – im Hinblick auf das Geschlecht und
Alter – zum ersten Befragungszeitpunkt t_0 in der IT eine recht gute Passung
auf (Geschlecht: p = 0,061). Nur bei der Altersgruppe bis 34 Jahre trat ein
signifikanter Unterschied auf, mit einer stärkeren Besetzung im Interventionsbetrieb mit 48,1 % zu 35,4 % im Referenzbetrieb (p = 0,019). In der ASD unterscheiden sich die Gruppen hinsichtlich des Geschlechtes (p = 0,034) mit mehr
Männern im Interventionsbetrieb (18,7 % zu 10,6 % im Referenzbetrieb) und
bei den Altersgruppen bis 34 Jahre und 45 bis 54 Jahre. In der ersten Altersgruppe ist der Interventionsbetrieb mit 24,0 % stärker besetzt, die Referenzbetriebe liegen bei 15,1 % bei einem p-Wert von 0,034. In der Gruppe der 45- bis
54-Jährigen ist dagegen die Referenzgruppe stärker besetzt (33,3 % zu 22,2 %)
(p = 0,019). Zum zweiten Befragungszeitpunkt lässt sich für die ASD hinsichtlich der Geschlechterverteilung kein signifikanter Unterschied mehr aufzeigen
(p = 0,187). In der Altersgruppe bis 34 Jahre ist aber auch hier die Interventionsgruppe mit 30,0 % signifikant stärker besetzt als die Referenzgruppe (19,6 %)
(p = 0,025). In der IT-Branche zeigen sich zu diesem Zeitpunkt sowohl bei der

Geschlechterverteilung (p = 0,132) als auch beim Alter keine signifikanten Unterschiede mehr.

3.2 Situation in den Interventionsbetrieben

Abgleich mit der COPSOQ-Vergleichsdatenbank zu t_0

Die ermittelten COPSOQ-Skalenwerte der Interventionsbetriebe wurden den COPSOQ-Vergleichswerten gegenübergestellt und dienten neben den qualitativen Erhebungen der Universität Bremen als eine Grundlage für die Auswahl geeigneter Interventionsmaßnahmen. Es zeigte sich für den IT-Interventionsbetrieb, dass hier überwiegend bessere Werte erzielt wurden, als es laut COPSOQ-Vergleichsdatenbank deutschlandweit in dieser Branche durchschnittlich der Fall war (signifikant bessere Werte lagen z. B. bei den Skalen *Work Privacy-Konflikte, Menge sozialer Kontakte, Verbergen von Emotionen* und *Unsicherheit des Arbeitsplatzes* vor). Lediglich ein signifikant schlechterer Wert als im deutschlandweiten Vergleich konnte zum Zeitpunkt t_0 für die Skala *Arbeitsumgebung* ermittelt werden, woraus sich ein Veränderungsbedarf ableiten ließ. Es wurden verschiedene Interventionen eingeleitet, wie zum Beispiel eine Arbeitsgruppe „Arbeitsplatz der Zukunft", die sich unter anderem zum Ziel gesetzt hatte, die physischen Arbeitsbedingungen zu verbessern (siehe die Beiträge von Zenz et al. sowie Rolfes und Brandes in diesem Band).

Beim ASD-Interventionsbetrieb zeigten die Ergebnisse der Beschäftigtenbefragung in der Gegenüberstellung zu den COPSOQ-Vergleichsdaten ebenfalls überwiegend bessere Werte, wie z. B. bei den Skalen *Work Privacy Konflikte, Quantitative Anforderungen* und *Führungsqualität* (alle signifikant besser). Als signifikant schlechtere Werte stellten sich zum Zeitpunkt t_0 die Skalen *Entwicklungsmöglichkeiten* und *Menge sozialer Kontakte* heraus. Als Interventionsmaßnahmen wurden deshalb unter anderem in dem ASD-Interventionsbetrieb eine neue Führungsstruktur durch die Etablierung von Koordinator*innen, die Einführung von regelmäßigen Dienstbesprechungen mit der Option des kollegialen Erfahrungsaustausches, Mitarbeitendengespräche, wie gesundheitsorientierte Jahresgespräche und auch ein Workshop zum Thema Arbeitsbedingungen (Arbeitssituationsanalyse – ASITAS) eingeführt (siehe auch die Artikel von Pöser et al. und Garbers in diesem Band).

Veränderungen der COPSOQ-Skalen im zeitlichen Verlauf

Nachdem im Frühjahr 2019 der Ausgangszustand zu t_0 bestimmt worden war und in den Interventionsbetrieben entsprechende Maßnahmen abgeleitet und weitgehend abgeschlossen waren, fand etwa zwei Jahre später im Frühjahr 2021 (t_1) eine weitere Befragung statt.

Die Ergebnisse zu den zeitlichen Veränderungen von t_0 zu t_1 zeigen beim IT-Interventionsbetrieb eine bedeutende Verbesserung bei dem vormals signifikant schlechten Wert der Skala *Arbeitsumgebung*. Eine signifikante Verschlechterung erfuhren die Skalenwerte für *Menge sozialer Kontakte, Verbundenheit mit dem Arbeitsplatz, Unsicherheit der Arbeitsbedingungen* und der *allgemeine Gesundheitszustand.*

Beim ASD-Interventionsbetrieb konnte ebenfalls für die vormals in Relation zur COPSOQ-Vergleichsdatenbank signifikant schlechter ausfallende Skala *Menge sozialer Kontakte* eine – wenn auch nicht signifikante – Verbesserung festgestellt werden. Des Weiteren zeigte sich für die Skala *Präsentismus* eine signifikante Verbesserung zwischen t_0 und t_1. Große – nicht signifikante – Verbesserungen erfolgten ebenfalls bei der Skala *Feedback/Rückmeldung.* Signifikante Verschlechterungen zwischen den beiden Erhebungen konnten nicht ermittelt werden.

3.3 Veränderungen der Outcome-Variablen in den Referenz- und Interventionsbetrieben

Im Folgenden sollen zunächst die deskriptiven und dann die multivariaten Ergebnisse für die vorab formulierten Outcome-Variablen allgemeiner Gesundheitszustand, Burnout-Symptome und Präsentismus berichtet werden.

Deskriptive Ergebnisse

Die deskriptiven Ergebnisse des Vorher-Nachher-Vergleiches (t_0 zu t_1) zeigen hinsichtlich der gewählten Outcome-Variablen sowie bei den beiden Branchen teilweise unterschiedliche Ergebnisse (s. Abb. 1).

In der ASD-Branche ist die *subjektive Gesundheitseinschätzung* (hohe Werte positiv) zwischen beiden Befragungszeitpunkten in der Interventionsgruppe gestiegen (t_0: 70,9; t_1: 72,7), was eine nicht signifikante Verbesserung bedeutet. In der ASD-Referenzgruppe, wo bereits der Ausgangswert zu t_0 (69,1) leicht unter dem der Interventionsgruppe lag, hat sich die Gesundheitseinschätzung dagegen – ebenfalls auf nicht signifikantem Niveau – verschlechtert.

In der IT-Branche fällt die Bewertung der eigenen Gesundheit insgesamt positiver aus als in der ASD-Branche. Insbesondere der Ausgangswert in der Interventionsgruppe sticht mit einem hohen Mittelwert von 78,1 hervor, sinkt aber bis zur zweiten Befragung signifikant auf einen Wert von 72,9 ab. Auch in

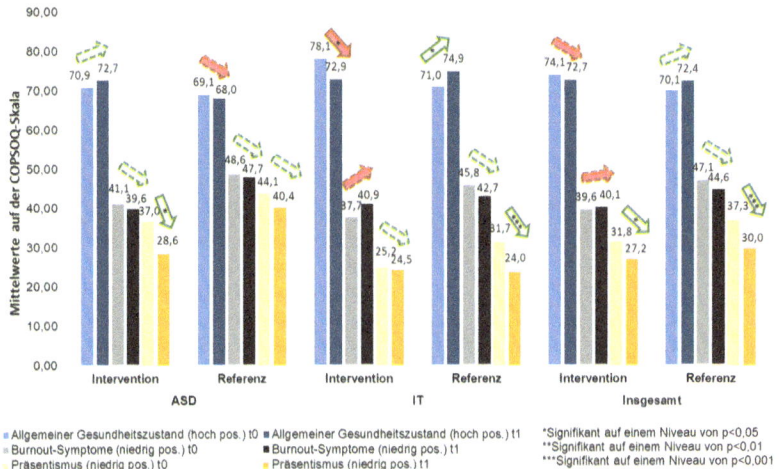

Abb. 1 Outcome-Variablen zu beiden Erhebungszeitpunkten in der Interventions- und Referenzgruppe nach Branche. (Eigene Darstellung)

der IT-Branche fällt die Gesundheitseinschätzung in der Referenzgruppe (71,0) in der ersten Befragung schlechter aus als in der Interventionsgruppe. Allerdings verbessert sich in der Referenzgruppe die Einschätzung mit der zweiten Befragung signifikant.

Branchenübergreifend zeigt sich in der Interventionsgruppe ein leichter Rückgang auf hohem Niveau (t_0: 74,1; t_1: 72,7), während sich die Gesundheitseinschätzung in der Referenzgruppe leicht verbessert (t_0: 70,1; t_1: 72,4). Beide Veränderungen sind jedoch nicht signifikant.

Anzeichen von *Burnout* (niedrige Werte positiv) werden in beiden Branchen zu beiden Erhebungszeitpunkten in der Interventionsgruppe seltener berichtet als in der Referenzgruppe. Allerdings verschlechtert sich der Mittelwert in der Interventionsgruppe in der IT-Branche im Zeitverlauf, während sich der Wert bei allen anderen Gruppen verbessert. Alle Änderungen im Bereich der Burnout-Einschätzung fallen jedoch nicht signifikant aus.

Ebenso wie bei der allgemeinen Gesundheitseinschätzung lässt sich hier branchenübergreifend in der Interventionsgruppe zwischen den beiden Erhebungszeitpunkten eine leichte Verschlechterung (t_0: 39,6; t_1: 40,1) und in der Referenzgruppe dagegen eine Verbesserung feststellen (t_0: 47,1; t_1: 44,6), wobei auch hier die Werte der Referenzgruppe insgesamt zu beiden Erhebungszeitpunkten schlechter ausfallen.

Tab. 2 Adjustierte Ergebnisse zu den in der Intervention fokussierten Outcome-Variablen sowie Angaben zur Signifikanz. (Eigene Darstellung)

	Effektschätzer	P > |z|	95 % Konfidenzintervall	
Gesundheitszustand				
Gesamt	4,130741	0,075	−0,4196362	8,681117
ASD	2,137974	0,419	−3,043652	7,319601
IT	−1,416579	0,955	−50,74179	47,90863
Burnout				
Gesamt	5,393966	0,529	−11,41753	22,20546
ASD	−1,932696	0,835	−20,09391	16,22852
IT	46,32013	**0,036**	2,923605	89,71665
Präsentismus				
Gesamt	0,0865439	0,984	−8,122318	8,295406
ASD	−5,310831	0,289	−15,12157	4,499904
IT	4,600463	0,470	−7,869221	17,07015

Der *Präsentismus* (niedrige Werte positiv) hat in beiden Branchen und allen Gruppen abgenommen. Besonders deutlich ist der Rückgang in der ASD-Interventionsgruppe (t_0: 37,0; t_1: 28,6) und auch in der IT-Referenzgruppe (t_0: 31,7; t_1: 24,0). Nur ein geringer Rückgang, der als einziger nicht signifikant ist, kann in der IT-Interventionsgruppe beobachtet werden, wobei allerdings die Mittelwerte zu beiden Zeitpunkten vergleichsweise niedrig liegen.

Branchenübergreifend können insgesamt sowohl in der Interventions- (t_0: 31,8; t_1: 27,2), als auch in der Referenzgruppe (t_0: 37,3; t_1: 30,0) signifikante Verbesserungen festgestellt werden.

Multilevel-Regressionsmodell

Die zeitliche Veränderung bzw. die Überprüfung der Wirksamkeit der eingeleiteten Interventionen wurde zusätzlich anhand eines Multilevel-Regressionsmodells durchgeführt. Als Zielvariablen wurden die drei vorab festgelegten Outcome-Variablen definiert. Es zeigte sich bei der adjustierten Analyse, dass hinsichtlich des *allgemeinen Gesundheitszustands* branchenübergreifend eine Verbesserung von t_0 zu t_1 erreicht werden konnte, diese verfehlte die Signifikanzgrenze nur knapp (p = 0,075) (s. Tab. 2). Bei der ASD konnte für den allgemeinen Gesundheitszustand eine leichte aber nicht signifikante Verbesserung festgestellt werden, während dieser – ebenfalls auf nicht signifikanten Niveau – in der IT abnimmt.

Die Skala *Burnout* zeigt für die adjustierten Ergebnisse insgesamt, dass die Intervention zu keiner Verbesserung in diesem Bereich beigetragen hat, vielmehr ist der Wert in der Interventionsgruppe höher, wenn auch nicht signifikant höher. Bei der differenzierten Auswertung weist jedoch die IT-Branche eine signifikante Verschlechterung auf. In der ASD verringert sich der Wert zwar, dieser ist jedoch nicht signifikant.

Bezüglich des *Präsentismus* lässt sich anhand der adjustierten Werte fest-stellen, dass keine Verbesserung durch die Intervention erreicht wurde. Einen entscheidenden Einfluss scheint das Ausmaß an Präsentismus zum Zeitpunkt t_0 zu haben. Ist Präsentismus am Anfang bereits ausgeprägt, so lassen sich auch nach der Intervention zum Zeitpunkt t_1 noch hohe Werte finden. Die branchen-spezifischen Auswertungen zeigten ebenfalls keinen signifikanten Unterschied, während bei der ASD eine Abnahme festzustellen ist, steigt der Wert in der IT-Branche an.

Zusammenfassend kann für die eingeleiteten Interventionen insgesamt konstatiert werden, dass lediglich der allgemeine Gesundheitszustand sich über die Zeit verbessert hat, wenn auch nicht signifikant. In Bezug auf die adjustierten Werte zum Präsentismus und Burnout ist es durch die eingeleiteten Inter-ventionen nicht gelungen hier eine Verbesserung zu erreichen. Im Bereich der IT-Branche konnte für Burnout sogar eine signifikante Verschlechterung ermittelt werden.

Bei einer branchenübergreifenden Betrachtung der Ergebnisse der Interventions- und Referenzgruppe bezüglich aller 32 COPSOQ-Skalen im Multilevel-Regressionsmodell (Werte nicht dargestellt) zeigten sich zwischen t_0 und t_1 signifikant positive Entwicklungen bei den drei Skalen *Verbergen von Emotionen, ungerechter Behandlung* und der Skala *Vertrauen und Gerechtigkeit.* Eine signifikant negative Entwicklung konnte zum einen bei der Skala *Bedeutung der Arbeit* und zum anderen bei der Skala *Unterstützung bei der Arbeit* fest-gestellt werden. Alle anderen Skalen zeigten keinen signifikanten Unterschied.

4   Diskussion

Im Rahmen der hier vorgestellten Untersuchung sollte untersucht werden, inwieweit ausgewählte Interventionen in den beteiligten Interventionsbetrieben (IT und ASD) zu einer Verbesserung hinsichtlich vorab identifizierter Desiderate führen und ob sich eine Veränderung auch im Vergleich zur Referenzgruppe (Betriebe ohne Intervention) feststellen lässt.

Ein Vergleich der Ergebnisse der Interventionsbetriebe mit denen der regionalen Referenzbetriebe zeigt ein heterogenes Bild hinsichtlich der drei vorab festgelegten Outcome-Variablen. Die deskriptiven Ergebnisse zur Veränderung bei den Interventions- und Referenzbetrieben über die Zeit weisen branchenübergreifend darauf hin, dass in der Interventionsgruppe eine nicht signifikante Verschlechterung bei den Skalen des *allgemeinen Gesundheitszustands* und *Burnout* zu verzeichnen ist. Bei der Skala *Präsentismus* zeigt sich dagegen eine signifikante Verbesserung. Bei Betrachtung der Referenzgruppe lässt sich über die Zeit für alle drei Outcome-Variablen eine Verbesserung feststellen, hinsichtlich *Präsentismus* handelt es sich sogar um eine signifikante Verbesserung. Anhand der berechneten Effektschätzer im Multilevel-Regressionsmodell zeigen die adjustierten Werte (nach Intervention- und Referenzgruppe, Branche, Geschlecht, Altersgruppe, Mittelwert des jeweiligen Skalenwertes zu t_0 sowie als Zufallseffekt bzw. Multi-level-Effekt die ID des Betriebes) dagegen zwar eine Verbesserung für den *allgemeinen Gesundheitszustand,* diese war jedoch nicht signifikant. Es ist demnach auf Basis der Mitarbeitendenbefragungen nicht gelungen, für die eingeleiteten Interventionsmaßnahmen einen bedeutenden Effekt nachzuweisen. In Bezug auf die adjustierten Werte zum *Präsentismus* und *Burnout* konnten die eingeleiteten Interventionen insgesamt ebenfalls keine Verbesserung erzielen.

Eine Limitation der Untersuchung ergibt sich möglicherweise aus dem gewählten Studienansatz. Zum Nachweis denkbarer Effekte wäre eine randomisierte Vorgehensweise innerhalb der Betriebe hinsichtlich einer Zuteilung von Interventions- und Referenzgruppen zielführender gewesen. Diese war jedoch aus forschungspraktischen Gründen nicht möglich. Ein Aspekt war dabei, dass die Interventionen einen besonderen Fokus auf ein verhältnispräventives Vorgehen legten, das den Betrieb als Ganzes in den Blick nehmen sollte. Darüber hinaus sind die einzelnen Betriebsbereiche eng verbunden und aufgrund der relativ kleinen Betriebsgröße ließen sich auch personelle Verantwortlichkeiten nicht klar auf einzelne Bereiche begrenzen. Ebenso muss berücksichtigt werden, dass sowohl den Interventions- als auch Referenzbetrieben die Ergebnisse aus der ersten Befragung (t_0) rückgemeldet wurden. Auch wenn das Studiendesign nur Interventionen in den beiden Interventionsbetrieben vorgesehen hat, können selbst initiierte Veränderungen in den Referenzbetrieben nicht ausgeschlossen werden. Es ist nachvollziehbar, dass Betriebe bei identifizierten Desideraten aktiv werden und auf die Belange der Belegschaft zeitnah eingehen, was mit einer Verringerung möglicher Effekte einhergeht. Gerade im Bereich der IT-

Branche zeichnen sich die Referenzbetriebe durch ein auf betrieblicher Ebene gut etabliertes Gesundheitsmanagement aus, welches die erzielten Ergebnisse zu t_0 mit großem Interesse zur Kenntnis nahm.

Ein weiterer Einfluss ergibt sich aus der Betrachtung der beiden Querschnittsuntersuchungen. Es ist davon auszugehen, dass es im Beobachtungszeitraum auch zu Fluktuationen bei den beteiligten Unternehmen gekommen ist, sodass die Ergebnisse der Befragung schon allein aufgrund einer Veränderung der Belegschaft begründet sein können. Die im Fragebogen enthaltenen Fragen zur Erstellung eines persönlichen Codes nach Pöge (2011) wurden nur von einem geringen Anteil der Befragten ausgefüllt, sodass eine Betrachtung im Längsschnitt nicht möglich war. Es wurde deshalb die ID des Betriebes als Alternative zur individuellen Längsschnittbetrachtung gewählt.

Im Untersuchungszeitraum hat auch die Coronapandemie in beiden Branchen einen Einfluss auf die Arbeitsbedingungen und das Wohlbefinden der Beschäftigten genommen (Becke et al. 2022). Da jedoch durch das gewählte Studiendesign Referenzbetriebe eingeschlossen wurden, die ebenfalls mit den Folgen der Pandemie konfrontiert waren, können diese Effekte zu einem gewissen Maß kontrolliert werden.

Werden nur die zeitlichen Veränderungen in den Interventionsbetrieben betrachtet, so lässt sich eine deutliche Verbesserung bei den zu Beginn der Untersuchung als negativ von den deutschlandweiten COPSOQ-Vergleichswerten abweichend identifizierten Skalen erkennen. Im IT-Interventionsbetrieb wurde über die Zeit die größte positive Veränderung bei der vormals als unterdurchschnittlich bewerteten Skala *Arbeitsumgebung* erzielt. Ob diese Veränderung allerdings durch die eingeleitete Interventionsmaßnahme „Arbeitsplatz der Zukunft" erreicht wurde bzw. ob die pandemiebedingte Verlegung des Arbeitsplatzes ins Homeoffice hier zum Tragen kommt, kann nicht abschließend geklärt werden. Die in diesem Band dargelegten qualitativen Ergebnisse kommen hier ebenfalls nicht zu eindeutigen Ergebnissen.

Im ASD-Interventionsbetrieb kam es ebenfalls bei der anfänglich signifikant am negativsten vom durchschnittlichen COPSOQ-Vergleichswert abweichenden Skala *Menge sozialer Kontakte* zu einer signifikanten Verbesserung. Dies erstaunt umso mehr, da pandemiebedingt gerade soziale Kontakte eingeschränkt werden mussten. Zudem lässt die Arbeit vieler Beschäftigter im ASD-Interventionsbetrieb kaum Austausch zu, da es sich um sogenannte Alleinarbeit handelt. Anzumerken ist allerdings, dass die Passgenauigkeit mit den COPSOQ-Vergleichswerten hier eventuell nicht optimal ist, da in der Datenbank eine Separierung der reinen ambulanten Pflege aus datentechnischen Gründen nicht möglich war. Es scheint deshalb möglich, dass die eingeleiteten Maßnahmen, wie Einführung einer neuen Führungsebene, regelmäßige Dienstbesprechungen, Mitarbeitendengespräche und ASITAS zu einer Verbesserung beigetragen haben könnten. Diese Vermutung wird auch durch die zum Zeitpunkt t_1 sichtbare Verbesserung der Skala *Feedback/Rückmeldung* gestützt. Die qualitativen Ergebnisse (siehe Beitrag von Pöser et al. und den Beitrag von Garbers) weisen zumindest in diese Richtung.

Werden die beiden Branchen getrennt voneinander betrachtet, zeigen sich deskriptiv in der ASD-Branche sowohl in der Interventions- als auch in der Referenzgruppe zwischen den beiden Erhebungszeitpunkten für die Outcome-Variablen Verbesserungen. Lediglich der *allgemeine Gesundheitszustand* wird in der Referenzgruppe zum zweiten Erhebungszeitpunkt schlechter eingeschätzt als zu Beginn. Allerdings waren alle Veränderungen – bis auf die Verbesserung des *Präsentismus* im Interventionsbetrieb – nicht signifikant.

Die adjustierten Effektschätzer im Multilevel-Regressionsmodell bestätigen die deskriptiven Ergebnisse teilweise. Es zeigen sich in der ASD-Branche für alle drei Outcome-Variablen Verbesserungen. Diese sind allerdings nicht signifikant.

Leider konnten auch insgesamt bei der branchenübergreifenden Analyse aller 32 COPSOQ-Skalen kaum signifikant unterschiedliche Entwicklungen zwischen Interventions- und Referenzbetrieben festgestellt werden. Nichtsdestotrotz zeichneten sich die Interventionsbetriebe immerhin bei den Skalen *Verbergen von Emotionen, ungerechte Behandlung* und *Vertrauen und Gerechtigkeit* durch signifikant bessere Ergebnisse aus.

In der IT-Branche haben sich im Interventionsbetrieb die Werte für den *allgemeinen Gesundheitszustand* und *Burnout* verschlechtert, für den *Präsentismus* kann dagegen eine Verbesserung festgestellt werden. Die berechneten adjustierten Effektschätzer im Modell weisen im Bereich der IT-Branche tendenziell Verschlechterungen für die drei Outcome-Variablen auf und für *Burnout* ist diese Verschlechterung sogar signifikant. Nach Demerouti und Nachreiner (2019) ist Burnout eine Folge von hohen Arbeitsanforderungen und fehlenden Arbeitsressourcen. In diesem Zusammenhang mag auch die Verlegung ins Homeoffice durch die Corona-Pandemie beim Interventionsbetrieb einen Einfluss ausgeübt haben, die mit hohen Arbeitsanforderungen an die Mitarbeitenden sowie fehlenden oder beeinträchtigten Arbeitsressourcen (z. B. durch fehlenden informellen Austausch, Vereinbarkeitsproblematik zwischen Arbeit und Kinderbetreuung, Abgrenzung und Selbstorganisation im Homeoffice) verbunden war (s. auch Becke et al. 2022, S. 10 f.)

Die zum Teil unterschiedlichen Ergebnisse aus der deskriptiven Analyse und dem Modell lassen – wie weiter oben beschrieben – unterschiedliche Einflüsse vermuten. So ist auch davon auszugehen, dass es insbesondere bei den Skalen *Burnout* und *Präsentismus* zu sogenannten Deckeneffekten gekommen ist. Wenn in den Unternehmen bereits zu Beginn der Untersuchungen gute Bedingungen vorherrschten, lässt sich über die Zeit mit den eingeleiteten Interventionen auch nur ein geringer Effekt erzielen. Dies könnte insbesondere bei dem Interventionsbetrieb in der IT-Branche hinsichtlich *Burnout* der Fall sein. Die deskriptiven Ergebnisse verdeutlichen, dass bereits zum Zeitpunkt t_0 der Skalenwert für *Burnout* deutlich niedriger lag als bei den Referenzunternehmen und auch der Wert zu t_1 liegt beim Interventionsbetrieb niedriger als bei den Referenzunternehmen, ist aber über die Zeit angestiegen.

Auch in Bezug auf den Präsentismus erstaunt beim IT-Interventionsbetrieb der bereits zum ersten Erhebungszeit niedrige Wert, der sich sogar noch leicht verbessert hat. Studien zeigen, dass neben personenbedingten Faktoren, auch arbeitsbedingte und organisationale Faktoren den Präsentismus beeinflussen. So lässt sich empirisch bestätigen, dass Faktoren wie ein hoher Gestaltungsspielraum, gute Stellvertreterregelungen, Unterstützung durch Kolleg*innen und Vorgesetzte, Rollenklarheit und auf organisationaler Ebene eine als gerecht und unterstützend wahrgenommene Organisation mit einem geringen Präsentismus korrelieren (Lohaus und Habermann 2020; Waltersbacher et al. 2021). Die niedrigen Präsentismuswerte, die im Übrigen auch im ASD-Interventionsbetrieb auf einem vergleichsweise niedrigen Niveau zum ersten Erhebungszeitpunkt waren und sich trotzdem noch signifikant verbessert haben, sprechen für eine positive Unternehmenskultur und für die stark verhältnisbezogenen Interventionsmaßnahmen. Trotz der Pandemie scheint es den Interventionsbetrieben sehr gut gelungen zu sein, dass niedrige Niveau zu halten und darüber hinaus noch zu verbessern. Insbesondere in der IT-Branche hat sich der Anteil der im Homeoffice verbrachten Arbeitszeit während der Pandemie deutlich erhöht. Eine aktuelle Befragung, unter Beschäftigten in der IT-Branche zeigt, dass etwa 60 % der Beschäftigten der Aussage zustimmen, im Homeoffice eher dazu zu neigen, sich im Krankheitsfall nicht krankzumelden (Neumann et al. 2021, S. 28), somit gewinnen die positiven Ergebnisse zusätzlich an Beachtung. Auch für den Pflegebereich ist durch die Coronapandemie ein Zuwachs des Präsentimusverhaltens festzustellen, der unter anderem auf die pandemiebedingte Mehrarbeit zurückzuführen ist (Hower und Winter 2021).

5   Fazit

Maßnahmen zur Gesundheitsförderung, die nicht nur auf das Verhalten der Beschäftigten eingehen, sondern das Unternehmen als Ganzes in den Blick nehmen, sind nicht nur in Zeiten der Pandemie von aller größter Wichtigkeit. Ebenso muss auch im Hinblick auf effiziente Weiterentwicklungen in diesem

Bereich die mittel- und langfristige Evaluation von Beginn an mitgedacht und eingeplant werden. In der Praxis unterbleiben leider viel zu häufig tragfähige Evaluationen eingeleiteter Maßnahmen. Dies ist bedauerlich, da mit ihnen auch deutlich gemacht werden kann, dass sich Investitionen in die Gesundheit der Beschäftigten auch langfristig für das Unternehmen rentieren können. Gerade die, wie hier im Projekt, stark verhältnisorientierten Maßnahmen, benötigen einen gewissen Zeitraum, um ihre Wirksamkeit zu entfalten und damit zu messbaren Effekten zu führen. Ein erster Blick auf die Daten der dritten Erhebung weist in diese Richtung.

Danksagung Wir danken allen Unternehmen, die an der Studie teilgenommen haben für ihr Vertrauen und die konstruktive Zusammenarbeit. Ein weiterer Dank gilt Herrn Sebastian Hinrichs, der als Studentische Hilfskraft die Erhebungen unterstützte und sehr zum Gelingen der Studie beigetragen hat.

Literatur

Ahlers, Elke. 2016. *Arbeit und Gesundheit im betrieblichen Kontext.* WSI Report 33. https://www.boeckler.de/pdf/p_wsi_report_33_2016.pdf. Zugegriffen: 19. November 2021.

Beck, David, Martina Morschhäuser und Hans-Martin Hasselhorn. 2014. Einführung. In *Gefährdungsbeurteilung psychischer Belastung: Erfahrungen und Empfehlungen*, 13–18. Berlin: Erich Schmidt Verlag.

Beck, David und Katja Schuller. 2020. *Gefährdungsbeurteilung psychischer Belastung in der betrieblichen Praxis. Erkenntnisse und Schlussfolgerungen aus einem Feldforschungsprojekt.* Dortmund. https://www.baua.de/DE/Angebote/Publikationen/Bericht-kompakt/F2358.pdf?__blob=publicationFile&v=3. Zugegriffen: 23. September 2020.

Becke, Guido, Britta Busse, Cora Zenz, Stephanie Pöser, Sarah Mümken, Christel Schicktanz und Cornelia Gerdau-Heitmann. 2022. Die Coronapandemie: Gesundheitliche Ungleichheit und betriebliches Krisenmanagement. Ein Vergleich sozialer und technischer Dienstleistungen. Arbeit 31(1–2): 1–20.

Cho, Hyunsoon, Zhuoqiao Wang, K. Robin Yabroff, Benmei Liu, Timothy McNeel, Eric J. Feuer und Angela B. Mariotto. 2022. Estimating life expectancy adjusted by self-rated health status in the United States: national health interview survey linked to the mortality. *BMC Public Health* 22 (1): 141. doi: https://doi.org/10.1186/s12889-021-12332-0.

Demerouti, Evangelia und Friedhelm Nachreiner. 2019. Zum Arbeitsanforderungen-Arbeitsressourcen-Modell von Burnout und Arbeitsengagement – Stand der Forschung. *Zeitschrift für Arbeitswissenschaft* 73 (2): 119–130. doi: https://doi.org/10.1007/s41449-018-0100-4.

DeSalvo, Karen B., Nicole Bloser, Kristi Reynolds, Jiang He und Paul Muntner. 2006.
Mortality prediction with a single general self-rated health question. A meta-analysis.
Journal of General Internal Medicine 21 (3): 267–275.

Freiburger Forschungsstelle für Arbeitswissenschaften (FFAW). 2017. COPSOQ. https://
www.copsoq.de/nutzen%2Dfuer%2Dbetriebe/externer%2Dvergleich. Zugegriffen: 20.
Februar 2017.

Gerich, Joachim. 2015. Krankenstand und Präsentismus als betriebliche Gesundheits-
indikatoren. *Zeitschrift für Personalforschung* 29 (1): 31–48.

*Gesetz über die Durchführung von Maßnahmen des Arbeitsschutzes zur Verbesserung der
Sicherheit und des Gesundheitsschutzes der Beschäftigten bei der Arbeit. Arbeitsschutz-
gesetz – ArbSchG*, Bd. 24.10.2013.

Hower, Kira und Werner Winter. 2021. Pandemiebedingte Herausforderungen in der Pflege
– Ansätze für die Betriebliche Gesundheitsförderung. In *Fehlzeiten-Report 2021:
Betriebliche Prävention stärken – Lehren aus der Pandemie*, hrsg. Bernhard Badura,
Antje Ducki, Helmut Schröder und Markus Meyer, 379–396. Berlin, Heidelberg:
Springer.

Kananen, L., L. Enroth, J. Raitanen, J. Jylhävä, A. Bürkle, M. Moreno-Villanueva, J.
Bernhardt, O. Toussaint, B. Grubeck-Loebenstein, M. Malavolta, A. Basso, F. Piacenza,
S. Collino, E. S. Gonos, E. Sikora, D. Gradinaru, E. H. J. M. Jansen, M. E. T. Dollé,
M. Salmon, W. Stuetz, D. Weber, T. Grune, N. Breusing, A. Simm, M. Capri, C.
Franceschi, P. E. Slagboom, D. C. S. Talbot, C. Libert, S. Koskinen, H. Bruunsgaard,
Å. M. Hansen, R. Lund, M. Hurme und M. Jylhä. 2021. Self-rated health in individuals
with and without disease is associated with multiple biomarkers representing multiple
biological domains. *Scientific reports* 11 (1): 6139. doi: https://doi.org/10.1038/s41598-
021-85668-7.

Lincke, Hans-Joachim und Matthias Nübling. 2014. Die Messung von Burnout-
Symptomen und Risikofaktoren mit COPSOQ. *Public Health Forum* 22 (1): 20–22. doi:
https://doi.org/10.1016/j.phf.2013.12.015.

Lohaus, Daniela und Wolfgang Habermann. 2018. *Präsentismus*. Berlin, Heidelberg:
Springer Berlin Heidelberg.

Lohaus, Daniela und Wolfgang Habermann. 2020. Präsentismus: Verständnis und Einflussfaktoren. *Wirtschaftspsychologie* (1): 5–14.

Lohmann-Haislah, Andrea (Hrsg.). 2012. *Stressreport Deutschland 2012. Psychische
Anforderungen, Ressourcen und Befinden*. Dortmund/Berlin/Dresden: Bundesanstalt für
Arbeitsschutz und Arbeitsmedizin.

Meyer, Bertolt. 2021. Ansatz der betrieblichen Gesundheitsförderung. In *Prävention und
Gesundheitsförderung*, hrsg. Michael Tiemann und Melvin Mohokum, 679–682.
Springer Reference Pflege – Therapie – Gesundheit. Berlin: Springer.

Mossey, Jana M. und Evelyn Shapiro. 1982. Self-rated health: A predictor of mortality
among the elderly. *American journal of public health* 72 (8): 800–808.

Neumann, Jana, Laura Seinsche, Sabrina Jasmina Zeike, Lara Lindert und Holger Pfaff.
2021. *Homeoffice- und Präsenzkultur im öffentlichen Dienst in Zeiten der Covid-19-
Pandemie. Follow-Up-Befragung. Ergebnisbericht August 2021*. Forschungs- oder
Projektbericht. https://kups.ub.uni-koeln.de/53129/.

Nübling, Matthias, Ulrich Stößel, Hans-Martin Hasselhorn, Martina Michaelis und Friedrich Hofmann. 2005. *Methoden zur Erfassung psychischer Belastungen. Erprobung*

eines Messinstrumentes (COPSOQ). Schriftenreihe der Bundesanstalt für Arbeitsschutz und Arbeitsmedizin Forschung, Fb 1058. Bremerhaven: Wirtschaftsverl. NW Verl. für Neue Wiss.

Nübling, Matthias, Martin Vomstein, Thomas Nübling, Stößel Ulrich, Hans-Martin Hasselhorn und Friedrich Hoffmann. 2011. *Erfassung psychischer Belastungen anhand eines erprobten Fragebogens-Aufbau der COPSOQ-Datenbank*. Schriftenreihe der Bundesanstalt für Arbeitsschutz und Arbeitsmedizin Fb 2031.

Pöge, Andreas. 2011. Persönliche Codes bei Längsschnittuntersuchungen III: Fehlertolerante Zuordnung unverschlüsselter und verschlüsselter selbstgenerierter Codes im empirischen Test. *Methoden, Daten, Analysen (mda)* 5 (1): 109–134.

Scholz, André und Stefan Schneider. 2020. Multikausale Wirkung von Interventionen der Betrieblichen Gesundheitsförderung und besondere Chancen für kleine und mittelständige Unternehmen. *Prävention und Gesundheitsförderung* 15 (2): 159–166. doi: https://doi.org/10.1007/s11553-019-00742-3.

Siegrist, Johannes. 2013. Burn-out und Arbeitswelt. Psychotherapeut 58 (2): 110–116. doi: https://doi.org/10.1007/s00278-013-0963-y.

Skagen, Kristian und Alison M. Collins. 2016. The consequences of sickness presenteeism on health and wellbeing over time: A systematic review. *Social Science & Medicine* 161: 169–177. doi: https://doi.org/10.1016/j.socscimed.2016.06.005.

Stange, Lena, Sarah Mümken und Koppelin, Frauke, Gerdau-Heitmann, Cornelia. 2022, angenommen. Wie nutzen Unternehmen externe Unterstützungsangebote zu psychische Gesundheit? Ein Blick auf die Dienstleistungsbranchen ambulante Pflege und IT-Dienste. *Zeitschrift für Arbeitswissenschaft*, https://doi.org/10.1007/s41449-022-00307-9.

Steinke, Mika und Bernhard Badura. 2011. *Präsentismus. Ein Review zum Stand der Forschung*. Dortmund: Bundesanstalt für Arbeitsschutz und Arbeitsmedizin.

Waltersbacher, Andrea, Julia Klein und Helmut Schröder. 2021. Die soziale Resilienz von Unternehmen und die Gesundheit der Beschäftigten. In *Fehlzeiten-Report 2021: Betriebliche Prävention stärken – Lehren aus der Pandemie*, hrsg. Bernhard Badura, Antje Ducki, Helmut Schröder und Markus Meyer, 67–104. Berlin, Heidelberg: Springer.

Dr. oec. troph. Cornelia Gerdau-Heitmann MPH, ist wissenschaftliche Mitarbeiterin in der Abteilung Technik und Gesundheit für Menschen der Jade Hochschule Oldenburg und lehrt im Fachgebiet Epidemiologie. Ihre Arbeitsschwerpunkte liegen im Bereich Versorgungsforschung, Geschlechterunterschiede, Arbeit und Gesundheit. Seit Februar 2019 leitet sie im Verbundprojekt FlexigesA das Teilprojekt 1 (Gesundheitsbezogene Bestandsaufnahme und Evaluation ("Analyse")).

Dr. phil. Sarah Mümken, ist wissenschaftliche Mitarbeiterin in der Abteilung Technik und Gesundheit für Menschen der Jade Hochschule Oldenburg und lehrt im Masters Public Health. Arbeits- und Forschungsschwerpunkte: Arbeit und Gesundheit, (betriebliche) Gesundheitsförderung und Prävention, soziale Ungleichheit.

Dr. Christel Schicktanz MPH, ist als wissenschaftliche Mitarbeiterin im Verbundprojekt FlexiGesA in der Abteilung Technik und Gesundheit für Menschen (TGM) an der Jade Hochschule am Studienort Oldenburg tätig.

Birgitt Wiese, Diplom-Mathematikerin, ist als wissenschaftliche Mitarbeiterin am Institut für Biometrie der Medizinischen Hochschule Hannover tätig. Sie hat im Rahmen des FlexiGesA-Verbundprojekts vertiefende statistische Analysen und arbeitsepidemiologische Auswertungen vorgenommen.

Prof. Dr. Frauke Koppelin, Diplom-Sozialwissenschaftlerin, Professorin für Gesundheitswissenschaften an der Jade Hochschule Wilhelmshaven Oldenburg Elsfleth, ist Studiengangsleiterin des Masters Public Health am Studienort Oldenburg. Sie lehrt und forscht u. a. in den Bereichen Arbeit und (psychische) Gesundheit, Gender, (technikunterstützte) Prävention und Gesundheitsförderung in verschiedenen Settings und bei unterschiedlichen Zielgruppen. Im Verbundprojekt FlexiGesA leitete sie das Teilprojekt der Jade Hochschule.

Subjektivierung von Arbeitskraft in der ambulanten Pflege und den IT-Dienstleistungen – Ethische Herausforderungen

Lena Stange

Zusammenfassung

Im gesundheitsbezogenen Diskurs um die Subjektivierung von Arbeitskraft und ihre Folgen für die psychische Gesundheit von Beschäftigten wird der Fokus bislang auf Verhaltens- und Verhältnisprävention, die vermehrte Umsetzung der Gefährdungsbeurteilung psychischer Belastung sowie Möglichkeiten des Umgangs mit solchen Belastungen am Arbeitsplatz gelegt. Neue Strukturen der Arbeitsorganisation und ihre vielschichtigen Herausforderungen werfen jedoch auch ethische Fragen guter Führung auf. Der empirisch angereicherte Beitrag widmet sich der Situation psychischer Arbeitsgesundheit in der ambulanten Pflege und den IT-Dienstleistungen und zeigt für den arbeits- und gesundheitswissenschaftlichen Fachdiskurs relevante ethische Problemfelder auf.

Schlüsselwörter

Subjektivierung von Arbeitskraft · Das ‚moralische Dreieck' der Führungsethik · Psychische Arbeitsgesundheit · Ambulante Pflege · IT-Dienstleistungen

L. Stange (✉)
Fakultät VI Medizin und Gesundheitswissenschaften, Department für Versorgungsforschung, Abteilung Ethik in der Medizin, Carl von Ossietzky Universität Oldenburg, Oldenburg, Deutschland
E-Mail: Lena.stange@uni-oldenburg.de

© Der/die Autor(en) 2023
G. Becke (Hrsg.), *Flexible Dienstleistungsarbeit gesundheitsförderlich gestalten,*
https://doi.org/10.1007/978-3-658-37055-8_6

133

1   Einleitung

Ein Blick auf die jüngere Geschichte der modernen Erwerbsgesellschaft offen-
bart unterschiedliche Verständnisse von Verantwortung und Autonomie in der
Arbeitswelt. Auf der einen Seite geht es um die neoliberale Arbeitsmarkttheorie,
die umfasst, dass Beschäftigte ihre Erwerbsbiografien stärker *gestalten,* statt
sich fest an einzelne Arbeitgebende zu binden. Dieses wird durch eine angebots-
orientierte Arbeitsmarktpolitik, die auf Flexibilisierung und Deregulierung von
Beschäftigungsverhältnissen setzt, durchaus gefördert. Auf der anderen Seite
geht es um neuartige, erhöhte Autonomiespielräume *innerhalb* der Arbeit. Die
vormals umfassend wohlfahrtsstaatliche Sicherung von Beschäftigten wurde in
den vergangenen Jahrzehnten von einer solchen Neoliberalisierung des Arbeitsmarktes abgelöst (Kleemann et al. 2019, S. 12 ff.), die Freiheits- und Auto-
nomiegedanken künstlerischer Gemeinschaften entlehnte und Arbeit im Lichte
der Subjektivierung ganz neu fasste (Böhle 2008, S. 92 f.). „Das ‚Neue'"
(Böhle 2008, S. 88 f.) lockte mit einer Art der Freiheit, die es ermöglichen
sollte, den individuellen Arbeitsalltag nahezu vollständig selbst zu gestalten.
Diese neue Freiheit hat sich durch zunehmende Entgrenzung von Arbeit und
Privatleben, z. B. durch ständige Erreichbarkeit oder Flexibilisierung von Zeit
und Ort der Arbeitsausübung, ins Gegenteil verkehrt und fördert unterschiedliche Problematiken zutage, die Auswirkungen auf die arbeitnehmerseitige
(psychische) Arbeitsgesundheit der Beschäftigten haben. So haben z. B. Hassler
et al. die Auswirkungen von ständiger Erreichbarkeit untersucht und kommen
zu dem Ergebnis, dass es eine Reihe von negativen Beanspruchungsfolgen von
ständiger Erreichbarkeit gibt. Es werden Erschöpfung, Angst oder Depressivität
wahrgenommen, zudem sind ‚ständig Erreichbare' signifikant erholungsunfähiger
als die Kontrollgruppe (Hassler et al. 2016, 38 f.). Die Klärung von Erreichbarkeit
ist nur eine von zahlreichen Leerstellen in der Kommunikation zwischen Arbeitgebenden und Arbeitnehmenden. Es stellt sich die Frage, wie arbeitnehmerseitige Loyalität und arbeitgeberseitige Verantwortung zu bestimmen sind, wenn
es um Flexibilisierung von Arbeit, gute Führung und die psychische Gesundheit von Beschäftigten geht. Die politischen Rahmenbedingungen erlauben eine
solche Entgrenzung und zunehmende Flexibilisierung, und bisweilen wird in
Wissenschaft und Wirtschaft nach konkreten Möglichkeiten eines angemessenen
Umgangs mit der Problematik gesucht.

Psychische Gesundheit am Arbeitsplatz ist mehr denn je für Gesundheitswissenschaften und Arbeitssoziologie von Bedeutung. Dabei wird der Fokus bislang vor allem auf strukturelle Aspekte der Verhaltens- und Verhältnisprävention,

die Erreichung einer flächendeckenden Umsetzung der Gefährdungsbeurteilung psychischer Belastung sowie Möglichkeiten des Umgangs mit psychischer Belastung am Arbeitsplatz gelegt (Rothe et al. 2017). Neue Strukturen der Arbeitsorganisation und ihre vielschichtigen Herausforderungen werfen vor dem Hintergrund der Subjektivierung von Arbeitskraft jedoch auch ethische Fragen auf. Die vorliegende Untersuchung geht der bislang kaum untersuchten Frage nach, welche moralischen Probleme die Subjektivierung von Arbeitskraft im Dienstleistungssektor aufwirft und wie sie ethisch einzuordnen sind. In diesem Beitrag wird die Sicht von Akteur*innen untersucht, die als Arbeitnehmervertretende und Ansprechpersonen für Unternehmen u. a. für Fragen der Arbeitsgesundheit tätig sind. Dabei soll der Schwerpunkt auf *guter Führung* liegen. Entsprechend wird das „moralische Dreieck" (Weibler 2016, S. 648) aus guten Führenden, guten Geführten und guten Situationen als theoretischer Rahmen herangezogen, und die Perspektiven der außerbetrieblicher Expert*innen auf das ‚moralische Dreieck' rekonstruiert, um zu zeigen, 1) wie sich der betrieblichen Umgang mit der ‚Subjektivierung von Arbeit' inklusive deren gesundheitlichen Implikationen gestaltet und 2) wie die jeweiligen Seiten des ‚Dreiecks' in wechselseitiger Beziehung stehen. Um sich diesen Fragen zu nähern, wurden die Daten einer FlexiGesA-Interviewstudie mit Blick auf organisations- und sozialethische Fragestellungen sekundäranalytisch ausgewertet. Bei dem qualitativen Datenmaterial handelt es sich um die Befragungsergebnisse von Personen, die bei Beratungseinrichtungen oder Anlaufstellen für Unternehmen und deren Beschäftigte tätig sind; die Beobachtungen der außerbetrieblichen Expert*innen haben einen hohen Gehalt an professioneller Expertise und Erfahrung im Bereich der psychischen Arbeitsgesundheit, welche eine Rekonstruktion auf das moralische Dreieck erlaubt. Auf diese Weise soll ein empirisch angereicherter Beitrag zur Situation in den beiden expandierenden Branchen ambulante Pflege und IT-Dienstleistungen geliefert werden, der zeigt, welche ethischen Fragen aufgeworfen werden, die im arbeits- und gesundheitswissenschaftlichen Fachdiskurs relevant sind.

2   Subjektivierung von Arbeitskraft: eine Autonomie auf Abwegen?

Lohr (2003) beschreibt Subjektivierung von Arbeitskraft damit, „dass sich zum einen durch veränderte Produktions- und Organisationsstrukturen die institutionelle Verfasstheit von Arbeit wandelt und die Beschäftigten zunehmend einem ‚Zwang' zur Selbst-Organisation, Selbst-Kontrolle und Selbst-Ökonomisierung ausgesetzt sind. Zum anderen trifft diese Entwicklung auf neue Ansprüche und Orientierungen, die Beschäftigte in Bezug auf ihre Arbeit entwickeln" (S. 511). Damit spricht sie bereits die beiden zentralen Stränge der Subjektivierung von Arbeit an: zum einen die persönlichen Ansprüche und Forderungen von Beschäftigten an die (Gestaltung von) Arbeit (Baethge 1991) und zum anderen die erhöhten Leistungsanforderungen an die Beschäftigten zugunsten betriebswirtschaftlicher Interessen (Kleemann et al. 2002). Die Subjektivierung von Arbeitskraft wurde in den vergangenen Jahrzehnten überwiegend in der Arbeitssoziologie und Arbeitswissenschaft beschrieben und erforscht (Baethge 1991; Lohr 2003; vgl. auch Moldaschl und Voß 2002 sowie Böhle und Senghaas-Knobloch 2019). Die ethische Dimension dieser Entwicklung spielte dabei bislang eher eine Nebenrolle und blieb mit ihren grundlegenden sozialethischen Fragestellungen der Organisationskultur und Führungsethik oft vernachlässigt.

Das mit der gesteigerten Selbstorganisation einhergehende vermeintliche Mehr an Freiheit steht den zunehmenden Anforderungen an die einzelnen Arbeitnehmenden gegenüber, die zugleich ein Mehr an Druck und Belastung erfahren (Glißmann und Peters 2001). So ist der „Arbeitskraftunternehmer" (Voß und Pongratz 1998; Voß 2017) mit einem hohen Maß an Flexibilitätsanforderungen und Nichtplanbarkeit konfrontiert und ringt dabei um seinen Gestaltungsspielraum in der Tätigkeit, der ebenso bedeutsam für die psychische Gesundheit ist wie das Maß an Beanspruchung selbst. Ein vormals positiv konnotierter Freiheitsbegriff erhält damit eine besondere Ambivalenz: Die immer flexibler werdenden Arbeitszeiten und die gesteigerte Selbstbestimmung sollten einst zur Entlastung der Beschäftigten führen, aber ebendiese steigende Freiheit erhöht den Druck auf die Angestellten (Peters 2001, S. 27 f.): Durch weniger arbeitgeberseitige Vorgaben erfahren Beschäftigte eine indirekte Steuerung in Bezug auf das Arbeitsergebnis, was ein hohes Maß an Selbstorganisation erfordert. Die Beschäftigten finden sich so in einem Spannungsfeld des betriebswirtschaftlichen Interesses des Arbeitgebers, den Wünschen von Klient*innen bzw. Kund*innen und der Pflicht zur Selbstorganisation wieder. In der Folge bedeutet dies wieder zunehmende Fremdbestimmung, nur in neuer Gestalt (Peters 2001, S. 38 f.). Zwar geht *Subjektivierung* mit spezifischen Entwicklungen einher, ist jedoch auch branchenspezifisch zu betrachten. Während die Arbeit in der IT-Branche durch eine ergebniskontrollierte Autonomie (mit ökonomischer Verantwortung) geprägt ist, sind Beschäftigte in der Pflege gehalten (unter den einengenden Bedingungen der Ökonomisierung im Gesundheitswesen), durch erhöhten subjektiven Leistungs- und Arbeitseinsatz möglichst gute pflegerische Versorgung zu leisten.

Die postindustrielle Auffassung von Arbeit betont also eine Bedeutung von Autonomie und (Eigen-)Verantwortung, die eine hohe Anforderung darstellt und mit weniger direkter Kontrolle einhergeht. Der Druck auf Beschäftigte ist in diesen flexiblen und selbstorganisierten Arbeitsformen besonders hoch, in denen ihr subjektiver Beitrag zur ökonomischen Zielerreichung und nicht Arbeitsaufwand oder Arbeitszeit von Relevanz ist (Ahlers 2014, S. 41). Diese Konstellation wirft hinsichtlich der arbeitgeberseitigen Verantwortung für Beschäftigte Fragen der Führungsethik auf.

3   Gute Führung als Dreiecksbeziehung

Das ‚moralische Dreieck' der Führungsethik von Weibler besteht aus guten Führenden, guten Geführten und guten Situationen; die drei Dimensionen stehen in wechselseitiger Beziehung zueinander. Das Modell erlaubt eine Annäherung an *gute Führung* im Lichte der Führungsethik als junge Wissenschaftsdisziplin (Weibler 2016, S. 648 ff.).

Guten Führenden kommt im wissenschaftlichen wie im Alltagsverständnis eine besondere Rolle zu, bei der die Führungsverantwortung und -gestaltung nahezu vollständig bei der Führungskraft liegt. Gute Führung wird mit Tugendhaftigkeit verbunden, die von der Führungsperson einen noblen und starken Charakter erwartet. Weibler betont, dass es zwar keinen „‚Generalkatalog' führungsethisch relevanter Tugenden" gibt (S. 651), jedoch Integrität als Tugend und zugleich als eigener Ansatz Einzug in die Führungsforschung erhalten hat. Das Integritätskonzept setzt sich im Kern aus fünf Bereichen zusammen (vgl. Palanski und Yammarino 2007): Integrität als *Ganzheit* (verstanden als Vollständigkeit und Kontinuität im Denken und Handeln), *Authentizität* (als Handeln auf Basis von eigenen Werten), *Standhaftigkeit im Angesicht von Widerständen* (im Sinne einer „Nagelprobe", Weibler 2016, S. 653), *Entsprechung von Worten und Taten* (als erkennbare Übereinstimmung von Handeln und Werten) und als *moralisches Verhalten* (als Tugendhaftigkeit des Handelns, dem Aufrichtigkeit, Respekt und Wertschätzung zugrunde liegen). Tugendhaftigkeit und Integrität sind nicht gegeben, sondern müssen sich entwickeln (Weibler 2016, S. 652 ff.).

Gute Geführte stellen als Gegenstand der Führungsforschung einen sehr jungen Bereich dar, der die Geführten selbst als selbstbestimmte, erwachsene Personen betrachtet und deren Einfluss auf Führungskonstellationen untersucht. Guten Geführten wird eine aktive Beteiligung an der Gestaltung der Organisation zugeschrieben, die nicht nur „Mit-Führende", sondern dabei auch selbstkritisch sein sollen. In diesem Verständnis soll es zu einer Angleichung der Hierarchien und Zusammenarbeit auf Augenhöhe, im Sinne einer Partnerschaft (*partnership*, Kelley 1991), kommen (Weibler 2016, S. 660).

Gute Situationen sind zugleich eine notwendige Bedingung wie auch Gestaltungsaufgabe guter Führender: Situationen geben Führungsverhalten einen Rahmen, sind gestaltbar, hängen vom Umfeld ab und bedingen es. Zudem setzen sie sich aus Leistungszielen und erforderlichen Ressourcen zusammen, die verantwortungsbewusstes Führungshandeln erlauben (Weibler 2016, S. 655).

4   Methodische Anlage der Untersuchung

Für den Beitrag wurden Daten einer Interviewstudie des FlexiGesA-Teilprojektes der Jade Hochschule herangezogen (vgl. FlexiGesA 2019; Stange et al. 2022). In der Interviewstudie wurden Personen befragt, die bei Beratungseinrichtungen oder Anlaufstellen für Unternehmen und deren Beschäftigte, speziell für die Bereiche ambulante Pflegedienste, IT-Dienste oder branchenübergreifend, tätig sind. Es handelt sich bei den befragten Personen (n = 12) um Mitarbeitende von Berufsgenossenschaften, Gewerkschaften, Krankenkassen u. a. aus Nordwestdeutschland. Im Rahmen der Studie wurde schwerpunktmäßig das Angebot und die Nachfrage von Unterstützungsangeboten zu psychischer Arbeitsgesundheit der jeweiligen Einrichtung erfasst und nach Gründen eines Hilfegesuches gefragt. Das Material wurde durch eine zielgerichtete Erhebung für einen anderen als den hier behandelten Zweck erhoben, ist jedoch für eine Sekundäranalyse geeignet, um einen gesonderten Blick auf Fragen der Führungsethik zu werfen, da es eine Vielzahl von Äußerungen zu ethisch relevanten Aspekten enthält.

Die Daten wurden sekundäranalytisch hinsichtlich organisations- und führungsethischer Fragestellungen ausgewertet, um die in der Erhebung genannten ethischen Aspekte in Bezug auf den Umgang mit psychischen Belastungen in den Branchen ambulante Pflege und IT-Dienste aufzuzeigen. Sekundäranalysen bergen ein Potenzial des Erkenntnisgewinns durch „[d]ie Anwendung neuer theoretischer Gesichtspunkte oder veränderter Forschungsperspektiven und Fragestellungen" auf vorhandene Daten (Medjedović 2014, S. 34). Das vorliegende Material ist für eine Analyse hinsichtlich ethischer Fragestellungen geeignet, da in den Interviews eine Reihe von Aspekten zu sozialer Verantwortung und Eigenverantwortung, Wertschätzung und dem Spannungsfeld zwischen betriebswirtschaftlichen Interessen und, allen voran, Fragen der Führungsethik aufgeworfen wurden. Bei dem Datenkorpus handelt es sich um die wörtlichen Transkripte von elf qualitativen Experteninterviews. Diese wurden qualitativ inhaltsanalytisch (nach Mayring 2015) mithilfe von

MAXQDA2020 ausgewertet. Die Kategorien (Obercodes: Unternehmenskultur, Verantwortung Arbeitgeber, Verantwortung Arbeitnehmer, Autonomie, Loyalität, Flexibilisierung/Digitalisierung, Branchenspezifika, Politik/Gesetze) wurden gemäß dem ‚moralischen Dreieck' in Führende, Geführte und Situationen gruppiert und hinsichtlich zugrundliegender normativer und evaluativer Annahmen in Bezug auf den Umgang mit psychischen Belastungen sowie mit Blick auf *gute Führung* untersucht.

5   Ethische Herausforderungen

Gute Führung im Dreigespann von guten Führenden, guten Geführten und guten Situationen soll nachstehend mit Blick auf Führungsethik und Organisationskultur näher betrachtet werden. Dabei spielt in besonderem Maße Verantwortung eine Rolle: die politik- und unternehmensseitige soziale Verantwortung, die Eigenverantwortung von Beschäftigten und die Verschiebung von Verantwortung zwischen diesen Polen. Und außerdem: Wer hat welche Erwartungen auf welcher Ebene? Wo liegen Grenzen der arbeitgeber- und arbeitnehmerseitigen Ansprüche? Und wieviel Führungsverantwortung und Eigenverantwortung ist das richtige Maß für eine zeitgemäße, den modernen Arbeitsformen angemessene Anleitung, die im Gegensatz zu einer längst überholten rein autoritären Führung steht?

5.1   Gute Führende

Moralisches Handeln als Teil von integrer Führung zielt auf verschiedene Tugenden ab, die das Selbstverständnis des Unternehmens und den Umgang mit seinen Beschäftigten betreffen. Dieses Selbstverständnis findet in der Unternehmensphilosophie oder dem Leitbild eines Unternehmens Ausdruck, die Teil der Organisationskultur sind.

In Bezug auf Führungspersonen kritisierten die Befragten wiederholt mangelnden Respekt und fehlende Wertschätzung und Unterstützung gegenüber den Beschäftigten. Dies wirft unter anderem die Frage auf, inwieweit Unternehmen zu Personalentwicklung bereit sind und Beschäftigte *„von der Ausbildung bis in die Rente zu begleiten und im Unternehmen als wesentlichen Player zu haben, dem respektvoll zu begegnen"* ist; auf dieser Ebene sei, so ein*e Gewerkschaftssekretär*in, vor allem in vielen Unternehmen der IT-Branche *„kein Verantwortungsgefühl"* (Int.02/Pos.26) vorhanden. Es mangele zudem an Begleitung und Wertschätzung in Bezug auf Mitarbeiterbindung und

Kontinuität, wenn beispielsweise die Fähigkeiten und Erfahrungen (langjähriger) Beschäftigter verkannt und Unternehmen ihren Beschäftigten nicht ermöglichen würden, *„ihren Job gut zu machen, indem sie die Sicherheit geben, sozusagen drumherum die Prozesse so zu gestalten, dass sie durchhaltbar sind. Aber so eine Kultur gibt es bisher noch nicht"* (Int.02/Pos.30), heißt es aus Sicht der Gewerkschaft. Diese verbreiteten Unsicherheiten führten zu psychischen Belastungen, die *„immer noch ein sensibles Thema"* seien, zu dem *„der Betrieb von sich aus nicht unbedingt sagt, also hier, unsere Mitarbeiter gehen auf dem Zahnfleisch bzw. halten den Stress nicht mehr aus und wir scheinen die wohl doch ein bisschen zu sehr auszupressen"* (Int.04/Pos.18), so ein*e Mitarbeitende*r einer Krankenkasse.

Auch in der ambulanten Pflege fehlt es an Unterstützung, vor allem in Bezug auf Schwierigkeiten im beruflichen Alltag. Zu wenig finde ein Austausch darüber statt, sagt ein*e Mitarbeitende*r eines BGF-Projektes für kleine und mittelständische Unternehmen, *„welche Unterstützung die Pflegekräfte auch von dem Chef des ambulanten Pflegedienstes [brauchen], wenn sie vor Ort kämpfen mit Angehörigen – die erwarten auch hier den Rücken gestärkt zu kriegen"* (Int.10/ Pos.46). Insgesamt sei in einigen Dienstleistungsbereichen zu beobachten, dass *„Mitarbeiter, was Wertschätzung angeht, Achtsamkeit, schlicht und ergreifend dann ein Problem haben, [...] angeblafft werden oder unter Dampf stehen, bestimmte Erwartungen von Kunden dann zu erfüllen"*, und es wird vonseiten einer*s Mitarbeitenden einer Krankenkasse beklagt, dass dann zu oft *„die Unterstützung vom Betrieb nicht dahintersteht"* (Int.04/Pos.18), was eine zusätzliche Bürde für die Beschäftigten darstelle.

Die fehlende Unterstützung von Beschäftigten ist auch dort erkennbar, wo es durch die zunehmende Selbstorganisation zu einer Verschiebung von Verantwortung kommt, sodass Beschäftigte oft allein gelassen werden. Eine befragte Person sagt: *„aus meiner Sicht ist es eine Verantwortung eines jeden Geschäftsführers, Mitarbeitern gegenüber klar zu machen, was sind die Chancen und was sind die Risiken einer solchen Entwicklung, die Arbeiten von überall und immer ermöglicht. Das hat auch ganz viele Vorteile, wenn ich von zu Hause arbeiten kann, weil ich meinen Sohn aus dem Kindergarten abholen muss und wenn der weg ist, arbeite ich halt noch ein bisschen. Wenn ich das so will, dann habe ich all die Chancen, dies zu tun. Das ist auch eine positive Entwicklung, die Unternehmen müssen nur regeln, was die erwarten und was möglich ist und die Mitarbeiter schützen vor einer solchen, in Anführungsstrichen, Ausbeute"* (Int.10/ Pos.54). Diese*r Mitarbeitende eines BGF-Projektes erklärt weiterhin, dass alle Beteiligten lernen müssten, wie die Vorteile zu nutzen, aber auch die Belastungen zu reduzieren seien und dass dies nur gelingen könne, indem Erwartungen und

Wünsche geklärt würden. Es sei die Pflicht der Arbeitgebenden, einen solchen Austausch anzustoßen.

Das Erfordernis moralischen Handelns im Sinne von arbeitgeberseitiger Verantwortung durch Transparenz und Aufrichtigkeit wird auch deutlich, wenn es um die Einführung neuer Richtlinien und Softwareprogramme geht. Aus den Reihen einer Berufsgenossenschaft mit der Zuständigkeit für IT-Dienste wird berichtet, dass oft beispielsweise neue Kommunikationssoftware *„unterschiedlich gut oder schlecht eingeführt wird. Beschäftigte werden gar nicht geschult, sondern kriegen das immer vorgeknallt"* (Int.05/Pos.48). Diese fehlende Begleitung verweist einmal mehr auf die Bedeutung nachhaltiger Mitarbeiterbindung und potenzieller Konsequenzen für die psychische Arbeitsgesundheit der Beschäftigten: *„Unternehmen [müssen sich] zunehmend auch Gedanken machen, wie sie Mitarbeiter motivieren können, auch in ihrem Unternehmen weiterhin tätig zu sein. [...] Motivation, das ist ganz wichtig. Jetzt haben wir die Betreuung, das ist auch wichtig und das führt insgesamt natürlich auch dazu, wenn ich mich als Mitarbeiter mit meinem Unternehmen identifiziere, da auch zufrieden und glücklich bin. Dann werde ich weniger Schwierigkeiten mit psychischen Erkrankungen haben. Also da ist schon, kommen wir wieder zum Thema Wertschätzung, zum Thema Betreuung, da ist ein Arbeitgeber mehr gefordert"* (Int.07/Pos.89), sagt ein*e Mitarbeitende*r der Deutschen Rentenversicherung.

In Bezug auf die Wirksamkeit und Folgen von Führungsverhalten konnte auch festgestellt werden, dass gute Führung eine Frage der Qualifikation von Führungskräften ist. So wurde beklagt, dass *„nicht jeder Führungskraft werden"* könne und dass Unternehmen sich fragen und ernst nehmen sollten, was eine Führungskraft können müsse, denn, so ein*e Mitarbeitende*r einer Berufsgenossenschaft, *„alle psychischen Belastungen, die durch schlechte Führung entstehen, [...] werden ja alle dann weniger"* (Int.05/Pos.74). Diese Person zeigt damit die Bedeutung von qualifizierter und zugleich die Vielschichtigkeit integrer Führung auf.

In Bezug auf die ambulante Pflege wird von einer*m Gewerkschaftssekretär*in beobachtet, dass *„diese indirekte Steuerung, also dieses System von Eigenverantwortung und teamgesteuertem Erfolgsvorhaben, was eben die Verantwortung halt ganz beim Team belässt"* dazu führt, dass *„Schwierigkeiten auflaufen, die [...] eigentlich auf der nächsten Hierarchieebene gelöst werden müssten. Also, dass die Verantwortung abgegeben wird [...], weil eben halt die kollegiale Ebene zwischen Oberhierarchie und Unterhierarchie [...] sehr aufgelöst zu sein scheint"* (Int.09/Pos.42). Eine flache Hierarchie im Sinne einer Partnerschaft sei jedoch mindestens dann nicht gegeben, wenn Eigenverantwortung ein Alleinlassen der Beschäftigten bedeute. Diese eigenverantwortliche Arbeitsweise wird auch bei den IT-Diensten kritisiert, vor allem, wenn es um die Umsetzung neuer Arbeitsstrukturen geht, bei denen beispielsweise *„noch nicht gut unterschieden [wird] zwischen Sinn und Unsinn von agilen Arbeitsformen. Wann macht das Sinn und wann aber auch nicht. Und was bedeutet das eigentlich für Führung und für die ganze Prozessgestaltung"* (Int.05/Pos.36), so ein*e Mitarbeitende*r einer Berufsgenossenschaft. Sinnhaftigkeit und Ganzheit als Verständnis von integrer Führung ist hier als Konsistenz im Handeln der Führungskräfte insofern nicht gegeben, als sprunghafte oder gar willkürliche Arbeitsgestaltung ein funktionierendes Führungsverhalten und gut geführte Beschäftigte ausschließt.

Die ethische Herausforderung für gute Führende liegt aus Sicht der befragten Personen vor allem im moralischen Handeln: Führungskräfte sollten Beschäftigte mitnehmen und begleiten, wenn es Neuerungen oder Schwierigkeiten im berufspraktischen Alltag gibt, sie sollten Kommunikation mit den Beschäftigten fordern und fördern und ihnen mit Wertschätzung begegnen; außerdem sollten sie die Bedeutung guter Führung nicht als Selbstläufer, sondern als Arbeit betrachten, die gelernt werden kann (und sollte).

5.2   Gute Geführte

Als besonders herausfordernd wird aus Sicht einer Berufsgenossenschaft mit Blick auf die IT-Branche beschrieben, dass die Beschäftigten *„immer flexibler werden müssen, immer mehr Rollenwechsel haben, inhaltlich immer andere Arbeitsfelder, immer schneller wechseln müssen"* (Int.05/Pos.40) und diese Fremdpriorisierung die Beschäftigten sehr belaste. Der Entscheidungs- und Handlungsspielraum scheint in der ambulanten Pflege etwas mehr gegeben, berichtet eine Person einer Interessenvertretung von Arbeitgebenden sozialer Dienstleistungen. In der ambulanten Pflege fühlten sich die Beschäftigten im Gegensatz zur stationären Pflege *„in der Arbeitsorganisation [freier] und das ist ja auch ein wichtiger Punkt für die Zufriedenheit. Dass ich selbst Verantwortung habe"* (Int.01/Pos.56). Hier wird die Bedeutung von Handlungsspielraum und Mitgestaltung für die Beschäftigten in der Arbeit mit hohen Flexibilitätsanforderungen deutlich. Aus Sicht einer*s Expertin*en einer Berufsgenossenschaft stellen in diesem Zusammenhang gemeinsame Absprachen und Gestaltung bei gleichzeitiger *„Rollenklarheit und Transparenz fürs ganze Team"* (Int.05/Pos.82) eine wichtige Voraussetzung für gesunde Beschäftigte dar, denen eigene Belange bewusst seien, ebenso wie die Möglichkeit, diese zu formulieren: *„einfach mal zu sagen, nein, muss ich nicht, weil ich selbst Ansprüche habe, die nur* *mich was angehen, und die einen Wert haben, ganz unabhängig von dem Unternehmen, und [...] das Unternehmen wird nur funktionieren, wenn ich [mich] auch ausgeglichen und zufrieden den Aufgaben stellen kann, und das kann ich eben nur, wenn ich auch Freiräume habe und nicht ausgebrannt werde"* (Int.02/ Pos.32), ergänzt ein*e Gewerkschaftssekretär*in. So solle dieser Freiraum jedoch nicht bedeuten, dass Beschäftigte alle Probleme alleine zu lösen in der Lage seien. Die zeitliche und räumliche Entgrenzung der flexiblen Dienstleistungsarbeit verhindere mitunter regelmäßige persönliche Begegnungen mit Vorgesetzten und erschwere zudem den kollegialen Austausch.

Eine gewisse Selbstbestimmtheit, im Sinne einer (Handlungs-)Autonomie mit Kenntnis der Umstände und Einschätzung der Handlungsmöglichkeiten und Schwierigkeiten, könne es den Beschäftigten ermöglichen, ihre berufliche Situation angemessen zu hinterfragen, findet ein*e Gewerkschaftssekretär*in: *„Ja, die zentrale Frage ist ja, wer ist da flexibel, für wen und aus welchem Interesse. Und [...] die Frage, wie wir die Gesellschaft organisieren wollen und wie wir uns gemeinsam in die Lage versetzen, souveräne Entscheidungen zu treffen, unser Leben zu gestalten und in dem Rahmen dann auch eine Flexibilität in den Unternehmen diskutieren, aber eben nicht andersrum"* (Int.02/Pos.52).

Die ethische Herausforderung für gute Geführte liegt aus Sicht der befragten Personen vor allem in der Schaffung ermöglichender Bedingungen, die Zeit für kollegialen Austausch und regelmäßigen Austausch mit Vorgesetzten erlauben, und Kommunikationsstrukturen zu schaffen, die die Mitsprache und Beteiligung der Beschäftigten stärken.

5.3   Gute Situationen

Unter guten Situationen sollen hier ‚gute Arbeitssituationen' verstanden werden, die, wenn nicht ohnedies gesundheitsförderlich gestaltet, es Beschäftigten ermöglichen, ihrer Arbeit nachzugehen, ohne gesundheitlich beeinträchtigt zu werden. Auf betrieblicher Ebene werden ‚gute Arbeitssituationen' durch übergreifende Faktoren beeinflusst: Einerseits die politischen Rahmenbedingungen (mit ihren rechtlichen Regelungen und Instrumenten von Aufsicht und Kontrolle) und andererseits jene gesellschaftlich-technischen Entwicklungen, die den Arbeitsalltag seit vielen Jahren prägen. Diese Einflussfaktoren enthalten in unterschiedlichem Maße Möglichkeiten der Gestaltung in Bezug auf technische, gesellschaftliche und individuelle Entwicklungen. Und beide bilden Rahmenbedingungen für die betriebliche Gestaltung ‚guter Arbeitssituationen'.

Auf der unternehmerischen Ebene wird vor allem der Appell der befragten Expert*innen an die Führenden zur Schaffung gesundheitsförderlicher Rahmenbedingungen deutlich, die auf Gestaltungspotenziale und einen wertschätzenden Umgang zielen. *„Es geht um eine Haltung den Mitarbeitern gegenüber, wie wollen wir denn hier miteinander umgehen, wie können wir es schaffen, dass ihr gerne und gut euer Bestes geben könnt, und dazu muss ich Rahmenbedingungen gestalten und das ist gestaltbar. Da bin ganz sicher, es ist gestaltbar, wenn es in den Köpfen der Geschäftsführer wirklich klick macht, dass es hier darum geht, für Mitarbeiter die Bedingungen so zu gestalten, und in der IT-Branche sind es zum Beispiel klare Regelungen, was erwarte ich im Kontext Erreichbarkeit, sind es aber auch Aspekte, in denen ich deutlich mache, wie wichtig mir die Ideen der Mitarbeiter sind, wenn es darum geht, hier Optimierungspotenziale abzufragen"* (Int.10/Pos.46), erklärt ein*e Befragte*r eines BGF-Projektes in kleinen und mittelständischen Unternehmen.

In Pflegeberufen spielt Identifikation mit dem Beruf eine besondere Rolle. ‚Pflege' wird von den Ausübenden meist als Profession gesehen, der eine hohe intrinsische Motivation zugrunde liegt. Zudem gibt es in der Pflegebranche eine Besonderheit, die nicht zuletzt politischer (und medialer) Natur ist: das Standing der Pflege. Auf der einen Seite werden Pflegeberufe als gesellschaftlich relevante und unverzichtbare Berufsgruppen betrachtet, auf der anderen Seite wird ihnen keine entsprechende monetäre Anerkennung zuteil. Eine Person berichtet dazu: *„Also ich würde mir, wenn es um die Pflege geht, da würde ich mir einfach eine breite Kampagne der Bundesregierung wünschen, die das Standing in der Pflege endlich aufwertet und das wäre Balsam auf alle, die glauben, das, was wir hier tun wird nicht gesehen"* (Int.10/Pos.50). Diese Äußerung einer*s Mitarbeitenden eines BGF-Projektes macht deutlich, dass im Bereich der Gesundheits- und Krankenpflege ein enormer Veränderungsbedarf auf (berufs-)politischer und gesellschaftlicher Ebene hinzukommt.

Auf der politischen Ebene bietet der Gesetzgeber grundsätzlich einen Rahmen, um Arbeit ‚sicher' zu gestalten. Aber wieviel können und müssen politische Vorgaben ausrichten? Eine Person, die bei einer Koordinierungsstelle für betriebliche Gesundheitsförderung tätig ist, erklärt die personellen und damit ökonomischen Vorteile von Maßnahmen betrieblicher Gesundheitsförderung, in denen sie ein hohes Potenzial für Beschäftigtengesundheit sieht. Allerdings, so sagt sie, müsse man den Arbeitsschutz *„noch viel verbindlicher machen"*, mehr kontrollieren und für die Unternehmen greifbarer machen, in dem man *„nicht nur mit Verordnungen kommt und mit dem erhobenen Zeigefinger, sondern den Arbeitsschutz eher als Unterstützung, gesetzliche Arbeitsunterstützung"* betrachten und vermitteln solle (Int.08/Pos.66).

Die ethische Herausforderung für die Schaffung guter Situationen liegt aus Sicht der befragten Personen vor allem in der Gestaltbarkeit: zum einen im politischen Handlungsbedarf zur Stärkung auskömmlicher Arbeit und zum anderen in der Schaffung guter arbeitspraktischer Bedingungen als Aufgabe guter Führender, dazu zähle auch, vorhandene Gestaltungsmöglichkeiten (von Führenden und Geführten) zu erfassen und zu nutzen.

6 Fazit und Ausblick

Der vorliegende Beitrag hat, vor dem Hintergrund der Subjektivierung von Arbeitskraft, einen empirisch angereicherten Einblick in führungsethische Fragen und Herausforderungen in der ambulanten Pflege und den IT-Diensten geliefert. Dafür wurde das Modell des 'moralischen Dreiecks' aus guter Führung, guten Geführten und guten Situationen als analytisches Raster herangezogen. Es konnte gezeigt werden, dass die Befragten Defizite in der Integrität, vor allem im moralischen Handeln der (guten) Führenden sehen, insbesondere in Bezug auf Begleitung und Wertschätzung von Beschäftigten sowie die Kommunikation mit ihnen. Die (guten) Geführten nutzen aus Sicht der befragten Expert*innen ihre Möglichkeiten der Mitbestimmung zu wenig und sehen sich selbst eher nicht als Mit-Führende. (Gute) Situationen haben noch Gestaltungspotenziale, die offenkundig zu wenig genutzt würden. Das moralische Dreieck besteht aus drei Teilbereichen, die zueinander in Wechselbeziehung stehen und weiterentwickelt werden können. So müssten, aus Sicht der befragten Expert*innen, beispielsweise Führungsverantwortung und Eigenverantwortung besser ineinandergreifen.

Die Aufklärung der Beschäftigten über die psychischen Risiken und ebenso die Unterstützung der Beschäftigten hinsichtlich psychischer Gefährdungen durch die Arbeitgebenden ist nicht nur gesetzlich vorgeschrieben, sondern im Sinne der sozialen Verantwortung der Unternehmen als Arbeitgebende auch moralisch geboten. Der Staat gibt mit der Gesetzgebung den Unternehmen Mittel an die Hand, soziale Verantwortung zu übernehmen. Die Unternehmen kommen dieser jedoch noch nicht in ausreichendem Maße nach (Beck und Schuller 2020) – bisweilen scheinen Arbeits- und Gesundheitsschutz in einigen Unternehmen eher 'Auslegungssache' zu sein. Eine Lösungsperspektive könnte die Stärkung staatlicher Kontrollmechanismen (bspw. auf berufsgenossenschaftlicher Seite) zur Umsetzung des Arbeitsschutzgesetzes bieten.

Die organisatorische Gestaltung von Dienstleistungsunternehmen beeinflusst die Arbeitsbedingungen und die Gesundheit von Beschäftigten. Die fortschreitende Verschärfung der Situation – d. h. die anhaltenden Belastungen und der Versuch dagegenzuhalten – lässt sich nur bremsen, wenn Anstrengungen unternommen werden, damit Subjektivierung von Arbeitskraft die Beschäftigten nicht zum Perpetuum mobile zu machen versucht. Arbeitnehmende sollen gesund sein und selbstbestimmt handeln können. Die Einführung neuartiger Arbeitsstrukturen und digitaler Techniken sowie der Umgang mit neuartigen Problemfeldern können nur von Erfolg gekrönt sein, wenn Beschäftigte *abgeholt, beteiligt* und *mitgenommen* werden und innerhalb der Unternehmen entsprechende Kommunikationsstrukturen etabliert sind, die Rollenklarheit und Transparenz erlauben. Andererseits sollten sich Arbeitnehmende aber auch ihr gewünschtes Maß an Selbstbestimmtheit bewusst machen. Aufseiten Führender und Geführter sollte dazu kontinuierlicher Qualifikation und Weiterbildung mehr Bedeutung beigemessen werden, sodass gute Führung ermöglicht und Beschäftigte vermehrt *empowert* werden. Dies bedeutet: Nicht nur Führungskräfte sollten qualifiziert und sensibilisiert werden, sondern auch Beschäftigte aktiver nach Klarheit über Entscheidungs- und Handlungsspielräume suchen. Die Einräumung von Handlungsspielraum für die Beschäftigten ist ein wichtiger Ansatz, zunächst müsse jedoch die Möglichkeit der Mitgestaltung von Arbeitsprozessen geschaffen und von den Geführten als solche erkannt und wahrgenommen werden. Gerade hier zeigt sich jedoch ein Problem, hat doch die Arbeitsforschung bereits in den 1980er Jahren gezeigt, dass Beschäftigte mitunter Potenziale zur Verbesserung ihrer eigenen Arbeitssituation gar nicht erkennen oder ihre Humanisierungsbedürfnisse begrenzen, wenn Alternativen außerhalb ihrer Vorstellungskraft liegen (Volmerg et al. 1986). Zusätzlich erschwert der fragmentierte und flexible berufspraktische Alltag in beiden Branchen den kollegialen Austausch, auch und vor allem zu Fragen der Arbeitsorganisation und Mitbestimmung (vgl. Krenn et al. 2018). Die mit den Pflegeberufen verbundenen oben angesprochenen sozialen Statusinkonsistenzen können zudem zu gesundheitlichen Risiken beruflicher Gratifikationskrisen (Siegrist 1996) führen. Diese Statusinkonsistenzen gehen mit dem zuweilen schwierigen Standing der Pflege und dem der Pflege zugrunde liegende Ethos „fürsorglicher Praxis" einher, die Senghaas-Knobloch als politische Herausforderung für den Zusammenhalt und die Organisation der Gesellschaft einschätzt (Kumbruck et al. 2010; Senghaas-Knobloch 2013).

Eine führungsethische Perspektive auf die empirischen Befunde ermöglicht eine Neubewertung bestehender Annahmen in Bezug auf den Umgang mit psychischen Belastungen. Der Mehrwert für die nähere Betrachtung psychischer Arbeitsgesundheit besteht darin, die Berücksichtigung von Führungsethik (als Teil von Organisations- und Sozialethik) als Aufgabe des Führens von Beschäftigten einerseits sowie der Gestaltung von unternehmensbezogenen Strukturen und Prozessen andererseits zu begreifen. So begreift auch *gesund-*

heitsförderliche Führung Beschäftigtengesundheit explizit als Führungsaufgabe, welche positive Wirkungen auf das betriebliche Arbeitsklima, die Zufriedenheit der Beschäftigten und schließlich ihre psychische Arbeitsgesundheit verspricht (Mikisek 2015, S. 49 ff.; Purbs et al. 2018). Daher sollte zukünftige arbeitswissenschaftliche und sozialethische Forschung in diesem Bereich den interdisziplinären Fachdiskurs weiter voranbringen. Darüber hinaus bedürfen die grundlegenden ethischen Fragestellungen guter und gesundheitsförderlicher Führung im Dienstleistungssektor einer Klärung und Reflexion hinsichtlich Verantwortung und Mitbestimmung.

Die Ergebnisse der vorliegenden Analyse dienen einer ersten Annäherung an ethische Perspektiven auf Subjektivierung von (Dienstleistungs-)Arbeit und den gelebten Umgang mit psychischer Belastung im Dienstleistungssektor. Ein Patentrezept lässt sich auf Basis des hier behandelten komplexen und wenig erforschten Bereiches freilich nicht geradehin entwickeln, aber es ist angezeigt, bisherige Handlungspraxis im Umgang mit Subjektivierung von Arbeit zu reflektieren, führungsethische Motivationen und unternehmerische Grundwerte zu diskutieren, um Potenziale in der Beschäftigtengesundheit zu identifizieren und zu nutzen.

Literatur

Ahlers, Elke. 2014. *Möglichkeiten und Grenzen Betrieblicher Gesundheitsförderung aus Sicht einer arbeitnehmerorientierten Wissenschaft.* In Fehlzeiten-Report 2014: Erfolgreiche Unternehmen von morgen – gesunde Zukunft heute gestalten, Hrsg Bernhard Badura, Antje Ducki, Helmut Schröder et al., 35–43. Berlin/Heidelberg: Springer.

Baethge, Martin. 1991. Arbeit, Vergesellschaftung, Identität – Zur zunehmenden normativen Subjektivicrung der Arbeit. *Soziale Welt* 42:1, 6–19.

Beck, David und Katja Schuller. 2020. *Gefährdungsbeurteilung psychischer Belastung in der betrieblichen Praxis. Erkenntnisse und Schlussfolgerungen aus einem Feldforschungsprojekt.* In: Bundesanstalt für Arbeitsschutz und Arbeitsmedizin (Hrsg). baua: Bericht kompakt. Dortmund.

Böhle, Fritz. 2008. Ambivalenzen und Widersprüche der „Subjektivierung von Arbeit" als Grundlagen einer nachhaltigen Arbeitspolitik. In Soziale Nachhaltigkeit in flexiblen Arbeitsstrukturen – Problemfelder und arbeitspolitische Gestaltungsperspektiven, Hrsg Guido Becke, 87–103. Berlin: LIT-Verlag.

Böhle, Fritz und Eva Senghaas-Knobloch (Hrsg). 2019. *Andere Sichtweisen auf Subjektivität. Impulse für kritische Arbeitsforschung.* Wiesbaden: Springer VS.

FlexiGesA. 2019. Projekt flexigesa. Verbundstruktur. https://www.flexigesa.de/project-flexigesa/verbundstruktur/. Abgerufen am: 10. November 2021.

Gließmann, Wilfried und Klaus Peters. 2001. *Mehr Druck durch mehr Freiheit. Die neue Autonomie in der Arbeit und ihre paradoxen Folgen.* Hamburg: VSA-Verlag.

Hassler, Melanie, Renate Rau, Jens Hupfeld und Hiltraut Paridon. 2016. *Auswirkungen von ständiger Erreichbarkeit und Präventionsmöglichkeiten.* Teil 2: Eine wissenschaftliche Untersuchung zu potenziellen Folgen für Erholung und Gesundheit und Gestaltungsvorschläge für Unternehmen, iga-Report 23, Dresden.

Kelley, Robert E. 1991. *Combining followership and leadership into partnership.* In Making organizations competitive: Enhancing networks and relationships across traditional boundaries, Hrsg Ralph H. Kilmann, Ines Kilmann et al., 195–220. San Francisco: Jossey-Bass.

Kleemann, Frank, Ingo Matuschek und G. Günter Voß. 2002. *Subjektivierung von Arbeit – Ein Überblick zum Stand der soziologischen Diskussion.* In Subjektivierung von Arbeit, Hrsg Manfred Moldaschl und G. Günter Voß, 54–100. München und Mering: Rainer Hampp.

Kleemann, Frank, Jule Westerheide und Ingo Matuschek. 2019. *Arbeit und Subjekt. Aktuelle Debatten der Arbeitssoziologie.* Wiesbaden: Springer VS.

Krenn, Manfred, Jörg Flecker, Hubert Eichmann und Ulrike Papouschek. 2018. „...was willst du viel mitbestimmen?" *Flexible Arbeit und Partizipationschancen in IT-Dienstleistungen und mobiler Pflege.* 2. Aufl., Baden-Baden: Nomos.

Kumbruck, Christel, Mechthild Rumpf und Eva Senghaas-Knobloch. 2010. *Unsichtbare Pflegearbeit – Fürsorgliche Praxis auf der Suche nach Anerkennung.* Berlin: LIT Verlag.

Lohr, Karin. 2003. Subjektivierung von Arbeit. Ausgangspunkt einer Neuorientierung der Industrie- und Arbeitssoziologie? *Berliner Journal für Soziologie* 13(4):511–529.

Mayring, Philipp. 2015. *Qualitative Inhaltsanalyse. Grundlagen und Techniken.* Weinheim und Basel: Beltz.

Medjedović, Irena. 2014. *Qualitative Sekundäranalyse. Zum Potenzial einer neuen Forschungsstrategie in der empirischen Sozialforschung.* Wiesbaden: Springer VS.

Mikisek, Ines. 2015. *Evidence Based Management: Gesundheitsförderliche Führung.* Wiesbaden: Springer Gabler.

Moldaschl, Manfred und G. Günter Voß (Hrsg). 2002. Subjektivierung von Arbeit. München und Mering: Rainer Hampp.

Palanski, Michael E. und Francis J. Yammarino. 2007. Integrity and leadership: clearing the conceptual confusion. *European Management Journal* 25(3):171–184.

Peters, Klaus. 2001. *Die neue Autonomie in der Arbeit.* In Mehr Druck durch mehr Freiheit. Die neue Autonomie in der Arbeit und ihre paradoxen Folgen. Hrsg Glißmann, Wilfried und Klaus Peters, 18–40. Hamburg: VSA-Verlag.

Purbs, Alexander, Marie Louise Posdzich und Karlheinz Sonntag. 2018. Gesundheitsförderliche Führung. *Pflegezeitschrift* 71(9):10–13.

Rothe, Isabel, Lars Adolph, Beate Beermann, Martin Schütte et al. 2017. *Psychische Gesundheit in der Arbeitswelt – Wissenschaftliche Standortbestimmung.* In: Bundesanstalt für Arbeitsschutz und Arbeitsmedizin (Hrsg). baua: Bericht. Dortmund.

Senghaas-Knobloch, Eva. 2013. Fürsorgliche Praxis als weltweite politische Herausforderung – Perspektiven für eine nachhaltige Organisation gesellschaftlicher Arbeit. *Feministische Studien* 31(2):208–224.

Siegrist, Johannes. 1996. *Soziale Krisen und Gesundheit.* Göttingen u. a.: Hogrefe.

Stange, Lena, Sarah Mümken, Frauke Koppelin und Cornelia Gerdau-Heitmann. 2022. Wie nutzen Unternehmen externe Unterstützungsangebote zu psychischer Gesundheit? Ein

Blick auf die Dienstleistungsbranchen ambulante Pflege und IT-Dienste. Zeitschrift für Arbeitswissenschaft. https://doi.org/10.1007/s41449-022-00307-9.

Volmerg, Birgit, Eva Senghaas-Knobloch und Thomas Leithäuser. 1986. *Betriebliche Lebenswelt. Eine Sozialpsychologie industrieller Arbeitsverhältnisse.* Opladen: Westdeutscher Verlag.

Voß, G. Günter. 2017. *Arbeitskraftunternehmer.* Lexikon der Arbeits- und Industriesoziologie, 49–52. Baden-Baden: Nomos.

Voß, G. Günter und Hans J. Pongratz. 1998. Der Arbeitskraftunternehmer. Eine neue Grundform der „Ware Arbeitskraft"? *Kölner Zeitschrift für Soziologie und Sozialpsychologie* 50(1):131–158.

Weibler, Jürgen. 2016. *Personalführung.* 3., kmpl. üb. und erw. Aufl. München: Vahlen.

Lena Stange ist wissenschaftliche Mitarbeiterin am Department für Versorgungsforschung der Carl von Ossietzky Universität Oldenburg und Ethikberaterin im Gesundheitswesen. Die Kultur- und Gesundheitswissenschaftlerin forscht im Bereich des kulturellen, gesellschaftlichen und medizinethischen Verständnisses von Gesundheit und Krankheit, insbesondere in Bezug auf Vorstellungen von Altern, Sterben und Tod. Darüber hinaus beschäftigt sie sich mit psychischer Arbeitsgesundheit und Gesundheitspolitik.

Regionaler Transfer gesundheitsförderlicher Interventionskonzepte – Erfolgsfaktoren und Barrieren

Tobias Ubert und Jasmin Warneke

Zusammenfassung

Die gesellschaftliche Erwartungshaltung an die Wissenschaft inklusive der Arbeits- und Gesundheitswissenschaften, Lösungen für zunehmend komplexe Fragestellungen zu generieren, nimmt stetig zu. Der Transfer von Forschungsergebnissen steht deshalb vermehrt im Fokus – insbesondere in praxisbezogenen Forschungsprojekten. Dieser Beitrag beschreibt die Erfolgsfaktoren und Barrieren des Transfers gesundheitsförderlicher Interventionskonzepte im Projekt „Flexible Dienstleistungsarbeit gesundheitsförderlich gestalten" (FlexiGesA). Als wesentliche Erfolgsfaktoren konnten das Projektdesign, die Kommunikation und bereits vor Projektbeginn bestehende Strukturen und Kooperationen identifiziert werden. Gleichzeitig zeigten sich ein kurzer Transferzeitraum und ein in Teilen nicht am Transfer orientiertes Forschungsdesign als Barrieren. Abschließend werden diese Erfahrungen in die bestehende Fachliteratur eingeordnet.

T. Ubert (✉)
Gesundheitswirtschaft Nordwest e. V., Bremen, Deutschland
E-Mail: tobias.ubert@web.de

J. Warneke
Universität Bremen, Bremen, Deutschland
E-Mail: jwarneke@uni-bremen.de

G. Becke (Hrsg.), *Flexible Dienstleistungsarbeit gesundheitsförderlich gestalten,*
https://doi.org/10.1007/978-3-658-37055-8_7

Schlüsselwörter

Regionaler Transfer · Tiefentransfer gesundheitsförderlicher Interventionskonzepte · Erfolgsfaktoren und Barrieren des regionalen Transfers

1   Einleitung

Lebensweltliche Problemstellungen werden stetig komplexer. Die Wissen-
schaft gerät dabei vermehrt in die Rolle, „Antworten auf die „großen Herausforderungen" zu liefern" (Rogga et al. 2014, S. 7). Trotzdem bewegt sie sich
dabei vorzugsweise innerhalb ihrer Disziplinen, sodass ihre Interessen im
Vordergrund stehen und die gesellschaftlichen Probleme oftmals nachrangige
Ziele darstellen (Bergmann et al. 2005, S. 5). Aber: „Konkrete gesellschaftliche
Problemlagen erfordern Lösungsprozesse (und Lösungen), die die Ordnung der
Disziplinen überschreiten und über rein innerwissenschaftliche Forschungs-
prozesse und -ansätze hinausgehen." (Bergmann et al. 2005, S. 5).

Gesellschaftliche Probleme, wie soziale und gesundheitliche Ungleichheit,
der Klimawandel oder die Corona-Pandemie, verweisen auf die zunehmende
Verflochtenheit zwischen Wissenschaft und Gesellschaft. Vorhandene Grenzen
werden durchlässiger, da die Bearbeitung und Lösung komplexer gesellschaftliche Probleme zunehmend transdisziplinär orientierte Forschungs- und
Bearbeitungsansätze erfordern. Diese beruht auf der Zusammenarbeit zwischen
wissenschaftlichen Partner*innen und anderen gesellschaftlichen Akteur*innen
(vgl. Warsewa et al. 2020). In der Vergangenheit galt die reine Bereitstellung
von Wissen und die Übertragung von Forschungsergebnissen durch die Wissenschaft als ausreichend. Der wissenschaftsgetriebene Ansatz geht davon aus,
dass gelieferte Informationspakete bei den Interessent*innen ein entsprechendes
Handeln auslösen (Rogga et al. 2014, S. 19 ff.). Dieser sogenannte „Loading-
Dock-Ansatz" ist jedoch nicht mit einem erfolgreichen Transfer gleichzusetzen,
da Forschungsaktivitäten durch dieses Verfahren zu selten eine tatsächliche
Anwendung finden (Hees et al. 2010, S. 13). Als Erweiterung dieses Ansatzes
versucht der transdisziplinäre Forschungsansatz, Probleme mit der Gesellschaft
gemeinsam zu identifizieren, zu bearbeiten und zu kommunizieren. Er verfolgt
das Ziel, einen gemeinsamen Forschungsgegenstand zu wählen, von dem beide
Parteien durch Innovation profitieren können (Bergmann 2021, S. 785). Transdisziplinarität ist geprägt durch Integration und Partizipation und beabsichtigt
mit den entwickelten Maßnahmen und gewonnen Erkenntnissen, eine hohe
Wirksamkeit zu erreichen. Diese „[...] anwendungsorientierte Forschung [ist]

bedarfsorientiert, berücksichtigt die reale Komplexität und stellt gezielt Wissen und Entscheidungshilfen für die Lösung praktischer und gesellschaftlicher Probleme zur Verfügung" (Walter et al. 2011, S. 1488). So kann der gesellschaftliche Wandel nicht nur besser gefördert, sondern auch besser verstanden werden (Bergmann et al. 2021, S. 546 ff.). Ein besonderer Wert wird dabei auf die Unterstützung der Wissensproduktion in Zusammenarbeit mit dem nicht-akademischen Bereich – den Praxisakteur*innen – gelegt, sodass die gelieferten Lösungen auch Wirkung zeigen können (Bergmann 2021, S. 782 ff.; Rogga et al. 2014, S. 6 ff.).

Aufgrund der hohen Relevanz von Forschungsergebnissen und deren Transfer für die Lösungen komplexer gesellschaftlicher Herausforderungen beschäftigt sich dieser Beitrag, der aus der Perspektive von Transferpartner*innen verfasst ist, mit folgender Forschungsfrage:

„Worin liegen die Erfolgsfaktoren und Barrieren des regionalen Transfers von gesundheitsförderlichen Interventionskonzepten im Rahmen des Verbundforschungsprojekts „Flexible Dienstleistungsarbeit gesundheitsförderlich gestalten"?"

Hierfür wird zunächst die Notwendigkeit des Transfers von Forschungsergebnissen sowie dessen Herausforderungen und Erfolgsfaktoren beschrieben. Daran anschließend stellen die Autor*innen ihre Erfahrungen mit dem regionalen Wissenstransfer im Projekt „Flexible Dienstleistungsarbeit gesundheitsförderlich gestalten" (im Folgenden FlexiGesA genannt) dar, um diese abschließend in den bestehenden wissenschaftlichen Kontext einzuordnen.

2   Notwendigkeit des Transfers

Die frühzeitige Entwicklung einer Praxistransferstrategie im Zuge von Forschungsprojekten ist ein oft vernachlässigter Teilaspekt der Forschungsarbeit (Hees et al. 2010, S. 8 ff.). Um die Akzeptanz der Wissenschaft für einen Forschungsansatz, der den Praxistransfer von Beginn an berücksichtigt, zu erhöhen und eine Implementierung dauerhaft zu verankern, gilt es, die Notwendigkeit des Transfers hervorzuheben. Die transdisziplinäre Forschung bietet hierfür Konzepte und Erfahrungen. So wird durch eine hohe Partizipation und Integration der Praxisakteur*innen eine spätere Anwendung der gewonnen Erkenntnisse wahrscheinlicher, da Praxisakteur*innen von Anfang an beteiligt sind und sie Inhalte und Wissen beisteuern. Dies ermöglicht eine stärkere Motivation zur Umsetzung des Vorhabens. Wissenschaftler*innen erhalten dadurch die Möglichkeit, im gesellschaftlichen Kontext zu agieren, indem Sie die dort herrschenden Probleme aufgreifen und diese gemeinsam mit der

Gesellschaft bzw. sozialen Akteur*innen erarbeiten (Blättel-Mink et al. 2003, S. 12). Damit Anwendungen praxisnaher gestaltet werden, wird der Aspekt der Transdisziplinarität und somit des Transfers durch viele Fördergeber verlangt. Für die Forschenden ist der Transfer jedoch oftmals nicht das vorrangige Ziel. Ein Forscher berichtet dazu folgendes: „Die Motivation ist die Finanzierung der Forschung, weil wir sonst nicht forschen können. [...] Also, ich bin dann zufrieden, wenn ich das Geld bekommen habe und ich publizieren kann. Was jetzt eine Firma aus den Ergebnissen macht, das ist eine Frage der Firma. Das interessiert mich natürlich, wenn die sagen, das war eine phantastische Idee – wir sind ihr gefolgt und wir haben auf diese Art und Weise uns den Weltmarkt zurückerobert. Das höre ich natürlich mit tobender Begeisterung, aber das ist nicht meine Absicht, wenn ich in diese Richtung gehe." (Meier und Krücken 2007, S. 104 ff.).

Darüber hinaus nehmen die gesellschaftlichen Erwartungen an die „unterstützende Funktion der Wissenschaft" zu (Bergmann et al. 2005, S. 9). Forschung gewinnt dann an Akzeptanz, wenn gesellschaftliche Probleme unter Einbezug der betroffenen Akteur*innen angegangen werden. Das bisher in der Forschung generierte Wissen ist allerdings in der Regel zu wenig auf die Bedürfnisse und Problemlagen der Praxis zugeschnitten (Rogga et al. 2014, S. 27). Die Wissenschaft behandelt unter anderem Probleme, die in der Praxis in diesem Moment möglicherweise keine große Rolle spielen. Andersherum kann die Wissenschaft keine Probleme der Praxis lösen, wenn diese nicht durch einen Austausch kommuniziert werden. Der Transfer wird somit von Anfang an benötigt, um das durch aktive Zusammenarbeit generierte Wissen umsetzen und vermitteln zu können. Er sollte deshalb „als Kernprozess eines Projektes angesehen werden; als Aufgabe, die jede[*]r Projektmitarbeiter[*in] in seinem Arbeitsprozess in jeder Projektphase verfolgt." (Henning et al. 2009, S. 9). Um den Transfer problemlösungsorientiert zu gestalten, ist ein durchgehender Austausch mit den Akteur*innen der Praxis demzufolge essenziell. Problemstellungen werden dabei gemeinsam erfasst, beschrieben und im besten Fall gelöst, sodass der Forschungsverlauf und die Implementierung der Ergebnisse deutlich positiv beeinflusst werden (Bergmann et al. 2010, S. 111 ff.; Bergmann 2021, S. 783). Durch die größere Anzahl von Akteur*innen im Forschungsprozess kann es einerseits mehr Reibungspunkte geben, andererseits gibt es durch unterschiedliche Perspektiven auf das Problem und das Ziel auch mehr einzubeziehendes Wissen und damit auch höhere Chancen auf eine bessere Umsetzung (Jahn 2008, S. 30; Bergmann 2021, S. 784). „Zusammengefasst bedeutet dies, dass eine Wissenschaft, die Lösungen für gesellschaftliche Probleme anbietet, diese in angemessener

Weise mit der Gesellschaft erarbeiten und auch kommunizieren muss, wenn die Lösungen auch Anwendung finden sollen." (Rogga et al. 2014, S. 16).

3 Herausforderungen des Transfers

Zu den großen Herausforderungen dieses Forschungsansatzes zählt die Integration der unterschiedlichen Akteur*innen und die damit verbundene Umsetzung. Neu auftretende Probleme erfordern spezielle Forschungs-Settings, da kein Problem dem anderen gleicht. Hinzu kommt, dass unterschiedliche Akteur*innen unterschiedliche Ziele verfolgen und somit verschiedene Lösungsansätze und Methoden einbringen (Bergmann et al. 2005, S. 9). Unterschiedliche Denk- und Einstellungsmuster, Werteorientierung, Interpretations- und Verhaltensweisen zwischen Forscher*innen und Praktiker*innen sowie sprachlich-mediale Probleme, die Kommunikationsschwierigkeiten hervorrufen können, erschweren den Forschungsprozess zusätzlich (Rogga et al. 2014, S. 25). Oft verlangt die Forschungsförderung bei Antragsabgabe nicht nur das zu behandelnde gesellschaftliche Problem, sondern auch die daraus resultierende Forschungsfrage. Diese Phase der Projektantragstellung wird oftmals von Wissenschaftler*innen ohne den Bezug zu den Praxisakteur*innen konzipiert und erarbeitet. Zu Beginn der Projektkonzeption gibt es deshalb häufig nur eine einseitige Ausrichtung der Wissenschaft ohne Einbindung von Praxisperspektiven, sodass hier ein deutlicher Interessenkonflikt entstehen kann (Bergmann 2021, S. 781 ff.). Teilweise werden Anwender*innen der neu entwickelten Ergebnisse während des Forschungsprozesses gar nicht berücksichtigt, sodass sie erst zum oder nach Ende beteiligt werden. Sie gelten somit lediglich als Wissenskonsument*innen und nicht als Mitforschende (Hees et al. 2010, S. 18). Zusätzlich liefert das primär disziplinär orientierte wissenschaftliche Anreiz- und Reputationssystem kaum Gründe dafür, transdisziplinärer Forschung und dem daran orientierten Wissenstransfer mehr Bedeutung zuzuschreiben. Die knappen Ressourcen *Zeit und Finanzierung* werden in der Regel anderweitig, zum Beispiel in die Qualitätssicherung akademischer Outputs, investiert. Den langfristigen Wirkungszusammenhängen zwischen Transfer und Forschung kann deshalb oftmals nicht nachgegangen werden, da sie meist über den Projektbewilligungszeitraum hinaus andauern und damit unklar bleiben (Rogga et al. 2014, S. 25). Der Einfluss von Wissenschaftler*innen auf die Implementierung der errungenen Erkenntnis nach Projektende ist somit klar begrenzt bzw. steht oft nicht im Fokus wissenschaftlicher Arbeit. So schildert ein Wissenschaftler, der in einem Forschungsprojekt involviert war, seine Erfahrungen folgendermaßen: „Das sind Jahre dazwischen und eine erhebliche Zusatzanstrengung und das ist nicht der Job der Universitäten – das ist die Aufgabe der Firmen. Es können hier nur Grundlagenuntersuchungen gemacht werden, ob ein Weg machbar ist und ob bestimmte Spezifikationen überhaupt erfüllbar sind. Und dann müssen die alleine gucken" (Meier und Krücken 2007, S. 105).

4   Erfolgsfaktoren des Transfers

Festzuhalten ist, dass es keinen „richtigen" Weg der transdisziplinären Forschung gibt. Durch unterschiedliche Forschungsfragen und gefundene Lösungswege sind Methoden nicht vorbestimmt (Blättel-Mink et al. 2003, S. 14). Dennoch haben sich förderliche Faktoren für diesen Forschungsansatz herauskristallisiert. Für Reallabore – eine Form der transdisziplinären Forschung – wurden durch Bergmann et al. (2021, S. 546 ff.) folgende Erfolgsfaktoren beschrieben, die einen erfolgreichen Prozess zwischen Wissenschaft und Praxis fördern: Ein wichtiger Erfolgsfaktor ist das *Finden der richtigen Balance zwischen wissenschaftlichen und gesellschaftlichen Zielen.* Hierbei ist es wichtig, zu berücksichtigen, dass involvierte Praxisakteur*innen oftmals möglichst schnell spürbare Verbesserungen umsetzen wollen. Dies kann zu Druck aufseiten der Wissenschaft führen, die in der Regel eine sorgfältige eher bedachte Herangehensweise vorziehen, um den Forschungsprozess methodisch sauber durchzuführen, Effekte zu ermitteln und daraus Publikationen zu generieren. Tendenziell, so die Autor*innen, komme es in diesen Situationen dazu, dass dem wissenschaftlichen Anspruch Vorrang gewährt wird. Um beide Seiten zufrieden zu stellen, gilt es, den richtigen Mittelweg zu finden. Des Weiteren wird beschrieben, dass die realen *Bedürfnisse, Interessen und Grenzen der Praktiker*innen* berücksichtigt werden müssen, um die Unterstützung von gesellschaftlichen Akteur*innen zu gewinnen und zu erhalten. Hierbei ist es besonders hilfreich, wenn die Praxisakteur*innen bereits an den Themen arbeiten, die die Forschung betrachten möchte und mit ihrer Unterstützung kurzfristige positive Effekte erzielt werden können. Wertvoll sei zudem, sogenannte *„Experimentierkonzepte"* zu verwenden. Sie ermöglichen eine direkte und flexible Möglichkeit der Erprobung von entwickelten Maßnahmen, mit deren Hilfe Rückschlüsse auf die Übertragbarkeit in andere Kontexte gezogen werden können. Als Erfolgsgrundlage zudem eine *aktive, regelmäßige und transparente Kommunikation,* weshalb auf Kommunikationskompetenzen und Konfliktbewältigungsstrategien bei den Beteiligten großen Wert gelegt wird. Die Wichtigkeit *einer Kultur der Zusammenarbeit zwischen Wissenschaft und Praxis* wird von Bergmann et al. als zentral beschrieben. Sie heben hierbei vor allem das gemeinsame Entwickeln von Projektanträgen hervor, das u. a. das gegenseitige Verständnis, Partizipation und Akzeptanz des Vorhabens fördert. Lohnend sei es zudem, konkrete physische Anlaufpunkte zu etablieren. Dies schaffe Vertrauen, Sichtbarkeit, dauerhafte Möglichkeiten zur Ansprache und biete den Raum für Meetings. Ein weiterer zentraler Punkt ist die *dauerhafte Wirkung und Übertragbarkeit.* Für den Erfolg der transdisziplinären Forschung ist es besonders wichtig, gewonnene Erkenntnisse zu verstetigen und sie auf andere Kontexte anwenden zu können. *Ausreichend Zeit und Geld sicherstellen* zählt zu den Kernpunkten zur erfolgreichen Umsetzung von Reallaboren. Zeitliche und finanzielle Ressourcen sollten gesichert und eine finanzielle Förderung zur Unterstützung der Praxisakteur*innen generiert werden, sodass Erkenntnisse erprobt und angewandt werden können. Nützlich sei es zudem, auf *Anpassungen vorbereitet zu sein,* um rechtzeitig reagieren zu können, falls unvorhergesehene Unwägbarkeiten auftreten. Flexibilität und Anpassungsfähigkeit können in diesen Situationen von großem Wert sein, um die Kooperationen trotz veränderter Bedingungen fortsetzen zu können. Dies gelte allerdings nicht nur für die Wissenschaftler*innen, sondern auch für die Fördergeber*innen, die trotz Anpassungen die finanziellen Mittel zur Verfügung stellen müssen. Die Beteiligung regionaler bzw. branchenbezogener Institutionen und Organisationen als Multiplikator*innen in regionalen, gesundheitsbezogenen Netzwerkstrukturen wird durch Reindl (2008, S. 42 ff.) als wichtiger Erfolgsfaktor für den Wissenstransfer ergänzt. Sie bieten günstige Strukturen für wechselseitige Lern- und Innovationsprozesse.

5   Transferdesign im Projekt „Flexible Dienstleistungsarbeit gesundheitsförderlich gestalten"

Bezugnehmend auf den dargestellten Kenntnisstand zur erfolgreichen Umsetzung des Forschungstransfers, wurde im Projekt FlexiGesA unter der Beteiligung der Interventionsbetriebe und externen Transferpartner*innen ein Transfer-Design entwickelt, das diese Vorkenntnisse in weiten Teilen berücksichtigt.

Zunächst wurde bereits in der Entwicklung des Projektantrags in zwei grobe Stoßrichtungen des Transfers unterschieden (nach North 2002). Der *Breitentransfer* startete mit Beginn des Projektes und richtet sich grundsätzlich an alle Betriebe aus den Zielbranchen der IT-Dienstleistung und der ambulanten sozialen Dienste. Um sie zum Thema „gesundheitsförderliche Gestaltung flexibler Dienstleistungsarbeit" zu sensibilisieren und praxisbezogen zu informieren, wurden kostenfreie öffentliche Formate entwickelt, mithilfe derer zugleich die Vernetzung mit dem Forschungsverbund gefördert wurde. Um eine möglichst breite Streuung des Projektthemas in die untersuchten Branchen zu gewährleisten, wurden sowohl die Interventionsbetriebe als auch branchenspezifische Interessensverbände und weitere Multiplikator*innen einbezogen. Zu den Instrumenten des Breitentransfers zählten öffentliche Informationsveranstaltungen, kostenfreie Handlungsleitfäden sowie ein Selbstbewertungsinstrument für Unternehmen, das ihnen Handlungsbedarfe zur Umsetzung der Gefährdungsbeurteilung psychischer Belastungen aufzeigt.

Der *Tiefentransfer* wurde in den letzten sechs Monaten des Projekts umgesetzt. Er richtet sich konkret an einzelne Betriebe, die bereits in der Frühphase der Projektentwicklung ihr grundsätzliches Interesse daran signalisiert hatten, ein Interventionskonzept umzusetzen. Um die Ergebnisse des Projekts nicht nur in der Breite zu streuen, sondern auch in der Tiefe zu verankern, wurden bereits vor Beginn des Projekts interessierte Betriebe (im Folgenden „Referenzbetriebe" genannt) gewonnen, in denen die im Projekt entwickelten Instrumente mindestens initiiert, bestenfalls sogar konkret umgesetzt werden sollten. In diesen Betrieben wurde im Zuge des Tiefentransfers ein individuell angepasstes Interventionskonzept initiiert, das sich an den im Rahmen des Projekts entwickelten und erprobten Instrumenten orientierte.

Der Tiefentransfer in den Referenzbetrieben basierte auf zwei Grundlagen: den gesundheitswissenschaftlichen Befragungsergebnissen und den im Projekt entwickelten Handlungsleitfäden.

Bereits im Rahmen des Breitentransfers wurden zwei digitale Handlungsleitfäden zur Realisierung der psychischen Gefährdungsbeurteilung in Unternehmen der IT-Dienstleistung und der ambulanten sozialen Dienste erstellt (vgl. Becke et al. 2021a; b). Diese Handlungsleitfäden umfassten in der Zusammenarbeit mit den FlexiGesA-Interventionsbetrieben entwickelte, erprobte sowie quantitativ wie qualitativ evaluierte Instrumente und Maßnahmen gesundheitsförderlicher Arbeitsgestaltung Diese Instrumente und Maßnahmen wurden so aufbereitet, dass sie von am Projekt unbeteiligten Unternehmen umgesetzt werden können. Diese Leitfäden unterstützten den Tiefentransfer, da sie den Referenzbetrieben die Möglichkeit boten, aus einer Sammlung von Maßnahmen zu wählen, die auf Grundlage der Bestandsaufnahmen zu den Bedarfen des jeweiligen Unternehmens passten.

Das Forschungsdesign des Projekts sah für die Referenzbetriebe zwei Befragungszeitpunkte vor (vgl. Gerdau-Heitmann et al. in diesem Band). Die Ergebnisse der beiden gesundheitswissenschaftlichen Befragungen bildeten die Grundlage der Arbeit im Tiefentransfer. Für die Befragungen wurde der

Copenhagen Psychosocial Questionnaire (COPSOQ) verwendet (vgl. Nübling et al. 2011). Dieser ermöglicht den Vergleich der Ergebnisse der teilnehmenden Betriebe mit branchenspezifischen Referenzdaten, die in einer Datenbank gesammelt und zur Verfügung gestellt werden. Dies vereinfachte die Interpretation und die Ableitung von Maßnahmen aus den Ergebnissen.

Nach der zweiten Befragung und deren Auswertung wurden die Ergebnisse sowohl im Vergleich zur ersten Befragung aufgearbeitet als auch mit den Referenzdaten der jeweiligen Branchen verglichen und den Referenzbetrieben vorgestellt. Im Anschluss begann die Begleitung der Betriebe durch den Transferpartner. Hierzu wurden zunächst Arbeitsgruppen in den Unternehmen gebildet, die als Gremium für die Umsetzung des Tiefentransfers zur Verfügung standen. Mit ihnen wurden die zeitliche Perspektive erörtert sowie die Möglichkeiten zur Zusammenarbeit besprochen. Mit Blick auf die betriebsbezogenen Befragungsergebnisse wurden im Rahmen der Arbeitsgruppen mögliche Maßnahmen zur Umsetzung im Tiefentransfer erörtert. Dabei dienten die für den Breitentransfer entwickelten Handlungsleitfäden zur Darstellung möglicher Instrumente bzw. Maßnahmen. Im Verlaufe des Tiefentransfers zeigte sich, dass sich die Handlungsleitfäden lediglich als Inspirationsquelle bzw. Diskussionsgrundlage für die Entwicklung und Realisierung von Maßnahmen aufseiten der Referenzbetriebe erwiesen.

In den beiden folgenden Abschnitten teilen die Autor*innen dieses Beitrags ihre Erfahrungen im Tiefentransfer und gliedern diese in Erfolgsfaktoren und Barrieren.

6   Erfolgsfaktoren des regionalen Tiefentransfers gesundheitsförderlicher Interventionskonzepte

Förderlich für die Zusammenarbeit im Tiefentransfer im Projekt FlexiGesA waren bereits vor Projektbeginn bestehende Ansprechpersonen sowie Arbeits- bzw. Steuerungsgruppen zum Thema Gesundheit in den beteiligten Referenzunternehmen. Ihr Vorhandensein zeugt von einem Problembewusstsein des Unternehmens in Bezug auf die Gesundheit ihrer Belegschaft. Oftmals ist durch vorangegangene innerbetriebliche Zusammenarbeit zwischen den Gesundheitsverantwortlichen und den Beschäftigten bzw. der Geschäftsführung ein Vertrauensverhältnis aufgebaut worden, das die Arbeit im Transfer erleichtert und beschleunigt hat. Ist diese gewachsene Zusammenarbeit zwischen den Parteien nicht vorhanden, müssten externe Transferpartner*innen dieses Vertrauen nicht nur zunächst zwischen ihnen und den Unternehmen schaffen, sondern zusätzlich

zwischen den innerbetrieblichen Parteien (z. B. Geschäftsführung, Betriebsrat, Beschäftigte) aufbauen, was ein hohes zeitliches Engagement voraussetzt
und mit sehr ungewissen Erfolgsaussichten verbunden ist. Bestehende Arbeits-
bzw. Steuerungsgruppen können zudem auf Erfahrungen zurückgreifen, welche
methodischen Vorgehen sich in der Vergangenheit bewährt haben oder welche
Beschäftigten(-gruppen) es besonders zu berücksichtigen gilt – sei es z. B. wegen
einer besonderen Aufgeschlossenheit gegenüber dem Transferthema oder weil sie
als Meinungsführer*in Einfluss auf andere Beschäftigte haben.

Dass zwischen dem Transferpartner und den Unternehmen bereits eine frühere
gelungene Kooperation bestanden hat, hatte ebenfalls einen positiven Effekt auf
die Zusammenarbeit. So konnten sich die Ansprechpersonen im Unternehmen
sicher sein, dass das Transfervorgehen und dessen Maßnahmen fundiert sind.
Dies ist auch und insbesondere in der Rekrutierung von Unternehmen für den
Transfer ein relevanter Aspekt.

Eine Besonderheit des Projekts FlexiGesA lag darin, dass der Tiefentransfer im Anschluss an eine Bestandsaufnahme vorgesehen war. Diese wurde durch
einen Wissenschaftspartner unter hohen Qualitätsansprüchen durchgeführt. Sie
bot damit eine ideale Plattform zur erfolgreichen Durchführung des Transfers,
weil die Ist-Situation mit Beginn des Transfers sehr gut eingeordnet werden
konnte. Die Auswahl der Transferinstrumente war somit deutlich erleichtert.
Herausfordernd dabei war eine saubere und transparente Kommunikation gegenüber den Unternehmen, welcher Projektpartner zu welcher Zeit und zu welchen
Themen ansprechbar war. Auch die Koordination zwischen den Projektpartnern
musste vorausschauend durchgeführt werden, um die Übergänge reibungslos
zu gestalten. Dies ist im Projekt sehr gut gelungen, sodass für die Unternehmen
jederzeit klar war, welche Schritte nun folgten und wer dafür zuständig war.

Einen positiven Beitrag zum Transfer leistete zudem eine regelmäßige und
relativ eng-maschige Kommunikation mit den Unternehmen in Form von Projekt-
besprechungen. Ein Rhythmus von circa vier bis sechs Wochen hat sich hier als
besonders förderlich erwiesen, wobei es je nach Absprachebedarf auch engere
Taktungen gegeben hat. Diese Treffen erhielten die Aufmerksamkeit für das
Projektthema in den Referenzbetrieben und ermöglichten somit kontinuierlichen
Fortschritt in den Transfer-Aktivitäten.

Im Verlaufe des Tiefentransfer stellte es sich als bedeutsam heraus, dass die
Transferpartner eine gewisse Flexibilität gegenüber den im Handlungsleitfaden
beschriebenen Instrumenten gewahrt haben. So wurde kein Instrument aus den
Leitfäden 1:1 auf ein anderes Unternehmen übertragen. Ohne die Anpassungen
der Instrumente an die Rahmenbedingungen der Referenzbetriebe wäre es kaum
möglich gewesen Maßnahmen umzusetzen.

Hilfreich für das Engagement der Unternehmen, sich am Tiefentransfer zu beteiligen, war das Bewusstsein, dass ein bestehender Handlungsbedarf aufgedeckt (durch Befragungsergebnisse), dieser durch das Unternehmen wahrgenommen und als problematisch bewertet wurde. So zeigten Referenzbetriebe besonderes Interesse an der gemeinsamen Gestaltung des Transfers, wenn nicht nur die Ergebnisse der Befragungen eine Belastungssituation aufdeckten, sondern dies durch die Wahrnehmung der Unternehmensleitungen bzw. deren Beschäftigten bestätigt wurde.

Als wichtig zeigte sich zudem, dass nicht nur die Geschäftsführungen von der Sinnhaftigkeit der Transfer-Aktivitäten überzeugt sind. Die Überzeugung der Beschäftigten spielte insbesondere in beteiligungsorientierten Methoden eine sehr große Rolle. Da diese Form von Interventionen für das Projekt besonders relevant war, kam diesem Faktor eine große Bedeutung zu. Zeigten sich die Beschäftigten nicht überzeugt von der Beteiligung am Tiefentransfers, war die Umsetzung von Transferaktivität deutlich erschwert. Hierbei war insbesondere die aktuelle Situation des Tagesgeschäfts und damit die Auslastung der Mitarbeiter*innen ein wichtiger Faktor. Waren zeitliche Kapazitäten begrenzt, hatte das Tagesgeschäft Priorität. Zu vermuten ist ebenfalls, dass Vorerfahrungen mit früheren erfolglosen oder abgebrochenen Interventionen zur Gesundheitsförderung die Motivation der Beschäftigten verringert haben.

Daran anknüpfend spielte die transparente Kommunikation der Absichten der Teilnahme am Projekt, der erhobenen Ergebnisse und der vorgesehenen Verfahrensweise seitens des Unternehmens an die Beschäftigten eine wichtige Rolle. Waren sie über den Projektverlauf und -absichten im Bilde, förderte es die Bereitschaft zur Teilnahme an den beteiligungsorientierten Transferaktivitäten.

Zusammenfassend bildeten insbesondere gewachsene Strukturen und Kooperationen (z. B. zwischen Transferpartner*innen und Referenzunternehmen oder betriebliche Steuerungskreise zum Thema Gesundheit) erhebliche Erleichterungen zur Durchführung des Tiefentransfers. Auch spielte das Thema Kommunikation eine gewichtige Rolle. Hier erwies sich die unternehmensinterne Kommunikation in Bezug auf die Projektziele, das -thema und -vorgehen als besonders wichtig. Außerdem war das Projektdesign, das den Transfer von Beginn an mitgedacht hatte, ein wichtiger Erfolgsfaktor, denn die Bausteine Bestandsaufnahme, Handlungsleitfäden und Tiefentransfer konnten nur so ideal ineinandergreifen.

7   Barrieren des regionalen Tiefentransfers gesundheitsförderlicher Interventionskonzepte

Im Rahmen der Beschreibung der hinderlichen Faktoren des Tiefentransfers ist es unmöglich, die Corona-Pandemie nicht als ein wesentliches Hindernis zu nennen. An dieser Stelle werden wir allerdings nicht im Detail auf pandemiebedingte Barrieren eingehen, weil dies bereits an anderer Stelle ausführlicher beschrieben wurde (vgl. Becke und Koppelin in diesem Band).

Herausforderungen im Tiefentransfer ergaben sich im Laufe der Projektlaufzeit in verschiedenerlei Hinsicht. In Bezug auf das Forschungs- und Transferdesign stellte es sich als schwierig dar, dass die Referenzbetriebe erst mehr als ein Jahr nach dem Projektstart aktiv in das Projekt eingebunden wurden. Dies stellte einen starken Kontrast zur intensiven Projektantragsphase dar, als viele Gespräche zur Abstimmung geführt werden mussten, um die Vorteile der Teilnahme am Projekt zu unterstreichen und die Unternehmen für die Teilnahme zu gewinnen. Im Anschluss daran flachten die Projektaktivitäten, in die die Referenzbetriebe eingebunden waren, massiv ab. Dies erschwerte es, den Kontakt zu den Unternehmen aufrecht zu halten, um das Engagement für und die Verbundenheit zum Projekt für spätere Transferaktivitäten zu bewahren. Zu vermuten ist, dass u. a. auch deshalb im Laufe des Projekts zwei Referenzbetriebe aus dem Projekt ausschieden. Die Suche nach geeignetem Ersatz hat dabei merklichen Zusatzaufwand für viele Projektpartner*innen bedeutet.

Projektverbundenheit und Engagement der Referenzbetriebe wurden zusätzlich erschwert, weil das Forschungsdesign klar zwischen Interventions- und Kontrollgruppe unterschied. Hierbei sollte eine „Kontamination" der Kontrollgruppe (Referenzbetriebe) mit den Erkenntnissen des Projekts (Interventionen) vermieden werden, um spätere Effektanalysen zwischen den beiden Gruppen nicht zu verfälschen. Diese Abschirmung der späteren Anwender*innen war aus Sicht des quantitativen Forschungsdesigns sinnvoll und richtig. Für den Transfer war es dagegen hinderlich, da sie den kontinuierlichen Einbezug der Transferunternehmen verhindert hat.

Aber auch das Transferdesign des Projektes selbst hat den Tiefentransfer erschwert. So waren lediglich die letzten sechs der insgesamt 48 Projektmonate für den Tiefentransfer vorgesehen. Logisch ist, dass zunächst eine Zeit für die Produktion von Ergebnissen vergehen muss, um überhaupt Inhalte für den Transfer zu generieren. Ein früherer Beginn oder die Verlängerung des Zeitraums des Tiefentransfers über die ursprünglichen 48 Projektmonate hinaus hätten zu einer Entzerrung des Transfers beigetragen. Dies ist in mehrerlei Hinsicht zuträglich:

Erstens können Verzögerungen im Projektverlauf, die sich zwangsläufig in beinahe jedem Projekt ergeben, so besser abgefedert werden. Denn je kleiner der Transferzeitraum, desto stärker fällt jede vorangegangene Verzögerung ins Gewicht, da es den ohnehin kurzen Zeitraum weiter verkleinert.

Zweitens schränkt eine kurze Transferphase die Auswahl der Transfer-Instrumente ein. Mit dem Wissen, dass im Projekt FlexiGesA lediglich sechs Monate für den Transfer zur Verfügung standen, waren Transferaktivitäten mit großem Vorlauf bzw. Laufzeit (z. B. Führungskräfte-Schulungen) von Beginn an ausgeschlossen. Auch die Verzahnung bereits seitens der Unternehmen geplanter Aktivitäten, die unabhängig vom Projekt entstanden, mit dem Tiefentransfer wurde damit erschwert, obwohl sie sich mit den Ergebnissen der Bestandsaufnahme und den Transfer-Instrumenten deckten. Auch die Nachhaltigkeit der über die Projektlaufzeit hinausgehenden Aktivitäten und Strukturen wird durch eine kurze Transferphase erschwert.

Ein weiterer Grund für eine längere Transferphase ist, dass hierdurch mit unvorhergesehenen Ereignissen in den Referenzbetrieben, wie z. B. der Abgang von Personal in Schlüsselpositionen (z. B. Geschäftsführer*in, Gesundheitsbeauftragte*r) oder hohe Auslastung durch das Tagesgeschäft, besser umgegangen werden kann. Diese führen in der Regel dazu, dass das Transferaktivitäten in der Priorität nach hinten rücken und somit verzögert werden. Auch hierbei hilft ein längerer Transferzeitraum, um in der Transferphase Unwägbarkeiten aushalten bzw. auffangen zu können, ohne den Transfer komplett einzustellen oder massiv einzuschränken.

Es ist zudem wichtig zu beachten, dass ein*e Transferpartner*in lediglich über eine beratende Funktion verfügt und somit eine Einflussnahme auf bestehende Organisations- und Kommunikationsstrukturen in den Referenzbetrieben begrenzt ist. Dies zeigte sich zum Beispiel bei der Kommunikation über die Absichten, die Ergebnisse und die Verfahrensschritte des Transfers vonseiten der Führungsebene in Richtung der Beschäftigten. Diese spielt bekanntermaßen im Rahmen von Veränderungsprozessen eine essenzielle Rolle, um die Akzeptanz und das Engagement von Beschäftigten zu fördern Hierbei ist eine transparente und regelmäßige Kommunikation, die zudem das Engagement der Geschäftsleitung (Vorbildfunktion) unterstreicht, von großer Bedeutung. Diese Kommunikationsstandards wurden allerdings nicht in allen Referenzbetrieben gleichermaßen beachtet und umgesetzt. Unternehmenskulturelle Gepflogenheiten und Praktiken, die außerhalb der Handhabe der Transferpartner*innen liegen, haben sich als eine Herausforderung für die Transferaktivitäten des Projektes FlexiGesA herausgestellt.

Insgesamt ist vor allem der eingeschränkte Zeitraum eine Herausforderung für einen nachhaltigen Tiefentransfer, da im Falle von Verzögerungen weniger Spielraum für inhaltliche und zeitliche Anpassungen bleibt. Auch das Forschungs- und Transferdesign erzeugte in Teilen Herausforderungen, da es die Referenzbetriebe erst spät eng in das Projekt einbezogen hat.

8   Schlussbetrachtung

Mit Blick auf die Barrieren des regionalen Transfers gesundheitsförderlicher Interventionskonzepte im Projekt FlexiGesA zeigt sich, dass der begrenzte Zeitraum für den Transfer und das zum Teil nicht am Transfer orientierte Forschungsdesign als zentrale Barrieren wahrgenommen wurden. Gleichzeitig wurde das im Projektdesign vorgesehene Ineinandergreifen unterschiedlicher Projektbausteine (Bestandsaufnahme, Handlungsleitfäden, Tiefentransfer) als förderlicher Faktor betrachtet – genauso wie die Bereiche Kommunikation und schon vor Projektbeginn bestehende Strukturen und Kooperationen.

Die Erfahrungen der Autor*innen dieses Beitrags decken sich in Teilen mit den in der Literatur beschriebenen Begrenzungen und Potenzialen. So sehen auch Bergmann und Kolleg*innen (2021) die knappen Ressourcen Zeit und Finanzierung als eine häufige Barriere für den Transfer von Forschungsergebnissen. Diese müssten umfangreich und sicher auch für Praxisakteur*innen zur Verfügung stehen. Vor allem die zeitlichen Ressourcen waren auch im Projekt FlexiGesA eine Herausforderung für den Transfer. Insbesondere mit Blick auf die Verstetigung der durch das Projekt initiierten Aktivitäten in den Referenzbetrieben ist der Faktor Zeit sehr relevant. Im Falle des FlexiGesA-Projekts konnte die zeitliche Problematik des Tiefentransfers dadurch entschärft werden, dass der für das Vorhaben zuständige Projektträger des Förderers aufgrund der Corona-Pandemie eine Verlängerung des Verbundprojekts um sechs Monate ermöglichte.

Herausforderungen im Projekt FlexiGesA haben sich zudem in Bezug auf das Transfer-Design ergeben, u. a. weil die Referenzbetriebe erst zu einem fortgeschrittenen Zeitpunkt aktiv in das Projekt einbezogen wurden. Hierzu weisen Bergmann und Kolleg*innen (2021) auf die Wichtigkeit der gemeinsamen Entwicklung des Forschungs- bzw. Transferdesign hin, um unter Einbindung der Unternehmen eine für Wissenschaft und Praxis zufriedenstellende Lösung zu erreichen. Hierbei können unterschiedliche Denk- und Einstellungsmuster und Zielvorstellungen miteinander abgeglichen werden und zu gleichen Teilen in das Design einfließen. Dies traf im Rahmen des FlexiGesA-Verbundprojekts nur auf die beiden Interventionsbetriebe zu, die von Anfang an in die Entwicklung des Projektantrags und des Forschungs- und Entwicklungsdesigns eingebunden waren.

Auch die in der Fachliteratur hervorgehobenen Erfolgsfaktoren ließen sich im FlexiGesA-Projekt bestätigen. Der Themenbereich Kommunikation im Forschungstransfer ist dabei von besonderer Bedeutung. Rogga et al. (2014) sehen hierin einen wichtigen Erfolgsfaktor, um die Interessensunterschiede zwischen Wissenschaft und Praxis moderieren zu können. Auf die Wichtigkeit einer aktiven, regelmäßigen und transparenten Kommunikation weisen auch Bergmann und Kolleg*innen (2021) hin.

Während des Transfers im Projekt FlexiGesA wurde zudem deutlich, dass das Engagement der Referenzbetriebe besonders hoch war, wenn die Bestandsaufnahmen einen Handlungsbedarf identifiziert haben, der auch durch das Unternehmen wahrgenommen und als problematisch bewertet wurde. Diese Erkenntnis findet sich auch in der Fachliteratur. Dies berichten sowohl Rogga (2014) als auch Bergmann (2021) und jeweilige Kolleg*innen. Es sei laut letzterer besonders hilfreich, wenn die Praxisakteur*innen sogar schon an den Themen arbeiteten, die im Forschungstransfer adressiert werden sollen.

Als nützlich für den Transfer wird in der Literatur zudem beschrieben, auf Anpassungen der Vorgehensweise vorbereitet zu sein, um rechtzeitig auf Unwägbarkeiten reagieren zu können. Auf diese Weise könnten Kooperationen trotz veränderter Bedingungen fortgeführt werden. Dies deckt sich mit den Erfahrungen der Autor*innen dieses Beitrags. Ohne die Anpassungen der Instrumente an die Rahmenbedingungen der Referenzbetriebe wäre die Umsetzung von Maßnahmen nur schwer möglich gewesen. Dies verdeutlicht, wie wichtig eine reflexive und lernorientierte Gestaltung des Tiefentransfers ist.

Insgesamt konnten durch den Tiefentransfer im Projekt FlexiGesA sowohl förderliche als auch hemmenden Faktoren für die Gestaltung des Forschungstransfer in Projekt identifiziert werden, die sich in Teilen auch in der Fachliteratur wiederfinden. Gleichzeitig ist vieles, das für den Transfer wichtig ist, in der Projektkonzeptionsphase schwierig abzuschätzen – z. B. Beschäftigten-Motivation, unvorhergesehene Ereignisse (Pandemie, Gesetzesänderungen, Ausstieg Führungskraft) oder Ausstieg eines Referenzbetriebe. Dies schränkt die Vorhersage trotz beschriebener Erfolgsfaktoren ein. Für die Zukunft ist es aus der Sicht der Autor*innen essenziell, mehr Zeit für den Transfer einzuplanen und dem Transfer- und Forschungsdesign einem gleichwertigen Stellenwert in der Antragskonzeption beizumessen.

Literatur

Blättel-Mink, Birgit, Hans Kastenholz, Melanie Schneider und Astrid Spurk. 2003. Nachhaltigkeit und Transdisziplinarität: Ideal und Forschungspraxis. Arbeitsbericht Nr. 229. https://doi.org/10.18419/opus-8569.

Becke, Guido, Britta Busse, Andreas Friemer, Maya Paysen, Stephanie Pöser, Sabine Röseler und Tobias Ubert. 2021a: *Flexibel. Gesund. Arbeiten. – Leitfaden für IT-Dienstleister zur Umsetzung der Gefährdungsbeurteilung psychischer Belastungen.* Verfügbar unter: https://flexigesa.de/handlungsleitfaeden/

Becke, Guido, Britta Busse, Maya Paysen, Stephanie Pöser, Sabine Röseler und Tobias Ubert. 2021b. *Flexibel. Gesund. Arbeiten. – Leitfaden für ambulante soziale Dienste zur Umsetzung der Gefährdungsbeurteilung psychischer Belastungen.* Verfügbar unter: https://flexigesa.de/handlungsleitfaeden/

Bergmann, Matthias. 2021. Ein Projekt beginnen: Konzeptionelle und methodische Hinweise für transdisziplinäre Forschung in Gesundheitsförderung und Prävention. In *Forschungsmethoden in der Gesundheitsförderung und Prävention.* Hrsg Marlen Niederberger Emily Finne. Wiesbaden: Springer Verlag. https://doi.org/10.1007/978-3-658-31434-7_2.

Bergmann, Matthias, Bettina Brohmann, Esther Hoffmann, M. Céline Loibl, Regine Rehaag, Engelbert Schramm und Jan-Peter Voß. 2005. *Qualitätskriterien transdisziplinärer Forschung. Ein Leitfaden für die formative Evaluation von Forschungsprojekten.* Verfügbar unter: https://www.netzwerk-n.org/wp-content/uploads/2017/07/Bergmann-et.-al.-2005-Qualita%CC%88tskriterien-transdisziplina%CC%88rer-Forschung.pdf

Bergmann, Matthias, Thomas Jahn, Tobias Knobloch, Wolfgang Krohn, Christian Pohl und Engelbert Schramm. 2010. *Methoden transdisziplinärer Forschung. Ein Überblick mit Anwendungsbeispielen.* Frankfurt am Main: Campus Verlag.

Bergmann, Matthias, Niko Schäpke, Oskar Margl, Franziska Stelzer, Daniel J. Lang, Michael Bossert, Marius Gantert, Elke Häußler, Editha Marquardt, Felix M. Piontek, Thomas Potthast, Regina Rhodius, Matthias Rudolph, Michael Ruddat, Andreas Seebacher und Nico Sußmann. 2021. Transdisciplinary sustainability research in real-world labs: success factors and methods for change. *Sustain Sci* 2021; 16:541–564. https://doi.org/10.1007/s11625-020-00886-8.

Hees, Frank, Ingo Leisten und Ursula Bach. 2010. Strategischer Transfer im Präventiven Arbeits- und Gesundheitsschutz. Broschüre des Metaprojektes StArG. Verfügbar unter: https://www.yumpu.com/de/document/read/29572278/pdf-download-imazlw-ifu

Henning, Klaus, Ingo Leisten und Ursula Bach. 2009. Präventionsforschung und unternehmerische Praxis: Zwei Seiten einer Medaille. In *Innovationsfähigkeit stärken – Wettbewerbsfähigkeit erhalten. Präventiver Arbeits- und Gesundheitsschutz als Treiber.* Hrsg Klaus Henning, Ingo Leisten und Frank Hees. Aachener Reihe Mensch und Technik, 12–30. Aachen: Mainz Verlag.

Jahn, Thomas. 2008. Transdisziplinarität in der Forschungspraxis. In *Transdisziplinäre Forschung. Integrative Forschungsprozesse verstehen und bewerten.* Hrsg Matthias Bergmann und Engelbert Schramm, 21–37. Frankfurt/New York: Campus Verlag.

Meier, Frank und Georg Krücken. 2007. Wissens- und Technologietransfer als neues Leitbild? Universitäts-Wirtschafts-Beziehungen in Deutschland. In *Wissenschaft und Hochschulbildung im Kontext von Wirtschaft und Medien*. Hrsg Barbara Hölscher und Justine Suchanek. 1. Aufl., 91–110. Wiesbaden: VS Verlag für Sozialwissenschaften.

North, Klaus. 2002. Wissensorientierte Unternehmensführung. Wertschöpfung durch Wissen. Wiesbaden: Gabler.

Nübling, Matthias, Martin Vomstein, Thomas Nübling, Stößel Ulrich, Hans-Martin Hasselhorn und Friedrich Hoffmann. 2011. *Erfassung psychischer Belastungen anhand eines erprobten Fragebogens-Aufbau der COPSOQ-Datenbank*. Schriftenreihe der Bundesanstalt für Arbeitsschutz und Arbeitsmedizin Fb 2031.

Reindl, Josef, Martina Quoika, Bianka Martolock und Ernst Kistler. 2008. *Regionale Gesundheitsnetzwerke. Wie man Unterstützungsstrukturen für kleine und mittlere Unternehmen aufbaut*. Berlin: Edition Sigma.

Rogga, Sebastian, Thomas Weith, Thomas Aenis, Klaus Müller, Thomas Köhler, Liesette Härtel und David Brian Kaiser. 2014. *Wissenschaft-Praxis-Transfer jenseits der „Verladerampe". Zum Verständnis von Implementation und Transfer im Nachhaltigen Landmanagement*. Leibniz-Zentrum für Agrarlandschaftsforschung e. V. (Hrsg), Müncheberg.

Walter, Ulla, Markus Plaumann, Svenja Dubben, Guido Nöcker, Silke Pawils und Uwe Koch. 2011. Wirksamkeit, Qualität und Transfer: Weiterentwicklung der Prävention und Gesundheitsförderung durch Forschung. Der BMBF-Förderschwerpunkt Präventionsforschung. Dtsch Med. Wochenschr. 2001; 136: 1488–1492.

Warsewa, Günter, Peter Bleses und Matthias Güldner. 2020. Der Transfer von sozialwissenschaftlichem Wissen als Forschungsgegenstand. Soziologie 49(3): 287–307.

Tobias Ubert, Gesundheitswissenschaftler (M.A. Public Health), war bis Ende April 2022 als Leiter des Bereichs Projektmanagement und -akquise bei der Gesundheitswirtschaft Nordwest e. V. tätig. Im Rahmen des FlexiGesA-Verbundprojekts leitete er das Teilprojekt zur regionalen Transferstrategie.

Jasmin Warncke studiert an der Universität Bremen im Bachelor-Studiengang Public Health. Sie hat im Rahmen des FlexiGesA-Verbundprojekts als studentische Mitarbeiterin das Teilprojekt der Gesundheitswirtschaft Nordwest e. V. zur regionalen Transferstrategie unterstützt.

Anforderungen und Belastungen in spezialisierter und polyvalenter Einfacharbeit im Sozial- und Gesundheitsbereich

Thomas Geisen und Lea Widmer

Zusammenfassung

In Einrichtungen des Sozial- und Gesundheitsbereichs sind spezialisierte, einfache Tätigkeiten bestimmten Bereichen zugeordnet, etwa der Reinigung oder der Küche, oder sie sind an externe Dienstleistende ausgelagert. Bei den ambulanten Angeboten handelt es sich vielfach um polyvalente, einfache Tätigkeiten, die an verschiedenen Orten in privaten Haushalten erbracht werden und unterschiedliche Tätigkeiten zusammenfassen. Vor dem Hintergrund dieser grundlegenden Unterscheidung in spezialisierte und polyvalente Einfacharbeit beschäftigt sich der vorliegende Artikel mit der Frage, welche Herausforderungen sich aus den jeweiligen Tätigkeiten für Arbeitgebende und Mitarbeitende ergeben, wie diese jeweils bearbeitet werden und welche Folgen dies für die betriebliche Leistungserstellung hat. Dabei zeigt sich, dass über eine formenbezogene Ausdifferenzierung von Einfacharbeit in Betrieben, Anforderungen und Belastungen in einfachen Tätigkeiten besser identifiziert und bearbeitet werden können.

T. Geisen (✉) · L. Widmer
Fachhochschule Nordwestschweiz, Hochschule für Soziale Arbeit, Olten, Schweiz
E-Mail: Thomas.geisen@fhnw.ch

L. Widmer
E-Mail: Lea.widmer@fhnw.ch

© Der/die Autor(en) 2023   169
G. Becke (Hrsg.), *Flexible Dienstleistungsarbeit gesundheitsförderlich gestalten*,
https://doi.org/10.1007/978-3-658-37055-8_8

Schlüsselwörter

Einfacharbeit · polyvalent · spezialisiert · Sozial- und Gesundheitsbereich · unskilled · degraded

1   Einführung

Einfache Tätigkeiten, wie Reinigen, Abwaschen, Aufräumen, Besorgungen machen oder Mahlzeiten zubereiten, werden von Unternehmen des Sozial- und Gesundheitsbereichs an unterschiedlichen Orten erbracht. Hier kann grundlegend zwischen einer stationären und einer ambulanten Form der Leistungserbringung unterschieden werden, die jeweils mit unterschiedlichen Herausforderungen für Betrieb und Beschäftigte verbunden sind. In stationären Einrichtungen sind spezialisierte, einfache Tätigkeiten in der Regel bestimmten Bereichen zugeordnet, etwa der Reinigung oder der Küche, oder sie sind an externe Dienstleistende ausgelagert. Im Gegensatz dazu handelt es sich bei den ambulanten Angeboten vielfach um polyvalente, einfache Tätigkeiten, die an verschiedenen Orten, insbesondere in privaten Haushalten, erbracht werden und unterschiedliche Tätigkeiten umfassen. Vor dem Hintergrund dieser Unterscheidung von spezialisierten und polyvalenten Formen einfacher Tätigkeiten beschäftigt sich der vorliegende Beitrag mit der Frage, (1) welche Herausforderungen sich hieraus für Betriebe und Beschäftigte ergeben, es wird (2) untersucht, wie diese jeweils bearbeitet werden und (3) welche Folgen diese Formbestimmtheit der Einfacharbeit für die betriebliche Leistungserstellung hat. Personenbezogene Dienstleistungen im Sozial- und Gesundheitsbereich wurden bislang noch wenig aus einer tätigkeitsbezogenen Perspektive untersucht. Neben der Studie von Bosch und Weinkopf (2007) zu den Pflegehilfs- und Reinigungskräften in Krankenhäusern, fokussieren weitere Studien zu einfachen Tätigkeiten im Dienstleistungssektor auf Gastronomie (Beerheide et al. 2018), Hotellerie, Catering, Tourismus (Baum 2013), oder beschäftigen sich mit Fragen der Rekrutierung (Baum 2013; Beerheide 2018; Bosch und Weinkopf 2011)

Im vorliegenden Beitrag erfolgt eine Auseinandersetzung mit der Formbestimmtheit von Einfacharbeit auf der Grundlage der Auseinandersetzung mit den Anforderungen von einfachen Tätigkeiten in Betrieben des Sozial- und Gesundheitsbereichs in Bezug auf Fragen der Qualifizierung und auf den betrieblichen Umgang mit gesundheitlichen Belastungen der Mitarbeitenden. Hierzu erfolgt zunächst eine konzeptionelle Verortung von einfachen Tätigkeiten als personenbezogene Dienstleistung und Interaktionsarbeit. Anschließend wird die empirische Datengrundlage für diesen Beitrag vorgestellt und die Ergebnisse werden dargestellt und diskutiert. Dabei zeigt sich, dass über eine formenbezogene Ausdifferenzierung von Einfacharbeit in Betrieben, Anforderungen und Belastungen in einfachen Tätigkeiten besser identifiziert und bearbeitet werden können.

2 Interaktionsarbeit in einfachen, personenbezogenen Tätigkeiten

Der Begriff der „Dienstleistungsarbeit" (Oberbeck 2013, S. 165) wird in der Arbeitssoziologie verwendet, um die besondere Form der Arbeitstätigkeit in einer „Dienstleistungsgesellschaft" (Hartmann 2013, 170) zu beschreiben. Sie wird als eine Tätigkeit charakterisiert, die „Nicht-Stofflichkeit, Nicht-Transportierbarkeit und Nicht-Lagerfähigkeit" umfasst und durch das „Uno-actu-Prinzip", also das Zusammenfallen von „Produktion und Konsumtion von Dienstleistungen", gekennzeichnet ist (Oberbeck 2013, S. 165 f.). Böhle et al. fassen Dienstleistungsarbeit konkreter als eine „Arbeit mit und an Menschen" (Böhle et al. 2015, S. 13). Personenbezogene Dienstleistungen finden „innerhalb eines zeitgleichen und ortsgebundenen Interaktionsgeschehens zweier bedarfsunterschiedlicher Personen oder Personengruppen" statt (Bauer 2001, S. 78), es handelt sich bei ihnen um „Interaktionsarbeit" (Böhle et al. 2015, S. 17). Hierzu gehört, dass sich die Arbeit „auf Menschen im Unterschied zur Bearbeitung materieller und immaterieller Objekte richtet (…) Arbeit [wird] an oder gemeinsam mit Klienten verrichtet" und es wird „individuellen Bedürfnissen der Klienten situativ Rechnung" getragen (Böhle et al. 2015, S. 17). Personenbezogene Dienstleistungen können „nach sachbezogenen Prozessen und Tätigkeiten", die im „back-office" erbracht werden, und „personenbezogenen Prozessen und Tätigkeiten", die als „front-line-work" charakterisiert werden, unterschieden werden (Böhle und Glaser 2006, S. 12 f.). Interaktionsarbeit stellt ein spezifisches Arbeitsvermögen dar, „das beim Umgang mit Unwägbarkeiten, wie sie in der Arbeit mit Menschen entstehen, unerlässlich ist", und es umfasst „das subjektivierende Handeln, ein Handeln mit Gespür und Gefühl" (Böhle und Glaser 2006, S. 12 f.). Bei der Interaktionsarbeit handelt es sich um ein komplexes Konzept, in dem „die Arbeit mit Kundinnen und Kunden durch vier Bestandteile" gekennzeichnet ist: „die *Kooperationsarbeit*, die *Emotionsarbeit*, die *Gefühlsarbeit* und das *subjektivierende Arbeitshandeln*" (Böhle und

Glaser 2006, S. 12 f.). In Studien zur Interaktionsarbeit werden vielfach Formen von Front-line-work untersucht, die das Verhältnis von Beschäftigten und Kundinnen und Kunden resp. Klientinnen und Klienten fokussieren. Becke und Bleses (2015b) haben in ihren Untersuchungen zu sozialen Dienstleistungen auch die Koordinationsarbeit innerhalb von sozialen Organisationen als Interaktionsarbeit gefasst, die von Böhle und Glaser als Back-office-work bezeichnet wird (Böhle und Glaser 2006, S. 12 f.). Denn für sie beschränkt sich „die Perspektive der Interaktionsarbeit (…) nicht auf die Dyade von Beschäftigten und Klient oder Klientin, sondern auch in der Arbeitskooperation zwischen Führungskräften und Mitarbeitenden leisten beide Seiten Interaktionsarbeit, um zu tragfähigen Arrangements in der Bearbeitung von Arbeitsaufgaben zu gelangen" (Becke und Bleses 2015a, S. 29). Interaktionsarbeit wird damit als ein doppeltes Verhältnis sichtbar, dass sich einmal in der Beziehung zum Kunden resp. zur Kundin realisiert und zum anderen als innerorganisationales Verhältnis, das die Leitungs- und Kooperationsbeziehungen innerhalb des Betriebes als grundlegende Voraussetzung für die Interaktionsarbeit fokussiert (Becke und Bleses 2015a, S. 29).

Interaktionsarbeit wird auch in einfachen Tätigkeiten geleistet (Amstutz et al. 2018). Der Begriff der „Einfacharbeit" etabliert sich seit Ende der 1990er Jahre in der Arbeitsforschung (Amstutz et al. 2018). Für Abel et al. handelt es sich bei der Einfacharbeit um eine Tätigkeit, *„die im Gegensatz zur qualifizierten Facharbeit keine einschlägige Berufsausbildung verlangt und nach kurzen Qualifizierungs- und Einarbeitungsprozessen ausgeführt werden kann"* (Abel et al. 2014, S. 15).[1] Sie ist *„arbeitsplatz- bzw. arbeitsbereichsbezogen; übergeordnetes Wissen und Hintergrundwissen spielen keine oder eine untergeordnete Rolle"* (Abel et al. 2014, S. 15). Der Begriff Einfacharbeit fokussiert damit auf die auszuführende Tätigkeit und nicht auf das Qualifikationsniveau der Beschäftigten, wie beispielsweise Geringqualifizierte, oder auf die Bedingungen der ausgeübten Tätigkeiten, wie beispielsweise „Niedriglöhner" (Abel et al. 2014, S. 15). Für die Schweiz liegen keine Daten zu Einfacharbeit vor, in Deutschland sind rund 20 % aller Beschäftigten in Einfacharbeit tätig (Ittermann et al. 2019, S. 154). Ein Drittel davon sind im Sekundären und zwei Drittel im Tertiären Sektor beschäftigt, insbesondere im privaten Dienstleistungssektor. Im Zusammenhang mit einfachen Tätigkeiten wird immer auch die Frage der hierzu benötigten Qualifikationen virulent. In Bezug auf „low-skilled jobs" zeigt Maxwell auf, dass „most jobs

---

[1] Aufgrund von Kritik am Begriff der Einfacharbeit verwenden Hassler et al. (2019) den Begriff „Arbeit ohne formelle Qualifikationsanforderungen" (AofQ).

require English, math, problem-solving, and communication skills, the so-called new basic skills", und vielfach auch „physical and mechanical skills at higher levels than other jobs" (Maxwell 2006, S. 2). Hagan et al. (2015) heben hervor, dass „all forms of work involve some form of skill, even when those skills have been internalized and routinized and cannot be adequately articulated by verbal means" (Hagan et al. 2015, S. 13). Kritik wird vielfach auch an den Arbeitsbedingungen in Einfacharbeit geübt, vor allem wenn es sich um „degraded work" handelt, d. h. um „low-wage employment in which employers intensify the pace of work and routinely violate basic labor laws" (Doussard 2013, S. 26). Solche Strategien sind daher vielfach Gegenstand von Arbeitskämpfen. Zur Lösung wird einerseits „the importance of raising the minimum wage, improving funding for workplace enforcement, stiffening penalities for violations of labor laws" vorgeschlagen (Doussard 2013, S. 203), andererseits aber auch eine „industry-based strategy for improving job-quality" (Ostermann 2019, S. 2).

3   Studien zu Alternden Belegschaften und Einfacharbeit

In empirischen Studien zu „Alternden Belegschaften und Einfacharbeit" ... (ABEA) wurden im ... Zeitraum von 2015 bis 2022 Expertinnen- resp. Expertenbefragungen und Betriebsfallstudien in der Industrie, im produzierenden Gewerbe und im Dienstleistungssektor durchgeführt. Der vorliegende Beitrag bezieht sich auf Daten aus den Studien:

- *ABEA1* (9/2015–12/2016): explorative Studie mit Sekundärdatenanalyse von Arbeitsmarktdaten sowie Expertinnen und Experteninterviews (N = 10) und problemzentrierte, leitfadengestützte Interviews (Witzel 1985; Bogner et al. 2002) mit Geschäftsleitung/Human Ressource Management (N = 20); Auswertung mit zusammenfassender Inhaltsanalyse (Kuckartz 2012; Mayring und Gläser-Zikuda 2005).[2]
- *ABEA3* (2/2019–7/2022): Betriebsfallstudien (N = 8): Expertinnen- und Experteninterviews (N = 6), problemzentrierte, leitfadengestützte Interviews (Witzel 1985; Bogner et al. 2002) mit Geschäftsleitung/Human Ressource Management (N = 9) und mit Vorgesetzten (N = 19), Gruppendiskussionen

---

[2] Die Studie wurde im Rahmen der Strategischen Initiative FHNW finanziert.

(N = 14) mit Beschäftigten, erwerbsbiografische Einzelinterviews mit Beschäftigten (N = 17); Auswertung mit Grounded Theory (Charmaz 2014).[3]

Die im Rahmen der Studien durchgeführten qualitativen Interviews wurden jeweils digital aufgezeichnet, vollständig transkribiert und unter Verwendung von Atlas.ti computergestützt ausgewertet. Die interviewten Personen wurden über das Projekt, die Verwendung und Anonymisierung der Daten informiert und haben schriftlich der Verwendung der Daten für wissenschaftliche Zwecke zugestimmt. Die Dauer der Interviews lag zwischen 45–90 min. Für die Betriebs-fallstudien wurde der Kontakt zu Betrieben auf der Grundlage der Ergebnisse einer desk-top research, über bereits bestehende Kontakte und durch die Ver-mittlung von Dritten hergestellt. Die Auswahl der Betriebe erfolgte im Rahmen eines „convenient" und „snowball sampling" (Patton 2002). In den Fallstudien wurden darüber hinaus Kennzahlen zu den Betrieben erhoben und betriebliche Dokumente inhaltsanalytisch ausgewertet.

3.1   Anforderungen und Belastungen in spezialisierter Einfacharbeit

In Unternehmen des Sozial- und Gesundheitsbereichs wird Einfacharbeit vor allem in spezialisierter Form erbracht, zum Beispiel in der Reinigung oder der Wäscherei. Die Ausführungen in diesem Beitrag stammen aus Interviews mit Geschäftsleitenden oder Leitenden Human Ressource Management aus Akut-krankenhäusern (N = 3), einem Alters- und Pflegeheim (N = 1) und einem Palliativzentrum (N = 1). Mitarbeitende wurden in diesen Einrichtungen nicht interviewt. In der folgenden Beschreibung der Ergebnisse wird dargestellt, welche Formen spezialisierte Einfacharbeit in den Betrieben annimmt, wer diese Tätigkeiten ausübt, welche Belastungen daraus resultieren und welche Quali-fizierungen benötigt werden, um die einfachen Tätigkeiten auszuüben.

Im Sozial- und Gesundheitsbereich ist Einfacharbeit weniger im Pflege- als im Versorgungsbereich anzutreffen, vor allem in Küche, Reinigung und Wäscherei. Der konkrete Anteil von Einfacharbeit in den Betrieben wird allgemein als niedrig angegeben, geschätzt wird er von der interviewten Leitungsperson auf ca. 15 % der gesamten Tätigkeiten im Krankenhaus (S_02: 45–51). Einfache Tätigkeiten

---

[3] Die Studie wurde vom Schweizerischen Nationalfonds (SNF) finanziert.

werden auch als „primär[e] Supportprozesse" (S_02: 45–51)[4] charakterisiert, das gilt auch für unterstützende Tätigkeiten im pflegerischen Bereich, etwa bei der Essensausgabe. Hier werde „betriebswirtschaftlich" geschaut (S_02: 45–51), wie die Leute jeweils eingesetzt werden können. Konkret bedeutet das, dass die jeweils auszuübende Tätigkeit zur entsprechenden Qualifikation passen sollte. Zum Teil wird spezialisierte Einfacharbeit auch an externe Dienstleistende vergeben. Die Unterscheidung von Einfacharbeit und qualifizierter Tätigkeit ist im Gesundheitsbereich nicht immer eindeutig. So wird beispielsweise die Tätigkeit von Assistierenden Gesundheit und Soziales, eine Ausbildung auf EBA-Niveau[5], eher im Schnittfeld von Einfacharbeit und qualifizierter Tätigkeit angesiedelt: „die haben schon auch eine Ausbildung aber die machen [...] Einfacharbeit" (S_01: 56–107). Tätigkeiten wie Reinigung, Hausdienst, Wäscherei und ebenso einfache Tätigkeiten im Bereich Pflege werden mehrheitlich von Frauen ausgeführt, in der Abwaschküche ist es etwa „halb-halb" (S_04: 56). Ein Betrieb hat gute Erfahrung mit Wiedereinsteigerinnen in die Erwerbsarbeit nach einer Familienphase gemacht, der Anteil älterer Mitarbeitenden wird je nach Bereich als unterschiedlich angegeben. Als Hauptgrund für die tiefe Fluktuation in einfachen Tätigkeiten, „wenn sie mal anfangen, dann bleiben sie" (S_04: 060), wird die hohe Zufriedenheit der Mitarbeitenden mit ihrer beruflichen Tätigkeit angegeben, aber auch, dass es für Beschäftigte nicht einfach sei, eine neue Stelle zu finden. Viele Beschäftigte in einfachen Tätigkeiten haben einen Migrationshintergrund, insbesondere in der Spül- und Rüstküche werden „sehr häufig Tamilen" (S_01: 344) beschäftigt. Da viele dieser Mitarbeitenden im Sommer in ihr Herkunftsland reisen, werden ihre Tätigkeiten in dieser Zeit teilweise durch temporäre Ferienablösungen abgedeckt. Das Thema der Ersetzbarkeit und des aus Sicht der Leitungsperson fehlenden Teamgeistes bei Migrantinnen und Migranten in einfachen Tätigkeiten wird auch im Zusammenhang mit häufigen Krankheitstagen angesprochen. Dort bestehe dann eher die Erwartung, dass die Kolleginnen und Kollegen dann die Arbeit übernehmen (S_01: 316). Insbesondere hochqualifizierten Migrantinnen und Migranten deren Qualifikationen aus dem Herkunftsland in der Schweiz nicht anerkannt werden, wird jedoch großes Potenzial zugeschrieben. Einfache Tätigkeiten werden in einer Gesundheitseinrichtung teilweise auch durch Zivildienstleistende erbracht. Anders als in Spitälern wird der Anteil an Mitarbeitenden ohne

---

[4] Die Angabe ist wie folgt zu lesen: S = Branche: Sozial- und Gesundheitswesen, 02 = untersuchter Betrieb, 56–107 = Zeilenangabe Interviewtranskript. Referenziert werden im vorliegenden Artikel nur direkte Zitate.

[5] Eidgenössisches Berufsattest EBA.

Ausbildung in Pflegeeinrichtungen als höher eingeschätzt, sowohl in der Hauswirtschaft als auch in der Pflege. Je nach Pensum sind Beschäftigte festangestellt oder
arbeiten auf Stundenbasis. Die Lohnhöhe wird im Hinblick auf das Arbeitspensum
als relevanter Faktor angesehen: „Je weniger ich verdiene, umso weniger kann ich
mir Teilzeitarbeit leisten" (S_01: 528).

In den Gesundheitseinrichtungen sind einfache Tätigkeiten in verschiedenen
Bereichen angesiedelt. Ein großer Bereich ist die Küche, in der die Beschäftigten
rüsten, waschen, abwaschen oder Sandwiches bereit machen. Die Beschäftigten
müssen über ihre konkreten Tätigkeiten hinaus auch die geltenden Hygienericht-
linien kennen und in der Lage sein bestimmte Qualitätsstandards einzuhalten.
Weitere Bereiche sind Hauswirtschaft, Wäscherei und Reinigung, sowie Formen
der Unterstützung in Pflegetätigkeiten. Die Abgrenzung von einfachen und
qualifizierten Tätigkeiten im Pflegebereich ist abhängig von den medizinischen
Qualifikationen, die für die Ausübung einer Pflegetätigkeit verlangt werden. Zu
den einfachen Tätigkeiten gehören Grundpflege und Betreuung, sowie die Übernahme von Aufgaben, die durch qualifizierte Pflegende an Beschäftigte in Einfacharbeit delegiert werden können. Viele der einfachen Tätigkeiten sind mit
körperlichen Belastungen verbunden: In der Wäscherei wird von „Abnutzungs-
erscheinungen" gesprochen, die mit Knieproblemen, Rückenproblemen und „vor
allem Schulterprobleme[n]" (S_04: 88) einhergehen. Auch in der Reinigung
spielen Rücken und Schulter eine wichtige Rolle, um die Tätigkeit ausführen
zu können. Ebenso ist die Pflege oftmals mit großen körperlichen Belastungen
konfrontiert und wenn „der Köper nicht mehr mitmacht, muss man Lösungen
suchen" (S_05: 113). Insgesamt wird Beschäftigten in Einfacharbeit von ihren
Arbeitgebenden ein eher geringes Interesse an Weiterbildung und Qualifizierung
attestiert. Frauen im Wiedereinstieg in den Arbeitsmarkt nach einer Familienzeit,
werden als motivierter angesehen, sich weiterzuentwickeln, als Beschäftigte, die
bereits lange im Betrieb tätig sind. Für den Pflegebereich kann etwa ein zwei-
wöchiger Pflegekurs eine Einstiegsfunktion für Beschäftigte in Einfacharbeit
haben und zu weiterer Qualifizierung und Nachholbildung führen. Obwohl
Sprache und Kommunikation als zentral angesehen werden für die Ausübung
einfacher Tätigkeiten, werden Angebote zur sprachlichen Qualifizierung von
den Betrieben kaum unterstützt. Die eigenen sprachlichen Fähigkeiten werden
auch von den Beschäftigten selbst als Hinderungsgründe für die Teilnahme an
Weiterbildungsangeboten angegeben, weshalb es aus Sicht von Arbeitgebenden
oftmals einer zusätzlichen Motivation bedarf, um an einem Kurs teilzunehmen.
Als Herausforderung und Hindernis für die Qualifizierung von Beschäftigten in
Einfacharbeit wird auch das Fehlen von adäquaten Weiterbildungsangeboten
angesehen: „je niedriger qualifiziert, umso weniger Angebote gibt es" (S_01:

401). Trotzdem finden sich auch entsprechende Kursangebote für diese Zielgruppen. Als sprachbezogenes Kursangebot in Einfacharbeit wird beispielsweise der Kurs „Putzen Sie Deutsch" (S_01: 409) erwähnt. Für Beschäftigte in
einfachen Tätigkeiten gibt es in den Unternehmen in der Regel keine Laufbahn-
planung oder ein auf dieses Beschäftigungssegment zugeschnittenes Weiter-
bildungskonzept. Sie sind daher was Weiterbildung und Qualifizierung angeht
„eher ausgeschlossen" (S_04: 168). Langjährigen Beschäftigten in einfachen
Tätigkeiten werden zwar Kompetenzen zugeschrieben, die mit denjenigen
vergleichbar seien, die eine niedrige Ausbildungsstufe absolviert haben, aber das
sei für sie „nicht extrem lohnrelevant" (S_03: 105).

Betrieblich verankerte Gesundheitsprogramme gibt es in größeren Unternehmen, in kleineren werden eher punktuell Projekte oder Maßnahmen im
Gesundheitsbereich umgesetzt, um auf belastende Tätigkeiten zu reagieren. Job-
rotation wird teilweise praktiziert, jedoch haben Vorgesetzte und Unternehmensleitung in diesem Zusammenhang auch darauf hingewiesen, dass die körperliche
Anstrengung in einfachen Tätigkeiten fast unumgänglich sei und durch gesundheitliche Maßnahmen nur bedingt Abhilfe geschaffen werden könne. So wurde
beispielsweise für eine Mitarbeiterin der Hauswirtschaft, die „einfach körperlich
nicht mehr gut zwäg [fit] ist", in der internen Kindertagesstätte ein neuer Arbeitsplatz geschaffen (S_05: 117). Eine andere Möglichkeit ist die Pensen-Reduktion,
um mehr Zeit für die Regenerierung zu haben, allerdings müsse man es sich auch
finanziell leisten können, weniger zu arbeiten. Eine weitere Maßnahme ist die
anonymisierte Inanspruchnahme der Unterstützung durch eine externe Sozialberatung, aber die „Leute müssen natürlich wissen, was kriege ich dort, sonst gehen
sie nicht" (S_02: 137).

3.2   Anforderungen und Belastungen in polyvalenter
Einfacharbeit

Spezialisierte Einfacharbeit ist von polyvalenter Einfacharbeit zu unterscheiden, die beispielsweise in einem ambulanten Dienstleistungsunternehmen
angeboten wird. Der ambulante Versorger *Tannenwald*[6] bietet Pflege-, Hauswirt-

---

[6] Der Name des Betriebs ist anonymisiert. Die Anforderungen und Belastungen in einfachen Tätigkeiten werden hier aus Sicht des Human Ressources Management dargestellt.
Die Mitarbeitendenperspektive wird hier nicht aufgenommen, da es in dem vorliegenden
Artikel vor allem um eine Auseinandersetzung mit der Formbestimmtheit von Einfacharbeit im Kontext von Anforderungen und Belastungen geht.

schafts- und Betreuungsdienstleistungen sowie Maßnahmen der Prävention und Aktivierung für die Klientinnen und Klienten an. Ziel ist es, dass betreuungs- und pflegebedürftige Personen auch mit gesundheitlichen oder altersbedingten Einschränkungen zu Hause versorgt werden können. Neben pflegerischen Dienst- leistungen bei gesundheitlichen Problemen spielen Hauswirtschaft und Betreuung eine wichtige Rolle in Bezug auf die Grundversorgung. Denn eine Fach- person der Pflege, die eine Insulinspritze machen kann, „das haben wir schnell organisiert, aber das nützt nichts, wenn der Haushalt nicht funktioniert" (R_21_ HR: 60)[7]. Zum polyvalenten Profil der Hauswirtschaft gehören Tätigkeiten wie kochen, einkaufen, putzen, aber es kann auch Unterstützung bei der Körperpflege sein. Dieses kann noch um Betreuungstätigkeiten ergänzt werden. Betreuung kann „einfach am Tisch sitzen bedeuten, miteinander essen, kochen" (R_21_ HR: 184) oder eine Gehbegleitung beinhalten, also mit jemandem spazieren gehen. Die Leistungen von *Tannenwald* werden in der ambulanten Betreuung als Kurzzeiteinsätze angeboten. Für Einsätze von mehreren Stunden oder 24-h-Betreuungen, zum Beispiel bei demenzerkrankten Personen, wird teilweise mit anderen Organisationen zusammengearbeitet. Finanziert werden die Dienst- leistungen vor allem über verrechenbare Leistungen bei den Krankenkassen. Die Lohnentwicklung der Beschäftigten in dieser polyvalenten Einfacharbeit ist an ihren Erfahrungen in diesem Tätigkeitsfeld orientiert, neben Ausbildungen wird auch die Familientätigkeit als Erfahrungshintergrund berücksichtig. Die Beschäftigten werden allerdings nur bis zu einem Höchstpensum von 80 % bei *Tannenwald* angestellt. Als Gründe hierfür werden die anstrengende Tätig- keit und die Einsatzplanung angegeben, die eine Vollzeitbeschäftigung nicht zulassen würden. Jüngere Mitarbeitende würden sich allerdings eine Voll- zeitstelle wünschen. Dies könne mit dem eher geringen Lohn zusammen- hängen, der in der Hauswirtschaft gezahlt werde. Der Anteil an Einfacharbeit liegt im Unternehmen bei etwa 20 %. Viele Mitarbeiterinnen bei *Tannenwald* sind „Wiedereinsteigerinnen" (R_21_HR: 240) nach einer Familienphase. Die meisten Beschäftigten sind daher über 40 Jahre alt. Sie stammen überwiegend nicht aus der Schweiz, sondern aus dem grenznahen Ausland. Das Team besteht, abgesehen von Zivildienstleistenden, hauptsächlich aus Frauen. Als Grund hier- für wird angegeben, dass Kundinnen und Kunden Frauen bevorzugen würden, Männern werde Hauswirtschaft weniger zugetraut. Manche Mitarbeitende sind

---

[7] Die Angabe ist wie folgt zu lesen: R = Betriebstätigkeit: Reinigung, 21 = untersuchter Betrieb, HR = Leitung Human Ressource Management, 60 = Zeilenangabe Interview- transkript. Referenziert werden im vorliegenden Artikel nur direkte Zitate.

bereits seit 35 Jahren bei *Tannenwald*, einige Frauen arbeiten auch über ihre Pensionierung hinaus, um ihre Rente aufzubessern. Mitarbeitende in Hauswirtschaft und Betreuung haben oft eine Ausbildung in einem anderen Bereich. Denjenigen ohne Ausbildung wird attestiert, dass sie zwar „einen sauguten [sehr guten] Job" machen, jedoch von „ihren eigenen persönlichen Voraussetzungen" her „irgendwo anstehen", wenn es um Qualifizierungen geht. Sie würden auch über weniger Selbstvertrauen verfügen und wären daher sehr stolz auf ihre Lernerfolge, beispielsweise im Umgang mit dem neuen Smartphone oder mit digitalen Programmen.

Die Arbeit bei *Tannenwald* ist „körperlich sehr anstrengend" (R_21_HR: 240). Auch sind die Mitarbeitenden bei jedem Wetter mit dem Fahrrad unterwegs und wechseln alle eineinhalb Stunden zu einer neuen Klientin oder einem neuen Klienten. Neben der körperlichen Anstrengung kommen auch psychisch belastende Situationen hinzu, beispielsweise wegen verbaler oder körperlicher Belästigung, oder „dass wir jemanden tot auffinden und das sind nicht immer die Menschen, die zuhause friedlich einschlafen" (R_21_1_FK: 170). Im Rahmen der Einarbeitung besuchen neue Mitarbeitende von *Tannenwald* verschiedene Kurse zu Hauswirtschaft, Demenz, psychischen Erkrankungen, Kommunikation und Palliativ Care. Die meisten dieser Kurse werden intern angeboten, bei externen Angeboten werden die Kosten übernommen. Als beschäftigungsstarker Anbieter stellt *Tannenwald* selbst ein umfangreiches Weiterbildungsprogramm bereit. Sprachkurse werden hingegen nicht unterstützt, vielmehr werden Deutschkenntnisse für eine Anstellung vorausgesetzt. An den jährlichen Mitarbeitendengesprächen werden weitere Entwicklungsmöglichkeiten mit dem Personal besprochen. Durchschnittlich absolvieren Mitarbeitende insgesamt etwa fünf Weiterbildungstage pro Jahr. Die Finanzierung der Weiterbildung stellt für das Unternehmen eine Herausforderung dar, da diese als „nicht produktive Zeit" angesehen wird und daher nicht im Rahmen der Leistungserbringung mit Auftraggebenden verrechnet werden kann (R_21_HR: 368). Ein Wechsel aus dem Bereich Hauswirtschaft und Betreuung in die Pflege ist möglich und wird unterstützt. Als erster Schritt hierzu müssen interessierte Mitarbeitende zunächst einen Pflegehelfendenkurs absolviert. Daran kann sich im *Tannenwald* eine Ausbildung zur Fachangestellten Gesundheit anschließen. Mindestens einmal pro Jahr findet eine Überprüfung der Qualität der Leistungserbringung bei den Beschäftigten in Einfacharbeit statt. Hierzu werden die Mitarbeitenden von einer Fachperson im Rahmen ihrer Tätigkeit begleitet, beobachtet und beurteilt. Dabei erhalten sie auch Hinweise zur Verbesserung ihrer Arbeitstätigkeit, etwa in Bezug auf die Ausführung körperlich anstrengender Tätigkeiten. Darüber hinaus wird im Rahmen der Qualitätskontrolle auch die Einhaltung des Arbeitsschutzes überprüft. Mit Blick auf den besseren Umgang mit Belastungen in der Arbeitstätigkeit werden Schulungen zu körpergerechtem Arbeiten in der Hauswirtschaft und in Kinästhetik durchgeführt. Mitarbeitende erhalten Gesundheitsgutscheine, wenn sie eigene Aktivitäten zur Gesundheitsprävention durchführen. Um möglichst frühzeitig auf psychische Belastungen reagieren zu können, hat *Tannenwald* einen Vertrag mit einer externen Sozialberatung abgeschlossen, die von den Beschäftigten in Anspruch genommen werden kann. Im Zusammenhang mit psychischen Belastungen weist eine Vorgesetzte darauf hin, dass psychische Belastungen nicht allein aus der Arbeitstätigkeit resultieren, sondern auch in anderen Lebensbereichen entstehen können.

4   Diskussion der Ergebnisse

Bei den einfachen Tätigkeiten im Sozial- und Gesundheitsbereich handelt es sich um Tätigkeiten, die keine spezifischen, formalen Qualifikationen voraussetzen, sie werden in Form von spezialisierter oder polyvalenter Einfacharbeit erbracht. Für die Tätigkeiten in der Hauswirtschaft und in der Betreuung, es handelt sich hierbei meist um polyvalente Einfacharbeit, wird davon ausgegangen, dass Grundkompetenzen für diese Tätigkeiten bereits im Rahmen von Alltagskompetenzen ausgebildet wurden. Dies scheint insbesondere bei Frauen angenommen zu werden, die überwiegend in diesem Bereich beschäftigt werden. Männern wird diese Kompetenz in der polyvalenten Einfacharbeit des untersuchten ambulanten Dienstes explizit abgesprochen, wie im Zusammenhang mit Kundinnen- und Kundenwünschen deutlich geworden ist. In der Einfacharbeit haben implizit erworbenen Kompetenzen und Fähigkeiten, und zwar sowohl im privaten Alltag als auch in verschiedenen beruflichen Tätigkeiten, eine wichtige Bedeutung für routinisiertes Handeln, für das Erlernen neuer Tätigkeiten in der Einfacharbeit. Vor diesem Hintergrund kritisieren etwa Hagan et al. (2015) die Verwendung des Begriffs „unskilled" für Beschäftigte in Einfacharbeit. Die Rekrutierung von Frauen nach der Familienzeit zeigt, dass eine Beschäftigung in haushaltsnahen Dienstleistungen fast als logische Konsequenz aus der Familienarbeit angesehen wird. Im Rahmen der Einarbeitung in die jeweils konkrete Form der Einfacharbeit im Sozial- und Gesundheitsbereich findet dann eine Fokussierung und Ergänzung von bereits vorhandenen Fähigkeiten und Kompetenzen statt, und zwar tätigkeitsbezogen on-the-job und near-the-job durch betriebliche Weiterbildungsangebote, sowie off-the-job über externe Kursangebote (Dehnbostel 2010, S. 32 ff.). Dabei werden vor allem fachspezifische Weiterbildungen durchgeführt und belegt, die im Schnittfeld von Hauswirtschaft, Betreuung und Pflege angesiedelt sind. Diese sind

sowohl auf die Stärkung der für die aktuelle Tätigkeit benötigten Fähigkeiten und
Kompetenzen angelegt, zum Beispiel in Bezug auf Demenz oder psychische
Erkrankungen, können aber auch einen transitorischen Charakter haben und in die
Pflege als neuem Tätigkeitsfeld führen. Damit wird von betrieblicher Seite einerseits der „funktionalen Komplexität und der Handlungsautonomie der Einfacharbeit" (Abel et al. 2014, S. 15) Rechnung getragen, anderseits nehmen Betriebe
damit aber auch bereits vorhandene qualifikatorische Potentiale von Beschäftigten
wahr und versuchen diese für die Pflegetätigkeit abzuschöpfen. Dies gelingt insbesondere dann, wenn die Interaktionsarbeit als doppeltes Verhältnis aufgefasst
wird, das sowohl durch die Dyade der Klientinnen-und-Klienten-Beziehung als
auch durch die innerorganisatorische Interaktionsbeziehung bestimmt wird (Becke
und Bleses 2015b, S. 40). Erst diese erweiterte Perspektive auf Interaktionsverhält-
nisse ermöglicht es Betrieben, mittel- und langfristige Produktivitätspotentiale in
einfachen Tätigkeiten im Sozial- und Gesundheitsbereich zu identifizieren und im
Rahmen betrieblicher Entwicklungs- und Innovationsprozesse umzusetzen. Dies
gelingt jedoch nur dann, wenn Mitarbeitende dazu in der Lage sind, qualitativ
hochwertige Interaktionsarbeit sowohl im *back-office* als auch in ihrer *front-line-
work* (Böhle und Glaser 2006) zu leisten. Allerdings zeigen die vorliegenden
Befunde deutlich, dass solche Formen des Umgangs mit Personalressourcen im
Handlungsfeld Einfacharbeit im Sozial- und Gesundheitsbereich bislang noch
kaum ausreichend gut in den Betrieben etabliert sind. So wird etwa sowohl auf
fehlende Weiterbildungsangebote hingewiesen als auch auf eine von den Leitungs-
personen diagnostizierte, fehlende Bereitschaft der Beschäftigten, sich weiter
qualifizieren zu wollen. Die Gründe hierfür sind vielfältig und können sowohl im
Zusammenhang mit der jeweiligen Tätigkeit stehen, etwa als Ausdruck unterschiedlicher Anforderungsstrukturen von einfachen Tätigkeiten, die sich etwa aus
den verschiedenen Formen spezialisierter und polyvalenter Einfacharbeit ergeben,
als auch außerhalb dieser verortet werden, etwa in persönlichen Vorlieben und
privaten Bedürfnissen. Für ein besseres Verständnis dieser Zusammenhänge wäre
eine systematische, formenbezogene Untersuchung von Einfacharbeit erforderlich.
Generell gilt für die Einfacharbeit, dass im Rahmen der Ausübung dieser Tätigkeiten sowohl neue Qualifikationen erworben als auch bereits vorhandene
Kompetenzen und Fähigkeiten aktualisiert und weiterentwickelt werden. Als
Grundkompetenzen für die Einfacharbeit im Sozial- und Gesundheitsbereich
werden daher vor allem im privaten Haushalt aufgebaute und bewährte Problem-
lösungskompetenzen angesehen sowie grundlegende Sprachkenntnisse. Für
Maxwell (2006) gehören diese Kompetenzen und Fähigkeiten zu den „new basic
skills" von in Einfacharbeit tätigen Beschäftigten. Sie stellen zugleich auch „skills
of the un-skilled" (Hagan et al. 2015) dar, die von den Beschäftigten in einer Viel-

zahl von unterschiedlichen, alltäglichen Handlungen und Tätigkeiten erworben und entwickelt wurden. Die Beschäftigten in Einfacharbeit im Sozial- und Gesundheitswesen sind jedoch nicht nur „niedrigqualifiziert", sie verfügen vielfach bereits über in der Schweiz erworbene berufliche Qualifikationen, die jedoch nicht im Sozial- und Gesundheitswesen liegen, und vermehrt auch über sehr vielfältige, im Ausland erworbene formelle und informelle Qualifikationen über alle Qualifikationsstufen hinweg. Denn im Sozial- und Gesundheitswesen ist ein wachsender Anteil von Personen mit Migrationshintergrund beschäftigt (Jaccard Ruedin und Widmer 2010, S. 89). Qualifikatorisch sind die in Einfacharbeit im Sozial- und Gesundheitsbereich beschäftigten Personen daher insgesamt als gemischt-qualifiziert und tendenziell eher als gut qualifiziert einzuordnen. So können sie in Bezug auf das Erlernen und die Ausübung von neuen Tätigkeiten auf bereits in anderen beruflichen Zusammenhängen erworbene, formale, non-formale und informelle Kompetenzen zurückgreifen. Von Bedeutung für die Betriebe sind dabei jedoch nicht spezifische Fachkenntnisse, über die Beschäftigte aufgrund ihrer formalen Qualifikationen verfügen. Diese können zwar auch für ihre aktuelle Tätigkeit in der Einfacharbeit nützlich sein, etwa handwerkliches Können, müssen es aber nicht, wie beispielsweise das fachliche Können eines Metzgers oder einer Coiffeuse. In der Einfacharbeit sind vielmehr die im Zuge vorgängiger Erwerbstätigkeit erworbenen überfachlichen Kompetenzen entscheidend. Hierzu gehören insbesondere Sozial-, Selbst- und Personalkompetenzen (Solga et al. 2008, S. 20 f.), aber auch etwa manuelles, praktisches Geschick oder Begabung, die sich in der Fähigkeit zur Erledigung praktischer Tätigkeiten manifestiert, und eine grundlegende Erwerbsorientierung (Kraus 2006). Kraus versteht unter Erwerbsorientierung „Haltungen, Einstellungen und Muster, die eine bestimmte Orientierung des eigenen Lebens auf die Erwerbssphäre beinhaltet" (Kraus 2006, S. 220). Im Kontext von Einfacharbeit wird die Dimension Erwerbsorientierung vor allem mit dem Begriff der Motivation oder dem Wollen beschrieben, über die Beschäftigte verfügen sollten. Daher kommt den bisherigen, praktischen beruflichen Erfahrungen bei der Rekrutierung von Beschäftigten in der Einfacharbeit eine zentrale Rolle zu. Diese werden als Indizien genommen, an denen Erwerbsorientierung im Rekrutierungsprozess sichtbar und überprüfbar gemacht werden kann. Hagan et al. (2015) betonen daher zu Recht, dass *low-skilled* nicht *no-skills* heißt. Konkret bedeutet dies, dass auch für die Einfacharbeit qualifizierte Beschäftigte benötigt werden, die in der Lage sind, den (Wieder-)Einstieg in ein neues Tätigkeitsfeld problemlos zu bewältigen und sich die für *low-skilled jobs* erforderlichen Kompetenzen und Fähigkeiten erfolgreich aneignen zu können (Maxwell 2006, 2). Eine allfällig vorhandene Berufsbildung und die in vorgängigen Beschäftigungsverhältnissen formell und informell erworbenen, sowie die im Alltagshandeln ausgebildeten Fähigkeiten und Kompetenzen, sind in diesem Zusammenhang von zentraler Bedeutung. Für einen neuen Arbeitgebenden haben sie Signalfunktion (Matthes 2019, S. 73).

Gesundheitliche Belastungen werden vor allem auf die zum Teil schwere körperliche Tätigkeit in den Bereichen Hauswirtschaft, Reinigung, Wäscherei, sowie Betreuung und Pflege zurückgeführt, die nach einer langjährigen Tätigkeit wirksam werden und die Arbeitsfähigkeit einschränken können. Zur gesundheitlichen Unterstützung der Beschäftigten werden in den Betrieben vor allem Maßnahmen und Angebote der Gesundheitsförderung eingeführt. Darüber hinaus werden auch Maßnahmen im Bereich der Arbeitsorganisation vorgenommen, etwa die Versetzung an einen anderen Arbeitsplatz mit angepasster Tätigkeit oder Job-Rotation. Im Rahmen des betrieblichen Qualitätsmanagements wird am Beispielbetrieb *Tannenwald* aufgezeigt, wie die Überprüfung der Dienstleistungsqualität und die Einhaltung von Arbeitsschutzvorschriften, etwa in Bezug auf schweres Heben im Rahmen von Betreuung und Pflege, mit gemeinsamen Überlegungen zur gesundheitsförderlichen, ergonomischen Gestaltung der Arbeitsabläufe verbunden werden kann. Die Wirksamkeit gesundheitlicher Maßnahmen wird von den untersuchten Betrieben jedoch insgesamt als eher begrenzt wahrgenommen, was sich mit dem Kenntnisstand über die Wirksamkeit betrieblicher Gesundheitsmaßnahmen in der Einfacharbeit deckt (Geisen und Widmer 2018). Die körperliche Anstrengung in den einfachen Tätigkeiten selbst wird als fast unumgänglich angesehen und gesundheitliche Maßnahmen könnten hier nur bedingt Abhilfe leisten. Dies gilt vor allem für spezialisierte Formen von Einfacharbeit, die oft mit einseitigen körperlich Belastungen verbunden sind, wie sie beispielsweise in einer Wäscherei erbracht werden. Daneben bestehen auch psychische Belastungen, etwa im Zusammenhang mit dem Sterben, oder durch verbale und körperliche Belästigung. Einfacharbeit wird hier als Interaktionsarbeit sichtbar, bei der neben der koordinierenden und subjektivierenden Arbeitstätigkeit auch Emotions- und Gefühlsarbeit zu leisten sind (Böhle et al. 2015, S. 19). Gefühlsarbeit, wie sie etwa im Zusammenhang mit verbalen Belästigungen sichtbar wird und sich auf den Umgang mit den Gefühlen anderer bezieht, und Emotionsarbeit, die etwa entstehen kann, wenn die betreute Person tot aufgefunden wird und Beschäftigte im Umgang mit den eigenen Gefühlen auf Grund von Schmerz und Trauer an Grenzen stoßen, sind daher nicht nur zentrale Elemente personenbezogener Dienstleistungen in der Einfacharbeit, sie können auch zu gesundheitlichen Belastungen bei den Beschäftigten führen. Wie das Betriebsbeispiel *Tannenwald* als Good Practice-Beispiel zeigt, wird diesen Belastungen inzwischen Rechnung getragen, etwa indem in Bezug auf den Umgang mit psychischen Herausforderungen in der Betreuungs- und Pflegetätigkeit den Beschäftigten tätigkeitsbezogene Qualifizierungsangebote gemacht und gesundheitliche Unterstützung, etwa im Rahmen von betrieblicher Sozialberatung, angeboten wird. Insgesamt fehlt es jedoch weiterhin an systematischen Ansätzen in der Einfacharbeit, die vermehrt die strukturelle, betriebliche Ebene der Leistungserbringung mit in den Blick nehmen, um noch weitgehend „unausgeschöpfte Potentiale" (Geisen 2012) in der proaktiven Bearbeitung gesundheitlicher Herausforderungen und in fallbezogenen Unterstützungsmaßnahmen realisieren zu können. Interaktionsarbeit wird hier als organisationales Verhältnis sichtbar, das die Leitungs- und Kooperationsbeziehungen innerhalb des Betriebes als grundlegende Voraussetzung für die Interaktionsarbeit als Arbeit mit und an den Kundinnen und Kunden beschreibt (Abel 2014; Becke und Bleses 2015a).

5   Fazit und Schlussfolgerungen

Der vorliegende Beitrag hat sich mit der Formbestimmtheit von Einfacharbeit im Kontext von Anforderungen und Belastungen in einfachen Tätigkeiten in Betrieben des Sozial- und Gesundheitswesens auseinandergesetzt. Einfacharbeit wird in den Betrieben sowohl in spezialisierter Form, bei der nur eine spezifische, einfache Tätigkeit ausgeübt wird, als auch in polyvalenter Form geleistet, bei der verschiedene einfache Tätigkeiten miteinander kombiniert werden. Bei den verschiedenen Tätigkeiten in Einfacharbeit im Sozial- und Gesundheitsbereich handelt es sich um personenbezogene Dienstleistungen und um Interaktionsarbeit. Hieraus ergeben sich sowohl unterschiedliche Anforderungen, und zwar sowohl für die betriebliche Organisation von Einfacharbeit als auch für die Beschäftigten in den jeweiligen Tätigkeiten. Die Einarbeitung in die Tätigkeiten erfolgt durch eine gezielte Einführung und Begleitung von neuen Mitarbeitenden in ihren Tätigkeiten. Darüber hinaus werden Weiterbildungsmaßnahmen und Qualitätskontrollen gezielt eingesetzt, um Mitarbeitende weiter zu qualifizieren und im Umgang mit belastenden Situationen besser zu unterstützen. Auch die Unterstützung bei gesundheitlichen Belastungen, insbesondere im muskuloskelettalen Bereich sowie bei psychischen Herausforderungen, wird von den untersuchten Betrieben zum Teil proaktiv angegangen. Damit zeigt sich insbesondere in den untersuchten Betrieben des Sozial- und Gesundheitswesens, dass die Qualität von Einfacharbeit im Zusammenhang mit der betrieblichen Leistungserstellung vermehrt Beachtung findet. Gleichwohl bestehen auch dort, wo Beschäftigte in einfachen Tätigkeiten gute Arbeitsbedingungen vorfinden, noch Herausforderungen und Handlungsbedarfe, die der weiteren Bearbeitung in den betrieblichen Kontexten im Sinne von Nachhaltigkeit und „Decent Work" (Senghaas-Knobloch 2010) bedürfen.

Literatur

Abel, Jörg, Hartmut Hirsch-Kreinsen, und Peter Ittermann. 2014. Einfacharbeit in der Industrie. Strukturen, Verbreitung und Perspektiven. Berlin: edition sigma.

Amstutz, Nathalie, Thomas Geisen, Benedikt Hassler, Jasmin Diezi, Lea Widmer, Lia Steiner, Katrin Kraus, und Nadine Wenger. 2018. ‚Arbeiten, solange der Körper mitmacht'. Betriebliche Herausforderungen im Zusammenhang mit Einfacharbeit und alternden Belegschaften. Arbeit 27 (1): 5–25. https://doi.org/10.1515/arbeit-2018-0002.

Bauer, Rudolph. 2001. Personenbezogene Soziale Dienstleistungen. Begriff, Qualität und Zukunft. Wiesbaden: Westdeutscher Verlag.

Baum, Thomas. 2013. International Perspectives on Women and Work in Hotels, Catering and Tourism. Working Paper 1/2013. Geneva: ILO.

Becke, Guido, und Peter Bleses. 2015a. „Koordination und Interaktion – ein konzeptioneller Rahmen zur Analyse ihres Wechselverhältnisses bei sozialer Dienstleistungsarbeit." In Interaktion und Koordination. Das Feld sozialer Dienstleistungen, Hrsg Guido Becke und Peter Bleses, 23–49. Wiesbaden: Springer VS.

Becke, Guido, und Bleses, Peter. 2015b. Koordinations- und Interaktionsarbeit als Voraussetzungen für die Produktivitätsgestaltung sozialer Dienstleistungen – Zur Einführung. In Interaktion und Koordination. Das Feld der sozialen Dienstleistungen, Hrsg Guido Becke und Peter Bleses, 7–22. Wiesbaden: Springer VS.

Beerheide, Emanuel, Anne Goedicke, Kai Seiler, Arno Georg und Constanze Nordbrock, Hrsg. 2018. Gesundheitsgerechte Dienstleistungsarbeit. Diskontinuierliche Erwerbsverläufe als Herausforderung für Arbeitsgestaltung und Kompetenzentwicklung im Gastgewerbe. Wiesbaden: Springer Fachmedien.

Bogner, Alexander, Beate Littig, und Wolfgang Menz, ed. 2002. Das Experteninterview. Theorie, Methode, Anwendung. Opladen: Leske + Budrich.

Böhle, Fritz, und Jürgen Glaser. 2006. Interaktion als Arbeit – Ausgangspunkt. In Arbeit in der Interaktion – Interaktion als Arbeit, Hrsg Fritz Böhle und Jürgen Glaser, 11–15. Wiesbaden: VS Verlag.

Böhle, Fritz, Ursula Stöger, und Margit Weihrich. 2015. Interaktionsarbeit gestalten. Vorschläge und Perspektiven für humane Dienstleistungsarbeit. Berlin: edition sigma.

Bosch, Gerhard, und Weinkopf, Claudia, Hrsg. 2007. Arbeiten für wenig Geld. Niedriglohnbeschäftigung in Deutschland Frankfurt am Main: Campus Verlag.

Bosch, Gerhard, und Claudia Weinkopf. 2011. ‚Einfacharbeit' im Dienstleistungssektor. Arbeit 20 (3): 173–187.

Charmaz, Kathy. 2014. Constructing Grounded Theory. London: SAGE.

Dehnbostel, Peter. 2010. Betriebliche Bildungsarbeit. Kompetenzbasierte Aus- und Weiterbildung im Betrieb. Baltmannsweiler: Schneider Verlag Hohengehren.

Doussard, Marc. 2013. Degraded Work. The Struggle at the Bottom of the Labor Market. Minneapolis/London: University of Minnesota Press.

Geisen, Thomas. 2012. ‚Unausgeschöpfte Potenziale'. Eingliederungsmanagement als neues Konzept in der Sozialen Arbeit. Sozial Aktuell (2): 36–38.

Geisen, Thomas, und Lea Widmer. 2018. Expertise Alternde Belegschaft und Einfacharbeit. Eine Studie zum Erhalt von Beschäftigungsfähigkeit in Unternehmen. Olten: Hochschule für Soziale Arbeit der Fachhochschule Nordwestschweiz FHNW.

Hagan, Jacqueline Maria, Rubén Hernández-León, und Jean-Luc Demonsant. 2015. Skills of the 'Unskilled'. Work and Mobility among Mexican Migrants. Oakland, California: University of California Press.

Hartmann, Anja. 2013. Dienstleistungsgesellschaft. In Lexikon der Arbeits- und Industriesoziologie, Hrsg Hartmut Hirsch-Kreinsen und Heiner Minssen, 170–175. Berlin: edition sigma.

Hassler, Benedikt, Lea, Widmer, Thomas, Geisen, Nathalie, Amstutz, Nico, Scheidegger, und Nadine, Wenger. 2019. Arbeitsplätze ohne formale Qualifikationsanforderungen in der Schweiz. Rekrutierungsstrategien von Unternehmen und deren sozialpolitische Bedeutung. In: Zeitschrift für Sozialreform, 65 (2), 147–174.

Ittermann, Peter, Ulf Ortmann, Alfredo Virgillito, und Eva-Maria Walker. 2019. Hat die Digitalisierung disruptive Folgen für Einfacharbeit? Kritische Reflexion und empirische Befunde aus Produktion und Logistik. Industrielle Beziehungen 26 (2): 150–168.

Jaccard Ruedin, Hélène, und Marcel Widmer. 2010. Ausländisches Gesundheitspersonal in der Schweiz. Neuchâtel: Schweizerisches Gesundheitsobservatorium.

Kraus, Katrin. 2006. Vom Beruf zur Employability? Zur Theorie einer Pädagogik des Erwerbs. Wiesbaden: VS Verlag.

Kuckartz, Udo. 2012. Qualitative Inhaltsanalyse. Methoden, Praxis, Computerunterstützung. Weinheim/Basel: Beltz/Juventa.

Matthes, Stephanie. 2019. Warum werden Berufe nicht gewählt? Die Relevanz von Attraktions- und Aversionsfaktoren in der Berufsbildung. Bonn: Bundesinstitut für Berufsbildung.

Maxwell, Nan L. 2006. The working life. The labor market for workers in low-skilled jobs. Kalamazoo: W.E. Upjohn Institute for Employment Research.

Mayring, Philipp, und Michaela Gläser-Zikuda, Hrsg. 2005. Die Praxis der Qualitativen Inhaltsanalyse. Weinheim/Basel: Beltz.

Oberbeck, Herbert. 2013. „Dienstleistungsarbeit." In Lexikon der Arbeits- und Industriesoziologie, Hrsg Hartmut Hirsch-Kreinsen und Heiner Minssen, 165–170. Berlin: edition sigma.

Ostermann, Paul, Hrsg. 2019. Creating Good Jobs. An Industry-Based Strategy. Cambridge, Massechusetts: The MIT Press.

Patton, Michael Quinn. 2002. Qualitative Research and Evaluation Methods. Thousand Oaks: Sage Publications.

Senghaas-Knobloch, Eva. 2010. ‚Decent Work' – eine weltweite Agenda für Forschung und Politik. In ‚Decent Work'. Arbeitspolitische Gestaltungsperspektive für eine globalisierte und flexibilisierte Arbeitswelt, Hrsg Guido Becke, Peter Bleses, Wolfgang Ritter und Sandra Schmidt, 15–36. Wiesbaden: VS Verlag.

Solga, Marc, Jurij Ryschka, und Axel Mattenklott. 2008. Personalentwicklung: Gegenstand, Prozessmodell, Erfolgsfaktoren. In Praxishandbuch Personalentwicklung. Instrumente, Konzepte, Beispiele, Hrsg Jurij Ryschka, Marc Solga und Axel Mattenklott, 19–34. Weisbaden: Gabler.

Witzel, Andreas. 1985. Das problemzentrierte Interview. In Qualitative Forschung in der Psychologie. Grundfragen, Verfahrensweisen, Anwendungsfelder, Hrsg G Jüttemann, 227–255. Weinheim, Basel.

Prof. Dr. Thomas Geisen ist Professor für Arbeitsintegration und Eingliederungs-management/Disability Management an der Hochschule für Soziale Arbeit der Fach-hochschule Nordwestschweiz. Seine Arbeitsschwerpunkte sind Arbeit und Migration. Information: www.fhnw.ch/de/personen/thomas-geisen; Kontakt: thomas.geisen@fhnw.ch

Lea Widmer, M.A., ist wissenschaftliche Mitarbeiterin an der Hochschule für Soziale Arbeit der Fachhochschule Nordwestschweiz. Ihre Arbeits- und Forschungsschwerpunkte sind Arbeit, Migration und soziale Netzwerkanalyse. Information: https://www.fhnw.ch/de/personen/lea-widmer; Kontakt: lea.widmer@fhnw.ch

Praxisansätze gesundheitsförderlicher Gestaltung

Gesundheitsförderliche Gestaltung des ambulanten Sozialdiensts bei vacances

Isabel Staden

Zusammenfassung

Das Unternehmen vacances – Mobiler Sozial- und Pflegedienst GmbH engagiert sich als aktiver Praxispartner im Projekt FlexiGesA, speziell im Bereich der gesundheitsförderlichen Arbeitsgestaltung für Mitarbeiter*innen aus der Hauswirtschaft und Betreuung. Mittels Befragungen und in zahlreichen Workshops mit Mitarbeitenden konnten Belastungen, die die Interaktionsarbeit mit sich bringt, identifiziert werden. Mit Führungskräften konnten konkrete Maßnahmen entwickelt und erprobt werden, die perspektivisch die sog. Einfacharbeit in der Hauswirtschaft unterstützen und die Mitarbeiter*innen psychisch entlasten, wie die Einführung von regelmäßig stattfindenden Mitarbeitergesprächen und Dienstbesprechungen. Während der Projektlaufzeit ist im Zuge der umfangreichen Forschungs- und Entwicklungsaktivitäten ein positiver Wandel im hauswirtschaftlichen Bereich sichtbar geworden. Im hier vorliegenden Beitrag werden sowohl die Forschungs- und Entwicklungsaktivtäten im Projekt als auch die Überführung konkreter Maßnahmen in die Praxis des Sozialdienstes bei vacances fokussiert. Dabei wird einerseits speziell auf die Wünsche und Bedarfe der in der Interaktionsarbeit tätigen Mitarbeiter*innen und andererseits auf arbeitsorganisatorische Aspekte aus Sicht der im Unternehmen tätigen Führungskräfte eingegangen.

I. Staden (✉)
vacances Mobiler Sozial- und Pflegedienst GmbH, Bremen, Deutschland
E-Mail: i.staden@vacances.de

© Der/die Autor(en) 2023   191
G. Becke (Hrsg.), *Flexible Dienstleistungsarbeit gesundheitsförderlich gestalten*,
https://doi.org/10.1007/978-3-658-37055-8_9

Schlüsselwörter

Sozialdienst · Hauswirtschaft · Interventionsmaßnahmen ·
Sozialdienstkoordinator*innen · Arbeitssituationsanalyse

1   Einleitung

Der Arbeits- und Gesundheitsschutz ist in nahezu allen Bereichen der Berufs-
und Arbeitswelt mittlerweile zu einem wichtigen Themenfeld avanciert. Ein
bedeutsamer Teilaspekt des Arbeits- und Gesundheitsschutzes bezieht sich auf
die psychischen Belastungen am Arbeitsplatz. Nicht zuletzt durch die weltweite
Coronapandemie zusätzlich in den Fokus gerückt, betrifft das insbesondere auch
den Gesundheits- und Pflegebereich. Hohe Arbeitsbelastungen und neue Herausforderungen in nahezu allen Tätigkeitsbereichen des Pflegesektors werden aktuell
intensiv diskutiert und es wird nach Lösungsoptionen gesucht.

An dieser Stelle setzt das Verbundprojekt FlexiGesA an, in dem speziell
die Auswirkungen von psychischen Belastungen auf die Arbeit von Dienstleistungsunternehmen der ambulanten Pflege fokussiert sind. Im Projekt wurden
Maßnahmen entwickelt, die dazu beitragen, gesündere Arbeitsbedingungen für
alle Beschäftigten in diesen Bereichen zu schaffen. Das Unternehmen vacances
Mobiler Sozial- und Pflegedienst GmbH fungierte in diesem Projektkontext als
Praxispartner. Es wurden gemeinschaftlich zahlreiche Interventionsmaßnahmen
und Handlungsempfehlungen entwickelt, die speziell die Arbeit im ambulanten
Sozialdienst des Unternehmens betreffen. Als beteiligte Ziel- und Personen-
gruppen sind hier die Mitarbeiter*innen im hauswirtschaftlichen Bereich
(Haushaltshilfen) und die in der Sozialdienstkoordination tätigen Personen
(Sozialdienstkoordinator*innen) zu nennen. Bereits während der Projektlaufzeit
wurden entwickelte Interventionsmaßnahmen und Handlungsempfehlungen in
der alltäglichen Praxis des Unternehmens vacances implementiert. Seither tragen
sie zur nachhaltig gesundheitsförderlichen Arbeitsgestaltung für alle beteiligten
Personengruppen bei. Nachfolgend sollen die Kernaspekte dieses Entwicklungs-
und Implementationsprozesses dargelegt werden.

Nach einer Vorstellung des Unternehmens vacances und seiner Strukturen
sollen zunächst Aufgaben des Sozialdienstes und im speziellen die des hauswirtschaftlichen Bereichs beschrieben werden, bevor die im Projekt gemeinschaftlich entwickelten Interventionsmaßnahmen und Handlungsempfehlungen für die
Praxis vorgestellt und in ihrer Wirksamkeit reflektiert werden.

2 Relevanz des Projekts FlexiGesA für das Unternehmen

Das Unternehmen vacances – Mobiler Sozial- und Pflegedienst GmbH ist ein privater sozialer Dienstleiter, der Kund*innen mit einem Hilfebedarf in ihrer Häuslichkeit im gesamten Stadtgebiet von Bremen sowie z. T. auch in umliegenden Gemeinden versorgt. Die ambulante Pflege auf der einen Seite und die ambulante Hauswirtschaft und Betreuung auf der anderen Seite gelten als Hauptarbeitsbereiche bei vacances. Das Unternehmen vacances expandiert seit seiner Gründung im Jahr 1995 stetig. Der Aufbau neuer Zweigstellen und Standorte im gesamten Bremer Raum macht es erforderlich, stets nach qualifizierten Fachkräften zu suchen und personell zu expandieren. Im Herbst 2021 beispielsweise eröffnete vacances eine neue Tagespflege für bis zu 25 Gäst*innen. Derzeit beschäftigt das Unternehmen rund 180 Mitarbeiter*innen. Im Bereich der ambulanten Pflege besteht das Team aus 60 Mitarbeiter*innen, die sich auf drei Standorte aufteilen. Der Sozialdienst arbeitet im gesamten Bremer Gebiet an fünf Standorten mit 100 Mitarbeiter*innen. Im Verwaltungswesen des Unternehmens sind aktuell 15 Mitarbeiter*innen beschäftigt.

Zum Zeitpunkt des Projektstarts (im Jahr 2018) zeichnete sich beim Unternehmen „vacances" noch ein anderes Bild: Zu der Zeit beschäftigte vacances 90 Mitarbeiter*innen. Rund 80 % der Belegschaft waren damals weiblichen Geschlechts. Die ambulante Pflege umfasste rund 50 Mitarbeiter*innen an zwei Standorten in Bremen. Der Sozialdienst hatte im Jahr 2018 ca. 30 Mitarbeiter*innen, deren Tätigkeitsbereich das gesamte Bremer Stadtgebiet abdeckte. Außerdem waren damals 10 Mitarbeiter*innen im Bereich der Verwaltung und der Geschäftsführung tätig. Schon damals stand für vacances fest, dass der Bereich des Sozialdienstes sukzessiv stärker ausgebaut werden sollte, um die steigende Nachfrage bedienen zu können. Insbesondere durch die Einführung der strukturellen Pflegereform, die durch die Einführung der Pflegegrade im Jahr 2017 ausgelöst wurde, stieg die Nachfrage im Bereich der ambulanten Hauswirtschaft und Betreuung rapide an. Für vacances stand fest, dass in diesem Kontext einerseits ein großes Expansionspotenzial, andererseits jedoch auch große Herausforderungen im Sinne umfangreicher Transformationsprozesse liegen würden.

Der Start des Projekts FlexiGesA und die Beteiligung von vacances als Praxispartner fiel im Jahr 2018 also in eine Zeit, in der das Unternehmen ohnehin durch starke Wachstumstendenzen und Umstrukturierungsbedarfe an der Implementierung neuer Konzepte interessiert war. Aus vorangegangenen

Projekten, in denen vacances bereits mitwirkte, konnten bereits viele positive Effekte in unterschiedlichen Kontexten für die betriebliche Praxis genutzt werden. So war die Motivation von vacances hoch, auch durch das FlexiGesA-Projekt neue Impulse zu erhalten. Geplant war von Anfang an, diese Impulse gezielt auf die Mitarbeiter*innen des Sozialdienstes zu beziehen, deren psychische Gesundheit damit in den Blick genommen wurde.

3 Aufgaben des Sozialdienstes

3.1 Tätigkeitsbereiche von Mitarbeitenden in der Hauswirtschaft

Ein gewöhnlicher Arbeitstag eine*r Mitarbeiter*in in der Hauswirtschaft startet in der Regel bei den Beschäftigten zu Hause. Jede*r Mitarbeiter*in hat über einen Zugang zum Online-Dienstplanprogramm von vacances die Möglichkeit einzusehen, bei welchen Kunden*innen zu welcher Zeit und in welchem zeitlichen Umfang ambulante Dienstleistungstätigkeiten ausgeführt werden müssen. Mitarbeiter*innen finden dort alle relevanten Informationen zu Kund*innen und außerdem, welche*r Sozialdienstkoordinator*in in der vacances-Zentrale zuständig ist. Zu den relevantesten Informationen für eine individuelle Auseinandersetzung mit den anstehenden Aufgaben von Sozialdienstmitarbeiter*innen gehört die Kundenadresse (Straße, Hausnummer, Stadtteil o. Ä.) und die aktuelle Telefonnummer. Außerdem ist der vereinbarte Stundenumfang und die Uhrzeit vermerkt, zu der die Arbeit bei den jeweiligen Kunden*innen aufgenommen werden soll. Ferner werden den Mitarbeiter*innen allgemeine Informationen zum Wohnumfeld der Kunden*innen gegeben. Dazu gehört beispielsweise, ob Kunden*innen mit einer/m Partner*in zusammenleben, ob Haustiere zugegen sind oder Angaben zum Zustand der Wohnung oder des Hauses. Darüber hinaus sind Besonderheiten hinterlegt, die es beim Dienstleistungseinsatz zu beachten gilt. Das kann zum Beispiel die Information sein, dass eine Schwerhörigkeit bei Kunden*innen vorliegt oder bestimmte Personen wegen Krankheit oder anderer Gebrechen speziell eingeschränkt sind.

Jede*r Mitarbeiter*in im Bereich der Hauswirtschaft hat einen festen Kundenstamm. In der Regel wird jede*r Kunde*in wöchentlich oder auch vierzehntägig mit einer Mindesteinsatzzeit von zwei Stunden versorgt. Je nach vertraglich festgelegten wöchentlichen Sollstunden, versorgt jede*r Mitarbeiter*in unterschiedlich viele Kunden*innen. In der Hauswirtschaft beginnt eine Festanstellung mit mindestens neun Soll-Arbeitsstunden bei einer 5-Tage-Woche. Muss ein*e Mitarbeiter*in mehrere Kunden pro Tag versorgen, so ist im zeitlichen Verlauf der Einsätze immer eine Wegezeit von 15 min zwischen zwei Einsätzen einkalkuliert. Dabei ist stets zu beachten, dass einige Mitarbeiter*innen durchaus mit öffentlichen Verkehrsmitteln von Einsatz zu Einsatz fahren, wohingegen andere ein Auto nutzen oder gar mit dem Fahrrad unterwegs sind. Für die Sozialdienstkoordinator*innen bedeutet das, bei der Touren- und Einsatzplanung darauf zu achten, dass die festgelegte Wegezeit nicht überschritten wird. Durch das digitale Dienstplanprogramm von vacances wird zudem die Arbeitszeit von Mitarbeitenden erfasst. Durch das „Abzeichnen" der Einsätze bestätigen die einzelnen Kollegen*innen, dass Kunden*innen im vereinbarten Umfang versorgt worden sind.

Die Aufgaben eines jeden Mitarbeitenden im Bereich des Sozialdienstes umfassen hauptsächlich die Unterstützung von Kunden*innen im Haushalt. Hierzu zählt insbesondere das Reinigen der Häuslichkeit, die Besorgung von Lebensmitteln, Tätigkeiten der häuslichen Betreuung wie z. B. Begleitung von Arztbesuchen oder Spaziergängen, Betreuung von Kindern, Zubereitung von Mahlzeiten und ähnliche andere Tätigkeiten. Die Mitarbeiter*innen sind während ihres Einsatzes beim Kunden in der Regel alleine vor Ort. Jede*r Kunde*in hat individuelle Wünsche und Ansprüche, was für den Mitarbeiter*innen stets mit einer neuen Herausforderung verbunden ist. Die individuellen Wünsche besprechen die Sozialdienstmitarbeiter*innen meistens mit Kunden*innen direkt während des Einsatzes ab. Klar ist: Mitarbeitende müssen sich bei jedem Einsatz auf eine andere Persönlichkeit und ein anderes Umfeld einstellen. Dabei begegnen ihnen stets andere Einschränkungen pro Einsatz und demnach ändert sich auch fortlaufend der individuelle Hilfebedarf. Neben den körperlichen Anstrengungen, die Hauswirtschaftskräfte tagtäglich bewältigen, stellen mit steigender Relevanz auch die psychischen Anstrengungen ein Problem dar. Im Bewusstsein des Unternehmens vacances ist es sehr wichtig, dass bei der Tätigkeit der Mensch nicht vergessen wird. Sollten Probleme bei Einsätzen auftreten, haben Sozialdienstmitarbeitende stets die Möglichkeit, die jeweils für den*die jeweilige*n Kunden*in zuständigen Sozialdienstkoordinator*innen zu kontaktieren.

Neben den Herausforderungen für die Mitarbeitenden im praktischen Sozialdiensteinsatz bei Kunden*innen, wird durch die vorangegangenen Beschreibungen klar, dass speziell auch die Sozialdienstkoordinator*innen eine besondere Verantwortung tragen. Ihre Planungen sind entscheidend dafür, dass für Mitarbeitende im Einsatz die Arbeit bewältigbar bleibt.

4   Tätigkeitsbereiche von Sozialdienstkoordinator*innen

Die Tätigkeitsbereiche der Sozialdienstkoordinator*innen sind sehr vielfältig und beziehen sich zum einen auf das Themenfeld der Mitarbeiter*innenführung und zum anderen auf die Koordination und Betreuung von Kunden*innen.

Jede*r einzelne Sozialdienstkoordinator*in bei vacances ist für ein bestimmtes Einzugs- bzw. Versorgungsgebiet zuständig. Versorgungsgebiete bestehen in der Regel aus einzelnen Bremer Stadtteilen, z. T. sind jedoch auch stadtteilübergreifende Gebiete zusammengefasst. In einem solchen Versorgungsgebiet betreut jede*r Koordinator*in verschiedene Kunden*innen. Eine Facette dieser Kunden*innenbetreuung bezieht sich auf die Unterstützung und Beratung bei den Kostenträgern. D. h. ein*e Sozialdienstkoordinator*in kümmert sich darum, den Kontakt zu Pflegeversicherungen, Krankenkassen oder auch Sozialämtern zu halten und finanzielle Dinge abzuwickeln. Außerdem sind die Sozialdienstkoordinator*innen – wie bereits zuvor erwähnt – für die Terminierung und Planung der Praxiseinsätze zuständig. Einsatzumfang und zu verrichtende Aufgaben werden bei einem in der Regel telefonisch geführten Erstgespräch erörtert und oftmals hier bereits festgelegt. Bei Fragen und/oder Problemen bei der Umsetzung sind die Koordinator*innen ständige Ansprechpartner*innen für den*die Kunden*innen sowie auch für andere Abteilungen im Unternehmen. Sozialdienstkoordinator*innen haben dadurch eine stark vernetzende Funktion im Unternehmen und auch in der Kommunikation nach außen.

Speziell die Aufgaben von Sozialdienstkoordinator*innen im Bereich der Mitarbeiter*innenführung sind als sehr vielfältig zu bezeichnen. Die bereits angesprochene Dienstplanung ist ein großer Bestandteil dessen. Organisatorisch nimmt diese Aufgabe viele zeitliche Ressourcen in Anspruch. Dabei ist stets die Balance zu halten, sowohl Wünsche von Mitarbeiter*innen zu beachten als auch jede*n einzelne*n Mitarbeiter*in im Rahmen seiner*ihrer Sollstunden zu beschäftigen. Sozialdienstkoordinator*innen sind ferner für die Urlaubsplanung oder auch eine (Ad-hoc-)Planung bei Krankheitsfällen von Mitarbeiter*innen verantwortlich. Neben der Koordination laufender Einsätze und deren Planung obliegt es auch dem*r Sozialdienstkoordinator*in, neue Mitarbeiter*innen für den hauswirtschaftlichen Bereich zu finden, für das Unternehmen zu gewinnen und schließlich als neue*n Kollegen*in einzustellen. Dazu gehört die Sichtung von Bewerbungsunterlagen, die Einladung zu Vorstellungs- bzw. Bewerbungsgesprächen und die Koordination weiterer einstellungs-relevanter Verfahren und Spezifika.

Um die verschiedenen Tätigkeiten und organisatorischen Aspekte in den einzelnen Sozialdienst-Teams zu koordinieren, wird zweimal im Monat eine Teambesprechung aller Sozialdienstkoordinator*innen einberufen. Diese finden im Beisein der Leitungsperson für den gesamten Sozialdienstbereich bei vacances statt. Somit ist sichergestellt, dass die Ebene der Unternehmensleitung stets über die aktuelle Lage der Einsatzpraxis im Bilde ist.

5   Entwicklungen im hauswirtschaftlichen Bereich durch das Projekt FlexiGesA

5.1   Interventionsmaßnahme: Mitarbeiter*innengespräche

Als im Jahr 2018 der Umstrukturierungsprozess im Bereich des Sozialdienstes angestoßen und sukzessive intensiviert wurde, wuchs auch der Bedarf, sowohl neu zu beschäftigende als auch vorhandene Mitarbeiter*innen in ihrer Arbeit wertzuschätzen, individuelle Bedarfe aufzunehmen, zu adressieren und mit steigender Teamgröße den Überblick zu behalten. Zu diesem Zweck konnte insbesondere Weiterentwicklungsbedarf im Kontext des bereits bestehenden Verfahrens bei Mitarbeiter*innengesprächen identifiziert werden. Im Zuge des Projektverlaufs konnte das Instrument der Mitarbeiter*innengespräche neu aufgelegt, stark erweitert und nun verpflichtend eingeführt werden. Neben den wertschätzenden Aspekten für Mitarbeiter*innen im hauswirtschaftlichen Bereich und der Gelegenheit, auf Herausforderungen und Probleme direkt einzugehen, hat das Mitarbeiter*innengespräch insbesondere für die Sozialdienstkoordinator*innen eine spezielle Funktion. Sie haben ein Führungsinstrument an der Hand, welches sie dazu nutzen können, Gespräche mit ihren Mitarbeitenden effektiver und zielgerichteter zu führen. Besagte Mitarbeiter*innengespräche werden jährlich mit allen Mitarbeitenden geführt. Bis dato hatten die Sozialdienstkoordinator*innen lediglich einen rudimentären Beurteilungsbogen zur Hand, demzufolge sie ihre Mitarbeiter*innen mit Punkten auf einer Kompetenzskala bewerten konnten. Hierzu zählen Einschätzungsitems in den Dimensionen „persönliche Kompetenz" und „Fachkompetenz".

Dieses relativ undifferenzierte und wenig flexible Instrument konnte im Projekt FlexiGesA adaptiert werden. Speziell individuelle Bedarfe der Mitarbeitenden sollten stärker in den Fokus gerückt werden. Außerdem sollten stärker die Belastungen der Mitarbeitenden adressiert werden, um frühzeitig auf Situationen reagieren zu können, die ggf. mittel- oder langfristig zu gesundheitlichen Problemen führen können. Es entstand daraufhin ein neues Führungs-instrument für die Mitarbeiterjahresgespräche, welches nun drei Teile umfasst: Erstens ist die Mitarbeiter*innenbeurteilung durch die Vorgesetzten enthalten. Zweitens ist eine Checkliste verfügbar, mit der die Beurteilung der Arbeits-situation aus Sicht der einzelnen Beschäftigten in der Hauswirtschaft reflektiert werden kann. Schließlich wird daraufhin als drittes prospektiv in die Zukunft geschaut und eine Zielvereinbarung getroffen, die dann im nächsten Mit-arbeiter*innengespräch als Grundlage herangezogen wird, um zu schauen, welche Ziele erreicht wurden.

Für die Durchführung der Jahresgespräche sind unternehmensintern einige Grundsätze und Ziele festgelegt worden. Dazu zählt beispielsweise, dass sich genügend Zeit für das Gespräch genommen wird oder nicht nur die aktuelle Situation, sondern auch die Arbeit und relevante Ereignisse aus dem abgelaufenen Jahr reflektiert werden. Die Mitarbeiter*innenbeurteilung durch Vorgesetzte soll bereits vor dem eigentlichen Gespräch geschehen. Als Leitlinien für diese Beurteilung dienen acht Bewertungskriterien, die nicht bei jeder Beurteilung auf-geführt werden müssen, sondern nur, wenn diese auch individuell relevant sind. Diese Kriterien berühren folgende Aspekte:

- Arbeitsqualität (Rückmeldungen von Kunden*innen)
- Leistungsbereitschaft (Engagement und Motivation des*der Mit-arbeiter*innen)
- Belastbarkeit (Aufmerksamkeit und Ausdauer unter Belastungen)
- Effektivität (Arbeitsweise zielorientiert, systematisch und angemessenes Arbeitstempo)
- Teamfähigkeit
- Flexibilität (offen für Veränderungen)
- Selbstständigkeit (selbstständiges Arbeiten, Lösungssuche)
- Erscheinungsbild (gepflegtes Erscheinungsbild)

Die kriteriengeleitete Beurteilung dient zur Vorbereitung auf das Mit-arbeiter*innenjahresgespräch durch die entsprechenden Führungskräfte.

Zur Vorbereitung für Mitarbeitende wird mit der persönlichen Einladung zum Jahresgespräch auch die angesprochene Checkliste zur Arbeitsqualität versendet. Die Checkliste dient dazu, die Arbeitsbedingungen aus Sicht der Beschäftigten zu bewerten. Diese Checkliste sollen Mitarbeitende vor dem Gespräch ausfüllen und zum Termin mitbringen. Mitarbeiter*innen können auf der Checkliste mithilfe von Smileys die individuelle Zufriedenheit in sechs Bereichen ausdrücken. Diese Bereiche umfassen folgende Aspekte:

- Arbeitsorganisation
- Arbeitstätigkeit
- Fortbildungen
- Vorgesetztenverhalten
- Team-/Betriebsklima
- Arbeitsmittel/Arbeitsumgebung.

Außerdem haben Mitarbeiter*innen hier die Möglichkeit, Gefährdungen und Belastungen zu nennen sowie eigene Verbesserungsvorschläge zu äußern. Aus einem zuvor einseitigen Bewertungsinstrument, das von Führungskräften für die Kommunikation mit einzelnen Mitarbeiter*innen genutzt wurde, ist ein Instrument für die Etablierung eines gleichwertigen Dialogs zwischen Führungskraft und Beschäftigten geworden.

Durch diese Adaption konnte insbesondere das Ziel erreicht werden, dass Jahresgespräche strukturierter und für beide Seiten vorteilhaft ablaufen. In der Vergangenheit berichteten Führungskräfte häufig davon, dass Mitarbeiter*innen oftmals Schwierigkeiten hatten, punktuell ihre Herausforderungen und Probleme zu benennen und reflektiert über ihre Arbeitssituation nachzudenken. Es wurde bisher der Dialog vermisst, sodass sich beide Personengruppen im Jahresgespräch gleichgewichtig einbringen konnten. Ziel der beidseitigen Beurteilung ist, dass im Gespräch beide Seiten ihre Beurteilung erläutern und wenn notwendig gemeinsame Maßnahmen und Möglichkeiten (bspw. veränderte Arbeitszeiten) gefunden werden können. Diese sind dann stets als Teil der Zielvereinbarung zu formulieren.

Ein Effekt der Projektzusammenarbeit ist die Erkenntnis für vacances, dass die obligatorische Gefährdungsbeurteilung auch „gelebt" werden sollte. So entstand die Idee, diese auch in das Mitarbeiter*innenjahresgespräch einfließen zu lassen. Vorgesetzte haben dafür eine Übersicht der arbeitsbezogenen Gefährdungsgruppen mit jeweils Beispielen für typischerweise auftretende Gefährdungen. Anhand dieser Beispiele können im Gespräch Gefährdungen offen angesprochen und thematisiert werden. Mitarbeiter*innen können bei Bedarf aufgeklärt werden. Auf möglicherweise bislang nicht erkennbare Gefährdungen kann hingewiesen werden.

Die zuvor bereits angesprochene Zielvereinbarung wird schriftlich festgehalten und beide Seiten unterschreiben das Vereinbarte. Die Zielvereinbarung wird den Mitarbeitenden in einem letzten Schritt in Kopie ausgehändigt sowie in die Personalakte sortiert.

5.2   Interventionsmaßnahme: Dienstbesprechungen

Mitarbeiter*innen in der ambulanten Hauswirtschaftshilfe sind zumeist alleine unterwegs. Sie haben in ihrem täglichen Arbeitsumfeld keinerlei Kontakt zu ihren Kollegen*innen und können sich dementsprechend auch nur sehr selten mit Personen austauschen, die ähnliche berufliche Tätigkeiten verrichten und die dadurch auch ähnlichen Herausforderungen gegenüberstehen. Übergaben nach einem Arbeitstag, wie sie beispielsweise im Schichtdienst der ambulanten Pflege notwendig sind, gibt es bei vacances in der Hauswirtschaft nicht. Ein sehr großer Teil der Mitarbeiter*innen der Hauswirtschaft und Betreuung wünschten sich deutlich mehr Kontakt zu ihren Kollegen*innen. Sowohl in quantitativen Befragungen (durch die Jade Hochschule) als auch zusätzlich gestützt durch qualitative Methoden (durch das iaw der Universität Bremen) in Form von Workshops konnten diese Wünsche klar herausgestellt werden.

Um diese Aspekte zu adressieren und die Wünsche der Mitarbeiter*innen aufzunehmen, wurden im Jahr 2019 regelmäßige Dienstbesprechungen im hauswirtschaftlichen Bereich eingeführt. Diese finden zweimal jährlich in den einzelnen Teams statt. Die Dienstbesprechungen werden von den jeweiligen Sozialdienstkoordinatoren*innen angeboten und moderiert. Eine Dienstbesprechung nimmt rund zwei Stunden Zeit in Anspruch und findet in den jeweiligen Stadtteilen bzw. am jeweilig zuständigen Standort des Unternehmens statt. Jede*r Mitarbeiter wird schriftlich zu Dienstbesprechungen eingeladen. Eine Teilnahme ist für alle verpflichtend. Mitarbeiter*innen, die sich im Urlaub befinden oder aufgrund von Krankheit verhindert sind, sind von der Teilnahmepflicht ausgeschlossen.

Aufgrund der Tatsache, dass teilweise die Vermittlung von Fortbildungsinhalten für manche Themen sehr wichtig ist, hat sich das Team der Sozialdienstkoordinator*innen darauf geeinigt, dass die Dienstbesprechungen inhaltlich aufgeteilt werden. Die ersten 60 min werden mit Themen gefüllt, die die Sozialdienstkoordinatoren*innen mitbringen und ausgestalten. Themen, die das Unternehmen betreffen und auch Themen, die in den einzelnen Stadtteilen relevant sind, stehen bei diesen Inputs auf der Tagesordnung. Das können beispielsweise der Umgang mit dem Smartphone, Probleme bei der Nutzung der Dienst-Software, Umgang mit der Pandemie oder auch betriebliche Änderungen und aktuell zu adressierende Herausforderungen sein. Diese Themenbereiche werden in der Regel gemeinsam mit der Leitung des Sozialdienstes festgelegt und vorbesprochen. Dadurch ist sichergestellt, dass zentrale Informationen, die das Unternehmen betreffen, einerseits einheitlich an alle Mitarbeiter*innen weitergegeben werden können und andererseits Mitarbeitende die Möglichkeit haben, die für sie relevante Themen und Aspekte anzusprechen.

Die verbleibenden 60 min einer Dienstbesprechung werden mit Fortbildungsinhalten gefüllt werden. Hier werden Themen angesprochen, wie eine korrekte Haushaltsführung zu realisieren ist, welche Krankheitsbilder aktuell relevant sind oder aber welche Handlungsempfehlungen aktuell ausgesprochen werden können. Z. T. werden auch externe Referent*innen eingeladen. Welche Fortbildungsinhalte thematisiert werden, beschließen die Sozialdienstkoordinatoren*innen in einem gemeinsamen Abstimmungs-Meeting. Neben den vorbereiteten Input-Phasen werden in jeder Dienstbesprechung auch Fortbildungswünsche der Mitarbeiter*innen abgefragt. Oftmals fühlen sich Mitarbeiter*innen bei bestimmten Themen der ambulanten Hauswirtschaftsdienstleistungen noch unsicher und können an dieser Stelle ihren Weiterbildungsbedarf äußern.

Nach der Durchführung der ersten Dienstbesprechungen war die Rückmeldung vieler Mitarbeiter*innen sehr positiv. Coronabedingt musste im Laufe des Projekts jedoch insbesondere im Hinblick auf die Durchführung von Dienstbesprechungen umgeplant werden. Besprechungen in einer großen Gruppe stattfinden zu lassen, war im ersten Jahr der Pandemie nicht mehr möglich. Vacances hat sich im Zuge dessen dazu entschlossen, die Dienstbesprechung trotzdem weiterzuführen, allerdings auf kleinere Gruppengrößen auszuweichen. Da in allen Teams in der Leitung eines*r Koordinator*in rund 25–30 Mitarbeiter*innen vertreten sind, wurden die Gruppen geteilt. Die Einhaltung der Schutzmaßnahmen erforderten es, Dienstbesprechungen auf 10–15 Personen zu beschränken. Das bedeutete insbesondere für die Koordinator*innen einen erheblichen Mehraufwand in der Planung und Durchführung. Außerdem war es durch die Aufteilung nicht möglich, dass sich alle Mitarbeiter*innen untereinander kennenlernen konnten. Aufgrund des erheblichen Mehraufwands und der Wichtigkeit des Infektionsschutzes entschloss man sich bei vacances dazu, im Corona-Winter 2020/2021 weitere Dienstbesprechungen nicht stattfinden zu lassen.

Im Sommer 2021 konnten die Dienstbesprechungen wie ursprünglich geplant wieder mit voller Teamstärke durchgeführt werden. Den Mitarbeiter*innen wurde speziell nach der längeren Pause Zeit zum Kennenlernen eingeräumt. Neben einer ausführlichen Vorstellungsrunde konnten sich einzelne Mitarbeiter*innen austauschen und von ihren Erfahrungen im Umgang mit einzelnen Kunden*innen berichten. Die Dienstbesprechungen tragen dazu bei, Probleme in der Interaktionsarbeit mit Kund*innen zu besprechen und sich über Lösungsansätze auszutauschen. Zudem förderten die Dienstbesprechungen ein gutes Zusammengehörigkeitsgefühl im Sozialdienst.

Es lässt sich sagen, dass die Interventionsmaßnahme der Dienstbesprechung, wie sie im FlexiGesA-Projekt gemeinsam entwickelt und etabliert wurde, von allen Beteiligten sehr positiv angenommen worden ist. Durch die positiven Rückmeldungen und die schon jetzt deutlich sichtbaren, positiven Effekte werden Dienstbesprechungen im Bereich des Sozialdienstes auch zukünftig durchgeführt werden.

5.3 Interventionsmaßnahme: Ausarbeitung von Handlungsempfehlungen

Lange Jahre gab es im Unternehmen vacances unterschiedliche Herangehensweisen an die typischen Tätigkeiten der Sozialdienstkoordinator*innen. Jede*r hat bestimmte koordinatorische Aspekte andersartig umgesetzt, es bestanden lange keine einheitlichen Standards. Das wirkte sich auch auf die tägliche Arbeit der Mitarbeiter*innen in der Hauswirtschaft aus, die bei typischen Handlungssituationen im Kontakt mit Kund*innen – je nach zuständiger*m Sozialdienstkoordinator*in – unterschiedliche Verfahrensabläufe und Regeln beachten mussten.

Zur Vereinheitlichung von Verfahrensabläufen wurden im FlexiGesA-Projekt in einer Workshopreihe mit allen Führungskräften und der Leitung des Sozialdienstes zukünftig unternehmensweit geltende Handlungsempfehlungen zu verschiedenen Themenfeldern ausgearbeitet. Unterstützt wurde besagte Workshopreihe durch wissenschaftliche Mitarbeiter*innen des iaw der Universität Bremen. Bei einem ersten Workshop sammelten die Teilnehmer*innen mögliche Themenkomplexe, die für die Hauswirtschaftskräfte in der Vergangenheit bereits relevant gewesen sind und erarbeiteten eine Vorlage, die für die Ausarbeitung konkreter Handlungsempfehlungen herangezogen werden konnte. Bei weiteren Workshops wurden die wichtigsten Themen so zwischen den Sozialdienstkoordinator*innen aufgeteilt, dass der weitere Ausarbeitungsprozess fortan auf einzelne Personen aufgeteilt werden konnte. So konnten schneller konkrete Ideen gesammelt und nachfolgend konkretisiert werden.

Dieser Prozess hat dazu geführt, dass mittlerweile 20 unterschiedliche Handlungsempfehlungen entstanden sind. Jede dieser Empfehlungen ist in drei bis vier Abschnitte unterteilt und somit gleich aufgebaut: Zu Beginn wird das Thema der Handlungsempfehlung bei „Worum geht es?" beschrieben und anschließend wird mit einer Empfehlung „Was ist zu beachten?" weiterbearbeitet. Falls es das Thema erfordert, kann noch der Abschnitt „Ablauf" eingebaut werden. Alle Handlungsempfehlungen schließen mit dem Abschnitt „Wo bekomme ich

Hilfe?" ab, bei dem immer sowohl ein*e Ansprechpartner*in als auch Kontakte für eine weitere Unterstützung für den Mitarbeiter*innen aufgeführt sind. Die Themen der jeweilig ausgearbeiteten Handlungsempfehlungen reichen vom Umgang der Hauswirtschaftskräfte mit spezifischen Krankheitsbildern (wie z. B. Messie-Syndrom), Standards im Beschwerdemanagement (z. B. Umgang mit Beschwerden von Angehörigen) bis hin zu Hilfestellungen für die Arbeit mit dem Online-Dienstplanprogramm.

In einem letzten Workshop stellte jede*r Sozialdienstkoordinator*in entsprechende Entwürfe der Handlungsempfehlungen im Team vor. Eine gemeinsame Diskussion über die genaue Ausgestaltung führte schließlich dazu, einen Konsens zu erreichen. Durch die kooperative Arbeit entstand im Team der Koordinator*innen ein gezielter Austausch zum zukünftigen Umgang mit speziellen Herausforderungen in der Hauswirtschaft. Die Handlungsempfehlungen machten es möglich, dass im gesamten Team seitdem grundlegende Verfahrensabläufe für den hauswirtschaftlichen Bereich vereinheitlicht werden konnten. Aufgrund der positiven Resonanz wurden die ausgearbeiteten Handlungsempfehlungen auch in das Qualitätsmanagement des Unternehmens vacances aufgenommen.

Alle bis dato ausgearbeiteten Handlungsempfehlungen wurden in einem letzten Schritt allen Mitarbeiter*innen des hauswirtschaftlichen Bereichs bei einer Dienstbesprechung vorgestellt sowie anschließend digital zur Verfügung gestellt. Hinzukommend wurde veranlasst, dass alle Handlungsempfehlungen künftig als ein wichtiger Bestandteil der Willkommensmappe auch neuen Mitarbeiter*innen direkt zur Verfügung stehen. Das bedeutet, dass alle neuen Kolleg*innen direkt zu Einstellungsbeginn die Handlungsempfehlungen unmittelbar ausgehändigt bekommen, um diese in ihrem Arbeitsalltag zu beachten. Das Unternehmen vacances hat es sich zur Aufgabe gemacht, zukünftig weitere Themenbereiche zu identifizieren und erarbeiten, für die es noch keine Handlungsempfehlungen gibt.

5.4 Interventionsmaßnahme: Arbeitssituationsanalyse (ASITA)

Die betriebliche Gefährdungsbeurteilung gehörte bereits vor Beginn des Projekts 2018 bei vacances zu den Instrumenten, die dem Bereich des Arbeits- und Gesundheitsschutzes zuzuordnen sind. Bis dato umfasste die Gefährdungsbeurteilung jedoch hauptsächlich physische Faktoren. Mit dem Start von FlexiGesA wurde der Fokus jedoch auch auf die psychische Gesundheit gelegt.

Ein für das Unternehmen vacances neues Instrument wurde im Kontext des Projekts eingeführt und erprobt, das beide Facetten miteinander verbindet: Die Arbeitssituationsanalyse (kurz: ASITA). Eine ASITA wird im Rahmen eines zweistündigen Workshops durchgeführt und fokussiert stets fünf Schwerpunkte. Die Mitarbeiter*innen haben die Möglichkeit, folgende Aspekte zu beleuchten:

- Die Arbeitstätigkeit
- Die Arbeitsumgebung
- Die Arbeitsorganisation
- Das Gruppen- und Betriebsklima
- Das Vorgesetztenverhalten

Im Rahmen des Workshops werden zu diesen fünf Schwerpunkten Lösungsvorschläge für die Minimierung von Belastungen entwickelt.

Für die Durchführung der ASITA-Workshops musste eine neutrale Person gefunden werden, die zudem einen gewissen Grad an Erfahrungswissen im Bereich des Sozialdienstes mitbringt sowie das Unternehmen vacances gut kennt. Gleichzeitig ist es wichtig, dass kein direktes Vorgesetztenverhältnis mit den Mitarbeitern*innen der Hauswirtschaft besteht. Ist das der Fall, steigt die Gefahr, dass die Teilnehmer*innen im Workshop in ihrem Verhalten gehemmt sind, sozial erwünscht antworten oder Ähnliches. Außerdem ist bei der Durchführung wichtig, dass die Moderation sich neutral verhält und z. B. eigene Gefühle und Meinungen nicht verbalisiert. Als geeignete Person für die Durchführung der ASITA-Workshops wurde im Unternehmen vacances die Leitung des Sozialdienstes identifiziert.

Die Leitung des Sozialdienstes führte im Rahmen des FlexiGesA-Projekts insgesamt sieben Workshops durch, um nach Stadtteilen allen Mitarbeiter*innen die Möglichkeit einer Teilnahme zu ermöglichen. Die Workshops wurden z. T. von wissenschaftlichen Mitarbeiter*innen der Universität Bremen (iaw) begleitet.

Die Teilnahme an einem ASITA-Workshop war für alle Mitarbeiter*innen stets auf freiwilliger Basis möglich. Insgesamt haben während der Projektlaufzeit ca. 70 Mitarbeiter*innen aus der Hauswirtschaft daran teilgenommen. Die Ergebnisse jedes Workshops hat die Leitung des Sozialdienstes gebündelt an das Team der Sozialdienstkoordinator*innen weitergegeben. Im Koordinator*innen-Team erfolgte anschließend ein Austausch über die Belastungen der Mitarbeiter*innen. Außerdem wurden Vorschläge für mögliche Lösungswege aus den Workshops intensiv diskutiert und auf ihre Machbarkeit hin untersucht und bewertet. Schlussendlich wurden ausgewählte Lösungsansätze in einer Dienstbesprechung mit den

Mitarbeitern*innen diskutiert. Lösungsansätze, die im Unternehmen vacances perspektivisch in Form von geeigneten Maßnahmen eingeführt werden können, wurden in diesem Rahmen vorgestellt.

Zahlreiche Rückmeldungen, sowohl vonseiten der Workshopteilnehmer*innen als auch der Sozialdienstkoordinator*innen, lassen den Schluss zu, dass alle Beteiligten dieser Interventionsmaßnahme sehr positiv gegenüberstehen. Die Teilnehmenden an den ASITA-Workshops betonten vor allem die persönliche Wertschätzung und das Eingehen auf Wünsche und Bedürfnisse der Beschäftigten. Das Team der Sozialdienstkoordinator*innen hob als besonders positiv hervor, dass durch die ASITA eine systematische und zielgerichtete Auseinandersetzung mit den tatsächlichen Belastungssituationen der Mitarbeiter*innen möglich ist.

Durch die positiven Erfahrungen mit den ASITA-Workshops hat sich das Unternehmen vacances dazu entschieden, diese Interventionsmaßnahme zukünftig einmal jährlich im gleichen Format durchzuführen. Im Anschluss an jeden Workshop finden auch weiterhin Dienstbesprechungen statt.

5.5 Interventionsmaßnahme: Anpassungen der Strukturen im Bereich der Sozialdienstkoordinator*innen

Die traditionell im Unternehmen vacances gewachsenen Tätigkeitsbereiche von Sozialdienstkoordinator*innen beschränkten sich bis zum Start des Projektes FlexiGesA hauptsächlich auf die reine Betreuung von Kunden*innen im sozialen Bereich. Durch starke Expansionstendenzen war es jedoch unabdingbar, auch strukturell zahlreiche Anpassungen in diesem Bereich vorzunehmen. Ein zentraler Mechanismus dieses Veränderungsprozesses bestand darin, Sozialdienstkoordinator*innen zusätzlich zu ihren Aufgaben im Kunden*innen-Management außerdem die Personalverantwortung für ein eigenes Team zu übertragen, das den zugehörigen Kunden*innenstamm der jeweiligen Sozialdienstkoordinator*in betreut. Durch diese strukturelle Weiterentwicklung erlangten die einzelnen Sozialdienst-Teams eine gewisse Teilautonomie – sie versorgten fortan einen eigenen Kreis von Kunden*innen, hatten eine*n Ansprechpartner*in und konnten dadurch viel agiler operieren.

Für die Sozialdienstkoordinator*innen hatte dieser Strukturwandel zur Folge, dass sie vor neue Herausforderungen gestellt wurden. Mit Beginn des Projekts FlexiGesA war klar, dass in diesem Bereich umfangreiche Kompetenzen in der Mitarbeiter*innenführung und Team-Kommunikation erworben werden mussten.

Zu Beginn des Projekts im Jahr 2018 waren die Sozialdienst-Teams gerade erst im Aufbau befindlich. Hierfür war insbesondere förderlich, dass jede*r Sozialdienstkoordinator*in fortan durch die Zuordnung der Zuständigkeit für einzelne Stadtteile bessere Planungssicherheit hatte. Speziell die Übersichtlichkeit des Tätigkeitsgebiets konnte für die Planungsprozesse dadurch stark gesteigert werden. Zuvor hatte jede*r Koordinator*in Kunden*innen in unterschiedlichen Stadtgebieten betreut. Mitarbeiter*innen im hauswirtschaftlichen Bereich hatten dadurch stets mit anderen Ansprechpartner*innen Kontakt. Mit der strukturellen Neuordnung konnten organisatorische Aspekte, wie bspw. die Urlaubsplanung für die Mitarbeiter*innen, viel besser und effektiver überblickt werden. Außerdem konnte die Übersichtlichkeit einzelner Versorgungsgebiete gesteigert werden. Die zuständigen Sozialdienstkoordinator*innen sind dadurch in der Lage, die Versorgungslage vor dem Hintergrund verfügbarer Personalressourcen zu beurteilen. In der Konsequenz kann nun auf fluktuierende Bedarfe schneller reagiert werden und beispielsweise neue Mitarbeiter*innen zielgerichtet eingesetzt werden.

Für die einzelnen Sozialdienstkoordinator*innen wird mit steigender Verantwortung auch erforderlich, ihre eigenen Werte in Bezug auf die Mitarbeiterführung festzulegen und Leitungskompetenzen auszubauen. Das betrifft insbesondere auch – nicht nur zwischen Koordinator*in und Mitarbeiter*in, sondern auch zwischen Kunde*in und Mitarbeiter*in.

Damit die Arbeit für die Sozialdienstkoordinator*innen im Rahmen des Strukturwandels bewältigbar blieb, entstand im Einzugsgebiet Bremen Nord ein Tandem aus zwei eng zusammenarbeitenden Sozialdienstkoordinator*innen. Durch dieses im Projekt initiierte Pilotvorhaben sind sehr schnell positive Effekte sichtbar geworden. Insbesondere zeigte sich, dass die Arbeitsbelastung, die auf vier Schultern verteilt ist, sehr viel stressfreier vonstatten geht. Bei vacances war schnell klar: Das Tandemteam wird zum neuen Standardmodell. Beide Sozialdienstkoordinator*innen tragen zu gleichen Teilen die Verantwortung, sie können sich austauschen und in ihren individuellen Kompetenzen bestmöglich ergänzen.

Zudem können auch verdeckte psychische Belastungen bei Sozialdienstkoordinator*innen durch dieses Modell abgebaut werden. So stellte sich in Projekt-Workshops heraus, dass insbesondere in Vertretungssituationen (z. B. im Fall von Urlaub einer*s Sozialdienstkoordinators*in) durchaus beachtenswerte Belastungen auftreten. Einerseits tritt für Vertretungskräfte eine doppelte Belastung auf, weil eine Urlaubsvertretung übernommen werden muss, aber durch das Arbeiten mit bekannten Mitarbeitern und Kunden ist eine Vertretung besser und effizienter zu bewältigen. Andererseits ist es auch für diejenigen Koordinator*innen, die in den Urlaub gehen, belastend zu wissen, dass Kolleg*innen ggf. unter zusätzlichen Belastungen leiden. Durch eine gewissenhafte Übergabe im Tandemteam im Vorfeld einer Urlaubsvertretung wird diese potenzielle Belastung deutlich reduziert.

6 Ausblick

Durch das Projekt FlexiGesA konnte das Unternehmen vacances an vielen Stellen positive Weiterentwicklungen initiieren. Nicht zuletzt durch den stetig steigenden Bedarf im sozialen Bereich konnten zahlreiche Projektaktivitäten und dabei entwickelte Maßnahmen dazu beitragen, dass die Herausforderungen, die mit dem Wachstum und mit dem Auftreten neuer Aufgabenfelder einhergegangen sind, gemeistert werden konnten. Heute umfasst der Sozialdienst um die 120 Mitarbeiter*innen in Festanstellung, die von 8 Führungskräften betreut werden. Die wegweisende Entscheidung, die Sozialdienstkoordinator*innen sukzessive zu Führungskräften weiter zu qualifizieren und ihnen mit steigender Verantwortung einen eigenen Mitarbeiter*innen-Stamm zur Verfügung zu stellen, hat sich als sehr tragfähig herausgestellt. Weitere positive Effekte konnten durch die Entwicklung und die unternehmensweite Einführung der weiteren, zuvor thematisierten Interventionsmaßnahmen erreicht werden. Die Ausarbeitung von Handlungsempfehlungen gibt allen im Sozialdienstbereich tätigen Mitarbeiter*innen ein gut sortiertes Werkzeug für die tägliche Arbeit mit Kund*innen an die Hand. Darüber hinaus ermöglicht es die Arbeitssituationsanalyse (ASITA) auf sich ändernde Bedingungen in der Praxis schnell reagieren zu können und auch die psychischen Belastungen zukünftig stärker in den Blick zu nehmen. Mitarbeiter*innengespräche und Dienstbesprechungen sorgen auch zukünftig dafür, dass ein Austausch zwischen den Mitarbeitenden etabliert ist und ein Klima der Wertschätzung herrscht.

Abschließend lässt sich sagen, dass das Mitwirken im FlexiGesA-Projekt für das Unternehmen vacances zahlreiche neue Optionen eröffnet hat, mit aktuellen und zukünftigen Herausforderungen im sozialen Dienstleistungskontext umzugehen.

Isabel Staden studierte bis 2018 an der Universität Vechta Gerontologie und schloss das Studium mit dem Bachelor of Arts ab. Mittlerweile als Sozialdienstkoordinatorin im Unternehmen „vacances – Mobiler Sozial- und Pflegedienst GmbH" am Standort Bremen-Nord tätig. Im FlexiGesA-Projekt war Isabel Staden über die gesamte Laufzeit für die Projektkoordination bei vacances zuständig.

Agile IT-Entwicklung gesundheitsförderlich gestalten – Erfahrungen aus der betrieblichen Praxis

Bärbel Rolfes und Ralph Brandes

Zusammenfassung

Bei der HEC GmbH, einem agil arbeitenden Unternehmen der Softwareentwicklung, wurden im Rahmen des FlexiGesA Projektes Methoden entwickelt und erprobt, um typische psychische Belastungssituationen zu erkennen und zu vermindern (das Legoboard). Auch wenn das Legoboard in der Praxis nicht für alle Teams hilfreich ist, hat sich doch gerade für Multi-Projekt-Teams ein deutlicher Vorteil gezeigt. Die psychische Gefährdungsbeurteilung wurde durch Adaption eines im Scrum Verfahren routinemäßig verwendeten Teilschrittes, der Retrospektive, etabliert und kann damit leichter verstetigt werden. Die Gesundheitsretro hat sich als hilfreiches Format erwiesen, um den Prozess der psychischen Gefährdungsbeurteilung in einem vertrauten Setting schnell und effektiv durchzuführen.

B. Rolfes (✉)
HEC GmbH, Bremen, Deutschland
E-Mail: baerbel.rolfes@hec.de

R. Brandes (✉)
Verden, Deutschland
E-Mail: ralphbrandes@drbrandes.com

© Der/die Autor(en) 2023   209
G. Becke (Hrsg.), *Flexible Dienstleistungsarbeit gesundheitsförderlich gestalten*,
https://doi.org/10.1007/978-3-658-37055-8_10

Schlüsselwörter

Agile IT-Entwicklung · Scrum-Methode · Selbstorganisierte
Teams · Gesundheitsförderliche Auslastungssteuerung · Gesundheitsretro

1   Einleitung

In diesem Beitrag geht es um die Frage, wie agile IT-Entwicklungsarbeit gesundheitsförderlich gestaltet werden kann. Dies soll am Beispiel des FlexiGesA-
Unternehmenspartners, der HEC GmbH, aufgezeigt werden. Zunächst werden
das Unternehmen und dessen agile Arbeitsweise vorgestellt. Danach wird die
gesundheitsförderliche Gestaltung der agilen IT-Entwicklungsarbeit an zwei Beispielen, dem Legoboard und der Gesundheitsretro, näher erläutert werden. Der
Beitrag schließt mit einem kurzen Fazit und Ausblick ab.

2   Die HEC GmbH

Die HEC GmbH wurde 1988 gegründet und begleitet kleine, mittelständische und
große Unternehmen in unterschiedlichen Branchen sowie öffentliche Auftraggeber*innen auf dem Weg in die digitale Zukunft. Heute ist die HEC ein Teil der
Unternehmensgruppe team neusta. Diese besteht aus insgesamt über 30 Unternehmen mit rund 1200 Mitarbeitenden und bietet Dienstleistungen entlang der
gesamten Wertschöpfungskette aus einer Hand an.

Mit ihrem Team von 170 Mitarbeitenden in Bremen, Berlin und Essen
setzt die HEC überall dort an, wo fertige Softwareprodukte zu kurz greifen.
Die HEC berät Unternehmen über chancenreiche neue Technologien und
Geschäftsmodelle, entwickelt fortschrittliche IT-Lösungen und qualifiziert mit
Umschulungen und Weiterbildungen. Im Rahmen von Transformationen bietet
sie ein breites Portfolio zu Innovationen, Digitalisierung, agiler Vorgehensweise und unterstützt bei Förderungsprojekten. Im Entwicklungsumfeld werden
individuelle Softwarelösungen erstellt. Darüber hinaus bietet die HEC Ent-
wicklungsleistungen im Umfeld von Qualitätssicherung und Test, Microsoft 365,

Augmented und Virtual Reality sowie der künstlichen Intelligenz an und bildet so eine optimale Verbindung von Technologie-, Prozess- und Organisationskompetenz. So werden digitale Innovationen und Softwarelösungen mit nachhaltigem Nutzen geschaffen.

3 Agile Arbeitsweise nach der Scrum-Methode bei der HEC GmbH

Die agile Vorgehensweise zeichnet sich durch kurze Entwicklungszyklen, ein hohes Maß an Kund*innenintegration und somit frühe Feedbackmöglichkeiten aus. Der Prozess ist transparent und durch die frühen Rückmeldungen kann flexibel auf die Kund*innenwünsche eingegangen werden. Die jeweiligen Teams arbeiten hier selbstorganisiert und es erfolgt eine direkte Kund*innenabstimmung. In kurzen, regelmäßigen Abständen wird das Vorgehen geprüft und bei Bedarf angepasst (inspect and adapt).

So werden Risiken und eventuelle Fehlinterpretationen früh erkannt und mit entsprechenden abgestimmten Maßnahmen entgegengewirkt. Dies führt zu mehr Zufriedenheit bei Kund*innen und auch beim Team.

Der agilen Arbeitsweise liegt das agile Manifest[1] zugrunde, das vier Leitsätze formuliert:

- *Individuen und Interaktionen* sind wichtiger als Prozesse und Werkzeuge.
- *Funktionierende Software* ist wichtiger als umfassende Dokumentationen.
- *Zusammenarbeit mit dem Kunden* ist wichtiger als Vertragsverhandlungen.
- *Reagieren auf Veränderung* ist wichtiger als das Befolgen eines Plans.

Eine der am meisten gelebten agilen Methoden ist Scrum.

Das Scrum Framework ist ein Rahmenwerk, mit dem auch komplexe Aufgabenstellungen bewältigt werden können. Mit ihm werden in kurzen Abständen nutzbare Produkte mit hohem Wert erstellt.

---

[1] Manifest für Agile Softwareentwicklung s. https://agilemanifesto.org/iso/de/manifesto.html.

Agile Werte
Die fünf agilen Werte Mut, Fokus, Selbstverpflichtung, Respekt und Offenheit sind die Grundlage von Scrum.

- Den *Mut* haben, die Wahrheit hinsichtlich Projektfortschritt und Schätzungen zu sagen. Mutig sein, Zusagen zu geben, fokussiert zu handeln, zu Fehlern zu stehen und auch mal „nein" zu sagen.
- *Fokus:* Konzentriert an dem arbeiten, was geplant ist. Alle Bemühungen und Fähigkeiten darauf fokussieren, an den Zusagen zu arbeiten.
- *Selbstverpflichtung:* Bereit sein, sich auf ein gemeinschaftlich gestecktes Ziel zu verpflichten. Aktive Mitarbeit an der Zielsetzung ist dafür notwendig.
- *Respekt:* Andere Menschen und ihre Meinungen und Erfahrungen respektieren. Ein Team besteht aus unterschiedlichen Menschen.
- *Offenheit:* Informationen sollen zeitnah und transparent geliefert werden. Ein Umfeld erschaffen, in dem es für Wahrheit und Ehrlichkeit einen sicheren Raum gibt. Es ist für alle Teilnehmenden wichtig zu wissen, was gerade das größte Problem ist, damit jeder zur Lösung beitragen kann.

Die wichtigen Säulen bei der Scrum-Methode sind Transparenz, Überprüfung und Anpassung. Werden die agilen Werte verkörpert und gelebt, so werden die Scrum-Säulen lebendig und bauen bei allen Beteiligten Vertrauen zueinander auf.

3.1   Rollen

Bei Scrum unterscheidet man drei Rollen: den Product Owner, den Scrum Master und die Entwickler*innen.

- Product Owner (PO)

Der PO beschreibt und erläutert die Anforderungen an das Ergebnis der Leistungserbringung, legt die Reihenfolge ihrer Umsetzung fest und erstellt – gemeinsam mit den Entwickler*innen – das Product Backlog (priorisierte Auflistung der Anforderungen an das Ergebnis der Leistungserbringung). Der PO ist für die Pflege des Product Backlog zuständig. Somit steuert der PO das Projekt und hält dessen Wirtschaftlichkeit im Blick.

- Scrum Master

Der Scrum Master ist dafür verantwortlich, dass die agile Vorgehensweise eingehalten wird. Er kümmert sich um die Behebung von Störungen und Hindernissen innerhalb des Projekts (z. B. mangelnde Kommunikation oder Zusammenarbeit). Der Scrum Master ist zudem als Coach für den agilen Prozess verantwortlich.

- Entwicklung

Die Entwickler*innen realisieren die im Product Backlog priorisierten Anforderungen. Gemeinsam mit dem PO und dem Scrum Master definieren sie den Inhalt eines Entwicklungszyklus (Sprint).

3.2 Product Backlog

Das Product Backlog ist eine priorisierte Auflistung der Anforderungen an das Ergebnis der Leistungserbringung. Zu Beginn des Projektes ist es nicht vollständig, vielmehr wird es vom PO fortlaufend weiterentwickelt und aktualisiert.

3.3 Scrum Ereignisse

Der Scrum-Prozess kennt folgende Regeltermine (s. Abb. 1):

- Sprint Planning

Im Sprint Planning wird vom PO und den Entwickler*innen festgelegt, welche Anforderungen an das Ergebnis der Leistungserbringung im nächsten Sprint realisiert werden sollen. Das Ergebnis des Sprint Planning ist das Sprint Backlog.

- Daily Scrum

An jedem Arbeitstag treffen sich die Entwickler*innen zu einem max. 15-minütigen Daily Scrum, um den aktuellen Stand der Arbeiten zu besprechen. Auch Scrum Master und PO können am Daily Scrum teilnehmen.

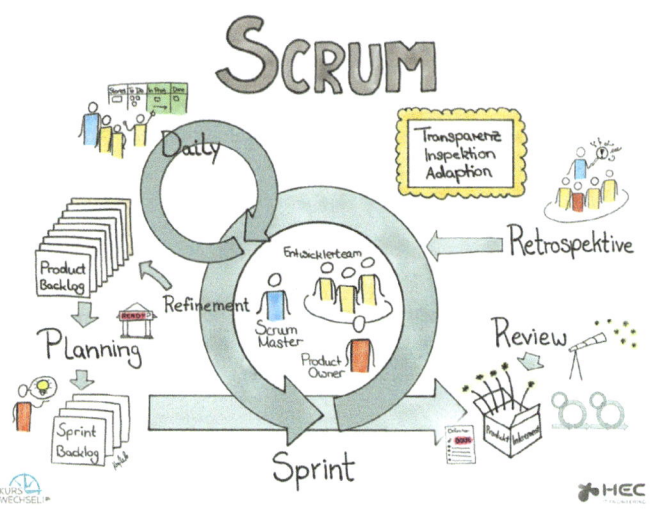

Abb. 1 Scrum Ereignisse. (© HEC GmbH)

- Sprint Review

Das Sprint Review steht am Ende eines jeden Sprints. Im Rahmen des Sprint Reviews präsentiert der PO mit Unterstützung der Entwickler*innen den Kund*innen die erreichten Ergebnisse. Zudem wird überprüft, ob das gesteckte Sprintziel erreicht wurde.

- Sprint-Retrospektive

In der Sprint Retrospektive überprüft das Scrumteam seine bisherige Arbeitsweise, um Verbesserungspotenziale zu identifizieren. Der Scrum Master unterstützt die Entwickler*innen dabei.

3.4   Selbstorganisierte Teams

Die besten Architekturen, Anforderungen und Entwürfe für die Softwareentwicklung entstehen durch selbstorganisierte Teams. Durch Selbstorganisation können aber auch Probleme entstehen. Sie birgt Risiken durch Konfliktpotentiale und Einbußen bei der Arbeitsstruktur.

Komplexe Problemstellungen können am effektivsten gemeinschaftlich gelöst werden, da Einzelne nicht alle Informationen besitzen können, um komplexe Aufgabenstellungen zu lösen. Die gesamte Verantwortung an Einzelne zu übertragen, beinhaltet ebenfalls Überforderungspotential. Solange Vorgesetzte (Teamleiter*innen, Projektleiter*innen, Projektmanager*innen, ...) die „Verantwortung" für die Arbeitsergebnisse innehaben, werden die Teammitglieder diese Verantwortung auch nicht voll annehmen.

Über die Selbstorganisation des Teams werden diese Verantwortlichkeiten gleichmäßig verteilt. Aber auch Selbstorganisation erfordert eine Struktur, an der man sich orientieren kann. Dabei ist es wichtig, dass alle Teammitglieder in die Definition der Arbeitsziele eingebunden sind und konstant darüber informiert bleiben. Dies dient der Identifikation mit dem Team und stärkt das Wir-Gefühl. Ein definierter Rahmen gibt Sicherheit. Die Führung unterstützt das Team durch Definition der Rahmenbedingungen (Budget, Raum, Arbeitsmittel usw.).

Die Säulen der Selbstorganisation sind Exzellenz, Transparenz, soziale Skills und Diversität. Nur mit einer ausgewogenen Mischung aus diesen Merkmalen kann ein Team selbstorganisiert arbeiten.

- *Exzellenz* des fachlichen oder technischen Wissens.
- *Transparenz* nicht nur über Arbeitsfortschritt und Teamleistung, sondern auch um Fehler und Mängel und Know-How-Defizite zu erkennen und gemeinsam anzugehen.
- *Soziale Skills* sind insbesondere im Bereich der Kommunikation- und Teamfähigkeit gefordert. Hierbei gibt es verschiedene Skills, die unterschiedlich stark ausgeprägt sein können: Selbstkritik und Offenheit, Freundlichkeit und Diplomatie, Flexibilität, Verantwortlichkeit, Lernfähigkeit und Handlungsfreiheit.
- *Diversität* bereichert die Arbeit durch unterschiedliche Sichten. Innovationen und Verbesserungen entstehen durch Reibung und Konflikte. Harmonie allein führt zu Stillstand.

Bei den Projekten handelt es sich um unterschiedliche Kund*innen, Branchen und zum Teil auch Technologien. Oft sind es nur ein bis zwei große Projekte und viele kleinere Projekte, die zeitgleich umgesetzt oder betreut werden. Dadurch sind Multi-Projekt-Teams, die mehrere und oft kleinere Projekte parallel bearbeiten, sehr flexibel und können kurzfristig kleinere Projekte umsetzen, ohne dass das Team neu besetzt werden muss.

Ein Multi-Projekt-Team steht aber auch vor unterschiedlichen Herausforderungen:

- Die verschiedenen Projekte mit ihren Themen, Inhalten und Technologien bedürfen breitgefächerter Expertisen und Weiterbildungen innerhalb des Teams, die deutlich unterschiedlich zu anderen Teams sein können.
- Der Wechsel zwischen den kleinen Projekten führt zu vielen Kontextwechseln der Mitarbeitenden und erlaubt keine durchgängige Konzentration auf ein Thema.
- Es müssen die jeweiligen Stakeholder (Interessierte, Verantwortliche, Betroffene sowohl bei Auftraggeber*innen als auch Auftragnehmer*innen) mit konkurrierenden Prioritäten befriedigt und im Blick behalten werden. Dies gilt insbesondere für viele unvorhergesehene Aufgaben, die sich im Laufe eines Projektes vielfach ergeben.
- Die wechselnden Anforderungen bzw. Prioritäten führen zu fehlender Stringenz in der alltäglichen Arbeit und einem ständigen Perspektivwechsel.
- Viele kleine Projekte bedeuten auch ein wesentlich höheres Maß an stetiger Akquise, damit eine hinreichende Auslastung gewährleistet wird.
- Die Planung vieler kleiner Projekte mit Prioritätswechseln beinhalten oft eine unübersichtliche Planung bzw. lassen eine Langzeitplanung nicht zu.

Eine übersichtliche Planung bedeutet mehr Sicherheit und mehr Aussage-kraft über die weitere Auslastung des Teams. Damit können dann auch Zeiten mit hoher oder weniger hoher Belastung erkannt werden. Besonders bei Multi-Projekt-Teams, die selbstorganisiert arbeiten, ist eine Übersicht und eine Grund-lage für die gemeinsame Planung unerlässlich. Eine Möglichkeit der Übersicht stellt das Legoboard dar.

4 Gesundheitsförderliche Auslastungssteuerung mit dem Legoboard

Die Einbindung von Mitarbeitenden in verschiedene Teams und damit in mehrere Projekte geht mit der Möglichkeit von Terminkonflikten und Aufgabenkollisionen einher. Eine Projektplanung ohne hinreichende Kenntnis der Ressourcen der Mit-arbeitenden kann leicht zu einer Über- oder Unterforderungssituation auch und gerade in selbstorganisierten Teams führen, wenn die Be- bzw. Auslastungs-situation der Mitarbeitenden untereinander nicht bekannt ist.

Die daraus resultierenden psychischen Belastungssituationen im Arbeits-ablauf, etwa durch Aufgabenanforderungen, die mit den zur Verfügung stehenden

Abb. 2 Das Legoboard. (© HEC GmbH)

(z. B. zeitlichen) Ressourcen nicht oder nur knapp zu bewältigen sind, bilden ein kritisches Merkmal, das bei unzureichender Transparenz der Belastung des Einzelnen im Team entstehen kann. Rechtfertigungs- oder Erklärungsnotwendigkeiten gegenüber anderen Teammitgliedern erzwingen eine Verteidigungsposition, die ihrerseits zu Spannungen führen kann.

Es ist also von erheblicher Relevanz, den Teammitgliedern eine transparente Möglichkeit der Übersicht über die Aus- und Belastung aller Teammitglieder zu ermöglichen.

Aus einem Team heraus kam die Idee, die Planungs- und Auslastungsübersicht mittels eines Legoboards zu visualisieren. Dieses Board soll dabei nur die aktuelle Planung darstellen und nicht die Vergangenheit dokumentieren.

In einem alle 6 Wochen stattfindenden „Campfire" findet sich dieses Team zusammen und nimmt sich Zeit für unterschiedliche Betrachtungen: interne Weiterbildung, Organisationsoptimierungen, strategische Ausrichtungen, usw.

Thema eines dieser Campfires war es, alle Fragen rund um den Aufbau und die Nutzung eines Legoboards (s. Abb. 2) zu klären:

Was bedeuten Farben? Welche zeitliche Skalierung? Wie werden Budgets dargestellt? Wie kann das flexibel gesteckt werden? Wann wird gesteckt? Mit oder ohne Urlaub?

Dabei wurden folgende Punkte definiert:

- Die Grundplatten sollen grau sein.
- Jeder Kunde/jede Kundin bzw. jedes Projekt bekommt eine eigene Farbe. Eine entsprechende Legende zur Darstellung wird am unteren Rand des Boards gesteckt. Daraus folgt, dass ungefähr 20 verschiedene Farben benötigt werden.
- Für Abwesenheit (Urlaub, Gleitzeit, keine Bürozeit, Krankheit) werden weiße Steine verwendet.
- Für interne Themen (bei diesem Team z. B. Wartung und Betrieb des Intranets) wurde die Farbe Rot gewählt.
- Ein Punkt auf einem Stein bedeutet einen halben Tag,
  ein Zweier-Stein also einen Tag,
  ein 10er-Stein somit eine Woche.
- Horizontal wird die Zeitachse mit den Wochen und Monaten dargestellt.
- Ein Monatswechsel wird durch eine vertikale Linie/einen Faden dargestellt.
- Es soll mindestens ein halbes Jahr abgebildet werden.
- Jedem Teammitglied wird eine Reihe/Zeile auf dem Board zugewiesen.
- Zur Beschriftung des Namens des Teammitglieds, der Kund*innen- bzw. Projektnamen, der Kalenderwochen, usw. werden glatte Steine genommen.
- Pro Projekt wird das Projektbudget in Form von Steinen auf dem Board in einem speziellen Bereich „geparkt".
  Beispiel: Für ein Projekt mit 20 Tagen Projektbudget werden Steine mit in Summe 40 Punkten benötigt.

Daraus konnte die benötigte Anzahl an Steinen und Platten ermittelt werden; im Sinne der Nachhaltigkeit wurden diese gebraucht beschafft.

Neben der Struktur wurde auch die Aufhängung im Team konzipiert und aus Holzlatten selbst gebaut. Die Platten wurden auf Holzplatten geklebt, sodass eine Holzplatte immer ein Quartal bedeutet. Die Holzplatten wurden auf Schienen aufgehängt, sodass beim Quartalswechsel die bereits geplanten Steine nicht umgehängt werden müssen, sondern das vergangene Quartal abgenommen, die verbleibenden Quartale auf ihren Holzplatten komplett verschoben und die abgenommene Platte wieder ans Ende gehängt werden kann. Durch dieses rollierende System kann über Quartalsgrenzen hinweg geplant werden, ohne beim Quartalswechsel auch Steine umhängen zu müssen.

Das Board wurde im Teamraum aufgehängt, sodass es immer direkt im Blickfeld der Teammitglieder ist.

Dadurch ist die Teamauslastung für jeden und auch für andere Teams jederzeit einsehbar und bildet eine gute Diskussionsgrundlage, wenn neue Projekte angegangen oder übernommen werden sollen.

Zur konstanten Visualisierung für das Team wurde das Daily direkt vor dem Board abgehalten, sodass Planungsabweichungen sofort erkennbar sind. Auf notwendige Änderungen kann direkt reagiert werden. Nach neuer Planung und Abstimmung wird das Board im Daily entsprechend aktualisiert.

In einem wöchentlichen Termin (Weekly) trifft sich das Team beim Legoboard, dabei steckt jedes Mitglied die von ihm geplanten Projekte für die nächsten 2–4 Wochen. Bei Projekten mit einem festen Budget werden diese Steine aus dem geparkten Bereich genommen, sodass sofort gesehen werden kann, wieviel Budget noch zu verteilen ist.

Auch kann erkannt werden, wenn ein Teammitglied zu viele Projekte für sich plant, da in dem Fall zu viele Legosteine in einer Woche gesteckt wurden.

Viele verschiedene Farben in der Planungszeile eines Teammitglieds zeigen, dass dieses Teammitglied in vielen unterschiedlichen Projekten eingebunden ist. Dies kann zu anstrengenden Kontextwechseln führen. Auch die Erwartungshaltung von vielen unterschiedlichen Stakeholdern kann bei diesem Teammitglied zu Problemen führen. Dies wird im Weekly betrachtet und die Planung im Team gemeinsam angepasst, sodass die Aufgaben gleichmäßig verteilt werden.

4.1 Erkenntnisse zur Anwendung des Legoboards

Das Legoboard wurde parallel in einem zweiten Multi-Projekt-Team für die Planung evaluiert, um unterschiedliche Betrachtungsweisen und Ergebnisse zu erhalten.

Beide Teams haben das Board über mehrere Monate hinweg für die Planung genutzt, nach einer mehrmonatigen Evaluationszeit wurden die Erkenntnisse der beiden Teams ausgetauscht.

Das Board hat sich als sehr sinnvoll für selbstorganisierte Teams mit vielen verschiedenen Aufgaben erwiesen.

Die Weiterentwicklung der Selbstorganisation wird durch das Legoboard gefördert, es lassen sich Weiterbildungsbedarfe im Team erkennen und es hilft Überlastsituationen einzelner Mitarbeitender mit spezifischer Expertise zu vermeiden.

Das Board erhöht die Transparenz in der Planung, aber auch in der Kommunikation innerhalb des Teams, da der aktuelle Arbeitsschwerpunkt der einzelnen Mitglieder für jeden sofort ersichtlich ist. Es lassen sich auch weitere

Erkenntnisse entwickeln, bis hin zur strategischen Ausrichtung aufgrund der sichtbaren Auslastung in unterschiedlichen Bereichen oder Kund*innenumfeldern.

Für Teams, die neben kleinen Projekten auch große Projekte umsetzen oder Mitglieder haben, die ausschließlich an einem Projekt arbeiten, ist diese Methode weniger hilfreich. Hier hat sich gezeigt, dass nur für einige Mitglieder die Planung regelmäßig aktualisiert und dargestellt werden muss. Bei Mitarbeitenden, die dauerhaft in einem Projekt eingebunden sind, werden immer durchgehend die gleichen Steine gesteckt. Für diese Kolleg*innen hat das Board keinen Mehrwert gezeigt.

Die Projektstruktur des zweiten Teams besteht zu einem erheblichen Anteil aus länger andauernden Projekten. Das zweite Team entschied sich daher gegen das Legoboard.

Das erste Team war von dem Einsatz des Boards überzeugt und hat es weiterhin genutzt.

Mit dem Beginn der Corona-Pandemie wurde komplett von zu Hause gearbeitet. In dieser Zeit zeigte sich, dass die Transparenz und die Möglichkeiten, die das Legoboard bietet, dem Team sehr fehlten.

Da einige Teammitglieder schon vor der Pandemie teilweise im Homeoffice gearbeitet hatten, wurden alle Regeltermine seit längerer Zeit als Videokonferenz im Hybrid – Modus abgehalten (einige Kolleg*innen im Homeoffice, die anderen vor Ort im Büro).

Etwa sechs Wochen später wurde das Legoboard auf folgende Weise wieder reaktiviert:

Zum Weekly war mindestens eine Person vor Ort und schaltete sich von dort in die Videokonferenz. Mit einer Kamera aufs Board gerichtet, konnten die Teammitglieder Anweisungen geben, wie für sie die Steine jeweils gesteckt werden müssen.

Im Anschluss wurde das Ergebnis im Bild festgehalten und online allen Teammitgliedern zur Verfügung gestellt. Auf diese Weise hatte jedes Teammitglied Zugriff auf den Stand des letzten Weekly.

Aufgrund der verschärften pandemischen Lage war ab dem November 2020 keine Person mehr vor Ort. Eine räumliche Änderung innerhalb der Büros führte dazu, dass auch das Board abgehängt werden musste. Damit war das Team wieder in der Situation, dass die Planung und aktuelle Arbeitsauslastung nicht für alle übersichtlich dargestellt sind. Dies wurde durch den fehlenden Vor-Ort-Austausch noch verstärkt.

4.2   Abschließende Einschätzung des Legoboards und Ausblick

Insgesamt hat die Coronapandemie die Notwendigkeit einer hochgradigen Umstellung des gesamten Betriebsablaufs erzwungen, aber auch ermöglicht.

Die Räumlichkeiten und Arbeitsplätze in der HEC werden auf die durch die Pandemie veränderten Arbeitsweisen neu geplant und umgebaut. In diesem Zuge wird auch die für das Team notwendige Planungsübersicht mittels Legoboard berücksichtigt.

Das Team hat in den letzten Jahren unterschiedliche Methoden evaluiert und ist gemeinsam zu dem Schluss gekommen, dass das Legoboard die besten Möglichkeiten für die Visualisierung der Auslastung des Teams und seiner Mitglieder bietet.

Auch in der hybriden Arbeitswelt wird in der HEC ein physisches Board notwendig sein. Das gemeinsame „vor dem Board" stehen führt zu Diskussionen und Austausch über die Planung, die mit einem digitalen Board in dieser Tiefe nicht erfolgen. Auch die Haptik des realen Umsteckens der Steine ist für die einzelnen Teammitglieder sehr wichtig.

Aufgrund der hybriden Arbeitsweise muss es aber digitalisiert werden, um für jeden immer sichtbar zu sein. Hier werden zurzeit Ansätze mit Fotos oder Webcam diskutiert.

Eine allen Teammitgliedern zugängliche Übersicht über die Aktivitäten und Auslastungen der einzelnen Teammitglieder erleichtert die Kommunikation und die Projektsteuerung nach der Erfahrung der Mitarbeitenden in der HEC erheblich und reduziert die Notwendigkeit etwa von „Rechtfertigungen" bei Zeit- und Aufgabenkonflikten.

Es zeigte sich in der Praxis, dass sich das Instrument des Legoboards allerdings nur schlecht virtuell darstellen ließ: für den bestmöglichen Effekt scheint die physische Präsenz sowohl des Legoboards als auch zumindest zeitweise der Mitarbeitenden erforderlich zu sein. Dann allerdings hat es sich bei der HEC als wertvolle Unterstützung bei der Projektsteuerung und im Projektablauf bewährt.

5   Die Gesundheitsretro

Eine der größeren Herausforderungen für Themen der Arbeitsmedizin und Arbeitssicherheit ist die Verstetigung von Prozessen, die der regelmäßigen Überprüfung und gegebenenfalls Anpassung bedürfen. In Unternehmen, in denen diese Prozesse in den regulären Ablauf geplant, integriert und mit Ressourcen versehen sind, gelingt dies gut. Dort wo ein Thema neu aufgegriffen wird, z. B. die Gefährdungsbeurteilung, ist es Teil der Aufgabe, auch die Verstetigung und regelmäßige Überprüfung möglichst schon bei der Einführung zu berücksichtigen.

Instrumente und Prozesse zu nutzen, die dabei ohnehin im Unternehmen bekannt und gebraucht werden, ist eine erfolgversprechende Möglichkeit für diese Verstetigung, z. B. reguläre, physische Gefährdungsbeurteilungen bei routinemäßigen Betriebsbegehungen im Rahmen einer sich anschließenden Besprechung zu überprüfen.

Bei der HEC bot sich hierfür an das in die agile Arbeit gut integrierte und bekannte Format der Retrospektive zu wählen. Mitarbeitenden ist die Retro gut vertraut. Strukturen und Abläufe, die gut bekannt sind, erzeugen ein vertrautes Arbeitsklima, wenn der Fokus dann auf das Thema (psychische) Gesundheit und Gefährdung gelenkt wird.

Eine klassische Retro im Scrum Verfahren wird vom Scrum Master moderiert. Die Gesundheitsretro bei der HEC wurde zunächst von einer Scrum-Master-Kollegin geleitet und wird zukünftig von einer Mitarbeiterin der Personalentwicklung moderiert werden.

Wegen der besonderen Inhalte einer Gesundheitsretro ist es notwendig, die Moderator*innen mit den Inhalten und dem Rahmen psychischer Gefährdungen vertraut zu machen, wie sie gängige Verfahrensbeschreibungen zur psychischen Gefährdungsbeurteilung vorsehen:

1. Arbeitsinhalt/Arbeitsaufgabe
2. Arbeitsorganisation
3. Soziale Beziehungen
4. Arbeitsumgebung
5. Neue Arbeitsformen

Dies erfolgte in einer Präsenzveranstaltung, in der genügend Zeit und Raum für Fragen und Austausch vorhanden waren.

Besondere Aufmerksamkeit erfährt das Thema „Neue Arbeitsformen", nicht zuletzt da auch die Gesundheitsretro in dem neuen Format der Online-Veranstaltung oder später vielleicht auch als Hybridveranstaltung stattfand bzw. stattfinden wird.

5.1 Ablauf und Erprobung von Gesundheitsretros

Innerhalb eines Scrumprozesses wird in jeder Retro die Arbeitsweise des Teams überprüft. Dies geschieht in einem geschützten Raum (Las-Vegas-Regel: Was in der Retro passiert, bleibt in der Retro.).

Eine Gesundheitsretro bietet also einen geschützten Raum, in dem die Teilnehmenden ihre Situation insbesondere mit Blick auf psychische Belastungen und Stressfaktoren, aber auch gesundheitliche Ressourcen in der Arbeit reflektieren können. Dies gilt es sowohl innerhalb des Teams aber auch im Verhältnis zu den Kund*innen zu betrachten und darüber hinaus.

Das Team entscheidet in der Retro gemeinsam, welche Themen weiter betrachtet und welche Maßnahmen zur Verbesserung umgesetzt werden sollen.

Im FlexiGesA-Projektteam wurden erste Überlegungen zu einer solchen Retro angestellt:

- Eine Gesundheitsretro sollte 2–3 h dauern. Nach Möglichkeit sollte sie einmal im Jahr pro Team erfolgen. Wenn das Format sich etabliert hat, kann es ggf. auch vom Team mit dem eigenen Scrum Master durchgeführt werden. Wenn besondere Belastungen erkannt werden, können diese Retros auch häufiger stattfinden.
- Analog zum Scrum Master, der die reguläre Retro moderiert, sollte die Moderation der Gesundheitstretros von einem „Gesundheitsmaster" durchgeführt werden. In einer späteren Namensfindungsphase wurde für den Gesundheitsmaster eine Umbenennung zu „HealthAngel" vorgeschlagen.

Eine Infoveranstaltung mit dem FlexiGesA-Team der Universität Bremen, dem HEC Gesundheitsmaster und einem Kollegen mit Prokura diente der weiteren Planung und Zielsetzung von Gesundheitsretros.

Zur Struktur wurden analog zur regulären Retro diese Ideen entwickelt (s. Abb. 3).

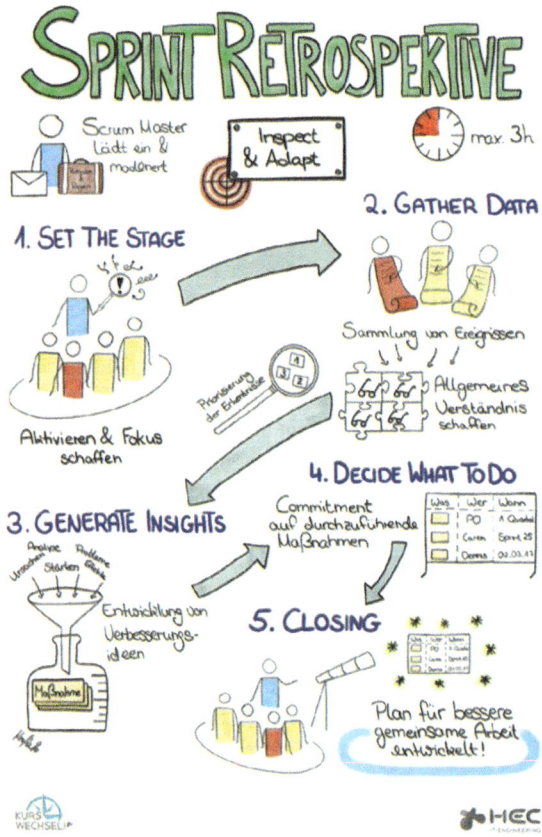

Abb. 3 Sprint Retrospektive. (© HEC GmbH)

- *Set the stage* – Ankommen und Einstimmen der Teilnehmenden.
  - „Summen": Summe oder singe ein Lied, das Deine aktuelle Situation/ Stimmung widerspiegelt
  - Skala 1–10: Wie fühlst Du Dich auf einer Skala von 1 (nicht so gut) bis 10 (alles super)
  - Filmgenre: Wenn Deine aktuelle Situation ein Film wäre, welches Genre wäre es? Drama, Science-Fiction, Komödie, Liebesfilm, Thriller, …

- Ergebnisse/Maßnahmen der letzten Retro (wenn vorhanden)
  Betrachtung der Maßnahmen, die in der letzten Retro definiert wurden:
  - Wurden sie umgesetzt?
  - Wenn messbar: Welche Ergebnisse wurden erzielt?
- *Gather data* – Sammeln der Ereignisse, die in der Retro thematisiert werden sollen.
  Aus diesem Bereich sollten 2–4 Fragestellungen genommen werden und zwar immer mit einer Mischung aus positiven und negativen Abfragen.
  - Was macht mir Spaß?
  - Was stresst mich?
  - Worauf freust Du Dich bei Deiner Arbeit?
  - Was belastet mich?
  - Was fehlt mir?
  - Was kann ich Dir geben (außer mehr Geld), damit Du gerne bei uns arbeitest?
  - Was hätten wir nach der letzten Retro tun müssen, um jetzt perfekt zu sein?
  - Wenn wir eine super Retro gehabt hätten, was wäre heute anders/besser?
- Clustern und Priorisieren
  Nachdem die Teilnehmenden zu den Fragestellungen Punkte aufgeschrieben und benannt haben, werden diese nach den bereits angeführten unterschiedlichen Bereichen einer Gefährdungsbeurteilung geclustert.
  - Arbeitsinhalt/Arbeitsaufgabe
  - Arbeitsorganisation
  - Soziale Beziehungen
  - Arbeitsumgebung
  - Neue Arbeitsformen
- *Generate insights* – Analyse der zu betrachtenden Themen und Entwicklung von Maßnahmen.
  Die Cluster werden analysiert und mögliche Maßnahmen definiert, die zur Verbesserung führen können.
  - Priorisierung der genannten Punkte
  - Maßnahmen erstellen
- *Decide what to do* – Entscheidung, welche Maßnahmen umgesetzt werden sollen, inkl. Terminierung und Zuweisung von Verantwortlichkeiten.
  - Priorisierung der Maßnahmen mit
  - Verantwortlichkeiten
  - Fristen
  - Kennzeichen öffentlich/privat
  - Plan der Maßnahmen

- *Closing* – Abschluss und Verabschiedung
  Zum Abschluss kann die Fragestellung aus dem ersten Punkt wieder auf-
  genommen werden.
  Hier aber als Feedback zur Retro oder als Blick in die Zukunft.

Gemeinsam wurden Gruppen für die Teilnahme an einer Retro definiert. Hier
sollen nicht nur Projektteams, sondern auch Gruppen aufgrund von gleichen
Tätigkeitsfeldern gebildet werden. Dies wären z. B. Mitarbeitende aus der Verwaltung, ScrumMaster, Anforderungsmanager*innen oder auch Mitarbeitende,
die viel bei Kund*innen vor Ort tätig sind.

Coronabedingt war die Mehrzahl der Mitarbeitenden von zu Hause tätig.
Besonders die Entwicklungsteams waren nicht vor Ort und hatten dadurch schon
einige Retros als Online-Retro durchgeführt.

Ein Projektteam mit Erfahrung in Online-Retros, ein Entwicklungsteam,
wurde als erste Gruppe für die Durchführung einer Gesundheitsretro benannt.
Diese Gesundheitsretro wurde dann als Videokonferenz erprobt.

Die erste Gesundheitsretro hat einige Punkte aufgezeigt, die insbesondere
im Verhältnis zwischen Team und Teamleiter und im Bereich der Selbstorganisation zu verbessern sind. Nach Zustimmung der Teammitglieder waren
als Beobachtende auch Mitarbeitende des FlexiGesA-Projektteams dabei (Uni
Bremen, Betriebsarzt). Die Teilnehmenden der Gesundheitsretro diskutierten sehr
offen und berührten zum Teil einige sehr persönliche Themen. Gemeinsam mit
der Moderatorin wurden Maßnahmen definiert, die weiterverfolgt werden.

Die Durchführung der Retros und die gemeinsam definierten Maßnahmen
sollen mittels Fotoprotokoll (bei Online-Retro Screenshots statt Fotos)
dokumentiert werden. Dieses Protokoll wird den Teilnehmenden für ihre
Dokumentation übergeben. Eine weitere Version wird zentral abgelegt und ist nur
für die Gesundheitsmaster zugreifbar.

Die definierten Maßnahmen werden je nach Art unterschiedlich umgesetzt und
verfolgt:

- Teaminterne Maßnahmen nehmen die Teilnehmenden mit und verfolgen diese
  analog zu den Maßnahmen aus den üblichen eigenen Scrum Retros. Je nachdem welches System das entsprechende Team nutzt, erfolgt dies über das
  interne Ticketingsystem, als Planner-Eintrag, als Karte auf einem Board oder
  ähnliche Verfahren.
- Unternehmensweite Maßnahmen oder Maßnahmen, die außerhalb der Ent-
  scheidungsbefugnis des Teams liegen, sind in der Verantwortung des Gesund-
  heitsmasters. Diese werden im zentralen Ticketingsystem abgelegt und mit dem
  Team der Retro AG (s. Punkt Retro-AG) weiter ausgearbeitet und umgesetzt.

Die teaminternen Maßnahmen werden auf diesem Gesamtboard nur mit ihrem Titel und dem Verantwortlichen aus dem Team festgehalten. Der Gesundheitsmaster verfolgt und dokumentiert die Durchführung und Ergebnisse dieser Maßnahmen.

Die unternehmensweiten Maßnahmen und deren Stand werden für alle Mitarbeitende transparent dargestellt und allen zugänglich gemacht.

Aufgrund der besonderen Coronasituation wurde die Gesundheitsretro bei der HEC bisher online durchgeführt. Der derzeitige, intensive Veränderungsprozess kann aber auch zukünftig andere Formate notwendig machen, etwa Hybridveranstaltungen in Teilpräsenz oder in Präsenz.

Retros für Tätigkeitsgruppen wie Scrum Master, agile Coaches, Tester*innen sind noch zu implementieren.

Die Ergebnisse der Retros und Veränderungsvorschläge möglichst zeitnah umzusetzen, bleibt aber ein entscheidender Faktor für die Annahme und konstruktive Unterstützung der Mitarbeitenden.

6   Die Gesundheitsretro AG

Ganz entscheidend für das Fortbestehen und die konstruktive Unterstützung von Projekten –nicht nur zur psychischen Gesundheit – durch Mitarbeitende ist die Rückmeldung zu Ergebnissen oder Vorschlägen, die zu ihrer Umsetzung der Entscheidung über organisatorische Maßnahmen, finanzielle oder personeller Ressourcen bedürfen. Dabei ist es häufig zunächst wichtig überhaupt zu entscheiden und diese Entscheidung zu kommunizieren, als die Frage, ob diese Entscheidung, z. B. über Ressourcen, positiv oder negativ ausfällt. Vorschläge oder Ergebnisse nicht zu beantworten, führt bei Mitarbeitenden leicht zu der frustrierenden Annahme das bisherige Mühe und Zeit umsonst investiert wurden und zukünftiges Engagement wenig sinnvoll wäre.

Im Rahmen einer psychischen Gefährdungsbeurteilung werden z. B. in einer ASITA (*Arbeits*SIT*uations*Analyse), aber auch in der Gesundheitsretro Probleme und Lösungen erarbeitet und angedacht. Dieses Engagement durch Kenntnisnahme, aber auch Entscheidungen zu würdigen und zu kommunizieren ist essenziell für das Fortbestehen solcher Aktivitäten. Dabei kann die Entscheidung durchaus lauten, dass hierfür zurzeit keine hinreichenden finanziellen Ressourcen frei sind.

Wichtiger ist dabei die – unausgesprochene – Nachricht, dass die Überlegungen der Mitarbeitenden gesehen, gewürdigt und darüber entschieden wurde.

Für diese Entscheidungen bedarf es eines Entscheidungsgremiums, das aufgrund der Besetzung die Kompetenz haben muss, solche Entscheidungen zu treffen; etwa aufgrund eines zur Verfügung stehenden Budgets oder weil entsprechende Entscheidungsträger Teil dieses Gremiums sind.

Bei der HEC setzt sich dieses Gremium aus dem kaufmännischen Leiter, einer Mitarbeiterin der Personalabteilung und einer Scrum Master-Kollegin zusammen. Dieses Team heißt Gesundheitsretro AG.

Es ist somit für folgende Bereiche zuständig:

- Benennung von Teams und Tätigkeitsgruppen für die Gesundheitsretros
- Planung und Durchführung/Moderation der Gesundheitsretro
- Maßnahmen definieren und einordnen
  - „interne" Maßnahme der Gruppe
  - Zuständigkeit außerhalb der Gesundheitsretro AG, es bleibt in der Gruppe der Teilnehmenden
  - Unternehmensweite Maßnahme
  - Zuständigkeit der Gesundheitsretro AG

Dieses Gremium ist für die Umsetzung und Verfolgung der Maßnahmen zuständig. Es informiert unternehmensweit über die Maßnahmen und deren Stand. Zusätzlich wird verfolgt, ob die gruppen- bzw. teaminternen Maßnahmen umgesetzt werden.

Auch prüft es, ob es Überschneidungen mit Querschnittsaufgaben aus anderen Teams oder Alternativen bei der Umsetzung gibt. Durch die gewählte Besetzung ist das Gremium frei in der Entscheidung, wenn es um Budget- oder Personalentwicklungsfragen geht.

Um diese Aufgaben erfüllen zu können, sind regelmäßige Teamtreffen der Gesundheitsretro AG geplant.

7 Fazit und Ausblick

Ein sehr hilfreiches Instrument zur Visualisierung von Aus- und Belastungen von Multi-Projekt-Teams und deren Mitgliedern ist das innerhalb der HEC entstandene Legoboard. Dies wird auch in der zukünftigen HEC Arbeitswelt von diesen Teams weiter genutzt werden und kann bei ähnlichen Problemkonstellationen auch in anderen Unternehmen Belastungssituationen verringern. Teams, deren Mitglieder langfristig mit nur einem Projekt beschäftigt sind, konnten nicht so stark davon profitieren.

Die Implementierung einer Gesundheitsretro als Mittel der psychischen Gefährdungsbeurteilung hat in einem agil arbeitenden Unternehmen die Erfahrung und Vertrautheit mit der Scrum Methode nutzen können, um den sonst oft mit Vorbehalten versehenen Prozess der psychischen Gefährdungsbeurteilung zu initiieren und eine erste effektive Gesundheitsretro ermöglicht. Auch die Hürde der coronabedingt virtuellen Durchführung war aufgrund der Vertrautheit mit Videobesprechungen kein wesentliches Hindernis.

Bärbel Rolfes ist seit über 30 Jahren in der IT-Branche beschäftigt. Sie hat langjährige Erfahrung als Softwareentwicklerin in unterschiedlichen Entwicklungsumgebungen und Kund*innenumfeldern. Darüber hinaus war sie als Projektleiterin, Qualitätsmanagerin und Softwarearchitektin tätig. Aktuell liegt ihr Schwerpunkt im Anforderungsmanagement und der Begleitung von Kund*innen bei der Softwareeinführung und Prozessoptimierung. Frau Rolfes ist als zertifizierte Datenschutzbeauftragte für diverse Firmen tätig.

Dr. Ralph Brandes, Studium der Humanmedizin in Hannover und Göttingen, Assistenzarzttätigkeit in der Inneren Medizin, Chirurgie und Suchtmedizin und im öffentlichen Gesundheitswesen. Erwerb der Zusatzbezeichnung Betriebsmedizin und der Zusatzbezeichnung Psychotherapie. Niedergelassen in eigener Praxis für Betriebsmedizin in Verden an der Aller, seit 1998 mit betriebsärztlicher Betreuung u. a. von ambulanten und stationären Altenpflegeeinrichtungen und Alltagshilfen sowie Unternehmen mit eigenen IT Abteilungen.

Kompetenzentwicklung für selbstgesteuertes Arbeiten im Homeoffice

Andreas Friemer

Zusammenfassung

Arbeiten im Homeoffice unterliegt, obwohl Abläufe und Aufgaben scheinbar analoge Merkmale aufweisen, anderen Gesetzmäßigkeiten als die Vorort-
arbeit im Unternehmen. Selbst da, wo diese scheinbar ohne große Friktionen
ins Homeoffice verlagert werden kann, ist die neue Arbeitsform nicht die-
selbe, da sich für die Erreichung von Arbeitszielen Verantwortlichkeiten in
Richtung Beschäftigte verlagern. Die Verantwortung für adäquate Rahmenbedingungen liegt bei den betrieblichen Akteuren, doch wird sie in der Praxis
zumeist an die Prozessakteure im Homeoffice delegiert: die betroffen Mitarbeiter*innen. Und dafür benötigen diese Kompetenzen – hier sind die Unternehmen gefordert, und zwar dahingehend, eine frühzeitige, umfängliche und
partizipative Umsetzungsstrategie zu entwickeln.

Schlüsselwörter

Kompetenzentwicklung für selbstgesteuertes Arbeiten · Arbeiten im Homeoffice ·
Hybrides Arbeiten · Work-Privacy-Balance

A. Friemer (✉)
Institut Arbeit und Wirtschaft, Universität Bremen, Bremen, Deutschland
E-Mail: afriemer@uni-bremen.de

© Der/die Autor(en) 2023   231
G. Becke (Hrsg.), *Flexible Dienstleistungsarbeit gesundheitsförderlich gestalten*,
https://doi.org/10.1007/978-3-658-37055-8_11

1   Einführung

Arbeiten und Homeoffice – ein Begriffspaar, welches insbesondere seit knapp zwei Jahren eine steile Karriere absolviert hat. Vom verordneten Instrument zur Bekämpfung der Covid-19-Pandemie, in dem die Politik einen pragmatischen, teils aber auch aktionistischen Ansatz zur Vermeidung von Virusinfektionen entdeckt hat, über ein – durch das Bundesministerium für Arbeit und Soziales en passant proklamierten und dann letztendlich 2020 im Gesetzgebungsverfahren gescheitertes Vorhaben[1] für ein zukünftiges Grundrecht auf Homeoffice. Dieses konnte sich von der Reduzierung auf die pandemischen Rahmenbedingungen nicht lösen und behauptete damit prinzipiell einen eher ungeregelten Anspruch auf ein (zumindest anteiliges) Homeoffice mit der Chance einer besseren Vereinbarkeit von Arbeits- und Privatzeit.

Arbeiten im Homeoffice ist allerdings nicht nur die (verordnete) räumliche Verlagerung von bisher an einem betrieblichen Arbeitsplatz erbrachten Tätigkeiten in eine häusliche, durch digitale Arbeitsgeräte mit dem Unternehmen vernetzte Arbeitsumgebung. Vielmehr ist diese Form eines ortsflexiblen Arbeitens ein wesentlich komplexerer Prozess mit Indikationen auf die Aufhebung bestehender vertraglich fixierter Rahmenbedingungen. Grundlage ist in jedem Fall die unternehmerische Entscheidung – ausgedrückt in der Disposition von Arbeitgebenden über den Arbeitseinsatz der abhängig Beschäftigten und damit auch über die Bedingungen der Anwendung ihrer Arbeitskraft, in welchem arbeitsorganisatorischen Modell auch immer (vgl. Marsden 1999): betrieblich präsentes oder mobiles Arbeiten. Diesen grundsätzlichen Aspekt betont auch die Stellungnahme des Präsidenten des IT-Interessensverbandes Bitkom Achim Berg gegen die gesetzlich geplante Pflicht zum Homeoffice, weil es „keinem Unternehmer oder Manager…gefallen (wird), wenn der Staat so tief in seine unternehmerische Freiheit eingreift und ihm vorschreibt, wo und wie seine Mitarbeiter zu arbeiten haben" (Bitkom e. V.-2 2021) und daher die „Entscheidung über die Arbeitsform…prinzipiell bei den Arbeitgebern verbleiben (sollte)" (Schindlbeck 2021). Stattdessen setzt der Bitkom-Verband in dieser Frage auf eine durch „steuerliche Anreize" (Schindlbeck 2021) geförderte Einsicht der Unternehmen.

---

[1]Die Verordnung zum Arbeiten im Homeoffice bezog sich 2020 zunächst allein auf Aspekte der Pandemie-Eindämmung und änderte auch 2021 nicht den Fokus (vgl: SARS Covid Arbeitsregeln 2021).

Was ist es eigentlich genau, dieses (Arbeiten im) Homeoffice mit seinem behaupteten Potenzial für das „Neue Normal"? In der im August 2020 in Kraft getretenen SARS-CoV-2-Arbeitsschutzregel definierte das Bundesministerium für Arbeit und Soziales (BMAS) „Homeoffice … als Form der mobilen Arbeit, die nicht in einer Arbeitsstätte gemäß § 2 Absatz 1 Arbeitsstättenverordnung (ArbStättV) oder an einem fest eingerichteten Telearbeitsplatz gemäß § 2 Absatz 7 ArbStättV im Privatbereich des Beschäftigten ausgeübt wird" (BMAS 2021, S. 14). Durch eine solche arbeitsrechtliche Einstufung der Erwerbsarbeit von Zuhause ergeben sich Konsequenzen in Bezug auf die Gestaltung der Arbeitsplätze und die Pflichten der verordnenden Unternehmen. Letztere fallen für wesentliche Aspekte von Homeoffice nämlich rechtlich einfach weg. Erfolgt die häusliche Tätigkeit hingegen im Rahmen von Telearbeit mit arbeitgeberseitig fest eingerichteten Bildschirmarbeitsplätzen im Privatbereich der Beschäftigten und für die Dauer einer solchen Tätigkeit fest vereinbarten wöchentlichen Arbeitszeiten, ist ausschließlich der/die Arbeitgeber*in für die Ausstattung (Mobiliar, Arbeitsmittel, Kommunikationseinrichtungen) zuständig. Diese gesetzliche Verantwortlichkeit gibt es bei der Arbeit im Homeoffice als besondere Form des mobilen Arbeitens nicht. In beiden Fällen besteht für den/die Arbeitgeber*in jedoch zu mindestens die Verpflichtung, alle notwendigen Maßnahmen zum Arbeitsschutz zu ergreifen.

Trotz der Absicht von Politik und Gewerkschaften, Homeoffice zukünftig als alternative und mit Rechtsansprüchen ausgestattete Arbeitsform zu etablieren, und trotz der positiven Erfahrungen während der Pandemie bei den unterschiedlichen Beteiligten, weisen neueste Untersuchungen darauf hin, dass hier eine eher rückläufige Entwicklung zu erwarten ist.

So wurde das Potenzial für Homeoffice-taugliche Arbeitstätigkeiten oft überschätzt; es liegt nach einer Studie des Instituts für Arbeitsmarkt- und Berufsforschung (IAB) mit knapp 43 % bei weniger als der Hälfte aller sozialversicherungspflichtig und geringfügig Beschäftigten in Deutschland (vgl. Bellmann et al. 2020). Zudem erfolgte die Anwendung dieser mobilen Arbeitsform bereits vor der Pandemie in einem deutlich geringeren Umfang. So lag nach einer Panelbefragung der Hans-Böckler-Stiftung der Anteil der Arbeitnehmer*innen, die vor der Corona-Krise überwiegend oder ausschließlich zu Hause arbeiteten, bei gerade einmal 4 %, stieg dann im ersten Lockdown im April 2020 auf 27 % und fiel danach zwischenzeitlich wieder ab. Im Januar 2021 arbeitete dann wiederum jede/r vierte Beschäftigte im Homeoffice (vgl. Emmler und Kohlrausch 2021, S. 5).

Nach einer repräsentativen Betriebsbefragung („Betriebe in der Covid-19-Krise") des IAB unter monatlich ca. 1500 bis 2000 Betrieben wollen nur ca. 20 % aller Unternehmen, in denen es prinzipiell Möglichkeiten gibt, Tätigkeiten auch im Homeoffice auszuführen, nach der Corona-Pandemie diese Möglichkeiten erweitern. Ergänzend dazu gaben zwei Drittel der Unternehmen an, den „Einsatz dieser Arbeitsform nach der Pandemie auf das vorherige Niveau zurückzufahren" (Bellmann et al. 2021, S. 5). Und ein Zehntel aller Betriebe will darüber hinaus den Einsatz von Homeoffice sogar absenken, insbesondere auch aufgrund der Einschätzung der Betriebe, dass „Mitarbeiter und Mitarbeiterinnen oder auch Führungskräfte nicht über die notwendigen Fähigkeiten (verfügen), ihre Arbeit in angemessener Weise auch von zu Hause aus...erledigen (zu können)" (Bellmann et al. 2021, S. 7). Zu korrespondierenden Ergebnissen kommt eine aktuelle Studie des Digitalverbandes Bitkom e. V. (2021-1) in die gut 600 Unternehmen mit mehr als 20 Beschäftigten einbezogen wurden. Von den befragten Unternehmen will gut ein Viertel Homeoffice nach der Beendigung der Corona-Krise vollständig abschaffen, 45 % diese Möglichkeit reduzieren, 23 % auf dem jetzigen Niveau halten und nur 4 % diese Form mobilen Arbeitens ausbauen. Nach einer weiteren repräsentativen Studie, einer Yougov-Umfrage im Auftrag von LinkedIn unter 2000 Führungskräften aus elf Ländern fürchten in Deutschland 37 % der Befragten negative Folgen für Ihr Unternehmen durch die Ermöglichung von Homeoffice – und das ist im Ländervergleich der zweithöchste Wert. Größte Befürchtung der deutschen Führungskräfte ist demnach, dass „dass Mitarbeiter, die nicht im Büro sind, ihrer Arbeit nicht nachgehen" (LinkedIn Corporation 2021).

Vielleicht repräsentieren diese Ergebnisse aber auch nur die Perspektive von Unternehmen, die Homeoffice anbieten mussten und dieses nicht nur positiv beurteilten. Die von mehr als einem Drittel der betrieblich Verantwortlichen geäußerte Skepsis in Bezug auf ein mobiles Arbeitsformat mag sich zum Teil Vorurteilen über die Arbeits- und Leistungsbereitschaft von (nicht unter präsenter Aufsicht stehenden) Arbeitnehmer*innen verdanken. Es kann aber auch sein, dass der gesetzlich verordnete und durch die Unternehmen umgesetzte „Wurf" ins Homeoffice nicht adäquat vorbereitet, begleitet und gecoacht wurde – z. B. in Hinblick auf die Anforderungen an die *Selbststeuerung* und das *Selbstmanagement* der betroffenen Beschäftigten und diese in der Konsequenz mit der Realisierung allein gelassen wurden – mit all den zugehörigen Belastungen. So boten nach einer Befragung der DAK-Gesundheit (2021) Anfang 2021 nur 13 % aller Unternehmen Schulungen zur Arbeit im Homeoffice an.

Unternehmen, die Homeoffice zukünftig als zusätzliche Arbeitsform etablieren wollen, wären daher gut beraten adäquate Umsetzungsstrategien zu entwickeln, die explizit die Bildung der erforderlichen Kompetenzen der Mitarbeiter*innen mit einbeziehen. Um eine solche Strategiebildung zu modellieren, werden im Folgenden die Ergebnisse des Projekts FlexiGesA[2] aus dem Bereich von IT-Dienstleistungen einbezogen.

Hier zeigte sich, dass nicht nur die betrieblich Verantwortlichen, sondern auch die Beschäftigten oftmals die Herausforderungen eines Arbeitens im Homeoffice unterschätzen, von der Einrichtung des häuslichen Arbeitsplatzes bis hin zur Einbindung des beruflichen in das private Leben. So übernahmen sie oftmals in der Übergangsphase der Abordnung in das Homeoffice die anfallenden Aufwendungen (Anschaffung zwar nicht adäquater, aber doch irgendwie ausreichender Arbeitsmittel wie Hard-, Soft- und Netware) selbst – weil es eben die Arbeitgeber*innen in der Regel nicht taten. Da es zumeist zunächst keine arbeitgeberseitige Begleitung bei der technischen und organisatorischen Umsetzung gab, wurde in vielen Fällen eine gegenseitige Unterstützung im Kreis der ebenfalls betroffenen Kolleg*innen realisiert- als informelles Wissensmanagement.

Der Beitrag behandelt in fünf Themenbereichen die bisherige Praxis der Überführung von Tätigkeiten in das Homeoffice im Kontext der gesundheitspolitisch begründeten Verpflichtung für Unternehmen in der Corona-Pandemie und die sich daraus ergebenden Herausforderungen für alle Beteiligten. Dazu werden zunächst die mobile Arbeitsform Homeoffice charakterisiert und die Einschätzungen der Akteure für eine optionale zukünftige regelhafte Nutzung beleuchtet. Der zweite Teil fokussiert die (unterschätzten) Herausforderungen des Arbeitens in der häuslichen Sphäre – dies umfasst die betroffenen Arbeitnehmer*innen ebenso wie die verantwortlichen Führungskräfte in den Unternehmen. Daran anschließend werden mit dem Schwerpunkt auf Kompetenzbildungsprozesse proaktive Umsetzungsstrategien vorgestellt für eine nachhaltige Einbindung von Homeoffice in ein mögliches arbeitsorganisatorisches Gesamtmodell von Unternehmen. In einem Resümee werden dann die Ergebnisse in Hinblick auf die zukünftige Umsetzung zusammengefasst und in einer abschließenden Reflexion weiterführende Fragestellungen skizziert.

---

[2] Verbundprojekt „Flexible Dienstleistungsarbeit gesundheitsförderlich gestalten" (FlexiGesA). https://www.flexigesa.de/.

2   New Order? Herausforderungen für ein Arbeiten im Homeoffice

Für Beschäftigte, die in das Homeoffice geschickt werden, ergeben sich *multidimensionale Herausforderungen,* die sich je nach individueller Disposition bzw. Ressourcenlage unterschiedlich tief in die private Sphäre auswirken. In der SARS-CoV-2-Arbeitsschutzregel wird zwar ein Anspruch an die Verantwortlichkeit und diesbezüglich insbesondere auch die Führungskompetenz der betrieblichen Leitungskräfte formuliert, die sich sowohl auf die Gewährleistung des Gesundheitsschutzes für die betroffenen Arbeitnehmer*innen bezieht als auch auf deren Kompetenzbildung für den Umgang mit dem Übergang resp. dem Eindringen von Erwerbsarbeit in ihre Privatsphäre. Der Einbezug der Verantwortungsebenen erscheint dabei zwar selbstverständlich, doch werden weder Umsetzungsstrategien operationalisiert noch werden Umsetzungsinstrumente benannt. Dabei sind die Herausforderungen eines so einfachen und selbstverständlich erscheinenden, letztendlich aber doch voraussetzungsvollen Wechsels zwischen den Arbeitsformen zu beachten.

Ein wesentlicher Aspekt ist die Auflösung der inhaltlichen *Trennung zwischen Arbeits- und Privatsphäre* als Entgrenzung mit der inhärenten Tendenz zur Selbstausbeutung durch unentgoltene Mehrarbeit. So weist der aktuelle „DGB-Index Gute Arbeit" nach, dass Grenzverschiebungen im Homeoffice eher zum Regelfall geworden sind, wenn etwa „unbezahlte Arbeit außerhalb (der) normalen Arbeitszeit" (DGB 2021, S. 5) bei fast jedem/jeder dritten Heimarbeiter/in anfällt, dreimal häufiger als am betrieblichen Arbeitsplatz (10 %). Korrelierend wird dazu in weiterer Studie belegt, dass die tägliche Arbeitszeit bei einem Drittel der Homeworker bis in die späten Abendstunden oder in das Wochenende hinein schwappt, dies aber „nur 3,1 Prozent der ‚Inhouse-Beschäftigten'" (Westheide 2020, S. 31) betrifft. Darüber hinaus scheint es den Beschäftigten mit zunehmender Dauer der Heimarbeit immer schlechter zu gelingen, ihre üblichen Arbeitszeiten einzuhalten, wie Erhebungen des WSI ergaben. Die Zustimmungswerte sanken demnach kontinuierlich von 76 % im Juni 2020 auf 71 % im Januar 2021 (Ahlers et al. 2021, S. 17). Dies scheint eine Konsequenz von selbst bestimmten Verschiebungen in der Work-Privacy-Balance zu sein. Solche zeitlichen Verschiebungen von Erwerbsarbeit können wiederum in Widerspruch geraten zu Erwartungen von Familienangehörigen, das Wochenende und die Abendstunden als erwerbsarbeitsfreie Zeit gemeinsam zu gestalten.

Eine weitere Belastung besteht auch darin, in der arbeitsfreien Zeit nicht abschalten zu können, weil im Homeoffice eine eher überdurchschnittliche

Erreichbarkeit über E-Mail bzw. Telefon erwartetet wird. Eine so entgrenzte zeitliche Verfügbarkeit kann überdies die Erholungsfähigkeit von Beschäftigten beeinträchtigen (vgl. Ahlers et al. 2021, S. 17).

Daneben stellen *räumliche Grenzen* des Arbeitens im Homeoffice durch die in vielen Haushalten beengten Wohnverhältnissen eine wesentliche Herausforderung dar, die die oben angeführte fehlende inhaltliche Trennung zwischen Erwerbsarbeit und privater Lebensführung physisch untermauern. Die betrieblich verortete Erwerbsarbeit entfiel pandemiebedingt als Ausweichmöglichkeit aus beengten Wohn- bzw. sozialen Verhältnissen.

Grundsätzlich trifft die Anforderung einer *individuellen Selbstorganisation* mit ihrer konsequenten Abtrennung der Arbeit im Homeoffice auf (familiäre) Ansprüche. Hier vermischen sich vorher getrennte Arbeits- und Privatwelten. die trotz Absprachen oftmals an ihre Grenzen geraten und neue Konfliktfelder eröffnen Die scheinbare Autonomie einer selbstbestimmten zeitlichen Abstimmung familiärer Dispositionen (Privataufgaben, wie Kinderbetreuung, Abholung Schule, Kita etc.) sind im Homeoffice in Bezug auf die Notwendigkeiten von Erwerbsarbeit nicht oder nur sehr schwer im familiären Umfeld kommunizier- und durchsetzbar.

Daneben wird beim Arbeiten im Homeoffice auch das *Fehlen regelmäßiger sozialer Kontakte* im beruflichen Kontext als Defizit empfunden. Nach neuesten Studien dienen solche Kontakte sowohl als Stimulans für Arbeitskreativität als auch als Zugehörigkeitsrahmen (vgl. Becke et al. 2022; DAK-Gesundheit 2021; Heitmann et al. 2020) und wirken somit in der Verlängerung auch als wesentliches Regulativ im Kontext der Ergebnisqualität von Arbeit.

Auch die Herausforderungen für die Führungskräfte müssen adäquat berücksichtigt werden – nicht nur wegen ihrer in der SARS-Verordnung explizit zugeschriebenen Bedeutung für ein Gelingen der Homeoffice-Maßnahmen – sondern auch gerade, um die eigene Kompetenzentwicklung ebenso zu befördern wie die der Beschäftigten. Dies betrifft beispielsweise die Fähigkeit, über Distanz zu führen – also eingespielte und akzeptierte Kommunikations- und Kontrollroutinen des Präsenzarbeitens in digital gestützte Arbeitsprozesse zu überführen. Dazu gehört auch der Umgang mit befürchteten Kontrollverlusten über Mitarbeitende bei deren selbstorganisierter Arbeit im Homeoffice. Dabei ist die „zentrale Herausforderung für Organisationen…die gute Balance zwischen Rahmen, Struktur und Sicherheit auf der einen Seite und der Flexibilität auf der anderen Seite" (Haufe 2021, S. 4), und hier spielt betriebsseitiges Vertrauen eine wesentliche Rolle.

3 Umsetzungsstrategien für eine regelhafte Einbindung von Homeoffice

Ob sich ein Arbeiten im Homeoffice perspektivisch als paralleles oder sogar gleichrangiges Arbeitsformat etablieren wird, hängt zunächst wesentlich von der betrieblichen Entscheidung ab, inwieweit ein solches Arbeiten geeignet ist, zumindest die gleiche, wenn nicht sogar eine höhere Produktivität zu gewährleisten. Diese Bewertung bezieht sich nicht nur auf den Output der Arbeit (Quantum, Effizienz), sondern auch auf die Rolle der Arbeitnehmer*innen in einem solchen Konstrukt: Akzeptanz, Motivation, Leistungsbereitschaft und nicht zuletzt auch Kompetenz. So erweist sich diese Form des ortsflexiblen Arbeitens als ein wesentlich komplexerer Prozess, der, wie aktuelle Studien zeigen, in ein hybrides Konzept zukünftigen Arbeitens eingebunden werden sollte. So weist eine Studie des Fraunhofer Instituts nach, dass der Wechsel zwischen verschiedenen Arbeitsplätzen positive Ergebnisse in Bezug auf Produktivität und Kreativität (vgl. Bockstahler et al. 2020) befördert.

Auch die Erfahrungen im Projekt FlexiGesA zeigen, dass insbesondere die direkte Kommunikation und Kooperation zwischen Kolleg*innen sowie zwischen Mitarbeitenden und Führungskräften im Betrieb viele Potenziale für eine gute Arbeits- und Ergebnisqualität bietet (vgl. Becke et al. 2022). Wenn also Unternehmen Homeoffice unabhängig von der Corona-Krise systematisch einbinden wollen, sollten zwingend hybride Arbeitsmodelle mitgedacht bzw. entwickelt werden, die einen regelmäßigen Wechsel zwischen Arbeiten im Büro und im Homeoffice vorsehen.

Damit Beschäftigte ihren arbeitsvertraglich vereinbarten Tätigkeiten und Aufgaben in alternierenden Arbeitskontexten gesundheitserhaltend und qualitätsgesichert nachkommen können, sind komplexe Rahmenbedingungen sicherzustellen.

Ein wesentlicher Faktor ist dabei eine möglichst hohe Akzeptanz für eine solche Arbeitsform bei allen Beteiligten (Mitarbeitende, Unternehmensführung, Führungskräfte, Kund*innen) zu erreichen. Zudem sind die arbeitsrechtlichen und den Arbeits- und Gesundheitsschutz betreffenden Aspekte adäquat zu berücksichtigen. Nicht zuletzt gilt es, auch den betrieblichen Ansprüchen an eine mindestens gleichwertige Qualität der Arbeitsergebnisse gerecht zu werden.

Personalverantwortliche sollten daher idealerweise frühzeitig eine *Umsetzungsstrategie* entwickeln, die die unterschiedlichen Prozessphasen von Planung, Vorbereitung und Etablierung eines anteiligen Arbeitens im Homeoffice berücksichtigt.

Dabei liegt die Verantwortung für die Vorbereitung und Herstellung der arbeitsorganisatorischen, technischen und gesundheitlich präventiven Maßnahmen zunächst auf betrieblicher Seite (Arbeitgeber, Personalverantwortliche, betriebliches Gesundheits- und Arbeitsschutzmanagement). Falls in Unternehmen auch eine Mitarbeitervertretung bzw. ein Betriebsrat vorhanden ist, sollte diese in diesen Prozess von Anfang an eingebunden werden. Dadurch können Belange der Mitarbeitenden besser berücksichtigt und der Rückhalt für das Arbeiten im Homeoffice in der Belegschaft gestärkt werden.

Die Durchführung der arbeitsvertraglich vereinbarten Leistungen – die eigentliche Arbeit im Homeoffice – erfolgt dann weitestgehend eigenverantwortlich durch die Beschäftigten. Hierfür sollten allerdings im Vorfeld betriebliche Unterstützungsstrukturen eingerichtet werden, die die neuen Herausforderungen des Arbeitens von Zuhause berücksichtigen und für die betroffenen Beschäftigen transparent und auch in einer zukünftigen etablierten Arbeit im Homeoffice verlässlich verfügbar sind. Dies betrifft unterschiedliche Aspekte:

- Selbstorganisation
  - Selbstregulation der eigenen Person (z. B. Pausen, Arbeitszeiten)
  - Familienregulation (Trennung Arbeits- und Familienzeitkorridore)
  - Arbeitsstrukturen (z. B. Zeitpläne, Routinen, Honorierung täglicher Arbeitsleistung)
- Gesundheitsprävention
  - Ergonomische Grundlagen
  - Stärkung von Gesundheitsressourcen (z. B. Entspannungsübungen)
  - Belastungsvermeidung (psychische Stressoren), z. B. Zeiten ungestörten Arbeitens
  - Selbstachtsamkeit: Belastungsgrenzen
  - Einbindung in die betriebliche Gesundheitsförderung
  - Einbindung des Arbeitens im Homeoffice bzw. hybrider Arbeitsmodelle in das Verfahren der Gefährdungsbeurteilung
- Außenkontakte
  - Soziale Sichtbarkeit im Kolleg*innenkreis (z. B. regelmäßige face-to-face-Meetings)
  - Interne Kommunikationsintervalle (gemeinsame virtuelle und Präsenzräume)
  - Beruflicher und privater Erfahrungsaustausch (z. B. virtuelle Kaffeepause)
- Qualifikationserhaltung
  - Fachliche Unterstützung und Austausch
  - Förderung von Kompetenzbildung bei Homeoffice-Beschäftigten
  - Technischer Support

- Wertschätzung mobiler Arbeit
  - Betonung der Zugehörigkeit zu einem Unternehmen (Sinnhaftigkeit/-stiftung)
  - Wertschätzendes Feedback durch Führungskräfte
  - Kommunikation mit Vorgesetzten (Regelangebote, z. B. virtuelle Sprechstunden)
  - Verlässliche Absprachen im Team, zwischen Mitarbeitenden und Führungskräften
  - Kommunikative Unterstützung bei externen Kunden (z. B. Erreichbarkeitsregelungen)

In welcher Form und in welchem Umfang das Arbeiten im Homeoffice dann praktiziert werden soll, hängt zwar wesentlich von der strategischen Bedeutung ab, die diesem Arbeitsformat zukünftig im Unternehmen zukommen soll, doch ergeben sich aus einer *prozessorientierten Perspektive* grundsätzlich drei Phasen des Übergangs:

1. In einer *Planungsphase* sollte analysiert werden, welche Aufgabenbereiche Potenzial für die Bearbeitung im Homeoffice aufweisen und welcher Interventionsaufwand in Bezug auf die benötigten Ressourcen (technisch, räumlich, qualifikatorisch etc.) für die Gestaltung erforderlich ist. Darauf aufbauend sollten partizipative Gespräche mit den Mitarbeitenden geführt werden, die für einen Übergang in das Homeoffice ausgewählt wurden. Die Entscheidungsfindungen sollten jedoch in eine grundsätzliche Strategie zur Bedeutung (und damit des Anteils) der zu verlagernden Tätigkeit eingebunden werden. Geht es um eine dauerhafte Verlagerung von Arbeiten ins Homeoffice oder soll das Modell eines alternierenden Arbeitens zwischen Betrieb und Homeoffice eingeführt werden. Bei diesen vorbereitenden Ermittlungen der erforderlichen Handlungsfelder kann eine *Checkliste* zum gesundheitsförderlichen Arbeiten im Homeoffice als Analyseinstrument genutzt werden.
2. In der anschließenden *Einführungsphase* sollten dann zunächst die erforderlichen Homeoffice-Arbeitsbedingungen konsolidiert werden, d. h. Räumlichkeiten optimiert, geeignete Arbeitsmittel beschafft sowie technische und kommunikative Infrastrukturen eingerichtet werden. Um einen „guten", d. h. motivierenden und damit auch nachhaltigen Einstieg bzw. Übergang der Beschäftigten in das (anteilige) Homeoffice zu gestalten, sollten begleitend dazu Einführungsveranstaltungen durchgeführt werden. Als passendes Format kann hier das FlexiGesA-Interventionsinstrument „Coaching-Workshop" eingesetzt werden (vgl. Becke et al. 2021).

3. In der eigentlichen *Nutzungsphase* können die Coachings-Workshops dann bedarfsbezogen als reflexive Elemente der o. g. betrieblichen Unterstützungsstrukturen dienen, um die Arbeitszufriedenheit und damit auch die Ergebnisqualität zu verstetigen.

Coaching-Workshops können also als ein wichtiges Instrument für das Empowering für den Übergang von Arbeitnehmer*innen in das Homeoffice eingesetzt werden, da sie fundamental zum Aufbau und zur Stärkung von Selbstorganisationskompetenzen bei Beschäftigten beitragen. Sie vermitteln einerseits Grundlagen(wissen) zu rechtlichen und arbeitspsychologischen Rahmenbedingungen als Basis für die eigenständige Anpassung der Arbeit im Homeoffice und fokussieren darüber hinaus die selbsttätige Abstimmung von Arbeits- und Privatleben, die bei diesem Arbeitsformat die wesentliche Rolle spielt.

Hier sind betriebliche Akteure aus verschiedenen Kontexten (Personalentwicklung, Betriebliches Gesundheitsmanagement, Arbeitsschutz, Betriebsrat) als Moderierende gefragt, um entsprechende Fortbildungsformate für Arbeitsbedingungen, Strukturierung der Arbeit und Kommunikationsstrukturen zu kreieren.

So können betriebliche Unterstützungsmöglichkeiten (z. B. finanzielle Zuschüsse, technische und gesundheitliche Beratungen) kombiniert werden mit der Einbindung des Erfahrungswissens der Beschäftigten (z. B. Erkenntnisse der Arbeitsabläufe aus einem „Normalarbeitstag" im Betrieb). In einem solchen Modell versuchen die Teilnehmenden, diese Strukturen auf den Arbeitstag im Homeoffice zu adaptieren und erstellen daraus ein Modell zur Strukturierung (Übernahme von Routinen, Möglichkeiten für informellen kollegialen Austausch; gesunde Arbeitszeiten im Homeoffice). Die Moderator*innen kommunizieren die Ergebnisse in den für die Organisation und Begleitung des Übergangs in das Homeoffice zuständigen Gremien (Geschäftsleitung, Führungskräfte, Personalabteilung). Nach einem Einführungsworkshop, der einen Überblick über die Herausforderungen und Lösungsansätze geben soll, könnten in nachfolgenden Workshops spezielle organisatorische und fachliche Thematiken behandelt werden, wie z. B. die (Weiter)Entwicklung kommunikativer Strukturen für einen regelmäßigen Austausch in hybriden Arbeitsstrukturen oder Möglichkeiten eines digital gestützten kollaborativen Arbeitens in Projekten.

4   Fazit

Arbeiten im Homeoffice ist nicht nur eine digital gestützte Übersetzung des analogen Arbeitens im Büro. Büro deswegen, weil hauptsächlich diese Tätigkeiten in einen häuslichen Kontext verlagert werden können. Die Maßnahmen zur Eindämmung der Corona-Pandemie haben mit der mehrfach verordneten „Homeoffice-Pflicht" eine Art Experimentierraum geschaffen, in dem unter laborähnlichen Bedingungen eine zunehmend umfangreichere Evaluation durch die Wissenschaft erfolgte. Zusammenfassend wird dieser Arbeitsform von allen Beteiligten eine gute Note erteilt: Unter dem Strich zeigen sich Arbeit gebende und Arbeitnehmende positiv überrascht über die scheinbar friktionslose Überführung von Tätigkeiten in die häusliche Sphäre. Verschiedene aktuell erschienene Studienergebnisse (vgl. DGB 2021, Ahlers et al. 2021) weisen jedoch darauf hin, dass diese rosa Brille bei unterschiedlichen Aspekten des Arbeitens im Homeoffice besser abgesetzt werden sollte.

So gibt es in einem Teil der Unternehmen eine Unsicherheit oder sogar ein grundsätzliches Misstrauen den Mitarbeitenden gegenüber, erstens dahingehend, ob diese im nicht kontrollierbaren Homeoffice auch in voller Gänze ihren beruflichen Aufgaben nachgehen und zweitens, ob sie in Bezug auf betriebliche Qualitätsansprüche an die Ergebnisse dazu überhaupt kompetent genug sind. Auf diesen Einschätzungen basieren dann auch betriebliche Planungen, den Einsatz von Homeoffice zukünftig zu reduzieren bzw. als Regelangebot einzustellen. Arbeitnehmende hingegen bezahlen die scheinbar größere Autarkie bei der Selbstbestimmung ihrer Work-Privacy-Balance in vielen Fällen mit einer Ausdehnung der täglichen Arbeitszeit bis in die späten Abendstunden und wie zudem neueste Studien nachweisen mit einer Zunahme an psychischen Belastungen, z. B. in Form depressiver Symptome (vgl., Krummenacher 2021; Lengen et al. 2021; WirtschaftsWoche 2021). Und unter dem Gesichtspunkt von Ergebnisqualität, für die gerade in vielen Berufen der IT- und Wissensdienstleistungen Kreativität eine wichtige Rolle spielt, sind je nach Eignung der häuslichen Arbeitssituation und in Abhängigkeit von der Dauer des Arbeitens im Homeoffice Abstriche zu beobachten.

Summa summarum verweisen die bisherigen Erfahrungen darauf, dass der Wechsel vom betrieblichen Arbeitsplatz in eine häusliche Arbeitsumgebung ein eher multikomplexer Prozess ist. Dieser sollte insbesondere seitens der Unternehmen entsprechend vorbreitet und gecoacht werden, damit die betroffenen Mitarbeitenden, aber auch die zuständigen Führungskräfte in ihrer Schnittstellenfunktion adäquate Kompetenzen ausbilden können. Als wesentliches

Unterstützungsinstrument könnten „Coaching-Workshops" (vgl. Becke et al. 2021, S. 39) für die Beschäftigten fungieren, wie sie im Projekt FlexiGesA exemplarisch entwickelt wurden. Grundlage dafür ist jedoch die vorbreitende Analyse der erforderlichen technischen, organisationalen und qualifikatorischen Bedarfe auf Basis einer betrieblichen, möglichst prozessorientierten Strategie für die Überführung von Beschäftigten in das Homeoffice. Checklisten, anhand derer die mehrdimensionalen Handlungsfelder, Prozesse, Aufgaben und Zuständigkeiten ermittelt werden, könnten hier als Analyseinstrumente eingesetzt werden. Dafür sind aufseiten der Organisation ausreichende Zeitressourcen zu veranschlagen.

Korrespondierend zu den Empfehlungen in unterschiedlichen Studien weisen auch die Erfahrungen im Projekt FlexiGesA darauf hin, dass insbesondere die direkte Kommunikation und Kooperation zwischen Kolleg*innen sowie zwischen Mitarbeitenden und Führungskräften im Betrieb viele Potenziale für eine gute Arbeits- und Ergebnisqualität bietet. Wenn Unternehmen also Homeoffice unabhängig von der Corona-Krise systematisch nutzen möchten, sollten daher *hybride Arbeitsmodelle* mitgedacht bzw. entwickelt werden, die einen regelmäßigen Wechsel zwischen Arbeiten im Büro und im Homeoffice vorsehen.

5 Weiterführende Forschungsansätze

Für die zukünftigen Arbeitsverlagerungen in das Homeoffice ergeben sich auf Basis der Vielzahl inzwischen vorliegender Studien zu den unterschiedlichen Aspekten häuslichen Arbeitens mehrere Fragestellungen:

Das betrifft beispielsweise den Komplex der Entlohnung, in dem z. B. in der IT-Branche bisher die Interessen von zumeist Arbeitgeber*innen ohne Mitgliedschaft in tarifgebundenen Verbänden und individuellen Arbeitnehmer*innen aufeinandertreffen und gewerkschaftliche Aktivitäten wie Tarifverhandlungen eher Seltenheitsstatus haben. In diesem Feld melden sich seit einigen Monaten erste Unternehmen zu Wort, die eine Lohnsenkung für Beschäftigte im Homeoffice vorschlagen (z. B. Google) bzw. teils medienunterstützt offensiv einfordern (vgl. Fischer 2021) und dafür unterschiedliche Gründe (beispielsweise Wegfall von Pendlerkosten, geringere Mietkosten in peripheren Wohnlagen etc.) in Anschlag bringen. In der IT-Branche spielen zudem Tagessätze, die für die präsente Arbeit bei externen Kund*innen als Berechnungsgrundlage anfallen, eine wichtige Rolle. Je nachdem, wie sich die Auftraggeber*innen zu verringerten Präsenzzeiten der IT-Dienstleister in ihren Unternehmen(sbereichen) stellen, kann dies den finanziellen Druck auf Beschäftigte im Homeoffice erhöhen. Die

Befragungen im Projekt FlexiGesA unter IT-Außendienstmitarbeiter*innen zeigten zwar, dass die externe Kundschaft zum damaligen Zeitpunkt in den allermeisten Fällen keine Abstriche an den Vergütungsregelungen thematisierte, jedoch befanden sich alle Akteure quasi über Nacht in einem „verordneten Versuchslabor". Ob diese Einstellung jedoch in einer IT-Arbeitswelt, die in Teilen mehr durch hybride Arbeitsformate geprägt sein könnte, Bestand haben wird oder ob für das Arbeiten im Homeoffice ein neuer Boden für dessen Bezahlung eingezogen wird, ist heute noch unklar. Der Frage nach einer Anpassung von Vergütungen ist jedenfalls schon in der Welt.

Eine weitere Thematik im Kontext hybriden Arbeitens bezieht sich auf die Kompetenzentwicklung und eine damit verbundene Personalentwicklung samt persönlichen Karriereoptionen von Beschäftigten. Dies betrifft insbesondere die Sichtbarkeit von Mitarbeiter*innen bzw. ihrer Interessen, Wünsche und Ambitionen im betrieblichen Alltagsgefüge. Auch nur teilweises Arbeiten im Homeoffice reduziert informelle Kommunikationsstrukturen (Flurfunk, kurze Wege, offene Türen) und hebt damit die Schwelle, eigene Ansprüche zu formulieren – und die dann überspitzt formuliert auch noch zeitlich synchronisiert an den oder die zuständige Führungskraft zu adressieren. Auch scheinen sich die „Konkurrenzbedingungen" zwischen den präsent- und den remote-arbeitenden Beschäftigten etwas zu polarisieren, wenn etwa „Teams schneller in Subgruppen zerfielen" und dafür „mögliche Sollbruchstelle (die) zwischen Mitarbeitenden in Präsenz und solchen, die im Homeoffice arbeiten" (Lanzke 2021, S. 2) verantwortlich gemacht werden.

Der Großteil der bisherigen Studien über die staatlich verordnete Homeoffice-Pflicht in der Pandemie beziehen sich entweder auf deren zukünftige Erweiterungspotenziale und Durchführungsqualität, auf arbeitsschutzrechtliche Regelungen und in einigen Fällen auch auf die Auswirkungen auf die betroffenen Arbeitnehmer*innen. Die meisten Ansätze nehmen aber eine rein unternehmerische Perspektive ein – z. B. im Zusammenhang mit der Durchsetzung, ob auf Grundlage des Weisungsrechts der Arbeitgeber*innen Homeoffice einfach angeordnet werden kann und ob sich Arbeitnehmer*innen weigern können. Auch in der Neufassung des Infektionsschutzgesetz (IfSG) sind nach § 28 b Abs. 4 erstere verpflichtet, Beschäftigten mit Bürotätigkeiten oder vergleichbaren Tätigkeiten ein Homeoffice-Angebot zu machen, welches diese grundsätzlich annehmen müssen, sofern ihrerseits keine Gründe entgegenstehen. Als Gründe gelten z. B. mangelnde räumliche und technische Gegebenheiten in der Wohnung. Für die Ablehnung „genügt eine formlose Mitteilung des Beschäftigten, dass seine persönlichen Umstände Homeoffice nicht zulassen" (BMAS 2022, S. 14)

– was aber aufgrund der vorhandenen Abhängigkeitsverhältnisse wahrscheinlich nicht immer so einfach umzusetzen ist wie es klingt.

Obwohl damit scheinbar eindeutige rechtliche Regelungen vorliegen, stellt sich die Frage, welchen Anteil dabei eigentlich Arbeitnehmer*innen einnehmen, die wegen Nichteignung der persönlichen Umstände Homeoffice-Angebote ihrer Arbeitgeber*innen ablehnen und ob diese Meldungen auch konfliktfrei akzeptiert werden. Ergibt sich durch die gesetzlichen Regelungen, die mögliche Auseinandersetzungen in dieser Frage auf die Ebene Arbeitgeber*in/Arbeitnehmer*in verlagert, ein neues Konfliktpotential in Bezug auf Interessendurchsetzung, Wirkungsmacht und Abhängigkeit? Wenn ja, wie sehen dann die Ergebnisse aus? Auch könnte eine Untersuchung in Bezug auf die Quantitäten „ungeeigneter persönlicher Umstände" Auskunft darüber geben, welche häuslichen Verhältnisse in der jetzigen Form nicht für Homeoffice-Arbeit taugen und damit vielleicht auch das – zumeist auf betrieblicher Ebene erhobene – „noch nicht zur Gänze ausgeschöpft(e)" (Bellmann et al. 2020, S. 5) Potenzial für eine zukünftige Ausweitung dieser Arbeitsform näher zu beleuchten.

Zudem sind die politischen Vorgaben in Bezug auf die Umsetzung des verordneten Homeoffice zwar eindeutig formuliert, die diesbezüglichen Konflikte werden aber auf die Auseinandersetzungsebene zwischen Betrieb und Individuum verlagert.

Literatur

Ahlers, Elke, Sandra Mierich, und Aline Zucca. 2021. Was wir aus der Zeit der Pandemie für die zukünftige Gestaltung von Homeoffice lernen können. In *WSI Report Nr. 65, April 2021*. Düsseldorf.

Becke, Guido, Britta Busse, Cora Zenz, Stephanie Pöser, Sarah Mümken, Christel Schicktanz und Cornelia Gerdau-Heitmann. 2022. Die Coronapandemie: Gesundheitliche Ungleichheit und betriebliches Krisenmanagement. Ein Vergleich sozialer und technischer Dienstleistungen. Arbeit 31(1–2): 1–20.

Becke, Guido; Britta Busse, Andreas Friemer, Maya Paysen, Stephanie Pöser, Sabine Röseler, und Tobias Ubert. 2021. *Flexibel. Gesund. Arbeiten. Leitfaden für IT-Dienstleister zur Umsetzung der Gefährdungsbeurteilung psychischer Belastungen. Arbeitshilfen und Tipps zur Förderung der psychischen Gesundheit von Beschäftigten, Handlungsleifaden im Rahmen des Verbundprojekts flexigesa*. Bremen

Bellmann, Lutz, Patrick Gleiser, Sophie Hensgen, Christian Kagerl, Eva Kleifgen, Ute Leber, Michael Moritz, Laura Pohlan, Duncan Roth, Malte Schierholz, Jens Stegmaier, Matthias Umkehrer, Nils Backhaus, und Anita Tisch. 2021. Homeoffice in der Corona-Krise: leichter Rückgang auf hohem Niveau. IAB-Forum. https://www.iab-forum. de/homeoffice-in-der-corona-krise-leichter-rueckgang-auf-hohem-niveau. Zugriff 17 November 2021

Bellmann, Lutz, Patrick Gleiser, Christian Kagerl, Theresa Koch, Corinna König, Ute Leber, Laura Pohlan, Duncan Roth, Malte Schierholz, Jens Stegmaier, Armin Aminian, Nils Backhaus, und Anita Tisch. 2020. Potenzial für Homeoffice noch nicht ausgeschöpft. IAB-Forum. https://www.iab-forum.de/potenzial-fuer-homeoffice-nochnicht-ausgeschoepft. Zugriff 10 Juni 2021.

Bitkom e. V.-1.2021. Unternehmen wollen ihre Leute zurück ins Büro holen. Pressemitteilung vom 19. November 2021. https://www.bitkom.org/Presse/Presseinformation/ Nach-Home-Office-zurueck-ins-Buero. Zugriff: 10 Dezember 2021.

Bitkom e. V.-2.2021. Bitkom zu verschärfter Homeoffice-Regelung. Pressemitteilung vom 19. Januar 2021. https://www.bitkom.org/Presse/Presseinformation/Bitkom-zuverschaerfter-Homeoffice-Regelung. Zugriff: 10 November 2021

Bockstahler, Milena, Mitja Jurecic, und Stefan Rief. 2020. „Homeoffice Experience – Eine empirische Untersuchung aus Nutzersicht während der Corona-Pandemie". http:// publica.fraunhofer.de/dokumente/N-605596.html. Zugriff 10 Oktober 2021

Bundesministerium für Arbeit und Soziales (BMAS). 2022. Fragen und Antworten zum betrieblichen Infektionsschutz. https://www.bmas.de/DE/Corona/Fragen-und-Antworten/Fragen-und-Antworten-ASVO/faq-corona-asvo.html#doc89168596-e024-487b-980f-e8d076006499bodyText4. Zugriff: 10 Februar 2022.

Bundesministerium für Arbeit und Soziales (BMAS). 2021. SARS-CoV-2-Arbeitsschutzregel (Fassung 07.05.2021). In *GMBl 2020 S. 484–495* (Nr. 24/2020 vom 20.08.2020), zuletzt geändert: GMBl 2021 S. 622–628 (Nr. 27/2021 vom 07.05.2021). Berlin.

DAK-Gesundheit. 2021. Digitalisierung und Homeoffice in der Corona_krise_Update. Sonderanalyse zur Situation in der Arbeitswelt vor und während der Pandemie. https:// www.dak.de/dak/download/studie-2447824.pdf. Zugriff: 14 Januar 2022.

DGB-Index Gute Arbeit. 2021. Arbeiten im Homeoffice. Zwischen Gestaltungsspielraum und Mehrbelastung. *In DGB-Index Gute Arbeit Kompakt 01/2021*. Berlin.

Emmler, Helge, und Bettina Kohlrausch. 2021. HOMEOFFICE: POTENZIALE UND NUTZUNG. Aktuelle Zahlen aus der HBS-Erwerbspersonenbefragung, Welle 1 bis 4. In *Policy Brief WSI · 3/2021, Nr. 52*. Düsseldorf.

Fischer, Konrad. 2021. Geringere Bezahlung Weniger Gehalt im Homeoffice? Gut so! https://www.wiwo.de/erfolg/homeoffice/geringere-bezahlung-weniger-gehalt-im-homeoffice-gut-so/27505408.html. Zugriff: 5 Januar 2022

Haufe Online Redaktion. 2021. Vom Homeoffice als Ausnahme zum New Normal. Aktuelles Interview vom 16.09.2021. https://www.haufe.de/arbeitsschutz/gesundheit-umwelt/aktuelles-interview-vom-homeoffice-als-ausnahme-zum-newnormal_94_551110.html. Zugriff: 20 Dezember 2021

Heitmann, Christina, Thomas Fietz, und Hanna Zieschang. 2020. Sicheres und gesundes Arbeiten von zu Hause aus: Informationen und Empfehlungen zu Homeoffice und Vertrauensarbeitszeit. In *DGUV Forum 5–6/2020. S. 17–20*. Berlin.

Krummenacher, Soa. 2021. Vor- und Nachteile von Homeoffice während der COVID-19-Pandemie für Arbeitnehmende und Auswirkungen auf deren psychische Gesundheit. Bachelor Thesis. Fachhochschule Nordwestschweiz. https://doi.org/10.26041/fhnw-3980.

Lanzke, Alice. 2021. Homeoffice: Fluch oder Segen. https://www.oz-online.de/ artikel/1110510/Homeoffice-Fluch-oder-Segen. Zugriff 10 November 2021.

Lengen, Julia Christine, Ann-Christin Kordsmeyer, Elisabeth Rohwer, Volker Harth, und Stefanie Mache. 2021. Soziale Isolation im Homeoffice im Kontext der COVID-19-

Pandemie. Zbl Arbeitsmed 71, 63–68 (2021). https://doi.org/10.1007/s40664-020-00410-w

LinkedIn Corporation. 2021. Internationale LinkedIn Studie: Fehlendes Vertrauen gegenüber Mitarbeitern im Homeoffice in Deutschland. Pressemitteilung vom 26.11.2021. https://www.presseportal.de/pm/64022/5083397. Zugriff 10 Dezember 2021

Marsden, David. 1999. A Theory of Employment Systems: Micro-Foundations of Societal Diversity. Oxford: University Press.

Schindlbeck, Corinne. 2021. Bitkom gegen Recht auf Homeoffice. https://www.elektroniknet.de/karriere/arbeitswelt/bitkom-gegen-recht-auf-homeoffice.191621.html. Zugriff 10 November 2021.

Westheide, Ronald. 2020. Homeoffice in der Corona-Krise: Modell für die Zukunft? – Empirische Ergebnisse – Grundlagen für die Gestaltung, Saarbrücken: BEST c/o Arbeitskammer des Saarlandes.

Wirtschaftswoche. 2021. Homeoffice: Jeder dritte Beschäftigte leidet psychisch. Online-Artikel vom 09. November 2021. https://www.wiwo.de/erfolg/beruf/stiftung-deutsche-depressionshilfe-jeder-dritte-beschaeftigte-leidet-psychisch-unterhomeoffice/27782086.html.

Andreas Friemer, Diplom-Sozialwissenschaftler, Wissenschaftlicher Mitarbeiter am Institut Arbeit und Wirtschaft (iaw) der Universität und Arbeitnehmerkammer Bremen, Forschungsschwerpunkte: Anwendungsorientierte Kompetenzforschung, insbesondere Anforderungen an individuelle und organisationale Kompetenzentwicklung durch die Digitalisierung der Arbeit, Perspektiven nachhaltiger Beschäftigungsfähigkeit.

Gender – eine zentrale Kategorie der gesundheitsfördernden Gestaltung von Interaktionsarbeit

Nadine Pieck und Frauke Koppelin

Zusammenfassung

Gender ist eine zentrale Analysekategorie zur gesundheitsförderlichen Gestaltung von Interaktionsarbeit. Gender und Geschlecht sind soziale Kategorien, die Wahrnehmungs- Deutungs- und Bewertungsmuster strukturieren, unterschiedliche Erwartungen an Frauen und Männer, Aufgabenzuweisungen sowie Ressourcenausstattung zur Folge haben. In Branchen mit einem hohnen Anteil an Interaktionsarbeit arbeiten überwiegend Frauen, die von einer fehlenden Anerkennung und schlechten Gestaltung von Interaktionsarbeit betroffen sind. Die unterschiedlichen Emotionsregeln in Organisationen nach Geschlecht führen zu spezifischen Bewältigungsmöglichkeiten für Frauen und Männer. Zudem ist Gender Gegenstand der Interaktonsarbeit und erfordert einen reflektierten Umgang z. B. mit den Geschlechtsrollenerwartungen der Klient:innen oder Patient:innen. Für eine gesundheitsförderliche Gestaltung ist Gender theoretisch fundiert als Analysekategorie mitzuführen.

N. Pieck (✉)
Institut für interdisziplinäre Arbeitswissenschaft, Leibniz Universität Hannover, Hannover, Deutschland
E-Mail: nadine.pieck@wa.uni-hannover.de

F. Koppelin
Jade Hochschule Oldenburg, Oldenburg, Deutschland
E-Mail: Frauke.koppelin@jade-hs.de

Schlüsselwörter

Interaktionsarbeit · Gender · Menschengerechte Gestaltung von Interaktionsarbeit ·
Partizipatives Gesundheitsmanagement

1   Einleitung

Seit einigen Jahren hat sich in der Arbeitswissenschaft ein neues Forschungsfeld etabliert, die gesundheitsfördernde Gestaltung von Interaktionsarbeit (Böhle
et al. 2015; Becke und Bleses 2015). Interaktionsarbeit unterscheidet sich von
anderen Arbeitsfeldern insbesondere dadurch, dass das zielgerichtete Handeln in
der Interaktionsarbeit auf die Mitwirkung der beteiligten Personen (Klient*innen)
angewiesen ist. Klassische Bereiche, in denen Interaktionsarbeit stattfindet, sind
Dienstleistungen wie Pflege, Erziehung, Bildung, aber auch Beratung, Einzelhandel und technische Dienstleistungen. Bisher gibt es jedoch wenig Untersuchungen, die die gesundheitsförderliche Gestaltung von Interaktionsarbeit unter
Genderaspekten analysieren. Und dies, obwohl einige klassischen Studien zur
Interaktionsarbeit dem feministischen Spektrum zuzuordnen sind. Eng mit Interaktionsarbeit verwoben sind Geschlechtsrollenerwartungen, die einen starken
Einfluss auf die Anerkennung von Belastungen und Gewährung von Ressourcen
haben und die Interaktion zwischen den Beteiligten strukturieren und bisweilen
eben auch hierarchisieren. Die Branchen und Tätigkeitsfelder, in denen Dienstleistungsarbeit verrichtet wird, sind selbst geschlechtersegregiert und mit sehr
unterschiedlichen Ressourcen ausgestattet und durch spezifische Belastungen
gekennzeichnet. Um gesundheitliche Chancengleichheit zu fördern, ist eine
geschlechtertheoretische Reflexion der Vorgehensweise in der Gesundheitsförderung erforderlich sowie eine entsprechende gesundheitspolitische Gestaltung
der jeweiligen Rahmenbedingungen von Interaktionsarbeit.

Der Beitrag skizziert, inwiefern Gender systematisch bei einer gesundheitsfördernden Gestaltung von Interaktionsarbeit berücksichtigt werden sollte. In
diesem Zusammenhang wird zuerst die Frage gestellt, welche Bedeutsamkeit
Geschlecht als soziale Kategorie bei der Gestaltung von Interaktionsarbeit ein-
nimmt und welche Bedeutung gesellschaftliche Rahmenbedingungen hierbei
haben. Daran anschließend soll herausgearbeitet werden, inwieweit Geschlecht
eine Dimension in der Interaktionsarbeit darstellt. Abschn. 4 adressiert die Frage
der menschengerechten Gestaltung der Interaktionsarbeit, der sich in Abschn. 5
daraus abgeleitete Empfehlungen anschließen.

2   Zum Verständnis von Geschlecht

Geschlecht ist eine soziale Kategorie, die in vielschichtiger Weise Einfluss auf die Verteilung von Belastungen und Ressoucen zwischen den Geschlechtern und somit auf deren Gesundheitschancen nimmt. Soll Interaktionsarbeit gesundheitsförderlich gestaltet werden – gleichermaßen für Frauen und Männer (oder sich divers zuordnenden Personen) – bedarf es eines entsprechenden Verständnisses davon, was „Geschlecht" eigentlich ist und wie sich soziale Ungleichheiten zwischen den Geschlechtern erklären lassen. Im Rahmen gleichstellungspolitischer Strategien wie dem Gender Mainstreaming geht es um den gesetzlichen Auftrag, Entscheidungsprozesse, Programme, Gesundheitsförderung etc. für die Gleichstellung der Geschlechter nutzbar zu machen (Stiegler 2000). Dies impliziert, dass die Mechanismen, die zu einer (gesundheitlichen) Ungleichheit zwischen den Geschlechtern führen, untersucht werden. Daran schließt die Frage an, wie in diese Zusammenhänge interveniert werden kann, um Gleichstellung bzw. gesundheitliche Chancengleichheit zu fördern.

In diesem Abschnitt werden – in geboter Knappheit – zentrale Erkenntnisse der Geschlechterforschung skizziert, die einen analytischen Zugang schaffen.

Gender bzw. Geschlecht sind als *soziale Kategorien zu verstehen,* entlang derer gesellschaftliche Rahmenbedingungen (Strukturen, Kontextbedingungen, Werte und Normen) als auch die Interaktion zwischen Menschen strukturiert werden.

Geschlecht als Strukturkategorie

Anhand von Geschlecht kann untersucht werden, wie sich gesellschaftlich wertvolle Güter und Lasten unterschiedlich auf Frauen und Männer verteilen. Geschlecht wird verstanden als eine soziale Unterscheidung, die Personen einer Gruppe zuordnet und damit ggf. benachteiligende Aus- bzw. Abgrenzungen vornimmt, die etwa zu Lohndifferenzen zwischen Frauen und Männern führen. Geschlecht ist in diesem Verständnis, wie oben bereits erwähnt, eine soziale Kategorie, die insbesondere als Positionsanweiser (Krüger 1995) in der Gesellschaft fungiert und Frauen und Männern unterschiedliche Aufgaben zuweist sowie an diese unterschiedliche Rollenerwartungen stellt. An Geschlecht knüpfen gesellschaftliche Regeln und Strukturen an, die das Handeln anleiten und bestehende Geschlechterarrangements stabilisieren (Goffman 2001).

Zu den geschlechtsbezogenen Strukturen zählt z. B. die nach wie vor bestehende Segregation des Arbeitsmarktes nach Geschlecht sowie eine geschlechtliche Arbeitsteilung in der Fürsorgearbeit im Privaten. Damit einher gehen eine nach wie vor bestehende Unterbewertung der überwiegend von Frauen ausgeübten Tätigkeiten und vergleichsweise schlechte Arbeitsbedingungen in frauendominierten Tätigkeitsfeldern. Der bestehende Strukturkonflikt zwischen Erwerbsarbeit und unentgeltlicher Fürsorgearbeit wird überwiegend von Frauen bewältigt, mit entsprechenden gesundheitlichen Belastungen und einem erhöhten Risiko der Altersarmut (RKI 2005).

Will man also gesundheitliche Chancengleichheit nach Geschlecht analysieren, ist zu prüfen, ob Frauen und Männer oder sich als divers einordnende Personen in Bezug auf bestimmte Dimensionen benachteiligt sind.

Gender und doing gender als Prozesskategorie
Gender bezeichnet das soziale Geschlecht. Die aktive Darstellung der Geschlechtszugehörigkeit hingegen wird als doing gender bezeichnet (West und Zimmermann 1987).

Die Darstellung des eigenen Geschlechts vollzieht sich unter Rekurs auf kulturell verankerte Normen, die vermitteln, was angemessene Einstellungen und Aktivitäten für Frauen und Männer sind (Dunkel und Rieder 2003, S. 6). Bei der Analyse von „Unterschieden" zwischen Frauen und Männern werden also nicht deren männlichen und weiblichen Eigenschaften beobachtet, sondern ihr Verhalten gemäß gesellschaftlicher Konventionen, Normen, Erwartungen, Regeln (Hirschauer 1994). Geschlecht wird in Interaktionen dargestellt und anerkannt. Geschlecht, egal in welcher Ausprägung, ist Teil der Identität, die sich in Auseinandersetzung mit Anderen bildet. Es ist kaum möglich, eine nicht-geschlechtliche Identität auszubilden wenngleich Geschlecht in den Interaktionen aktualisiert werden oder in den Hintergrund treten kann (Hirschauer 1994).

Geschlecht als Dimension der symbolischen Ordnung
Geschlecht ist zudem auf der symbolischen Ebene von Bedeutung. Geschlecht ist mit Wahrnehmungs-, Deutungs- und Bewertungsmustern verflochten. Nicht nur Menschen, sondern auch Tiere, Pflanzen, Gegenstände sind vergeschlechtlicht und mit Männlichkeit und Weiblichkeit konnotiert. Die Relation der Geschlechter, zwischen Weiblichem und Männlichem, kann egalitär/komplementär sein oder hierarchisch/auf- und abwertend. Insbesondere tragen dichotome Denkmuster (Mann/Frau, hart/weich, rational/emotional) und deren geschlechtliche Konnotation (Frau = emotional, Mann = rational) und die Verknüpfung mit einer Höherbewertung des Männlichen (rational = männlich = wichtiger/besser) zur Aufrechterhaltung der sozialen Ungleichheit zwischen den Geschlechtern bei (vgl. Knapp 1995).

Gender oder Geschlecht in der Analyse und Gestaltung von Interaktionsarbeit zu berücksichtigen bedarf eines theroretischen Zugangs, der Gender und
Geschlecht als soziale Konstruktionen begreift und nicht als eine Eigenschaft
der Personen. Ein differenztheoretischer Ansatz (vgl. Knapp 2011) reicht zur
Analyse der Entstehung sozialer Ungleichheit nicht aus. In der gesundheitsbezogenen Forschung wird Geschlecht oft als eine unabhängige Variable eingeführt, die nach Unterschieden zwischen Männern und Frauen fragt, dies jedoch
in einer Eigenschaftslogik verfolgt. So auch in Untersuchungen zur Interaktionsarbeit. Exemplarisch zeigt die Studie von Erickson und Ritter (2001), dass hier
erwartet wurde, dass Frauen und Männer anders mit Belastungen durch Interaktionsarbeit umgehen oder unterschiedlich stark dadurch belastet sind – wegen
ihres Geschlechts. Die Autor:innen zeigen auf, dass es bei gleicher Konstellation
von Belastungen und Ressourcen *keinen* Unterschied nach Geschlecht gibt. Für
gesundheitliche Unterschiede sind demnach nicht Eigenschaften von Frauen und
Männern maßgeblich, sondern Charakteristika der Arbeitssituation.

Ineinandergreifen der verschiedenen Dimensionen von Geschlecht
Die verschiedenen Dimensionen von Geschlecht tragen in ihrer Verknüpfung
zum Entstehen und zur Auftrechterhaltung von Ungleichheitsverhältnissen
zwischen den Geschlechtern bei. Neben Geschlecht zählen weitere Unter-
scheidungen und Merkmale zur Ungleichheitsverhältnissen, wie etwa Alter oder
Herkunft. Schwinn (2008) argumentiert, dass das Zusammenwirken der einzelnen Merkmale nur durch eine jeweils konkrete Analyse der unterschiedlichen
Machtressourcen im jeweiligen Kontext zu verstehen sind. Nach Schwinn (2008)
lässt sich so erkennen, dass es zu einer unterschiedlichen Verteilung der Machtressourcen z. B. nach Geschlecht kommt:

• Distinktions- bzw. Definitionsmacht – Wer bestimmt was relevant ist und was
  Geltung hat?
• politische Macht – Wer ist an Entscheidungen beteiligt/trifft sie?
• ökonomische Macht bzw. Ressourcen – Wer verfügt über welche z. B.
  finanziellen Mittel?

Je nach konkreter Konstellation, die untersucht wird, können diese Ressourcen
sehr unterschiedlich auf die Geschlechter verteilt sein. Bisher lässt sich nach wie
vor eine gewisse Homologie beobachten, nach der männlich konnotierte Bereiche
der Gesellschaft höher bewertet sind, mit mehr Ressourcen ausgestattet sind und
ihre Interessen auch besser durchsetzen können. Hingegen ist der Bereich Pflege
ein weiblich dominiertes Feld, finanziell unterausgestattet, was entsprechend

schlechte Arbeitsbedingungen zu Folge hat. Gespiegelt wird dies zudem durch die lange betriebene Reprivatisierung von Pflege zu Lasten der Frauen (z. B. Goldmann 2002).

Frauen sind nach wie vor in Entscheidungsfunktionen unterrepräsentiert, was zu einer Marginalisierung der für sie relevanten Themen beiträgt. Dies gilt auch für Ressourcen und Relevanzsetzungen in der Wissenschaft. So orientiert sich der Mainstream der Arbeitsforschung an Kriterien der Arbeitsgestaltung, die an Produktion ausgerichtet sind und damit an den Arbeits- und Lebensrealitäten von Männern. Diese Art der geschlechtsbezogenen Verzerrung wurde als *gender bias* (Eichler 1998) analysiert und systematisiert.

Geschlecht durchzieht als eine soziale Kategorie alle gesellschaftlichen Bereiche. Um Interaktionsarbeit menschengerecht oder gesundheitsförderlich zu gestalten, ist Geschlecht eine Analysekategorie, die einzubeziehen ist.

Die Befassung mit den Besonderheiten der Interaktionsarbeit und die Entwicklung eigener Gestaltungskriterien (siehe unten) ist in diesem Sinne schon selbst ein großer Beitrag für Geschlechtergerechtigkeit (Aulenbacher 2018), weil nur so das Wesen der Tätigkeit, ihre Rahmenbedingungen und damit verbundene gesundheitliche Auswirkungen, die typisch für von Frauen dominierten Tätigkeiten sind, erfasst werden. Dies ist relevant für die monetäre Bewertung der Tätigkeiten, Ressourcenausstattung als auch für die Entwicklung der Schutzstandards für Interaktionsarbeit (Thorein et al. 2020).

3   Interaktionsarbeit und Gender

In diesem Abschnitt geht es um einen systematischen Zugang zur Bedeutung von Geschlecht (Gender) als eine Dimension in der Interaktionsarbeit. Dunkel und Rieder (2003) verknüpfen doing gender mit dem Konzept von Interaktionsarbeit und sprechen dabei von working gender. Damit bezeichnen sie die interaktive Hervorbringung von Geschlechtlichkeit als Bestandteil der interaktiven Arbeit (Dunkel und Rieder 2003, S. 5). Grundlage ihrer Überlegungen ist das Konzept der Emotionsarbeit nach Hochschild (1979). Interaktionsarbeit unterscheidet sich von Produktionsarbeit vor allem dadurch, dass ihr Gegenstand ein Mensch mit eigenen Interessen und Bedürfnissen ist und Interaktionsarbeit immer Ko-Produktion ist. Das Dienstleistungsergebnis kann nur in Zusammenarbeit mit der Kund:in/der Klient:in erzeugt werden (Böhle 2015, S. 37 f.). Für das Zustandekommen dieser Kooperation ist Interaktionsarbeit als Teil der Dienstleistungsarbeit *erforderlich*. Die Interaktionsarbeit erfordert die Arbeit sowohl an den eigenen Gefühlen als auch an den Gefühlen der Kund:innen bzw. Klient:innen.

Dabei sind nach Dunkel und Rieder (2003) die eigenen Gefühle eine Bedingung in der Interaktionsarbeit. Diese müssen soweit angepasst werden, dass sie zu den Anforderungen am Arbeitsplatz passen und mit den dort geltenden Gefühlsregeln übereinstimmen. Dauerhaft kann es für die Beschäftigten gesundheitlich belastend sein, wenn die eigenen Gefühle nicht mit den geforderten Gefühlen übereinstimmen.

Gefühle sind gleichzeitig ein Mittel der Interaktionsarbeit, über das die Situation und das Gegenüber erfasst wird, sich die Mitarbeiter:in auf das Gegenüber einstellt und das Arbeitshandeln darauf abstellt.

Darüber hinaus sind Gefühle auch Gegenstand des Arbeitshandelns. Die Bearbeitung der Gefühle andere Personen sind mitunter eine Voraussetzung, um das Arbeitsergebnis zu erreichen.

Analog dazu lässt sich Gender ebenfalls als Bedingung, Mittel und Gegenstand der Interaktionsarbeit begreifen (Dunkel und Rieder 2003).

Gender als Bedingung Grundsätzlich gilt, dass sich Personen einer *sex category* zuordnen lassen müssen. Es wird erwartet, dass sie ihre Geschlechtszugehörigkeit situationsangemessen darstellen und dies auch von anderen erwarten. Besonders deutlich wird dies etwa für Bereiche, in denen eine Geschlechtertrennung vorherrscht, wie bei Toiletten oder Herren- und Damenabteilungen. Gender als Bedingung ist Bestandteil von Interaktionen insgesamt und nicht spezifisch für Interaktionsarbeit.

Gender als Mittel Im Rahmen von working gender, also der Herstellung von Gender/Geschlecht als Teil der beruflichen Tätigkeit/der Interaktionsarbeit, ist *doing gender* (die Darstellung und Anerkennung von Geschlecht) ein Mittel, das zur Herstellung des Arbeitsergebnisses eingesetzt wird. Hierbei wird die Leitlinie der Kund:innenorientierung als Legitimationsgrundlage verwandt, nach der es darauf ankomme, den Kund:innenwünschen zu entsprechen, die wiederum auch an Geschlechterstereotypen orientiert sind (Dunkel und Rieder 2003, S. 7). So wird von Stewardessen eine freundliche und unterwürfige Haltung erwartet sowie ein attraktives feminines Äußeres als Teil der Dienstleistung. Weiblichkeit ist eng verknüpft mit den Erwartungen an die Dienstleistung. Im Kontrast dazu wird von den Stewards eher erwartet, aggressive Fluggäste zur Räson zu bringen.[1]

---

[1] Typische Beispiele, in denen Gender schon früh unter dem Stichwort Sexualisierung von Arbeit oder Sexualität in Organisationen thematisiert wurde, finden sich bei Hochschild (1983) zur Arbeit der Flugbegleiter:innen oder bei Hearn et al. (1989), die sich mit Sexuali-

Gender als Gegenstand In der Interaktionsarbeit kommt Gender zum Einsatz, wenn es um die Reproduktion von Geschlecht im Vollzug der Arbeit kommt – als Rückwirkung auf die Identität der Beschäftigten, wenn sie etwa ihre eigene Männlichkeit durch als männlich etikettierte Eigenschaften im Job, wie Durchsetzungsvermögen, Beharrungsvermögen, Toughness, betonen können, um so ihre Arbeitszufriedenheit zu erhöhen.

Im Beispiel der Flugbegleiterinnen wird jedoch auch der Fluggast in seiner Männlichkeit bestätigt, die damit zum Arbeitsgegenstand wird (Dunkel und Rieder 2003, S. 8). Deutlicher wird Gender als Gegenstand von Interaktionsarbeit z. B. bei körperbezogenen Dienstleistungen wie kosmetischen Behandlungen, im Verkauf etc., wenn etwa die Weiblichkeit der Kundin betont werden soll oder entsprechende Schönheitsbilder realisiert werden sollen.

> *„Es zeigt darüber hinaus, dass interaktive Dienstleistungsarbeit mitunter direkt darauf zielt, das "Doing Gender" der DienstleistungsnehmerInnen zu unterstützen – in diesem Fall über die Anpassung des Körpers an die geschlechtsspezifisch geprägten Erwartungen."* (Dunkel und Rieder 2003, S. 9)

Es zeigt sich also, dass unterschiedliche Erwartungen an Frauen und Männer gestellt werden und daraus unterschiedliche Verhaltesweisen folgen (sollen). Zudem ist dies mit einer unterschiedlichen Verteilungen von Ressoucen und Belastungen verbunden, worauf im folgenden Abschnitt näher eingegangen wird. Gleichzeitig tragen die Geschlechternormen zu einer Reproduktion von Ungleichheitsverhältnissen bei.

4   Menschengerechte Gestaltung von Interaktionsarbeit

Böhle et al. (2015) haben darauf hingewiesen, dass sich Interaktionsarbeit in spezifischer Weise von der Arbeit an Objekten unterscheidet und dass die Gestaltungskriterien menschengerechter Arbeit, die an der Produktionsarbeit entwickelt wurden, dem Wesen der Interaktionsarbeit nicht gerecht werden.

---

tät in Organisationen auseinandergesetzt haben, ebenso bei Joan Acker, die 1990 das Konzept der gendered organizations einführte.

- Bei der Gestaltung der Arbeit müssen sowohl die Belange der Beschäftigten als auch der Kund:innen berücksichtigt werden. Werden die Belange der Kund:innen nicht erfüllt, gefährdet dies die Sinnhaftigkeit der Tätigkeit und stellt den Sinn der Dienstleistung infrage. Die Sinnhaftigkeit der Tätigkeit wird maßgeblich über die gesellschaftliche Nützlichkeit der Produkte definiert und wird durch Böhle et al. (2015) um den Gebrauchswert der Dienstleistung für die Kund:in ergänzt.
- Die Vielfältigkeit der Tätigkeit kann zur Belastung werden, wenn Anforderungen der Kund:innen ausufern.
- Gleichzeitig ist Interaktionsarbeit nur bedingt plan- und kontrollierbar. Das Kriterium der Vollständigkeit der Tätigkeit – Planung, Durchführung und Kontrolle – bildet Unwägbarkeiten und informelles Handeln nur unzureichend ab. Es wäre zu ergänzen um die Möglichkeit, situativ und informell zu handeln.
- Vermeidung widersprüchlicher Anforderungen: ökonomischer Druck und eine Steuerung über Zielvereinbarungen und Controlling geraten in Widerspruch zu Arbeitshandlungen, die dem Wohl der Klient:innen/Patient:innen dienen.

Die oben erläuterten Kriterien leisten bereits einen Beitrag zu einer geschlechtergerechten Gestaltung der Interaktionsarbeit, indem sie wesentliche Anforderungen und damit einhergehende Belastungen und die zur Bewältigung erforderlichen Ressourcen in der Interaktionsarbeit überhaupt erst sichtbar machen und benennen.

Aus einer Genderperspektive werden Spannungsfelder und Besonderheiten sichtbar, die es in der Gestaltung von Interaktionsarbeit zu berücksichtigen gilt.

Studien zu gender and work oder gendered organizations (Acker 1990, 2010) zeigen, dass Geschlechtsrollenerwartungen sowohl in Arbeitsprozesse eingebettet sind als auch in Arbeitszeitregieme etc. Kleidervorschriften für Frauen, die sie sexualisieren und seitens der Organisation gefordert werden, dürften zu sexistischen und sexualisierten Praktiken beitragen und Grenzüberschreitungen der Kund:innen fördern[2]. Die Abgrenzung dürfte hier schwerfallen, wenn das eigene Management auf „sex sells" setzt. Die Abgrenzungsmöglichkeiten von Frauen sind gegenüber Männern durch ihren geringeren sozialen Status eingeschränkt (Hochschild 1983).

---

[2] Hanrahan (1997) zeigt anschaulich, wie selbstverständlich sexuelle Belästigung als „Teil des Jobs" wahrgenommen wird. Krankenschwestern erleben sexuelle Belästigung als Alltagsphänomen und schildern z. B., wie Ärzte sie zu sexuellen Handlungen auffordern. Dies benennen sie als üblich und Teil ihres Jobs.

Geschlechtsbezogene Rollenwartungen stellen eine Anforderung und ggf. eine Belastung für die beteiligten Personen da. Damit sind sowohl gesundheitliche Auswirkungen verbunden, als auch Formen der Geschlechterdiskriminierung, wenn Frauen etwa von Aufstiegspfaden ausgeschlossen sind, weniger verdienen etc. In Bezug auf die Beurteilung von Arbeitsbedingungen und deren gesundheitsförderliche Gestaltung tragen geschlechtsbezogene Erwartungen dazu bei, dass die gestellten beruflichen Anforderungen nicht als solche erkannt und honoriert werden, weil sie z. B. als weibliche Eigenschaften vorausgesetzt und nicht als Arbeitsanforderung definiert werden. Ein anderes Phänomen ist die Bagatellisierung von Anforderungen, etwa die Konfrontation mit Aggressivität in männerdominierten Bereichen. Die geschlechtsbezogenen Rollenerwartungen verstellen den Blick auf vorhandene Belastungen und verhindern damit die Mobilisierung bzw. den Zugang zu Ressourcen, die für die Bewältigung förderlich wären oder schränken entsprechende Maßnahmen der Arbeitsgestaltung ein (Nielbock und Gümbel 2012; Nielbock 2013).

Gleichzeitig lassen sich verinnerlichte gesellschaftliche Vorstellungen über einen angemessenen Umgang der Geschlechter miteinander in der Interaktionsarbeit nicht ignorieren. Einerseits kann kaum gefordert werden, dass Frauen aus Berufen und Tätigkeiten ausgeschlossen werden, weil männliche Kollegen oder Kunden keine Frauen wünschen[3]. Andererseits ist es einsichtig, dass z. B. in der Pflege die persönlichen Wünsche berücksichtigt und die Intimsphäre der pflegebedürftigen Personen gewahrt bleiben (Heusinger und Dummert 2017). Das Geschlecht der pflegenden Person kann aus Sicht der pflegebedürftigen Person problematisch sein (Lottmann 2020), etwa wenn biographische Erfahrungen mit sexueller Gewalt oder Diskriminierungen vorliegen. Von einem Mann oder einer Frau gepflegt werden zu wollen, ist ein legitimer Anspruch. Gender ist also Voraussetzung und Gegenstand der Interaktionsarbeit[4].

Um eine gendersensible Pflege zu ermöglichen, sind geschützte Räume erforderlich, in denen solche Aspekte überhaupt thematisiert werden können. Die in der Pflege geforderte biographische Arbeit, die eine Grundlage für eine gendersensible Pflege darstellt, erfordert entsprechende Rahmenbedingungen.

---

[3] vgl. hierzu im Überblick Gamsjäger 2010 zur Verortung sexueller Belästigung als Form männlicher Dominanz und zur Ausgrenzung von Frauen aus männerdominierten Bereichen und höheren Positionen, als Kompensation von Miderwertigkeitsgefühlen.

[4] Wenngleich professionelle Rollen Geschlechterrollen auch neutralisieren oder in den Hintergrund treten lassen können, wie in der Arzt-Patienten-Beziehung, in der z. B. Fragen der Scham suspendiert werden. Auch die Rolle als Patient:in fördert eine Neutralisierung der Geschlechterrollen (Heusinger und Dummert 2017).

Auf der gesellschaftlichen Makroebene ist Geschlecht in die Arbeitsmarkt-segregation eingelassen als auch in die Bewertung der einzelnen gesellschaft-lichen Sektoren. Pflege als ein weiblich konnotierter Bereich ist deutlich unterbewertet, sowohl in der Vergütung der erbrachten Leistungen des Personals als auch in der Personalausstattung insgesamt. Die für eine angemessene Pflege und damit verbundene Interaktionsarbeit erforderlichen Zeiten stehen jedoch der-zeit in der (vollstationären) Pflege nicht zur Verfügung (Rothgang et al. 2020). Insbesondere Zeiten für indirekte Pflege, die für die Dimension der Kooperations-arbeit erforderlich ist, sowie Zeiten zur Reflexion der eigenen Arbeits-bedingungen und Bewältigung der Anforderungen durch Emotionsarbeit, finden bisher bei der Personalbemessung nicht hinreichend Berücksichtigung (Zenz und Becke 2020). Rothgang et al. (2020, S. 324) und Zenz und Becke (2021) empfehlen, systematisch Zeit für Reflexionsräume einzupreisen, die sich einer-seits auf die eigenen emotionalen Anforderungen bezieht und zum anderen auf die Rahmenbedingungen zur Erbringung der Versorgungsleistungen.

Die kollektive Befassung mit den Dilemmata in der eigenen Arbeit stellt eine gesundheitsrelevante Ressource dar, da sie die erlebten Unzulänglichkeiten und Verletzungen des Pflegeethos durch schlechte Rahmenbedingungen als solche erkennbar machen, statt diese als persönliches Versagen oder Schuld zu ver-arbeiten (moral injuries). Letzteres zahlt auch auf das Gestaltungskriterium der Vermeidung widersprüchlicher Anforderungen ein. Insbesondere im Gesundheits-system sind die Beschäftigten mit widersprüchlichen Anforderungen konfrontiert und ‚moral distress' (Rennó et al. 2018; Greenberg et al. 2020) ist oft die Folge. Die systematische Unterfinanzierung und Unterbewertung der Pflege bei gleich-zeitiger Gewinnorientierung setzt die Pflegekräfte systematisch widersprüch-lichen Anforderungen aus.

Gender spielt also sowohl für die gesundheitsförderliche Gestaltung von Arbeit, Chancengleichheit und Gleichstellung sowie für z. B. die geschlechtergerechte Versorgung der Klient:innen und Patient:innen eine Rolle.

Auf einer strukturellen Ebene sind personennahe Dienstleistungen eine Frauendomäne. Die Sonderauswertung des DGB Index gute Arbeit für Inter-aktionsarbeit zeigt, dass insbesondere in den Berufen, in denen der Anteil an Interaktionsarbeit sehr hoch ist, überwiegend Frauen arbeiten. Gleichzeitig sind dort die Belastungen und Arbeitsbedingungen im Vergleich zur nicht interaktiver Arbeit erhöht. Einzig die Ressource Sinnhaftigkeit der Tätigkeit liegt hier im Ver-gleich zur nicht interaktiver Arbeit höher (Roth 2019, S. 25 ff.).

Im Bereich der Interaktionsarbeit zeichnen sich Tendenzen ab (im Folgenden nach Böhle et al. 2015), die einer menschengerechten Gestaltung der Interaktionsarbeit zuwiderlaufen und somit mittelbar[5] vor allem Frauen treffen.

- *Standardisierung und Entpersonalisierung:* Durch tayloristische Standardisierung (McDonaldisierung) und Arbeitsteilung soll die Dienstleistung möglichst der betrieblichen Steuerung und Kontrolle unterworfen werden. Durch eine Entpersonalisierung, bei der die Kund:in die Tätigkeiten selbst übernimmt und die Tätigkeiten der Beschäftigten auf gegenstandsbezogene Tätigkeiten reduziert werden, wird die notwendige Interaktionsarbeit negiert. Dadurch werden die durch Standardisierung auftretenden Probleme verschleiert und entziehen sich der Bearbeitung auf struktureller Ebene, ebenso die damit einhergehenden Belastungen der Beschäftigten.
- *Formalisierung und Objektivierung:* unter dem Vorzeichen der indirekten Steuerung und der damit verbundenen Vermarktlichung und Subjektivierung sollen die Beschäftigten zwar eigenverantwortlich handeln, dies jedoch unter der Maßgabe vorgegebener Kennzahlen und Dokumentationspflichten, die ein planmäßig-rationales und objektivierendes Handeln voraussetzen. Subjektivierendes Arbeitshandeln, Gefühls- und Emotionsarbeit lassen sich jedoch nicht durch formale Kategorien und Kriterien dokumentieren. Dies führt dazu, dass die geleistete Interaktionsarbeit nicht wahrgenommen – und somit auch nicht vergütet und anerkannt – wird[6]. Zumindest im Bereich der Pflege ist mit den Empfehlungen von Rothgang et al. (2020) und der beabsichtigten Anhebung der Personalschlüssel hier eine zentrale Abhilfe in Sicht, die sowohl eine menschengerechte Gestaltung der Interaktionsarbeit ermöglicht als auch Grundlage für eine (gendergerechte) Pflege bildet.
- *Entgrenzung der Interaktionsarbeit und Beschränkung von Ressourcen:* Dort wo Kund:innenorientierung im Mittelpunkt steht, können Beschäftigte trotz hoher Autonomie erhöhten Belastungen durch entgrenzte Erwartungen seitens der Kund:innen ausgesetzt sein. Eine Abgrenzung gegenüber Kund:innen kann als Verweigerung von Kund:innenorientierung durch das Management interpretiert werden (Voswinkel und Korzekwa 2005). Gleichzeitig führen

---

[5]Als mittelbare Diskriminierung definiert das allgemeine Gleichbehandlungsgesetz (AGG) eine Benachteiligung, die durch scheinbar neutrale Vorschriften, Regeln und Verfahren zustande kommt. Dafür ist es unerheblich, ob dies absichtlich geschieht.

[6]Siehe hierzu Publikationen zur Entgeltgleichheit und Unterbewertung von frauendominierten Tätigkeiten wie z. B. Finke et al. (2017) und Hausmann et al. (2015) sowie den Bericht des BMFSJ (2020) „Auf den Weg zur Entgeltgleichheit von Frauen und Männern".

Einsparungen an anderer Stelle zur Einschränkung erforderlicher Ressourcen, die die Bewältigung der Anforderungen unterstützen. So fallen etwa durch Einsparungen von Lagerflächen Rückzugsmöglichkeiten weg, die es den Beschäftigten ermöglichen, sich aus der Interaktion mit dem Kund:innen zurückzuziehen und sich informell unter Kolleg:innen auszutauschen. In der Arbeitsorganisation wäre dementsprechend auf einen Tätigkeitsmix zu achten, der auch Tätigkeiten ohne Kund:innenkontakt beinhaltet sowie eine entsprechende räumliche Ausstattung.

5   Empfehlungen

Um Interaktionsarbeit geschlechtergerecht und gesundheitsförderlich zu gestalten, ist vor allem auf einer übergeordneten (gesundheitspolitischen) Ebene dafür Sorge zu tragen, dass die wesentlichen und tatsächlichen Anforderungen an Interaktionsarbeit mit arbeitsanalytischen Verfahren erfasst und entsprechend monetär bewertet werden. Hier geht es um die Aufwertung von typischerweise von Frauen verrichteten Tätigkeiten. Beispielsweise richtet sich die Aufwertung von Pflegearbeit nicht nur auf die Bezahlung der dort Beschäftigten, sondern auch auf die Personalausstattung und die damit einhergehende Verbesserung der Arbeitsbedingungen. Zu letzteren würde auch die realistische Einschätzung von Dokumentationsaufwänden zählen, die in die Personalbemessung einfließen müssten. Ebenso sollten die Arbeitsschutznormen, die bisher primär an der Produktion und männerdominierten Tätigkeiten ausgerichtet sind, ein entsprechendes Schutzniveau für Interaktionsarbeit absichern.

Auf der organisationalen Ebene müssten die Kriterien für die menschengerechte Gestaltung von Interaktionsarbeit in die Verfahren und Instrumente des Betrieblichen Gesundheitsmanagements Eingang finden. Insbesondere die Aspekte „Gebrauchswert für die Kund:in" und „Vermeidung widersprüchlicher Anforderungen" sind zunächst Leitlinien, mit denen sich auch das Management und die verschiedenen Führungsebenen auseinandersetzen müssen. Sie sind es, die im Rahmen der Ausgestaltung von Controllingsystemen und Kennzahlen Handlungs- und Entscheidungsspielräume gewähren oder verhindern.

Für die konkrete Ausgestaltung der Interaktionsarbeit sind relevant:

- Handlungs- und Entscheidungsspielräume
- Professionelle Autonomie und Selbstverantwortung der Beschäftigten
- Rückzugsräume, Phasen ohne Kund:innenkontakt
- Raum für informellen Austausch unter Kolleg:innen.

Das Gesundheitsmanagement selbst sollte partizipativ angelegt sein, um so die Belange und Einschätzungen der Beschäftigten auch zu erfassen und tragfähige Lösungen für den Alltag zu entwickeln. Die Einrichtung von Projektgremien (Lenkungs- Steuerungsgruppen, Projektgruppen, Gesundheitszirkel etc.) sollte eine entsprechende Repräsentanz der Geschlechter und Tätigkeitsgruppen gewährleisten, um Marginalisierungen durch dominante Gruppen zu verhindern und die Unterrepräsentanz von Frauen insbesondere in Entscheidungspositionen auszugleichen.

Insbesondere für den Umgang mit bestehenden widersprüchlichen Anforderungen sind gruppenbezogenen Reflexionsräume eine zentrale gesundheitliche Ressource und dienen der emotionalen Bewältigung (‚Schwatz-Rounds').

Das Gesundheitsmanagement sollte zudem systematisch Kommunikationsanlässe schaffen, um bestehende Regeln wie Vorgaben zur Emotionsregulation und Gefühlsdarstellung zur Kund:innenorientierung aus gesundheitlicher Perspektive zu reflektieren und anzupassen. Die bestehenden Regeln sollten den Beschäftigten die entsprechenden Spielräume gewähren, um sich gegen ausufernde Ansprüche abgrenzen zu können. Dies kann zudem durch entsprechende Trainings in der Gesprächsführung unterstützt werden. Für den Bereich der Pflege liegen bereits Leitfäden für eine geschlechtersensible Gefährdungsbeurteilung vor, die explizit die Geschlechtsrollenerwartungen integriern (Nielbock und Gümbel 2020).

Zu den widersprüchlichen Anforderungen gehört aus einer Genderperspektive vor allem die Beachtung des bestehenden Strukturkonflikts zwischen Erwerbsarbeit und unbezahlter Fürsorgearbeit. Davon sind nach wie vor überwiegend Frauen betroffen. Maßnahmen zur Vereinbarkeit von Beruf und Familie sind dringend angezeigt – institutionelle Kinderbetreuung, Beratung und Unterstützung in der Pflege Angehöriger und eine lebensphasenorientierte Personalentwicklung. Damit einher geht auch die Möglichkeit für Frauen, Vollzeit zu arbeiten.

Es bleibt zu wünschen, dass diese Form der gesellschaftlichen Organisation von Care- und Interaktionsarbeit im Zuge einer Ausweitung der Dienstleistungsarbeit eine gesellschaftliche Hinterfragung und Reflektion erfährt – und entsprechend aufgewertet wird.

Literatur

Acker, Joan. 1990. Hierarchies, Jobs, Bodies: A Theory of Gendered Organizations. Gender & Society 4(2): 139–158.

Acker, Joan. 2010. Geschlecht, Rasse und Klasse in Organisationen – die Untersuchung von Ungleichheit aus der Perspektive der Intersektionalität. Feministische Studien 28 (1): 86–98.

Aulenbacher, Brigitte. 2018. Care und Care Work – Eine neue Stufe ihrer Vergesellschaftung. Feministische Studien – Zeitschrift für interdisziplinäre Frauen- und Geschlechterforschung 1:78–91.

Becke, Guido and Peter Bleses (Hrsg.). 2015. Interaktion und Koordination. Wiesbaden: Springer VS. doi: https://doi.org/10.1007/978-3-658-02460-4.

Böhle, F., Stöger, U. und M. Weihrich. 2015. Wie lässt sich Interaktionsarbeit menschengerecht gestalten? Zur Notwendigkeit einer Neubesimmung. AIS-Studien 1: 37–54. https://doi.org/10.21241/ssoar.64813.

Bundesministerium für Familien, Senioren, Frauen und Jugend (BMFSFJ). 2020. Auf den Weg zur Entgeltgleichheit von Frauen und Männern – Daten, Ursachen, Maßnahmen. Berlin. https://www.bmfsfj.de/resource/blob/159872/c10d77c1198719376488fb63e67514c5/auf-dem-weg-zur-entgeltgleichheit-von-frauen-und-maennern-deutsch-data.pdf (Letzter Zugriff 05.04.2021).

Dunkel, Wolfgang und Rieder, Kerstin. 2003. "Working Gender" – Doing Gender als Dimension interaktiver Arbeit. Institut für Sozialwissenschaftliche Forschung e. V. ISF München. https://nbn-resolving.org/urn:nbn:de:0168-ssoar-235507.

Eichler, Margrit. 1998. Offener und verdeckter Sexismus. Methodisch-methodologische Anmerkungen zur Gesundheitsforschung. In Frauen und Gesundheit(en) in Wissenschaft, Praxis und Politik, Hrsg Arbeitskreis Frauen und Gesundheit, 34–49. Bern: Verlag Huber.

Erickson, Rebecca J. and Christian Ritter. 2001. Emotional Labor, Burnout, and Inauthenticity: Does Gender Matter? Social Psychology Quarterly 64, Nr. 2: 146–163.

Finke, Claudia, Dumpert, Florian und Martin Beck. 2017. Verdienstunterschiede zwischen Männern und Frauen. Eine Ursachenanalyse auf Grundlage der Verdienststrukturerhebung 2014. Hrsg Statistisches Bundesamt, WISTA Nr. 2–2017.

Goffman, Erving. 2001. Das Arrangement der Geschlechter. In Goffman, Erving, Interaktion und Geschlecht, 105–158. Frankfurt/M.: Campus.

Goldmann, Monika 2002. Geschlechtsspezifische Auswirkungen der Globalisierung in den Bereichen Waren und Dienstleistungen, Arbeitsmärkte und Wissens- und Informationsgesellschaft. Dortmund: Deutscher Bundestag. https://doi.org/10.1007/978-3-663-10180-2_4.

Greenberg, Neel, Docherty, Mary, Gnanapragasam, Sam and Simon Wessely. 2020. Managing mental health challenges faced by healthcare workers during covid-19 pandemic. BMJ, 368, m1211. https://doi.org/10.1136/bmj.m1211.

Hanrahan, Patricia M. 1997. How Do I Know if I'm Being Harassed or if This Is Part of My Job?? Nurses and Definitions of Sexual Harassment. NWSA Journal 9(2): 43–63. https://www.jstor.org/stable/4316505 (Letzter Zugriff 10.3.2021)

Hausmann, Ann-Christin, Kleinert, Corinna und Kathrin Leuze. 2015. Entwertung von Frauenberufen oder Entwertung von Frauen im Beruf? Eine Längsschnittanalyse zum Zusammenhang von beruflicher Geschlechtersegregation und Lohnentwicklung in Westdeutschland. Kölner Zeitschrift für Soziologie und Sozialpsychologie, 67: 217–242.

Hearn, Jeff, Sheppard, Deborah. L., Tancred-Sheriff, Peta and Burrell, Gibson (Ed.). 1989. *The sexuality of Organization*. London/Newbury Park/New Delhi: Sage.

Heusinger J., und S. Dummert. 2017. Scham und Nacktheit bei der Körperpflege im Heim. *Heilberufe* 69(4):16–18. https://doi.org/10.1007/s00058-017-2720-z.

Hirschauer, Stefan. 1994. Die soziale Fortpflanzung der Zweigeschlechtlichkeit. Kölner Zeitschrift für Sozialpsychologie 46(4): 668–691.

Hochschild, Arlie Russel. 1979. Emotion Work, Feeling Rules, and Social Structure. *American* Journal of Sociology *85*(3): 551–575.

Hochschild, Arlie Russel. 1983. *The Managed Heart: commercialization of human feeling*. Berkeley: Univ. of California Press. https://doi.org/10.1525/9780520951853-fm.

Knapp, Gudrun-Axeli. 1995. Unterschiede machen. Zur Sozialpsychologie der Hierarchisierung im Geschlechterverhältnis. In *Das Geschlechterverhältnis als Gegenstand der Sozialwissenschaften, Hrsg* Regina Becker-Schmidt und Gudrun-Axeli Knapp, 163–194. Frankfurt/Main, New York: Campus.

Knapp, Gudrun-Axeli. 2011. Gleichheit, Differenz, Dekonstruktion und Intersektionalität: Vom Nutzen theoretischer Ansätze der Frauen- und Geschlechterforschung für die gleichstellungspolitische Praxis. In: *Chancengleichheit durch Personalpolitik: Gleichstellung von Frauen und Männern in Unternehmen und Verwaltungen*, Hrsg Gertraude Krell, Renate Ortlieb und Barbara Sieben 14:71–82. Gabler. doi: https://doi.org/10.1007/978-3-8349-6838-8_6

Krüger, Helga. 1995. Dominanzen im Geschlechterverhältnis: Zur Institutionalisierung von Lebensläufen. In *Das Geschlechterverhältnis als Gegenstand der Sozialwissenschaften, Hrsg* Regina Becker-Schmidt und Gudrun-Axeli Knapp (Hrsg.), 195–219. Frankfurt am Main: Campus Verlag.

Lottmann, Ralf. 2020. Sexuelle und geschlechtliche Vielfalt in der Altenhilfe – Intersektionale Perspektiven und die Relevanz von Situationen und Kontexten. *Zeitschrift für Gerontologie und Geriatrie* 53(3):216–221. https://doi.org/10.1007/s00391-020-01704-7.

Nielbock, Sonja und Michal Gümbel. 2012. *Die Last der Stereotype*. Edition der Hans Böckler Stiftung 267. Düsseldorf: Hans Böckler Stiftung.

Nielbock, Sonja. 2013. *Geschlechtersensibler Arbeits- und Gesundheitsschutz in der Altenpflege*. http://www.sujet.org/download/20130600_Geschlecht_Arbeits_Gesundheitsschutz.pdf (Letzter Zugriff: 23.3.2022).

Nielbock, Sonja und Michael Gümbl. 2020. *Arbeitsbedingungen beurteilen – geschlechtergerecht*. https://gender.verdi.de/++file++5df8b9e0f43c87cb92a6d1e4/download/Genderstress_Arbeitsbedingungen-beurteilen_Auflage-01-2020.pdf (accessed: 24. March 2022).

Rennó, Heloiza Maria Siqueira, Ramos Flávia Regina Souza and Maria José Menezes Brito. 2018. Moral distress of nursing undergraduates:Myth or reality? *Nursing Ethics* 25 (3):304–312. DOI: https://doi.org/10.1177/0969733016643862.

Robert Koch-Institut (RKI). 2005. Armut, soziale Ungleichheit und Gesundheit. Expertise des Robert Koch-Institutes zm 2. Armuts- und Reichtumsbericht der Bundesregierung. https://www.rki.de/DE/Content/Gesundheitsmonitoring/Gesundheitsberichterstattung/ GBEDownloadsB/Armut.pdf%3F__blob%3DpublicationFile   (Letzter   Zugriff 21.2.2022).

Roth, Ines. 2019. *Arbeit mit Menschen – Interaktionsarbeit.* https://index-gute-arbeit.dgb. de/++co++c549a084-62d2-11ea-8e05-52540088cada (Letzter Zugriff: 23.3.2022).

Rothgang, Heinz (Hrsg.). 2020. Abschlussbericht im Projekt Entwicklung und Erprobung eines wissenschaftlich fundierten Verfahrens zur einheitlichen Bemessung des Personal- bedarfs in Pflegeeinrichtungen nach qualitativen und quantitativen Maßstäben gemäß § 113c SGB XI (PeBeM). DOI: https://doi.org/10.26092/elib/294.

Schwinn, Thomas. 2008. Zur Analyse multidimensionaler Ungleichheitsverhältnisse. Österreichische Zeitschrift für Soziologie 1:20–30.

Stiegler, Barbara. 2000. *Wie Gender in den Mainstream kommt.* Bonn: Friedrich-Ebert- Stiftung.

Thorein, Anke, Nadine Müller, und Michael Fischer. 2020. Interaktionsarbeit – Not- wendigkeit von Forschung und Gestaltung aus gewerkschaftlicher Sicht. Zeitschrift für Arbeitswissenschaft 74(1): 4–8.

Voswinkel, Stephan, und Anna Korzekwa. 2005. *Welche Kundenorientierung? Anerkennung in der Dienstleistungsarbeit.* Berlin: Edition Sigma.

West, Candace and Don H. Zimmerman. 1987. Doing Gender. *Gender & Society* 1, Nr. 2 (1. June): 125–151. doi: https://doi.org/10.1177/0891243287001002002.

Zenz, Cora, und Guido Becke. 2020. „Fertig wird man eigentlich nie" – Zeitpraktiken und -wünsche von Pflegekräften zur Interaktionsarbeit. Überarbeitete und erweiterte Version des iaw-Projektabschlussberichts zur Personalbemessungsstudie. Schriftenreihe Institut Arbeit und Wirtschaft No. 30, Bremen: Institut Arbeit und Wirtschaft, Universität und Arbeitnehmerkammer Bremen.

Zenz, Cora, und Guido Becke. 2021. *Gemeinsam stärker! Betriebliche Unterstützungs- strukturen für Beschäftigte in der Langzeitpflege.* Bremen: Institut Arbeit und Wirtschaft (IAW), Universität und Arbeitnehmerkammer Bremen.

Prof. Dr. Nadine Pieck, promovierte Sozialwissenschaftlerin, lehrt und forscht am Institut für interdisziplinäre Arbeitswissenschaft der Universität Hannover. Zwischen 2016 und 2021 war sie als Professorin für Gesundheitsförderung und Prävention im Betrieb an der Hochschule Magdeburg-Stendal tätig. Ihre Arbeits- und Forschungsschwerpunkte bilden gesundheitsfördernde Organisationsentwicklung sowie Arbeit, Gesundheit und Gender.

Prof. Dr. Frauke Koppelin, Diplom-Sozialwissenschaftlerin, Professorin für Gesund- heitswissenschaften an der Jade Hochschule Wilhelmshaven Oldenburg Elsfleth, ist Studiengangsleiterin des Masters Public Health am Studienort Oldenburg. Sie lehrt und forscht u. a. in den Bereichen Arbeit und (psychische) Gesundheit, Gender, (technikunter- stützte) Prävention und Gesundheitsförderung in verschiedenen Settings und bei unter- schiedlichen Zielgruppen. Im Verbundprojekt FlexiGesA leitete sie das Teilprojekt der Jade Hochschule.

The manufacturer's authorised representative in the EU is Springer
Nature Customer Service Centre GmbH, Europaplatz 3, 69115 Heidelberg,
Germany. If you have any concerns regarding our products, please
contact ProductSafety@springernature.com

Printed and bound by CPI Group (UK) Ltd, Croydon, CR0 4YY
28/04/2026
02098514-0001